民族重建

東歐國家克服歷史考驗的旅程

THE RECONSTRUCTION OF NATIONS

POLAND, UKRAINE, LITHUANIA, BELARUS, 1569–1999

TIMOTHY SNYDER

提摩希·史奈德◎著
盧靜、廖珮杏、劉維人◎譯

獎項殊榮

★烏克蘭研究協會年度最佳圖書獎（American Association for Ukrainian Studies Book Prize）

★美國歷史學會最佳歐洲現代史書寫獎（George Louis Beer Prize, American Historical Association）

★英國最佳波蘭研究圖書獎（Orbis-AAASS Book Prize in Polish Studies）

★波蘭東歐評論最佳外國圖書獎（Eastern Review Best Foreign Academic Book）

★波蘭瑪麗・居禮・斯克洛多夫斯卡大學研究獎（Jerzy Giedroyc Scholarly Award, Marie Curie-Skłodowska University）

臺灣好評推薦

建國路上，認識他人如何建構民族，是不可輕忽、不能省略的知識工作。這本書完成了兩項不可能的歷史書寫任務：整合豐富厚實的資料，卻能保有清楚明快的敘事。值得所有關心我們島國的公民借鏡——另一個帝國邊緣，四個國家四百年史，如何在壓迫、戰爭與血腥衝突之間，嘗試建構民主與現代民族。

——**許菁芳，作家**

《民族重建》是一本很重要的書，字字珠璣，需要靜下來慢慢細讀。按時間順序的歷史敘事雖然老派，卻很有力量。

——**蔡蔚群，北一女中歷史科教師**

他們是誰？從哪裡來？要到哪裡去？史奈德講述的不僅是波蘭、烏克蘭、立陶宛與白羅斯的故事，更是解釋民族新生與重建的傑出之作。

——**張鎮宏，《報導者》國際新聞主編**

本書以東歐曖昧交錯的族裔地景為題，清楚呈現「血緣」、「語言」、「文化」、「國家」這些要素，如何歷經現代化、族群清洗與蘇聯解體，錯綜複雜的衝突與磨合，終成波、烏、立、白等四個民族。在獨裁者挾民族主義的神話敘事於東歐發起侵略戰爭的今天，很值得再度閱讀史奈德的這部經典。

——**黃哲翰，轉角國際專欄作家**

世人慣常以「國族」來畫定彼此，彷彿國界是天生的，或是宣稱誰是誰「自古以來不可分割」的一部分，事實上，當代國家被「起造」前，領土文化會不斷變動重組，而史奈德的《民族重建》便是細緻闡述東歐各國的前世今生。我在旅行東歐時，只帶了這本書旅行，因此讓我可以更大的視野格局，看待自己造訪之地。在中國前駐法大使盧沙野對前蘇聯國家的錯誤發言時，我也只想到這本書。誠摯推薦給各位讀者，包含盧大使。

——**阿潑，《憂鬱的邊界》作者**

史奈德從來不只寫歷史，而是以各種不同的路徑切進文化、思想與政治——此外，他更是那種勇於說出是非對錯的知識分子。他這回在《民族重建》中把波蘭、烏克蘭、立陶宛與白羅斯四國從十六世紀以降的民族建構過程疏理清楚，內容足以讓臺灣人放寬歷史視野，腦中的知識地圖不再只有東亞、西歐與美國。如果《血色大地》的閱讀經驗讓你意猶未盡，那麼本書更能補足我們對東歐歷史的知識背景，值得再次拿起《血色大地》一同對讀。

——陳榮彬，《血色大地》譯者

本書記錄了原本包括多元人種和語言的拉丁文「natio」一詞，在過去數百年間如何轉為地理意義上的「民族」甚至是同文同種的「國族」，如何指引受迫者建立了「民族國家」，乃至於被政客誤解為「純種國家」而進行殺戮。幸而，作者也讓讀者看見人們從歷史中學會和解，讓歐洲史最黑暗的一面映照出人類未來的一道曙光。

——葉浩，政治大學政治系副教授

在東歐，誰有資格成為民族一分子？一座城市或一塊歷史區域屬於哪個民族？民族衝突是否命定？民族真的有「固有疆域」嗎？

這本奠定史奈德在東歐史學界一家之言地位的大作，以全新的眼光，分析作為實際歷史經驗的東歐「民族」。他舉重若輕又有詩意的敘事告訴我們：東歐民族的重建，其實更是民族的改建、民族的新建。民族是過程，是事件，而不是我們也熟悉的民族主義神話中，支配個人命運的不變主體。

——夏克勤，美國印第安納大學歷史系助理教授

國際專家與媒體推薦

《民族重建》精彩分析了東歐民族演化的細微之處、複雜程度與重重矛盾。史奈德的研究發人深省，幫助我們理解世界各國的國家失能與國族建構。

——**薩謬爾．杭亭頓（Samuel Huntington），哈佛大學國際與區域研究院院長**

本書既是對歐洲被遺忘之地的高度原創性研究，也能啟發關心民族主義與民族如何建構的讀者。

——**提摩西．賈頓艾許（Timothy Garton Ash），牛津大學歷史系教授**

這是當前英語世界描寫東歐多重文化背景最好的一本書。史奈德替我們示範了如何探究與解釋民族認同的問題，卻不會落入民族主義書寫的歷史窠臼。

——**布萊恩．波特（Brian Porter），密西根大學歷史系教授**

史奈德對民族建國之路提供了深具啟發性的新穎觀點，而他最核心的關懷，就在於民族該如何克服這些痛苦的歷史經驗，甚至包括最慘痛的族群清洗過往。

史奈德替這片複雜難解的區域，描繪了通往建國與民族和解的道路。本書的寫作風格也提醒了我們，歷史寫作確實可以（也應該）在文學上有所追求。

——《外交事務》雜誌

史奈德將重要的常識、民主與道德寬容等價值觀，成功整合進多線並進的客觀歷史敘事軸線之中。東歐總是複雜難懂，但我們至少能夠確定，這是一本專家學者必讀，也適合推薦給學生與好奇歷史讀者的好書。

——《泰晤士報文學副刊》

清楚的圖表、適當的圖片與實用的地圖，都讓本書變得更加平易近人，強烈推薦！

——《國際歷史評論》（The International History Review）

藉由大量的歷史細節，史奈德說出了罕見於任何媒體評論中的政治理論真相。

——《選擇》雜誌

——《高等教育紀事報》（Chronicle of Higher Education）

本書的特殊之處在於清楚的結構、風格明快的散文、堅定不移的決斷力與打動人心的論證。只要讀完本書就會明白，即便經歷過最可怕的衝突，民族和解確實還是可能的，而且歷史學家不僅能夠予以描述與頌揚，甚至也能在這個過程中盡一分心力。

——《英國歷史評論》（**The English Historical Review**）

肯定是過去十年來最有趣的東歐史著作。

——《美國歷史評論》（**The American Historical Review**）

罕有著作能夠同時兼顧現代民族身分的複雜向度、罪過程度與偉大之處。無論你是想認識現代民族主義與族群關係的歷史，還是要理解德國與俄國之間這塊土地的過去，本書都是必讀之作。

——《俄羅斯評論》（**The Russian Review**）

本書的強項不再於書中訊息有多新，而在於如何有效重述學術圈早已聽過的事情。這些專家學者所熟悉的事件在史奈德的獨特敘事下，被以不同的方式呈現，進而獲得了全新意義。書頁中滿是各式各樣的細微洞見，並透過史奈德雄辯式的文字傳達出來——許多名言佳句肯定會被未來的歷史學家所引用。

——《斯拉夫評論》（**Slavic Review**）

史奈德顯然深受「想像的共同體」這套理論影響，但更進一步分析現代歷史上的東歐，何以會從以「階級」來界定公民身分的前現代觀念，轉變成根基於語言和族裔差裔的排他性現代民族主義。

——《**波羅的海研究期刊**》（**Journal of Baltic Studies**）

這本優秀之作問對了問題，也幫讀者找到了正確答案。

——**哥倫比亞大學中歐與東歐研究中心**

史奈德這本開創之作整合了政治史、文化史與思想史，並藉由檔案史料、文獻集、會議記錄、官員備忘錄、各國各時期的報章雜誌、日記、回憶錄、通聯紀錄、學術出版品，以及對政府官員與國會議員的訪談資料，拼湊出波蘭立陶宛聯邦這個近代史上最龐大的歐洲國度，如何與為何變成了今日的波蘭、烏克蘭、立陶宛與白羅斯。

——**哈佛大學烏克蘭研究中心**

提摩希．史奈德是有史以來最好的烏克蘭與波蘭專家之一。如果你想要理解我們複雜的歷史，或是俄羅斯對烏克蘭的侵略，你鐵定要跟他來一趟我們這區域的歷史之旅。在認識東歐的旅程中，沒有比他更好的嚮導。

——**維特多．沙博爾夫斯基，波蘭報導文學作家**

目次

第二部：危機四伏的烏克蘭邊境

第三部：重建波蘭人的家園

出版緣起

◎衛城出版編輯部

我們為什麼必須認識東歐？或許對多數人來說，這塊北起波羅的海，南至黑海，東西橫亙於德國與俄國之間的龐大地區，既不是出國旅遊的熱門景點，也很少成為國際新聞的話題焦點，一般學校課本對東歐歷史、語言、文化與宗教的相關介紹更是少之又少。總之，東歐是個既遙遠又陌生的地方，既缺乏深入理解的動機，好像也與地表另一端的東亞扯不上關係。

直到俄羅斯獨裁者普丁揮軍入侵烏克蘭。

對這世界上的許多人來說，二〇二二年二月二十四日爆發的俄烏戰爭是一個宛如大夢初醒的「清澈時刻」。在西方世界，這場戰爭終結了戰後歐洲長達數十年的和平，成為團結西方的劃時代事件，更印證了東歐歷史學家提摩希・史奈德（Timothy Snyder）二十年前的預言為真：他認為烏克蘭這個國家的未來，正是二十一世紀歐洲能否長治久安的關鍵。

俄烏戰爭這顆地緣政治的震撼彈，也波及到遠在地球彼端的東亞世界。即便隔著大陸與大洋，生長在臺灣的你我也能感受到俄烏戰爭的衝擊。從物價因為國際原物料上漲與國際產業鏈重組而上漲，到波蘭捐贈疫苗、立陶宛的外交相挺與烏克蘭總統澤倫斯基向國際呼籲應該幫助臺灣抵禦中國侵略，相關影響一件接著一件，保守估計未來幾年仍會持續發酵。我們開始發現，原來全世界都把目光同時投向東歐與東亞，都在關注臺灣會不會成為東亞的烏克蘭。

我們也發現，原來臺灣與東歐的距離比原本所想的更近，而我們對東歐的理解也遠比自己願意承認的更少。為此，許多人開始想重新認識東歐，惡補對東歐認知地圖的一片空白。東歐人是誰？他們有著怎麼樣的過去？又是如何看待現在與未來？

「在認識東歐的旅程中，沒有比提摩希・史奈德更好的嚮導。」波蘭報導作家維特多・沙博爾夫斯基（Witold Szabłowski）這麼說，這也是為什麼我們要閱讀史奈德，才能跨越時間、空間與心理上的三重隔閡。史奈德筆下的東歐史著作有一個特點，就在於他從來不僅止於書寫一國一地，而是賦予了讀者跨越單一國族疆界的區域性、全景性視野，看見東歐多民族背後錯縱複雜的歷史。

於是，閱讀提摩希・史奈德的著作，就成了另一個宛如大夢初醒的「清澈時刻」。二〇二二年推出的《血色大地》，聚焦東歐地區上個世紀的政治苦難，讀後便能明白東歐各國人民當年是如何在共產蘇聯（與納粹德國）的手裡受苦受難，以及今日對俄羅斯的侵略野心為何有這麼大的反彈與責難。

走過血色大地的死亡深淵，下一步就是看見東歐如何重獲新生，這也是二〇二三年出版《民族重建》的宗旨。這本書會告訴我們，除了外來強權的戕害，東歐內部各民族又是如何認識彼此、看待自己？波蘭人、烏克蘭人、立陶宛人與白羅斯人過去曾為了處理歧見而動輒血腥清洗、兵戎相見，為何能在今天走上和解共存的全新路線？

拜史奈德的著作所賜，我們終於明白為什麼必須認識東歐。不僅是出於地緣政治變局的急迫性，更是因為東歐過去四百年來的歷史經驗其實深具普世意義：無論是處理複雜民族認同的政治實驗，在帝國強鄰夾縫中求生存的外交考驗，還是從威權轉型成民主自由社會的寶貴經驗，在在都值得全世界的現代主權國家借鑑。

如果東亞的未來其實與東歐緊密相連，那我們就更有理由回首東歐的過去，看見東歐人對於自我認同的叩問與實踐。在膚色、語言、宗教、文化乃至環境上，我們與東歐之間確實有著很大的不同，卻可能面臨著相似的歷史課題，共享同樣的價值，乃至於追求同樣的願景。正如史奈德曾經說過的睿智哲言，想要瞭解一個族群的遭遇，往往必須認識另一個族群身上發生了什麼事。看見東歐，是為了更瞭解自己。

認識東歐的前世與今生，不僅僅是基於求知欲與普世人道主義精神，更是因為我們開始明白，東歐今昔所發生的一切，其實也可以與你我有關。它不是我們所有問題的解方，而是在向我們探問未來究竟該走向何方。

導讀

迎向當前與骷髏共舞的誘惑

房慧真（作家）

二〇〇八年歷史學家東尼．賈德（Tony Judt）被診斷出罹患漸凍症，無法再提筆寫作。深秋暮冬，提摩西．史奈德接受賈德的邀請，每個星期四從紐哈芬搭火車到紐約的賈德住所，兩個人用對談的方式合寫一本書——《想想二十世紀》。兩個不同世代的歷史學家，治史同時不忘關注現世，都曾是漢娜．鄂蘭獎得主（賈德二〇〇七年，史奈德二〇一三年）。史奈德問起賈德關於學術道德與歷史倫理，賈德的回答令人印象深刻：

> 放在第一位的是，你不能為了眼前的目的而去捏造或者剝削利用過去。如今許多歷史學者確實都把歷史視為可以運用在政治論辯上的一種練習。核心問題是要揭開某些被常見的敘述所掩飾的過去：匡正某些對過去的錯誤解讀，通常是為了迎合當前的成見。眼見時下許多人做出這種行為的時候一副滿不在乎的無恥態度，我覺得很讓人沮喪。這種行為如此明顯地背叛了歷史的目的，也就是要瞭解過去。

「不能為了眼前的目的而去捏造或者剝削利用過去」，放在《民族重建：東歐國家克服歷史考驗的旅程》也同樣成立。史奈德特別在〈導言〉提到「歷史大敘事」，其弊病正是為了眼前目的剝削利用過去，而「這種偽歷史的氾濫往往會讓對手熱衷於尋找反證」。二〇二二年俄烏戰爭，俄羅斯要證明自己師出有名，必須從過往歷史找出自己才是十三世紀基輔羅斯文明的繼承人（同理，烏克蘭也可找出反證）。過去的歷史成了現世的提款機，一九五四年蘇聯慶祝烏俄「重新統一」三百週年，可回溯至一六五四年，烏克蘭哥薩克首領博赫丹．赫梅利尼茨基，因為不滿波蘭人的統治，宣誓效忠沙皇，對「波立聯邦」發動戰爭，戰後哥薩克人非但沒取得獨立地位，還被大俄羅斯吞吃成為「小俄羅斯」，俄羅斯與烏克蘭漫長而糾纏不清的歷史從此開始。

欺負人的胖虎始終在側，奇怪的是，在獨立建國的過程，烏克蘭人的假想敵始終是波蘭人，而非俄羅斯人。一戰之後昔日帝國紛紛瓦解，民族主義興盛，烏克蘭人試圖獨立建國而未果，一九二一年波蘇戰爭後簽訂《里加和約》，烏克蘭被分成兩半，西邊歸波蘭，東邊在蘇俄的扶持下成立蘇維埃烏克蘭。東邊日出西邊雨，東邊以為他們是幸運的，隨後一九三〇年代東邊接連發生死了五百萬人的大饑荒與史達林的大清洗整肅，東邊的菁英不是被處決就是被流放，但東邊和西邊的烏克蘭人仍認定蘇聯是朋友，波蘭是敵人。很長一段時期，波蘭都是烏克蘭想要擺脫掉的「影響之焦慮」，眼光始終投向一五六九年被劃入「波立聯邦」後由波蘭貴族統治的屈辱，看不見眼前的現實。二〇二二年俄羅斯入侵，烏克蘭人流離失所，收容最多難民的卻是波蘭。這樣充滿矛盾的「諷刺」在《民族重建》一書中無所不在，因為「民族」的概念是一個漫長演進、枝蔓龐雜的過程，並非簡單的線性史觀，史奈德特別強調「意外、偶然和運氣在歷史上所扮演的重要性」。例如在族裔群體的規模上，白羅斯明明比立陶宛有勝算，但立陶宛民族運動者成功，白羅斯民族運動者卻失敗的例子，勝敗關鍵原來在語言學上的差距，而這些往往不見於民族形成的大敘事──「族裔群體即是民族原形」的主流論述中。作者也以詩人亞當．密茨凱維奇（Adam Mickiewicz, 1798-1855）為例，他的出生地是立陶宛大公國，母語為波蘭語，族裔為白羅斯人。詩人從未踏進波蘭華沙一步，死後詩歌卻成了波蘭民族主義的傳播媒介。詩人心懷波立聯邦，立陶宛的民族主義卻用他來強化族裔認同，訴諸脫離波蘭讓立陶宛獨立。密茨凱維奇正代表波立聯邦的複雜性，他身上充滿歸屬的矛盾，正好讓後世民族主義者各造神話，各取所需。

不以後見之明的角度觀看歷史，史奈德將東歐史的起點錨定在混合式民族史觀「波立聯邦」成立的一五六九年。《民族重建》時間跨度甚廣，從一五六九年到一九九九年，回看四百三十年前歐洲近世最遼闊的多民族國家──波蘭立陶宛聯邦，基於共同的政治和公民權利結合在一起，並通過歐洲第一部憲法。當時「民族」的意義體現在公民身分與文明形態，而非現代民族主義用來定義的語言或族裔。史奈德認為當時的歐洲，其實與現在的歐盟相當類似。作者回首遙遠的過去，是企圖回答上個世紀末歐洲又出現大屠殺的疑問，一九九九年波蘭加入北約，同一年北約派軍轟炸東南歐，為什麼東北歐可以團結合作？昔日宿敵波蘭、烏克蘭能夠共同組織維和部隊進駐科索沃，南斯拉夫解體後的東南歐卻成了族群清洗的戰場。一九九五年七月，大約八千名波士尼亞穆斯林男性，在塞爾維亞部隊占領的雪布尼查被處決。九〇年代蘇聯解體後，二戰的血痕舊恨在某些政治菁英的煽動下蠢蠢欲動、浮出地表，「烏斯塔沙」（克羅埃西亞極端民族主義組織，在二戰時曾屠殺上千名塞爾維亞人和猶太人）的幽靈被重新召喚出來，成了塞族屠戮的藉口；另一方面，克羅埃西亞人也以同樣的方式回敬，塞族成了「切特尼克」（二戰期間塞爾維亞極端民族主義部隊）的邪惡化身。

二戰期間東北歐的族群清洗並不亞於東南歐，十六世紀的波立聯邦到了現代成了波蘭、立陶宛、白羅斯與烏克蘭，地理位置和史奈德另一本鉅作《血色大地：夾在希特勒與史達林之間的東歐》提到的一九三九年《德蘇互不侵犯條約》所劃下的俄羅斯以西、德國以東的範圍疊合。這塊「血色大地」在蘇聯解體後為什麼能躲過從二戰歷史血債中提款的命運？史奈德試圖要找出解答，族群清洗如何發生？更重要的是「國家之間的宿怨要如何化解？」

東北歐與東南歐的差別在於「一九九〇年代的南斯拉夫內戰，讓社會大眾得知克羅埃西亞人在一九四〇年代曾對塞爾維亞人進行過族群清洗；但一九四〇年代波蘭人與烏克蘭人之間規模與野蠻程度不相上下的清洗事件，卻只存在於專家的研究裡」。史奈德就是那個「專家」，一九四〇年代烏克蘭與波蘭雙向族群清洗的歷史，遲至二〇〇三年史奈德出版《民族重建》，才在英語世界首次被重點提及。並非這段歷史被塵封起來無人討論，波蘭與烏克蘭雙方的政治領袖都追著對方索討道歉與賠償，尤其在蘇聯剛解體時有一觸即發、越演越烈之勢。波蘭先伸出橄欖枝，一九九一年烏克蘭通過公投，宣告獨立，當時的美國總統老布希強力呼籲烏克蘭繼續留在蘇聯，波蘭是第一個力排眾議出來承認烏克蘭的國家。史奈德在本書用了不少篇幅處理波蘭如何在蘇聯解體後促成東北歐的穩定政治局勢，「國家之間的宿怨要如何化解？」波蘭是最佳代表。

要瞭解過去那段雙向族群清洗的歷史，才能知道一九九〇年之後的和平有多麼不易。大屠殺產生的條件當然有歷史上的遠因，遠至「波立聯邦」時期的壓迫統治，近至一九一八年波蘭揮軍鎮壓在勒維夫短暫成立的西烏克蘭共和國。儘管有這些前因，史奈德強調，關於族群清洗，「想去做」與「真正去做」是兩碼事，之間的距離相當遙遠，推動的力量來自一九三九年之後德、蘇的雙重占領，共構血色大地的史達林與希特勒這兩股外力。西烏克蘭的加利西亞、沃里尼亞在短短幾年的時間內面臨三次易主。以一九四三年成形的烏克蘭反抗軍為例，前身為一九三九年加入蘇聯民兵的烏克蘭人，在極權體制中學到人可以被分門別類，並依據他們的分類予以差別對待。一九四一年德國撕毀互不侵犯合約，往東邊進攻，德國占領後他們成為幫忙滅絕猶太人的納粹輔警，從德國人那裡學到整套大屠殺的技術。一九四三年這些前民兵、前輔警紛紛脫隊加入烏克蘭反抗軍，舉起烏克蘭的民族大旗屠戮波蘭人聚集的村莊。一九四三年七月十一日到十二日，烏克蘭反抗軍在短短十二小時襲擊一百六十七個地點，當時適逢東正教的慶典期間，這起慘絕人寰的屠殺就被稱之為「波蘭佬的血腥禮拜天」。

在沃里尼亞地區的情況尤其複雜。一七九五年波立聯邦瓦解後，加利西亞歸屬於奧地利哈布斯堡王朝，沃里尼亞則歸帝俄，帝俄施行暴政，並讓波蘭裔貴族繼續統治，於是「少數波蘭裔地主和廣大烏克蘭農民之間的仇隙越演越烈」。此地還有猶太人，在一九三九年蘇聯占領時期送去勞改營備受折磨，以致於一九四一年德軍進城時猶太人舉雙手歡迎，不曉得更大的厄運就等在後頭。

無論是史達林或希特勒都很懂得「分而治之」的統馭術，一九四一年納粹先是煽動烏克蘭人迫害波蘭裔，一九四三年又讓波蘭人反過來迫害烏克蘭人，德國對於波蘭而言有亡國之恨，但仍無礙於族群清洗後倖存的波蘭裔加入德國輔警，好拿起武器對烏克蘭人展開報復，屠殺回去，「這些穿上德國制服的波蘭人，對遠在倫敦的波蘭流亡政府來說毋寧是一種叛國者，同時這些人的報復行為進一步坐實了烏克蘭反抗軍的政治宣傳，讓烏克蘭人更加相信波蘭人就是烏克蘭的敵人。」

一九四四年，勒維夫重歸紅軍懷抱，在蘇聯政策下的民族疆界，以相當粗暴的「人口大交換」的驅逐方式讓波蘭歸波蘭，烏克蘭歸烏克蘭。史達林把整個民族的所有人口遣返到屬於他們的「民族故土」，將家族世世代代都居住在勒維夫，卻被「分類」為波蘭人的居民往西強制遷徙到戰後的波蘭。例如波蘭著名詩人札加耶夫斯基出生於勒維夫，未滿周歲就隨著家人長途跋涉，轉移到波蘭境內的工業城市格利維策。當時史達林給的選擇有兩條路，不是拔根西遷成為「新波蘭人」，就是往東進到西伯利亞勞改營。單一民族國家成了二戰之後的主旋律，對蘇聯而言也有方便治理的實用性質，因為「外來民族就是造成政治不穩定的原因，而為了解決這個不穩定因子，就必須讓各民族人口生活在各民族的領土上」。波立聯邦遺留下來具有彈性與政治寬容性的「民族」概念，至此蕩然無存。

二〇二一年十一月十八日，駐立陶宛臺灣代表處正式在立陶宛首都維爾紐斯掛牌運作，是臺灣第一次在非邦交國，以「臺灣」為名義設立的代表處。疫情期間立陶宛數次捐贈疫苗，頻頻對臺灣釋出善意，但我們足夠瞭解立陶宛嗎？如今的立陶宛只有約三百萬人口，和愛沙尼亞、拉脫維亞並稱為波羅的海三小國，已不復中世紀立陶宛大公國、近世波立聯邦的規模。現今的首都維爾紐斯，直到二戰結束之前，仍以波蘭裔與猶太人占絕大多數。維爾紐斯曾是猶太文明重鎮，往昔被稱為北方的耶路撒冷。二戰期間在所有被德國攻陷的國家中，最早開始屠殺猶太人的就是立陶宛，九〇%的猶太人在大屠殺中死去，八〇%的波蘭裔在史達林的人口交換政策中被強制遷離，當地世世代代的猶太與波蘭文化也徹底滅絕，於是有了今日以立陶宛人口為主的「純粹」立陶宛。純粹得來不易，背後是大屠殺與流離失所，史奈德再次強調「民族認同絕不是由族裔決定的必然命運，而是在具體的歷史情境下做出的政治抉擇」。

建構國家認同總少不了民族神話的渲染，史奈德提到，無論是創造還是拆解神話都是誘人的舞蹈，「就算脫身之後也很難找回自己的節奏。亡靈的氣味也要許久才會散去。」陷入這樣的漩渦，就像與骷髏共舞，「一旦音樂開始演奏，舞者就很難擺脫那輕柔的虛假懷抱，但他很快就會發現，讓枯骨娉婷的其實是自己的舞步。」這是提摩西．史奈德以史家的清醒，給予現世最好的提醒。

導讀

那些多麼令人傷心的民族主義

陳嘉銘（中央研究員人文社科中心副研究員）

十六到十八世紀的「波蘭立陶宛聯邦」是個迷人的政治體系。它是近代歐洲版圖最遼闊的王國，涵蓋了今日的立陶宛、波蘭、烏克蘭和白羅斯，統治和兼容了多種語言、族群和宗教。它擁有傲人的文明和先進的共和國憲法。數量龐大的貴族階級擁有廣泛的法典化的政治權利。這些貴族可能來自立陶宛、波蘭或者今天烏克蘭的首都基輔，但是他們的共同語言是波蘭語。因為波蘭語在這個區域被認為是唯一可以寫出優美詩歌、精確法律和哲學語言的文明語言。波立聯邦的貴族公民階級共同組成了波蘭民族（Polish Nation），稱呼自己為波蘭人。

身為波蘭人或者波蘭民族，在這塊土地上，長久以來指的是貴族、公民和文明的三合一身分，而不是族群或者語言身分。一位來自立陶宛的貴族，既是立陶宛人也是波蘭人。在近代歐洲，屬於什麼階級、信仰什麼宗教，比說什麼語言、屬於什麼族群重要許多。一個小區域常有多種族群混居。多數農民沒有清楚的族群身分，說不同語言的人常住在一個村落，一起長大、一起務農。

但是在一九四〇年，這個區域的人們卻都接受了「一塊土地只屬於一個民族，每個人只會正好屬於一個民族」這樣的觀念。到了一九七〇年，只剩下一種現代民族性的概念在波蘭社會運作：

「每個波蘭人都必然是波蘭公民，都屬於波蘭族裔，而且很有可能是一位羅馬天主教徒。」如果現代的波蘭人遇到十七世紀的波蘭人，必然會對彼此稱呼的「波蘭人」瞠目以對。為什麼僅僅在一百五十年間，民族這樣的身分範疇就發生如此重大的改變？

提摩希・史奈德（Timothy Snyder）將這本書分成了三個部分，對這個區域提出三個意義重大的叩問：「民族是在何時出現？族群清洗為何發生？國家之間的宿怨又要如何化解？」過去也有歷史學家試著回答這些大問題，但是他們宏觀敘事，往往缺乏史奈德掌握幽微細節的歷史敏感度。

史奈德提出了三個精彩的論點回應這三個問題：

一、**歷史案例的具體細節很重要**。史奈德常用詩人、英雄、紀念碑、符號、自傳、以家族或者村落為中心的微小歷史去論述他的論點。為了解釋結果為何發生，無法預期的事件、政治領袖的人格、政治決策、強權間的競爭和運氣等因素都很重要。它們不只和社會及人口因素一樣重要，甚至更加重要。因為歷史偶然性和個人能動性扮演重要的角色，社會科學家很難用民族主義通則掌握這本書。

閱讀書中的英雄常常讓人如癡如醉。史奈德的英雄包括了十九世紀上半葉的詩人亞當・密茨凱維奇（Adam Mickiewicz）。他的作品無比壯闊和深邃，波蘭人、立陶宛人和白羅斯人競相把他當作自己最偉大的民族詩人。密茨凱維奇就是他們的拜倫和歌德。但是密茨凱維奇的精神故鄉是波立聯邦，不是讓他陌生的現代波蘭、立陶宛或白羅斯。史奈德的英雄也包括了冷戰時期流亡巴黎的波蘭知識分子耶日・吉德羅伊奇（Jerzy Giedroyć）。他創辦的《文化》（*Kultura*）雜誌，洞燭機先，早在蘇聯瓦解前四十年就一點一滴地深刻改變了波蘭人對東部邊界的看法。他說服波蘭人不僅該放棄收復二戰失去的龐大東部領土，而且該支持烏克蘭、立陶宛和白羅斯民族獨立建國。

二、**現代世界的民族認同，主要仰賴歷史，而不是仰賴傳統或文化**。知識菁英對歷史的選擇性挪用構成了現代民族的核心。民族主義者雖然重視歷史，但他們不是要延續傳統生活方式、文化或者社群在地記憶。在十九世紀，知識菁英想像出了以語言族裔為基礎的現代波蘭人、立陶宛人和烏克蘭人。但是波立聯邦兼容並蓄的傳統和文化，卻和這些民族主義格格不入。這些民族主義只能跳過波立聯邦，忽略傳統和文化，回到真實性不明的中古世紀，建構自己的民族敘事。一次大戰後，帝俄瓦解，波蘭和立陶宛擺脫政治壓迫，各自成立民族國家。但是知識菁英以語言和歷史想像出來的這些民族，他們之間的政治爭議轉瞬即帶來慘痛的後果。

三、**粗暴的政治力量和苦難經驗讓人民成為民族**。知識菁英創造出來的民族歷史敘事只是理念的材料，不一定能驅動平民的民族認同。在納粹德國占領期間，納粹發給每個人身分文件，強制註明了民族身分，平常渾沌的身分被強暴地區分開來，而且常常張冠李戴。這個區域接下來發生的多次族群清洗或者強制遷徙，這些文件將決定每個人的生死。烏克蘭民族主義組織為了實現烏克蘭土地上只有烏克蘭人的戰略，大規模族群清洗波蘭人。他們掌握每個家族清單，一個村落一個村落的屠殺，許多村民被斬首、絞殺、剝皮、燒死或者心臟被挖出。倖存者的記憶留下難以述說的恐懼和傷痛。波蘭也以族群清洗報復，並在二戰後展開「維斯瓦行動」，強制烏克蘭人遷徙，射殺許多不配合的烏克蘭村民。這塊土地上原是各處住著波蘭人和烏克蘭農民，結果這些從小相處的鄰居玩伴，卻成為彼此族群清洗的對象。

如果民族主義的歷史，只是經過挑選的過去所建構的歷史，為什麼現代民族終究刻進了東歐人民的內心？史奈德寫下了他最尖銳的觀察：「當我們關注個體記憶，就會看見民族記憶中的虛假成分，也會看見這些集體苦難讓連貫一致的民族神話變成無可避免。」*史奈德認為，「或許沒有比同時是施行族群清洗的人和被清洗的人更能將人『民族化』（nationalizing），他們需要去忘記某些事和記得某些事，需要去悲悼某些事和正當化某些事。」既是被害者也是加害者，逼得這塊土地的人們不得不去記憶某些事，遺忘某些事，不得不去主張正當性和悼念某些事，凡此種種讓人民終究成為民族。現代民族想像帶來解放、瘋狂和苦難，最後也是它幫助人民走過此世最艱難的過程。

儘管過去有過如此深刻的歷史傷痛，這些東歐國家彼此卻在蘇聯瓦解後成為十分友好的國家，它們是怎麼辦到的呢？波蘭在此扮演了關鍵角色，我們終於見到吉德羅伊奇四十年來的努力開花結果。波蘭在蘇聯解體前就先承認立陶宛和烏克蘭的獨立主權，早在一九九一年就提出以「歐洲標準」的法律框架處理民族爭議，主要訴求包括：承認各國既有疆界、各國給予少數民族文化權、少數民族的命運是各國內政問題、不以改變邊界的方式處理少數民族問題、談論外交時不討論歷史。這個框架奠定了今日波蘭、烏克蘭和立陶宛友好的基礎。

史奈德的觀察非常犀利：波蘭外交主張的創新之處在於它深刻理解民族主義，並將這股力量導向維持地區穩定的方向。波蘭菁英既要防範自己變成東歐鄰居眼中的民族帝國主義，也需要東歐各國一起防範俄羅斯。他們並不認為可以迴避民族問題，但是他們認為只有在解決國界問題之後，各國才有可能共同面對歷史真相和歷史正義等困難問題。在波蘭菁英眼中，以現有邊界為基礎的國家利益，高過於民族利益。著眼未來，在國際現實處境中，東歐各國在國家利益上必須充分合作。

經歷幾個世紀的苦難，歷經民族主義的救贖和瘋狂之後，這塊土地開出了回應民族主義的深刻智慧，十分值得我們認真瞭解與思索。

＊編註：為了方便讀者理解，中譯本以更白話的方式處理這段譯文，並譯成如下：「當你去探問當事人的記憶，你就會得知整個民族所相信的版本裡存在有多少謊言，同時也會理解整個民族為什麼會為了逃避這巨大的苦難，而去編造神話粉飾太平。」

民族重建

東歐國家克服歷史考驗的旅程

THE RECONSTRUCTION OF NATIONS

POLAND, UKRAINE, LITHUANIA, BELARUS, 1569–1999

TIMOTHY SNYDER

題獻給

瑪麗娜·布朗·史奈德（Marianna Brown Snyder）

與蓋伊·伊斯泰爾·史奈德（Guy Estel Snyder）

以此紀念

露西爾·費雪·哈德利（Lucile Fisher Hadley）

與赫伯特·米勒·哈德利（Herbert Miller Hadley）

導論

民族是在何時出現？族群清洗為何發生？國家之間的宿怨又要如何化解？

本書以歐洲近世*最遼闊的國家，波蘭立陶宛聯邦（Polish-Lithuanian Commonwealth，以下簡稱波立聯邦）成立的十六世紀為起點，追溯現代民族形成的軌跡。波立聯邦的民族是由信奉天主教、東正教和新教的貴族組成。這些來自波蘭、立陶宛與東斯拉夫地區的貴族，基於共同的政治和公民權利結合在一起，並以拉丁文或波蘭文稱呼自己屬於「波蘭民族」。他們毫不猶豫地認為，官方用語、日常口說、文學與宗教儀式的語言不一致，是理所當然的自然現象。到了十八世紀，波立聯邦遭到三大帝國強鄰瓜分，一些愛國人士才重新將「民族」（nation）和「人民」（people）的概念連結在一起，並以人們所說的語言來區分民族身分。直至二十世紀末，也就是本書的結尾，波立聯邦的核心地區已經成為了波蘭、烏克蘭、立陶宛和白羅斯等四個以民族命名的國家。此時主流的民族觀已經認定，國家邊界應該區隔語言社群，且日常口說、政治制度和宗教信仰的語言也得要一致。那麼，這支近世的單一民族，是如何變成現代的四個民族呢？

---

* 編註：本書將 early modern 一詞統一翻譯成「近世」，modern 翻譯成「現代」，以區別兩者在時間上與概念上的差異。

我們將從三個階段探究這四個民族概念的發展。這三個階段分別是：一、近世的波立聯邦時期（一五六九到一七九五年）。二、十九世紀的帝國瓜分時期（一七九五到一九一八年）。三、各國一度獨立，隨後又淪為缺乏自主性的蘇聯加盟共和國的時期（一九一八到一九三九年）。我們會在這段歷程中看到，近世的波蘭民族在波立聯邦瓦解後依然存在，並在帝國瓜分下活躍了好一段時間，直到十九世紀晚期才開始消散。即便是十九世紀晚期之後，在帝國統治的脈絡底下所出現的「族裔民族主義」（ethnic nationalism）*式現代民族觀，依舊會與前述根源自近世波立聯邦的傳統愛國主義互相競爭，並一路延續至第一次世界大戰後的政治局勢。一次大戰之後，四個民族紛紛獨立建國，強迫當地人對身分做出選擇，也緊縮可能的身分歸屬選項。此時以族裔為中心的現代民族觀雖已成為主流，卻還稱不上屹立不搖。直到第二次世界大戰時的組織化暴力，才徹底打破了「不同人民可以結合成一支民族」的前現代觀念。因為正是二戰期間的族群驅逐、滅絕和清洗，摧毀了各個地區的歷史，清空了原本容納多元文化的城市，為現代民族主義大開方便之門。大規模屠殺和菁英的顛沛流離也切斷了當地與過往傳統的連結。為了證明這項主張，本書將會深入探索波蘭人和烏克蘭人在二戰期間的歷史經歷，檢視雙方互相進行族群清洗的原因：經過蘇聯和納粹的四年占領後，烏克蘭人和波蘭人又彼此清洗了四年，導致超過十萬人喪生，一百四十萬人流離失所。這一切是怎麼發生的？到底是民族主義造成了族群清洗，還是族群清洗把人變成民族？

民族國家能否面對這樣的歷史？經過族群清洗這麼殘暴的實踐手段，現代民族觀的訴求還能找到和平的發展方向嗎？這些都是一九四〇到一九九〇年代人們所面臨的課題。一九八九年的東歐劇變後，[†]波蘭、立陶宛、白羅斯和烏克蘭之間充斥著下一波民族衝突的隱憂：帝國瓦解、缺乏歷史正當性的邊界、躁動的少數族裔、收復失地的主張、充滿憂慮與恐懼的社會菁英、新興的民主政治、族群清洗的記憶，以及宣稱衝突無法避免且恆久不變的民族神話。在這樣的背景考驗下，波蘭提出了容納現代民族觀念的「對東政策」，進而塑造了穩定的地緣政治秩序：該政策不斷預期蘇聯瓦解，也加速蘇聯的和平瓦解過程。最能證明波蘭政策成功的證據，就是西方世界對於本書接下來將討論的民族衝突與族群清洗一無所知。在一九九〇年代發生武裝衝突與內戰的地區，例如南斯拉夫，西方人才終於補課學到東歐的二戰經驗與所謂的古老仇恨究竟為何物。相較之下，西方世界對於東歐劇變後享受到和平與繁榮地區，例如波蘭，卻總是大談「重返歐洲」的歷史敘事。波蘭順利加入西方世界一事，確實也是波蘭政策成功的另一明證。一九九九年，北約同時承認波蘭和轟炸南斯拉夫，正是東歐成功案例與失敗案例的鮮明對比。當全世界都在關注塞爾維亞與其鄰邦的衝突，波蘭和烏克蘭卻能共同組織維和部隊，進駐到科索沃地區。為什麼在這個時刻，東南歐會如此四分五裂，東北歐卻能夠團結合作？

---

* 編註：這種觀點認為民族應該是根據相同的語言、宗教信仰或血脈等共同傳統來定義，即藉由族裔來決定所屬民族。

† 編註：指一九八九年發生在東歐各國的一連串革命事件，最終導致東歐共產政權垮臺，乃至於蘇聯解體。

時代

現代民族在何時出現？族群清洗為何發生？民族國家間又該如何和平共處？這三個問題都和本書所選定的時代（一五六九到一九九九年）有很深的關聯。近世波蘭民族誕生於西元一五六九年。那一年，波蘭和立陶宛的貴族們簽署了一項著名協議：《盧布林聯合》（Lublin Union），建立了波蘭立陶宛聯邦。接著，兩地貴族組成單一議會，共同選舉君王，雙方的文明也逐漸相融。不過，波蘭王國和立陶宛大公國仍保有各自的法令與行政體系，彼此之間仍維持邊界。兩國疆界在《盧布林聯合》中以有利於波蘭的方式重新議定，將立陶宛南邊的大片東斯拉夫地區劃給波蘭。這麼做不但拆散了東斯拉夫的貴族和平民，也區分了如今的烏克蘭和白羅斯疆界。雖然《盧布林聯合》有著宗教寬容的精神，但同時也帶著改造當地教會的強烈野心。隨著東斯拉夫貴族脫離東方正統教會（東正教），改宗羅馬天主教（天主教），現今白羅斯和烏克蘭這兩塊土地上的貴族和人民，也因此出現了新的區別。也就是說，這些地方的貴族雖然統一成了波蘭民族，但也同時造成了社會階層之間新的分歧。而後來在一六四八年發生的烏克蘭起義，也奠定了波蘭、烏克蘭乃至於俄羅斯民族史的輪廓。

很少有人會選擇一五六九年作為東歐歷史的起點。大多數的波蘭、立陶宛、白羅斯、烏克蘭或俄羅斯民族史，都是從中世紀開始寫，看似一路不斷地發展到現在的民族樣貌。但要知道中間發生了什麼變化，我們最好接受在幅員遼闊的波立聯邦內，曾經產生過一個無可否認的近世民族，接著再細究它留給現代政治什麼樣的影響。這支民族當時雖然叫做「波蘭民族」，但「民族」的意義卻在於公民身分與文明形態，而非語言或族裔。將一五六九年當成起點，可以讓我們放下現代預設的民族成立條件，看清楚近世波蘭民族的凝聚力和吸引力。本書的重點在於民族而非國家，因此年代劃分也不同於各國常見的歷史書寫。好比波立聯邦儘管在一七九五年就慘遭列強瓜分，但十九世紀卻是波蘭文明「美好年代」，因此本書會將一八六三年當作波蘭近世政治進入終局的時間點，而非浪漫派、民族主義者或史學傳統上常用的一七九五年。一八六三年一月，波蘭貴族發動了最後一次抗俄起義，此後俄羅斯帝國開始挑戰波蘭文化與經濟在其西疆的支配地位。一八六三年起義之後，一大部分波蘭菁英也開始質疑自身政治體系和民族的傳統定義。他們吸收了少量的俄羅斯帝國行政官員和農民運動者，這些人也都認為民族應該是由宗教和語言界定。也就是說，唯有在一八六三年之後，我們才開始看見現代的波蘭、立陶宛與俄羅斯民族主義對近世波立聯邦的民族觀顯露敵意，白羅斯民族的概念也是在這時才開始萌芽。至於在波立聯邦被奧地利帝國瓜分的地區，類似的轉捩點則出現在一八七六年。那一年，俄羅斯帝國查禁了烏克蘭文出版品，烏克蘭民族的概念於是開始在奧地利境內匯聚與茁壯，埋下了奧屬加利西亞（Galicia）地區烏克蘭人和波蘭人之間相互對立的種子。

現代民族興起的過程中，過往歷史確實舉足輕重，但原因卻和現代民族主義者所宣稱的並不相同。我們在本書討論的所有現代民族主義，往往訴諸於虛構的延續性，虛構出從中世紀綿延至今的傳承，卻刻意忽略來自波立聯邦的近世傳統。我們將會看到，即便現代化理論無法解釋民族興衰成敗的關鍵細節，但現代化還是與民族主義息息相關。舉凡政治意識形態、民主政治、細緻的政治宣傳、大眾媒體、公共教育、人口成長、都市化和工業化，現代社會的各種特徵都在本書中占有一席之地。民族主義者和社會科學家都十分崇拜中央集權國家，前者預設中央集權國家在過去早已存在，後者雖然正確地將重點放在中央集權的前所未見與潛力，但有時仍不免誇大了現代國家的真正能力與完成度。國家就和民族一樣，都是特定時空的產物，但唯有當人民認可國家的力量，這份力量才具有正當性。本書中各個建構現代中央集權國家的嘗試，其實帶來了許多錯綜複雜且出乎預料的結果。有人建立國家，就有人摧毀國家，而國家毀滅的方式，經常會決定下一個世代的民族概念。國家初建之時，框架往往都模糊不清，例如許多蘇聯加盟共和國在剛創立時，民族政策朝令夕改，先是鼓吹民族復興，接著卻大量屠殺在民族復興中嶄露頭角的知識分子。另一個例子則是戰間期*的波蘭，雖然充滿雄心壯志，但對民族的定義卻充滿分歧，既無法同化邊境地區，也無法建立聯邦體制。直到二次大戰以後，波蘭才確立以單一族裔作為建國的正當性，但治理國家的卻是理論上要泯除民族區別的共產黨。因此，本書在處理二十世紀上半葉的歷史時，會將重點放在國家建構的經驗如何推進或妨礙民族概念的誕生。

到了二十世紀中葉時，本書所介紹的東歐地區已全被納粹德國和共產蘇聯這兩種極端的中央集權國家占領。兩國帶來的統治制度不僅嚴重戕害了這片土地上的人民，也背離當地傳統的政治運作。因此本書不僅關注東歐人在一次大戰後是否成功建立起民族國家或類似的政治體制，更著重他們於二次大戰期間的遭遇。二次大戰徹底摧毀了殘餘的近世民族概念，將現代的民族主義發揚光大。因此，儘管兩者都是歷史的轉折點，但一九四五年遠比一九一八年重要。現代的民族主義在一八六三年後就已納入全體人民（原本僅局限於貴族），然而全體人民卻是在一九四五年才接受現代的民族主義。有鑑於此，本書選擇以一九九九年而非一九八九年作為斷代終點。相較於波蘭取回主權的一九八九年，以及白羅斯、立陶宛和烏克蘭紛紛獨立的一九九一年，一九九九年其實更適合作為波蘭民族的階段性歷史句點，因為那一年北約正式接受了波蘭。加入北約不只證明波蘭已經成功蛻變為現代民族國家，更是對波蘭妥善處理敏感民族問題的獎勵：藉著支持自身和俄國之間新成立的民族國家，波蘭順利成為了西方世界的一分子。本書從一五六九年寫到一九九九年，前者是近世波蘭向東擴展的關鍵之年（這股東進之勢直到一九四〇年代才徹底終止），後者則是波蘭擁抱西方安全體系與西方政治認同的起點。

疆域

本書對於疆域的概念並非源自於二十世紀的民族國家或十九世紀的帝國，而是來自一五六九年波蘭立陶宛聯邦所統治的土地。我會在第一部聚焦於「維爾紐斯」（Vilnius）這座城市，這裡曾是立陶宛大公國的首都與俄羅斯帝國下的省會，在一九二〇到一九三〇年代一度屬於波蘭，二次大戰

＊編註：戰間期即是指一次大戰結束後至第二次大戰爆發前的這段時期。

後又改隸蘇屬立陶宛。*而在今天，維爾紐斯是獨立的立陶宛共和國的首都。在此之前，波蘭人、俄羅斯人、白羅斯人就和立陶宛人一樣宣稱擁有這座城市，甚至就連猶太人都曾在納粹屠殺猶太人的「最終解決方案」之前稱其為「北方的耶路撒冷」。若用近世的政治民族框架來看，維爾紐斯是一座立陶宛城市，因為它是波立聯邦下立陶宛大公國的首都。但若就現代的民族框架而言，維爾紐斯一直要到二戰過後才真正屬於立陶宛，否則此前該城居民中立陶宛人的比例非常少，而且還是波蘭國土的一部分。因此我們在這一部所探討的重點，便是這座城市透過人口和文化如何成為現代民族意義下的立陶宛城市。

本書第二部會把焦點轉向東方的加利西亞和沃里尼亞（Volhynia）地區。這兩個東斯拉夫地區位於波立聯邦的中心地帶，在聯邦滅亡後則成為了周邊帝國的邊陲地區，並且都有著眾多波蘭與猶太居民。在十八世紀末對波立聯邦的三次瓜分中，俄國分得了沃里尼亞地區，加利西亞地區則落入奧地利手中。就和歷史上的立陶宛一樣，兩地都由波蘭人主導。直到十九世紀末，俄屬沃里尼亞的波蘭地主才終於在與俄羅斯人的競爭中落敗，奧屬加利西亞的波蘭人也和烏克蘭人勢力達成妥協。兩個帝國治下的波蘭民族主義者，都不再強調近世的波蘭民族認同，這給了烏克蘭民族運動機會。近世的波蘭民族認同，建立於個人與透過波蘭文表達的偉大文明成就之間的連結。波蘭的現代民族主義者則選擇將民族的概念轉移到人民本身，重新將波蘭人定義為許多族群之一，開啟了不識字農民也可以和他們正面競爭的大門。一次大戰後，加利西亞和沃里尼亞地區都被新興獨立的波蘭納入統治。儘管如此，這兩個地區在二十世紀初期其實仍舊大致保留了十九甚至十八世紀的傳統舊貌

（部分原因在於戰間期波蘭對烏克蘭民族主義的態度一直舉棋不定）。直到兩地自身的歷史脈絡在二次大戰中被徹底摧毀，現代民族主義才在此大獲全勝。加利西亞和沃里尼亞地區都在一九四五年加入了蘇屬烏克蘭。一九九一年烏克蘭獨立後，這兩地就成為愛國心最強烈的地區，成為今天人稱的「西烏克蘭」。

本書仔細檢視維爾紐斯、加利西亞與沃里尼亞地區，是為了以「長時段」（longue durée）的史學研究方法來釐清這段歷史變遷的細節。綜觀這些地區四個世紀以來的歷史，我們就可以知道這些地區的社會與經濟如何變化、各方軍隊如何在此陳兵交戰，還能理解此地人們如何在二十世紀遭遇滅絕、驅逐與流亡。如果我們鼓起勇氣停下來仔細觀察，受其觸動而不逃避所見，就能看清這些苦痛而真實的變化。我們會看見政治環境如何變化，如何在破碎後逐漸重組成全新的事物。考慮到維爾紐斯、加利西亞與沃里尼亞等的在一九四〇年代遭遇的轉變，本書第三部將轉而關注這些地區對一九八九年東歐劇變後新生獨立民族國家帶來的外交挑戰，特別是波蘭。波蘭在一九九〇年代的整體戰略是接受並承認東歐已經分化為現有疆界下的各個民族國家。這點在現今看來理所當然，但在當時卻是波蘭政治思想上的一大創新，更是共產主義結束後東歐外交上的少見特例。

＊　譯註：一九二二年，俄羅斯、白羅斯、烏克蘭及外高加索四個蘇維埃共和國成立蘇維埃社會主義聯邦，此後的加盟共和國原則上受蘇聯支配，缺乏自主權。為了易於區別各民族處境，一九二二年前的蘇維埃國家統一譯為「〇〇〇蘇維埃」，一九二二年後則譯為「蘇屬〇〇〇」。

為何不談猶太人、俄羅斯人和德意志人？

在烏克蘭的西南方，有一座城市名為科洛梅亞（Kolomya），位於過去的加利西亞地區。城中曾有座列寧雕像，城裡人在將它拆除時意外發現雕像的底座原來是用猶太人的墓碑所砌成。歷史上這座城市幾度易手，在一七七二年前屬於波蘭王國的魯塞尼亞（Ruthenian）行省，一次大戰前則屬於奧地利治下的加利西亞，二次大戰前又是波蘭共和國轄下的斯坦尼斯瓦烏夫省（Stanislawów）。一九三九到一九四一年，該城一度歸蘇屬烏克蘭所有，一九四一到一九四四年間又被納粹德國劃歸波蘭總督府管轄。然而無論歸誰統治，至少在納粹施行「最終解決方案」屠殺猶太人的一九四一到一九四二年以前，科洛梅亞一直都是一座猶太城鎮。一九四五到一九九一年間，這座城市重新遭受蘇屬烏克蘭掌控。而在共產黨統治的四十多年裡，當地就和整個東歐一樣幾乎看不見猶太人的身影。一九九〇年代以後，東歐開始出現國族史書寫熱潮。但這些新研究多半以二戰期間成形、接著被共產統治者確認的民族主義化東歐為出發點，猶太人的歷史因此一直被排除在主流東歐史之外。正如以色列的歷史書寫一直強調復國大業（Zionist project）的成功，忽略以色列政治與東歐的淵源，東歐的歷史書寫也將重點放在各自民族建立國家的過程，沒有給予猶太人應有的份量。當然總有值得一提的例外，而且近年來也出現了一些強調多民族觀點的著作。然而，這一類新嘗試雖然意義非凡，卻仍舊無法解決如何書寫歷史中的民族主義問題，甚至還可能會變成某種政治正確的多中心式民族主義，讓原本需要細心灌溉的歷史沃土，被各說各話的民族溝渠切得七零八碎。

既然如此，我為何不在副書名加入猶太人、德意志人和俄羅斯人呢？因為這本書的重點仍然放在現代波蘭人、烏克蘭人、立陶宛人和白羅斯人的民族概念，無意再涵蓋當代德意志人、俄羅斯人和猶太人的民族概念。我並非有意忽略，而是不敢托大。討論德意志民族史會偏離本書欲探討的重點，而本書提到的俄羅斯民族史，則著重於它和近世烏克蘭及立陶宛之間的關聯。至於猶太民族概念的成形，則必須以另一本專著處理，原因有以下五點：一、猶太人的歷史比斯拉夫和波羅的海民族來得悠久。二、如果要談猶太民族，就必須討論猶太人在波立聯邦中的社群自治，但這將會超出本書的範疇。三、猶太人邁向現代政治生活的契機，是瓜分波立聯邦的帝國在十九世紀廢除猶太人在聯邦內社群自治特權與法律上的差異待遇，以及（緩慢且不完整）地授予個人權利保障，而這段經驗和東歐其他人強調光復的民族主義政治大不相同，需要另外討論。四、二十世紀東歐各民族主義都堅持要有專屬的領土，也一直設法將舊波立聯邦領地再分割成各自的民族國家，但這對猶太人而言從來不是一個可能的選項。五、儘管猶太大屠殺和以色列建國的關聯，可以和本書其中一個主要論點相輔相成，但如此一來就會在地理上遠離本書主要討論的東歐區域，進而導致失焦。這兩者確實有共通與交織之處，但我們仍需要另一種不同的歷史研究，才能對猶太民族史做出適當的斷代與論證。

雖然本書不會深入探討俄羅斯、德意志和猶太人的民族史，但我也認為這些民族對波蘭、烏克蘭、立陶宛與白羅斯的民族史是不可或缺的存在。前述民族的二戰史常被當成各自獨立的主題，但本書將會致力呈現出一個共同的二戰史，特別是將「最終解決方案」整合進東歐的戰時與戰後歷史。我們會看到，一九四一到一九四四年間發生在維爾紐斯的猶太大屠殺，以及波蘭人在一九四四到一九四六年間被逐出維爾紐斯，這兩樁歷史事件如何為建構一座蘇聯治下的立陶宛城市提供先決條件。我們也會發現沃里尼亞的年輕人是先有了一九四二年猶太大屠殺的訓練，然後才在一九四三年大肆屠殺當地的波蘭人。除了來自納粹德國的屠殺，本書也不會忽略來自蘇聯的暴力。在烏克蘭與波蘭之間已經互相進行族群清洗的大背景下，蘇聯透過在波蘭執行族群清洗，也在一九四四年改變了民族政策。波蘭共產黨能在一九四七年成功建立單一民族國家，也是得到了蘇聯軍隊的直接協助和波蘭民族主義者的間接支持。我們同時還可以觀察到，納粹的「最終解決方案」、游擊隊的族群清洗、共產黨的族群清洗到共產政權確立之間，其實存在某種一脈相承的關係。

當代的東歐史研究成果無疑對本書有顯著的影響，但我採取了一種不同的框架來呈現東歐民族的歷史。首先，我要處理的是多民族的問題，而非創造或修正單一民族敘事。其次，本書將按時序推進來呈現歷史，而非以後見之明的角度觀看歷史，以避免將後世的政治概念投射在先前的時代上。第三，本書將著眼於特定空間，以便看清楚民族概念、民族主義運動與民族主義訴求的變遷，我也將因此特別著墨於現代讀者可能感到陌生的近世或混合式民族觀。第四，我也要強調意外、偶然和運氣在歷史上所扮演的重要性。在本書裡，民族的失敗（比如白羅斯）和成功同樣重要，因為兩者都透露出現代民族認同獲得政治成功的條件。第五，我會以當時人們據以思考、適應或抗拒的近世民族觀來呈現歷史上的民族英雄。最後，本書亦重新思考了被認為相互對立的意識形態，比如民族主義和共產主義之間的關係。這些大方向都不是我個人的原創，而是廣為東歐史家所接受的方法，我希望這本書不至於超出這些方法所定義的框架。

本書第一章到第七章的內容獲益於前人研究之處最多，不過我仍然提出了一些新的見解。比如浪漫主義無論在帝國統治、民族國家還是蘇聯時期，對近世和現代的民族觀影響都相當深遠。又據我所知，以前也沒有人系統性地將白羅斯民族建構的失敗，放在其他民族成功案例的脈絡中一併探討。我也是最早開始解釋維爾紐斯如何立陶宛化的學者。第八章開始則是以檔案研究和一手史料為基礎，除了提出新的主張，也討論了一些罕為人知的事件。本書第八章到第十章是英語學界中首次對一九四三到一九四七年烏克蘭與波蘭族群清洗進行全盤的探討。第十一章起則將波蘭在一九七〇年代提出的國家戰略、一九九〇年代初期實行的對東政策，以及整合進歐洲的成就連結起來。雖然關於南斯拉夫和東南歐政權的解體已經有過許多研究，這四章倒是首次有人處理波蘭如何促成東北歐的穩定政治局勢。綜合來說，本書統整了近世波蘭民族和繼承它的數個現代國家之間的關係。只有打破東歐與蘇聯，俄羅斯帝國與奧地利帝國等傳統上的區分方式，才能描繪出近世民族發展成現代民族的軌跡。

民族神話與歷史大敘事

本書在呈現東歐史的新觀點時，很少涉入民族神話的爭議。舉例來說，立陶宛與波蘭對一九二〇年波蘭軍隊攻陷維爾紐斯時發生的事有著各自既定的說法，而烏克蘭和波蘭對於一九四三年沃里尼亞地區的族群清洗也同樣各執一詞。對於這些民族間的爭議，雙方都提出了強而有力的論點，但對外人來說，這些說法綜合在一起卻還是不能回答所有的問題。為這些針鋒相對的民族神話找出折衷版本的敘事，固然具有外交上的重要性，卻無法協助歷史研究的推進。再多的折衷敘事都無法成就獨立性，但歷史研究卻必須在獨立的框架下進行。儘管任何框架都離不開政治，但是建立學術知識與挑戰神話顯然是不同的任務。反駁神話就像與骷髏共舞：一旦音樂開始演奏，舞者就很難擺脫那輕柔的虛假懷抱，但他很快就會發現，讓枯骨娉婷的其實是自己的舞步。創造與拆解神話是誘人的舞蹈，就算脫身之後也很難找回自己的節奏。亡靈的氣味也要許久才會散去。

出於同樣的原因，本書也不會花時間著墨興起於十九世紀、至今仍對許多歷史討論深有影響的民族歷史大敘事。舉例來說，現代的波蘭國民在口語上經常把近世的波立聯邦簡稱為「波蘭」，把它理解成類似現代波蘭國家的政體；而在俄羅斯人的幻想中，波立聯邦治下幾百年的東斯拉夫歷史，只不過是一段當地和俄羅斯「重歸一統」前毫無意義的序曲。這些觀點根本不是歷史，而是包裝成歷史的政治信仰，根本連錯的資格都沒有。這種偽歷史的氾濫往往會讓對手熱衷於尋找反證，好比說立陶宛人總能找出維爾紐斯在中世紀不屬於波蘭，而是屬於立陶宛的「證據」，而烏克蘭人也總有辦法「證明」比起俄羅斯，烏克蘭才是基輔文明的繼承人。與政治信仰爭執的風險就是你有可能陷入它的遊戲規則，但胡說八道和道八說胡一樣毫無意義，不可能找得到交集，只有各說各話。這些神話和歷史大敘事的辯證可以幫民族主義者鍛鍊思考，但只宜當作民族史的研究對象，不能當成研究方法。

態度與體例

製造民族神話和歷史大敘事的人說話往往顯得誠摯動聽，因為他們相信那些都是不證自明的道理。研究民族主義的學者，講話卻時常疏離又充滿諷刺；這是因為他們知道那些看似不證自明的道理，都有顯而易見的錯誤，就像是沒穿衣服的國王一樣。但真正的問題在於，為什麼國王就算一絲不掛也還會受人尊崇？部分的原因是諷刺帶有一種騙人失去警覺的性質。表面上，諷刺生動突顯了矛盾，但實際上反而確認了我們對世界運作方式的錯誤理解。諷刺的基礎在於我們已經將某些事物看作理所當然，因此我們熱愛諷刺其實只是因為我們對現狀缺乏警醒。比如說，斯捷潘・班傑拉（Stepan Bandera）這名重要的二十世紀烏克蘭民族運動者，一位希臘禮天主教會神職人員，其實成長在一個波蘭家庭並受洗為羅馬天主教徒，這點可以說十分諷刺。但我們應該將這樣的諷刺視為思考的契機，進而考慮到他的加利西亞出身，和波立聯邦遺留的近世傳統朝向現代轉型過程中的複雜性。同樣諷刺的，還有二十世紀上半葉最重要的波蘭政治家約瑟夫・畢蘇斯基（Józef Piłsudski）竟自稱為「立陶宛人」，以及波蘭幾乎每個人都會背誦的長詩《塔德伍施先生》（*Pan Tadeusz*）開頭那句：「立陶宛啊！我的祖國！」然而，如果我們對前述事例的關注僅停留在諷刺，就會從這些例子中得出錯誤的結論，以為民族的觀念純然是人為虛構或意外產生的，或是覺得這些事太複雜而難以解讀。但如果我們把這些諷刺，當作是歷史在邀請我們深入探索，就會發現波立聯邦所塑造的近世民族認同，在聯邦滅亡後仍以各種樣貌持續存在超過一個世紀。我認為諷刺是一種叩問的角度，卻無法真正取代答案；民族既不是信仰的寄託，也不是玩笑的題材，而應該是我們研究的對象。

本書選擇按照年代順序敘事。常有人批評，這種敘事體例傾向將「特定民族」寫得像是文學史詩中不斷經歷磨難與救贖的主角。這種批評確實有道理。我已在這篇導論中說明，一份具有批判性的民族史敘事可以從什麼主題、什麼時代、什麼空間和抱持怎麼樣的態度來書寫。然而，我這麼做並不是為了先挖好抵擋批判的護城河，而是因為要瞭解民族與民族主義，敘事史都是不可或缺的取徑。近來有關民族主義理論的論戰，都源自於少數社會科學家的傑出著作，而這些作品都是寄生在歷史學上。「寄生」這個說法或許難聽，但我要表達的是，社會科學家忙著分析民族主義的時候，其實都在不自覺地吸取歷史敘事的養分。如果歷史學研究能正視這些挑戰慢慢前進，寄生就能變成共生。畢竟，民族研究在經歷「建構主義轉向」（constructivist turn）之後所提出的問題，仍需進一步的歷史研究方能解答。正如來自社會學的批判能協助歷史敘事和政治保持距離，歷史也能幫助社會科學找到新的政治觀點。說到底，這兩門學科都難以避免為政治所用。舉例來說，如今有人為了維護重要的既得利益，努力想證明烏克蘭是在奧地利（或是德國、波蘭或任何國家）推動下「建構」出來的；也有人為了讓烏克蘭的獨立名正言順，致力於證明烏克蘭歷史從「本質上」就是源遠流長且毫無中斷。南斯拉夫戰爭過後，不時就會看到有人這麼主張：發動族群清洗的人，就是那些對血緣和歸屬感抱持著本質論觀點的人；但歷史研究卻顯示，最重要的清洗倡議者反而都對民族抱持著複雜細緻的建構主義觀點。民族的存在是政治正當性的一大基礎，這個簡單的事實牽連著每個從事民族研究的人——也正因為這個原因，研究者更應該互相合作。對於此番大業，歷史敘事可以提供年代順序、比較與連貫性研究，也就是歷史學家眾所皆知的天賦。不過到頭來，我們又要如何分辨哪些歷史敘事具有批判性和重要性呢？

＊　＊　＊

人們習以為常的觀點就像一層浮冰，覆蓋著黑暗的未知大海。如果一種敘事是像雨水一樣，落在平滑的冰面上，沿著阻力最小的路徑往下流淌，隨著寒風凝止，封住即將破裂的縫隙，最後讓浮冰更為結實，那就代表它和原本的觀念沒有出入。但如果有一種敘事能像破冰船一樣，靠著自己的動力航行，找出漏洞所在，並朝著那些地方前進的話，就要看它的船首是否尖銳，船身能否經受嚴寒、抵禦冷風的重擊？最後，它能否撞破浮冰，揭露深處的黑色海水，留下一條供人追隨的航道？

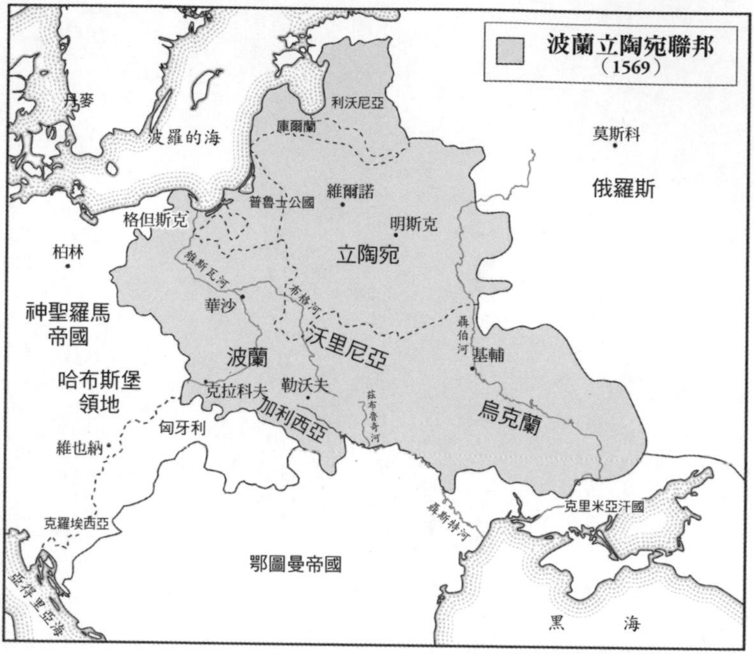

波蘭立陶宛聯邦
（1569）
利沃尼亞
庫爾蘭
丹麥
波羅的海
莫斯科
俄羅斯
普魯士公國
維爾諾
格但斯克
明斯克
柏林
立陶宛
維斯瓦河
布格河
華沙
神聖羅馬
帝國
沃里尼亞
聶伯河
波蘭
基輔
哈布斯堡
領地
克拉科夫
勒沃夫
蘇布魯奇河
加利西亞
烏克蘭
匈牙利
維也納
克里米亞汗國
聶斯特河
克羅埃西亞
鄂圖曼帝國
亞得里亞海
黑　海

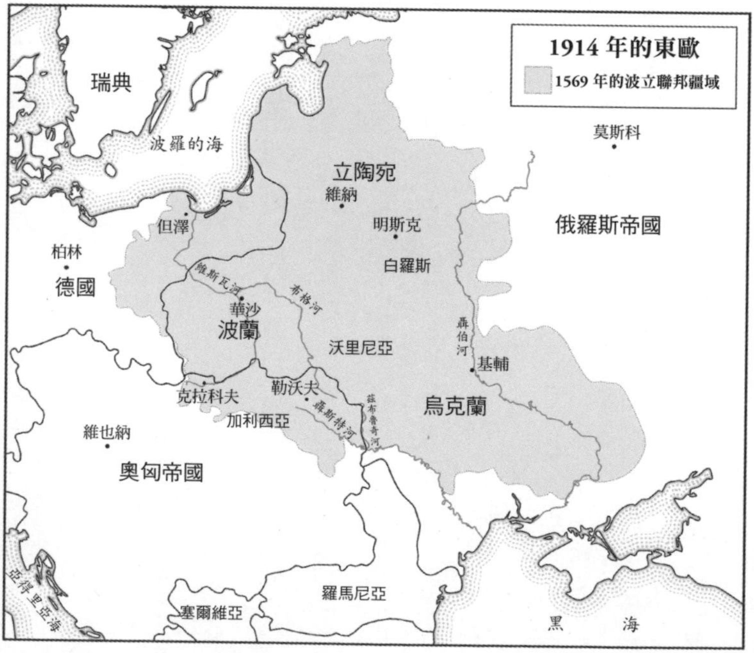

1914 年的東歐
1569 年的波立聯邦疆域
瑞典
波羅的海
莫斯科
立陶宛
維納
但澤
明斯克
俄羅斯帝國
柏林
白羅斯
德國
維斯瓦河
布格河
華沙
波蘭
聶伯河
沃里尼亞
基輔
克拉科夫
勒沃夫
聶斯特河
蘇布魯奇河
烏克蘭
加利西亞
維也納
奧匈帝國
羅馬尼亞
塞爾維亞
亞得里亞海
黑　海

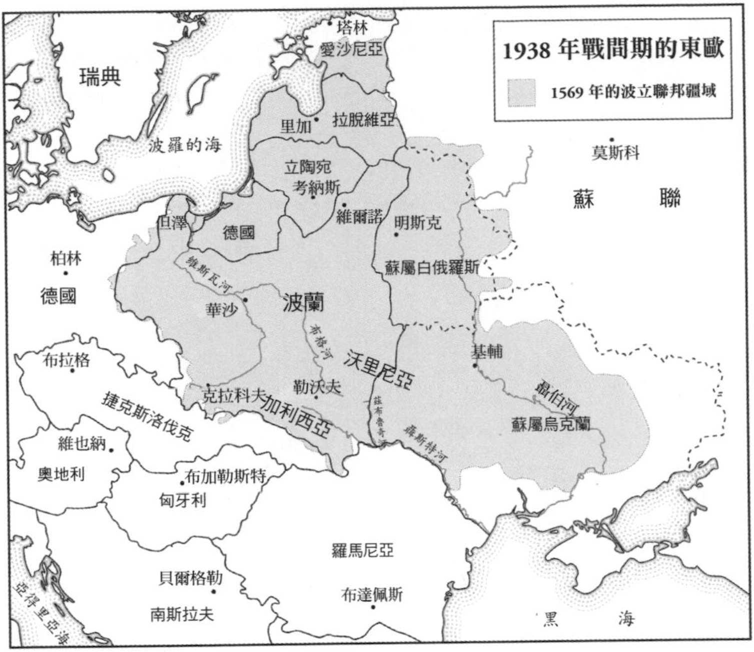
1938 年戰間期的東歐
1569 年的波立聯邦疆域
塔林
愛沙尼亞
瑞典
里加
拉脫維亞
莫斯科
波羅的海
立陶宛
考納斯
蘇
聯
但澤
德國
維爾諾
明斯克
柏林
德國
維斯瓦河
蘇屬白俄羅斯
華沙
波蘭
布格河
布拉格
沃里尼亞
基輔
勒沃夫
聶伯河
克拉科夫
加利西亞
捷克斯洛伐克
茲布魯奇河
蘇屬烏克蘭
維也納
聶斯特河
奧地利
布加勒斯特
匈牙利
羅馬尼亞
貝爾格勒
布達佩斯
亞得里亞海
南斯拉夫
黑
海

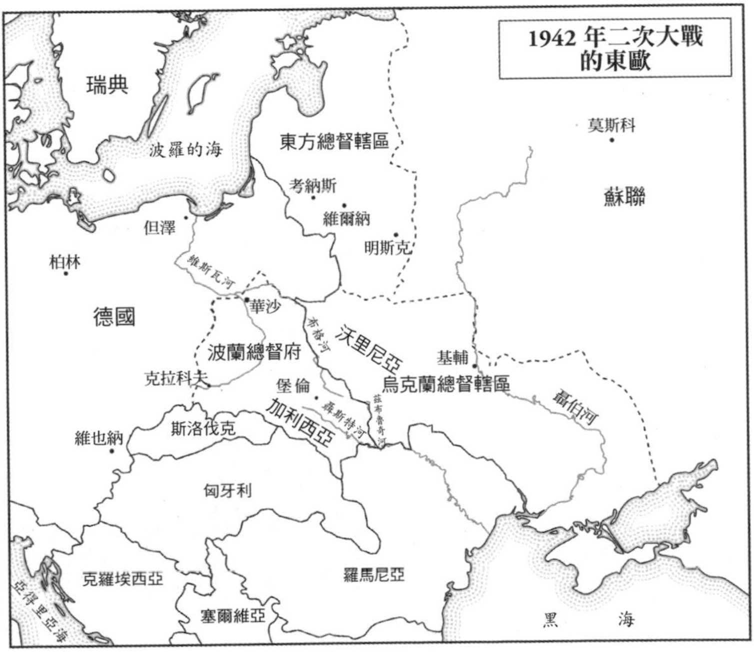
1942 年二次大戰
的東歐
瑞典
莫斯科
波羅的海
東方總督轄區
考納斯
蘇聯
維爾納
但澤
明斯克
柏林
維斯瓦河
華沙
德國
布格河
沃里尼亞
波蘭總督府
基輔
克拉科夫
堡倫
烏克蘭總督轄區
聶斯特河
聶伯河
加利西亞
茲布魯奇河
維也納
斯洛伐克
匈牙利
克羅埃西亞
羅馬尼亞
亞得里亞海
塞爾維亞
黑
海

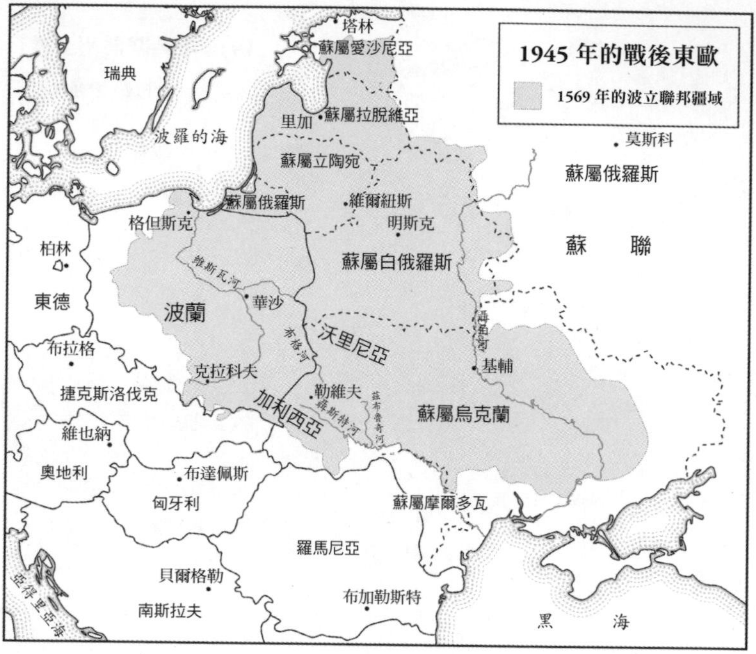
1945 年的戰後東歐
1569 年的波立聯邦疆域
塔林
蘇屬愛沙尼亞
瑞典
里加
蘇屬拉脫維亞
波羅的海
莫斯科
蘇屬立陶宛
蘇屬俄羅斯
蘇屬俄羅斯
維爾紐斯
格但斯克
明斯克
柏林
蘇　聯
蘇屬白俄羅斯
維斯瓦河
華沙
東德
波蘭
聶伯河
布格河
沃里尼亞
布拉格
基輔
克拉科夫
捷克斯洛伐克
勒維夫
茲布魯奇河
加利西亞
聶斯特河
蘇屬烏克蘭
維也納
奧地利
布達佩斯
匈牙利
蘇屬摩爾多瓦
羅馬尼亞
貝爾格勒
亞得里亞海
布加勒斯特
南斯拉夫
黑　海

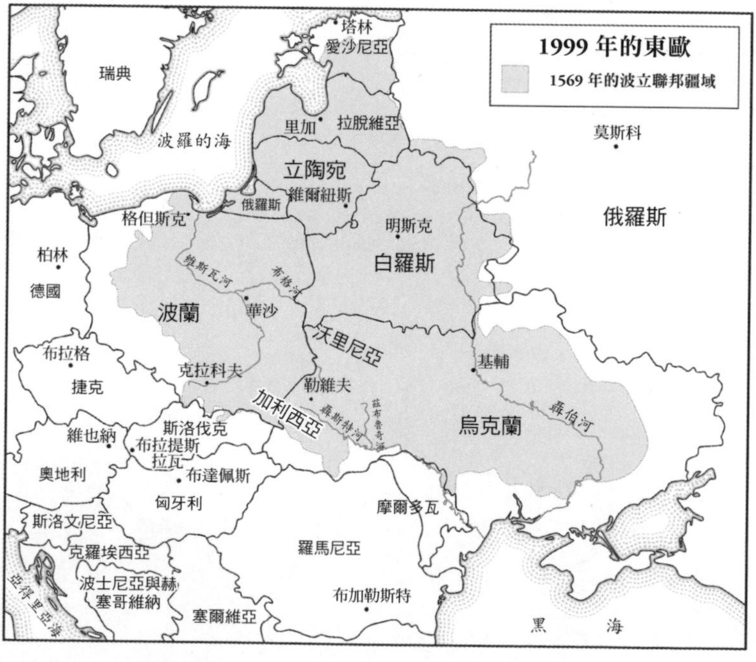
1999 年的東歐
1569 年的波立聯邦疆域
塔林
愛沙尼亞
瑞典
里加
拉脫維亞
波羅的海
莫斯科
立陶宛
維爾紐斯
俄羅斯
格但斯克
明斯克
俄羅斯
柏林
白羅斯
德國
維斯瓦河
布格河
波蘭
華沙
沃里尼亞
布拉格
基輔
克拉科夫
捷克
勒維夫
茲布魯奇河
加利西亞
聶斯特河
聶伯河
烏克蘭
斯洛伐克
維也納
布拉提斯拉瓦
奧地利
布達佩斯
匈牙利
摩爾多瓦
斯洛文尼亞
羅馬尼亞
克羅埃西亞
波士尼亞與赫塞哥維納
亞得里亞海
布加勒斯特
塞爾維亞
黑　海

歷史名詞與引用標示

本書將會探討民族概念的轉化過程、族群清洗的發生原因，以及民族和解需要的條件。書中有兩大主題，第一個是民族之間的領土爭議，而這些有爭議的地區在不同的時代、對不同的族群來說，有著不同的名字。第二個則是歷史與記憶的差異；當我們著眼於各地區的名稱變化，這些差異就會隨之顯露。在行文上，我將會以當時這些地區居民的用法，來稱呼這些散佈於華沙與莫斯科之間的城市。這麼做是為了盡可能減少時代混亂，同時也是要突顯語言對民族主義的重要性，並強調這些城市的歸屬從未有所定論。我在地名表中列出了本書用到的八種語言對這些地方的稱呼。

另外，各國的稱呼也是重點之一。本書將以「羅斯」（Rusian）來指稱中世紀的基輔羅斯大公國（principality of Kyivan Rus），而近世波蘭立陶宛聯邦（Polish-Lithuanian Commonwealth）所統治的東斯拉夫（East Slavs）文化圈則稱作「魯塞尼亞」。至於「俄羅斯」（Russian），這個詞代表俄羅斯帝國（Russian empire）、蘇俄（Russian Soviet Federative Socialist Republic）與俄羅斯聯邦（Russian Federation）。「烏克蘭」（Ukrainian）在中世紀和近世只是地理名詞，到了現代的脈絡下才有政治意義。「白羅斯」（Belarus）表示延續當地傳統的取向，「白俄羅斯」（Belorussia）則暗示著一種與俄羅斯不可分割的信念。「立陶宛」（Lithuanian）和「波蘭」（Polish）都代表各個時期相對應的政治與文化群體。歷史上的「加利西亞地區」(Galicia)與「沃里尼亞地區」(Volhynia),全書都會以拉丁化的英文來稱呼。

本書所用的史料包含檔案資料、收藏文獻、議會紀錄和行政備忘錄;不同國度與時代的地方、全國與國內少數派的新聞報導;日記、回憶錄與通信;學術出版物、其他書面與非書面文獻,以及對公務員、國會議員、部會首長和國家領袖的訪問。檔案皆以四字母縮寫標示,收藏文獻以簡化標題標示,可以在本書最後找到完整名稱;書籍與文章第一次會完整標示,之後僅標示作者姓氏和簡化標題;其他來源皆完整標示。作者姓名會以引用著作上的方式拼寫,無論是否會導致轉寫不一致。

為了讓讀者更容易念出不同語言的詞彙,音譯是不可避免的。其中波蘭語、立陶宛語、捷克語和英語、法語、德語一樣,都使用羅馬字母;烏克蘭語、白羅斯語和俄語則使用西里爾字母。音譯和意譯一樣,都難免碰到不可譯的問題,所以還請在乎這點的讀者理解這些問題不存在完美的解決方案。除了少數知名姓氏之外,本書以美國國會圖書館的簡化版本處理西里爾字母的音譯。至於意譯,除了立陶宛語之外都由我親自負責。

波蘭語中的「w」發音和英文「vain」的「v」相同;「ó」發音和英文「true」的「u」相同;「j」發音和英文「yoke」的「y」相同;「ń」發音和英文「onion」的第一個「n」相同;「ł」發音則和和英文「wonder」的「w」相同。俄羅斯、烏克蘭與白羅斯的地名通常都使用西里爾字母,而意第緒語則使用希伯來字母。

英語	烏克蘭語	波蘭語	白羅斯語	俄語	意第緒語	德語	立陶宛語
Vilnius 維爾紐斯	Vil'nius 維紐斯	Wilno 維爾諾	Vil'nia 維爾尼亞	Vil'nius 維紐斯	Vilne 維爾內	Wilna 維納	Vilnius 維爾紐斯
Lviv 勒維夫*	L'viv 勒維夫	Lwów 勒沃夫	L'vou	L'vov	Lemberik 倫伯里	Lemberg 倫堡	Lvovas
Kyiv 基輔	Kyiv	Kijów	Kieu	Kiev	Kiv	Kiew	Kijevas
Minsk 明斯克	Mins'k	Mińsk	Minsk	Minsk	Minsk	Minsk	Minskas
Galicia 加利西亞	Halychyna	Galicja	Halitsiia	Galitsiia	Galitsye	Galizien 加里西亞	Galicija
Volhynia 沃里尼亞	Volyn' 沃倫	Wołyń 沃文	Valyn	Volyn' 沃倫	Volin	Wolynien	Volyne
Poland 波蘭	Pol'shcha	Polska	Polshcha	Pol'sha	Poyln	Polen	Lenkija
Lithuania 立陶宛	Lytva	Litwa	Letuva	Litva	Lite 立特	Litauen 立陶恩	Lietuva
Belarus 白羅斯	Bilorus'	Białoruś	Belarus' 白羅斯	Belorussia 白俄羅斯	Vaysrusland	Weissrussland	Baltarusija
Ukraine 烏克蘭	Ukraina	Ukraina	Ukraina	Ukraina	Ukraine	Ukraine	Ukraina
Russia 俄羅斯	Rosiia	Rosja	Ras'eia	Rossiia	Rusland	Russland	Rusja

編註：此處僅譯出本書裡中文有明確區分的例子。

* 台灣也譯作利維夫。

第一部

PART ONE

立陶宛與白羅斯的祖國之爭

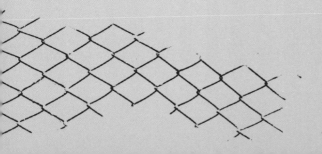

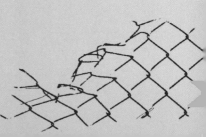

第一章 立陶宛大公國 1569—1863

立陶宛啊！我的祖國！
如同健康
唯有失去，方知珍惜。
——亞當・密茨凱維奇（Adam Mickiewicz），《塔德伍施先生》（一八三四年發表於巴黎）

很久很久以前，立陶宛大公國曾經稱霸中世紀的東歐；而在一九九一年之後，人們所認識的立陶宛共和國，只是波羅的海東岸的一個小國家。雖然她似乎承襲過去的歷史，將大公國時代的國都維爾紐斯定為首都，但表面的傳承背後卻隱藏著浩大的變遷。事實上，在立陶宛共和國成立的五百年前，立陶宛語既非維爾紐斯當權者使用的語言，也不是當地多數居民所說的語言。在二次大戰前，這裡有三分之一的居民在家裡說的是意第緒語；人們在街頭、教堂和學校裡說的是波蘭語；而鄉村地區則普遍都講白羅斯語。在一九三九年，也就是這座城市從波蘭治下落入蘇聯手中的那一年，維爾紐斯幾乎沒有人會說立陶宛語。那麼，「立陶宛」到底是如何走到今天這一步，變成一個以維爾紐斯為首都的獨立民族國家呢？如果這段歷史是有意義的，它的意義究竟是什麼？

立陶宛歷史上曾有過許多可能性，當地如今的樣貌只是其中一條路徑走到底的結果。在十六世紀中葉到二十世紀中葉，維爾紐斯曾是波蘭和猶太文明的中心，這代表在成為一座現代立陶宛人的城市之前，它首先要擺脫波蘭或猶太的文化認同。現代民族主義者主張，這座城市還得仿效中古時期的立陶宛大公國，擺脫近世時期波立聯邦多民族共存的政治傳統，才能蛻變成一個現代小國的首都。而雖然曾受到莫斯科和聖彼得堡近兩百年的統治，鄉村又以東斯拉夫農民占多數，維爾紐斯卻也沒有自認為是俄羅斯或白羅斯的一部分。民族主義者高舉歷史和語言的旗幟，打造了現代的「立陶宛」這個概念，贏得了維爾紐斯人的心——儘管對於這些魂牽夢縈維爾紐斯的立陶宛民族主義者來說，該城市過去實際上的歷史和語言並非容易發揮的素材。那麼，現代立陶宛的民族想像究竟是如何在這種局面下擄獲人心的？勝出的為何是立陶宛，而非其他的民族想像？

現代各個民族的概念，誕生於與過往敵人的密切互動。如今對這些國家來說，文化的傳承與正當性是民族歷史的支柱，但在過去它們曾經是充滿不確定性的激烈競爭中供人利用的武器。接下來的五個章節，我不但會從立陶宛認同這一成功案例來討論維爾紐斯的命運，也會以城裡波蘭人、白羅斯人、俄羅斯人和猶太人的認同與想像作為對照。有鑑於此，這五章將會以當時各方有志之士與城市居民的用詞來稱呼這座立陶宛大公國的國都：立陶宛人的說法是「維爾紐斯」（Vilnius），波蘭人稱其為「維爾諾」（Wilno），白羅斯語的說法是「維爾尼亞」（Vil’nia），猶太人將之稱作「維爾內」（Vilne），俄羅斯人的稱呼隨著時代不斷改變，按順序分別是「維諾」（Vil’no）、「維納」（Vil’na）和「維紐斯」（Vil’nius）。如此繁多的稱呼也許乍看讓人頭痛，卻也能讓我們質疑既定的地理「事實」，注意到其中所隱含的政治矛盾。藉此，我們可以看見各種思想、政治運動和國家力量之間如何為了各自的自我認同針鋒相對，看見菁英階級心中的「立陶宛大公國」這個近世民族觀，是如何一步步被重建為新的現代民族。為了避免將這段發展看成歷史的必然，我們會著眼於歷史的轉折、突發事件、誤解和出乎預料的結果。我們不但要注意成功，也應關注失敗。

民族概念與政治勢力的關係，絕非三言兩語就可以說清楚。不同族群效忠著各自的民族認同，當碰到重大問題時，這點很可能會阻礙社會共識的形成。每一種民族概念都代表一股力量，因此可能受到別有盤算的外人利用。此外，讓民族概念萌芽的情境，未必有利於它成長茁壯：選擇恪守傳統可能導致在實務上跌跌撞撞，革新的姿態遭遇前朝遺緒時也常常狼狽轉彎。於是，愈有力的民族概念往往愈容易混淆歷史。但如果想在這潭歷史的濁水中，理解民族概念引發變革的可觀力量，我們就必須讓潭水澄清下來。不過，本書的目標並非糾正民族神話，而是找出讓神話生長壯大的政治與社會條件。第一章和第二章將會釐清近世的民族觀，以及它如何催生出立陶宛、白羅斯與波蘭這三個現代的民族概念，並看見這三者與其前身相較有何創新意義。而要瞭解二十世紀的現代民族運動從過去的民族觀中繼承了什麼遺產，我們就必須深入討論中世紀的立陶宛大公國，以及近世的波蘭立陶宛聯邦。現代民族主義對維爾紐斯的競奪，正源自於立陶宛歷史早期的民族概念。

一三八五到一七九五年的立陶宛大公國

在十三、十四世紀的歐洲，立陶宛大公代代都是英武有名的豪傑。當時仍信奉異教的他們踏著鐵蹄從波羅的海出發，向南吞併了東斯拉夫的遼闊腹地，疆域直達黑海北岸，囊括了蒙古入侵基輔羅斯後留下的一片破碎領土。雖然當時羅斯的波雅爾（boyar）*貴族們已經皈依東正教，但這些見慣蒙古暴政的人並未將立陶宛當成征服者，反而把他們看作盟友。隨著立陶宛拿下基輔，羅斯人的文明——諸如東正教信仰、教會斯拉夫語（Church Slavonic）和成熟的法律傳統，也紛紛向北傳入維爾紐斯。而在維爾紐斯取代基輔，成為東正教斯拉夫文明的中心後，立陶宛又將發動聖戰的條頓騎士團與波蘭王國兩股天主教勢力納入治下。此後多位立陶宛大公基於政治盤算，都想放棄異教、受洗皈依。到了十四世紀末，立陶宛大公約蓋拉（Jogaila）為了換取波蘭的王冠，終於正式改宗天主教。這對於鐵了心要阻止王位被奧地利哈布斯堡（Habsburg）家族用聯姻手段奪去的波蘭貴族來說，正是一個大好機會，於是他們便向約蓋拉大公獻上年僅十一歲的公主雅德維加（Jadwiga），以及她所代表的波蘭王位繼承權。隨後在一三八五年，約蓋拉便以立陶宛大公兼羅斯的統治者與繼承者之身分，在克雷沃城堡（Krewo）接受了與波蘭合併的提議，受洗改名為瓦迪斯瓦夫二世·雅蓋沃（Władysław II Jagiełło），並於隔年獲選為波蘭國王。後續的協議使立陶宛恢復自治，讓波蘭與立陶宛貴族聯合起來，於是兩人之間的結合得以延續。此即雅蓋沃王朝（Jagiełło dynasty），迄一五七二年為止，這個王朝一共統治了波蘭與立陶宛將近兩個世紀。

其實早在一三八五年的克雷沃聯合（Krewo Union）之前，立陶宛的宗教和語言就已經深深受到東正教斯拉夫文化的影響，原先的波羅的海異教文化早已褪色。而約蓋拉不僅答應自己改宗天主教，也承諾讓剩下的異教徒一起改宗——只不過此時他所統治的多數臣民，以及他的許多親人，其實都已經是東正教的信徒了。因此，與其說約蓋拉改宗的結果是讓立陶宛這個異教國家基督教化，不如說他將羅馬天主教引入原本以東正教為主流的國度。儘管如此，天主教傳入仍為立陶宛和歐洲大陸搭起了文化的橋樑，並使波蘭文化有機會在此發揮影響。立陶宛大公受洗為天主教徒，一方面確保了立陶宛不會成為像莫斯科大公國那樣的東正教國家，另一方面卻也讓莫斯科大公國得以擺出東正教守護者的姿態。立陶宛吞併基輔時，東正教的文化中心早已遷移至克利亞濟馬河北岸的伏拉迪米爾（Vladimir-on-the-Kliazma），後來人口又往莫斯科大公國境內集中，使立陶宛很難自稱是羅斯的後繼者。約蓋拉曾有機會在一三八〇年代解決這個困境：當時他在信奉天主教的波蘭和信仰東正教的莫斯科之間搖擺不定，一度在一三八二年同意與莫斯科大公迪米崔·頓斯科伊（Dmitri Donskoi）的女兒結婚，信仰東正教。但這計劃有兩個問題：首先是東正教無法幫助他抵禦將立陶宛視為異端的條頓騎士團；其次是東正教往往對立陶宛境內的斯拉夫波雅爾貴族比較偏心，而這些人又在約蓋拉仍信奉異教時的立陶宛境內占據人數和文化優勢。相較之下，波蘭王冠與天主教的縱長十字架，無論對國內還是國外政策都比較有利：對抗條頓騎士團，他們是堅強的堡壘；對於向東

* 譯註：封建時代保加利亞帝國、莫斯科大公國、基輔羅斯、瓦拉幾亞和摩爾達維亞等地的貴族頭銜，僅次於大公。

擴張，他們是有力的後盾；而且還能創造一支屬於「雅蓋沃」之名的新血脈。

就算忽略政治因素，中世紀的波蘭和立陶宛也比一般人想像中的更相近。當我們想像立陶宛與波蘭是如何談判一三八五年的結盟，又是如何共商在一四一〇年進攻格倫瓦德（Grunwald）時，*便要想到他們除了以歐洲通用的拉丁語對話，也可以用斯拉夫語交談。早先，南方來的東正教士傳入了教會斯拉夫語的當地變體，成為書面斯拉夫語（Chancery Slavonic）的前身，後者即立陶宛大公國宮廷所使用的語言。而波蘭在從基輔羅斯手中併吞加利西亞地區，也就是他們稱之為「羅斯督軍領」（Województwo Ruskie）的行省後，也掌控了東正教的教士，以及使用教會斯拉夫語的抄寫員。也就是說，波蘭與立陶宛在奪取基輔羅斯土地的同時，也繼承了他們的文化，因此語言對兩國造成的隔閡，遠不及當時的波蘭與日耳曼地區。一三八六年後，波蘭與立陶宛的宮廷同時能用拉丁語、波蘭王國的波蘭語，以及大公國的書面斯拉夫語等三種語言交流。雖然在後來的一百年裡，立陶宛大公與他們的家臣仍持續使用立陶宛語，但在波蘭與立陶宛的政治習慣中，立陶宛語始終非常罕見。[1]

在下一章，我們會看到波羅的海的立陶宛語成為現代立陶宛民族的基石，因此在這裡我們更有必要記得：立陶宛語其實和近世的立陶宛大公國關係非常薄弱。一四九二年，卡齊米日四世（Kazimierz IV）大公過世，他是最後一任會說立陶宛語的大公。但他在一四五七年保障立陶宛貴族擁有的特權時，使用的卻是拉丁語和書面斯拉夫語；而他在立陶宛頒布法令時，也是使用書面斯拉夫語。印刷機在他的統治期間引進波蘭，當時克拉科夫（Cracow）城的出版商也是使用波蘭語和教會斯拉夫語印製書本，從未使用立陶宛語。大公國境內的第一位印刷商法蘭契斯科・史卡利納（Frantsysk Skaryna）在一五一七年左右出版了大量聖經，使用的都是教會斯拉夫語的白羅斯變體。[2]而在十六世紀初的聖經譯本中，同樣只看得到魯塞尼亞語（斯拉夫方言），卻不見立陶宛語（波羅的海方言）。這些譯本和史卡利納出版的不同，是直接譯自希伯來文的舊約聖經，譯者很明顯是立陶宛的猶太人，他們熟悉希伯來文，但平常都使用魯塞尼亞語。[3]由於魯塞尼亞語是十六世紀初當地基督徒和猶太人使用的主要語言，這些作品的目標讀者既可能是基督徒，也可能是猶太人，或者兩者皆是。在創世七〇二二年，[†]也就是西元一五一四年，波蘭國王兼立陶宛大公頒布了一份保障立陶宛猶太人特權的文書，使用的則是書面斯拉夫語。[4]同樣使用書面斯拉夫語的，還有《一五二九年大公國法典》（The Grand Duchy's Statute of 1529）。[‡]立陶宛大公兼波蘭國王齊格蒙特・奧古斯特（Zygmunt August）在一五四〇年代回信給維爾尼亞的立陶宛貴族時，就曾引用這份法典，當時他用的是參雜許多波蘭語的書面斯拉夫語。

---

* 譯註：一四一〇年七月，立陶宛與波蘭聯軍進攻條頓騎士團統治的格倫瓦德一帶。最後條頓騎士團潰敗，雖然守住了大部分的土地和堡壘，最後仍因賠款一蹶不振。此役在德文中稱為坦能堡之戰，立陶宛人則稱為加基里斯之戰。

† 譯註：拜占庭曆採用七十學者本聖經中的主張，認為世界誕生於西元前五五〇九年九月一日，並以之作為紀年元年。俄羅斯於一七〇〇年改用西元紀年，但部分正教會至今仍使用創世紀年。

‡ 譯註：大公國法典由一五二九、一五六六、一五八八年的三部法典構成。一五二九年法典蒐集了當時各地的部落習俗，並編纂為共同的成文法。一五六六年法典是為了解決前一部法典在貴族權利擴張後面臨的不足，並確立了天主教會和東正教會的平等地位。一五八八年法典則引入了法律之前人人平等的觀念。

「書面斯拉夫語」是立陶宛大公國的官方語言，卻同時也被莫斯科大公國和後來的俄羅斯沙皇國*稱為「立陶宛語」或「白俄羅斯語」。該語言有時候甚至會被現在研究俄國史的學者稱為「俄羅斯語」，但當時莫斯科的抄寫員其實仍必須將《大公國法典》另外翻譯成莫斯科方言以便俄羅斯人的法庭使用，可見兩者仍不相同。[5]而儘管書面斯拉夫語和當時的波蘭語有很大差別，但在同一個王朝的背景下，波蘭的語言和思想仍以斯拉夫文字為媒介不斷深入立陶宛。早在一五〇一年，以書面斯拉夫語寫成的法律文件，就已經被波蘭語字彙所占據，甚至連句型都相去無幾；而從《一五六六年大公國法典》的引言，便可看出立陶宛貴族實際上已經完全把波蘭語當成主要語言。[6]一五六九年宣告波蘭立陶宛聯邦正式成立的《盧布林聯合》法案，更是只用了波蘭語。然而，波蘭語的地位上升至此，並不是波蘭人向立陶宛移民的結果，而是因為立陶宛漸漸接受了波蘭所建立的政治秩序，最後才正式於一五六九年轉變為波立聯邦。也就是說，重點在於政治文化，而非個人出身——就像《一五八八年大公國法典》所強調的一樣（這部法典也允許改宗基督教的猶太人晉升貴族）。同時，波蘭也為立陶宛引進了歐洲的法律發展趨勢（相較之下，中世紀化的羅馬法從未傳入沙俄）。從一五六六年和一五八八年的《大公國法典》中，我們也可以看出羅馬（和日耳曼）法律制度對立陶宛的影響日益加深。[7]到了文藝復興時代，多數由義大利以拉丁文傳入波蘭的著作，往往會被譯成波蘭文後再傳入立陶宛。

隨著波蘭文取代拉丁文成為波蘭的書面語言，立陶宛的書面斯拉夫語和魯塞尼亞語也隨之淘汰。在整個文藝復興時期裡，波蘭與立陶宛貴族說的都是相同的語言，這也有利於他們在政治上成為同一支近世民族。但波蘭人從拉丁文轉用波蘭文，和立陶宛人從書面斯拉夫語轉用波蘭文，兩者之間還是有個重大差異。對波蘭王國來說，是本土口語（波蘭語）推翻了外來書面語（拉丁文），而這是因為在當時，起源自義大利的「本土語言運動」正盛行於使用拉丁語的歐洲地區，前述波蘭的情形便是其中一例。[8]然而對立陶宛大公國來說，卻是外來語言（波蘭語）取代了原有的政治和法律語言（書面斯拉夫語），並扼殺了本土口語（魯塞尼亞語）的寫作發展。至於波羅的海人原先講的立陶

圖 1：法蘭契斯科・史卡利納（1490?-1552?），文藝復興時期東斯拉夫男性。自畫像，版畫，1517 年。立陶宛剛進入文藝復興時，仍使用在地的教會與書面斯拉夫語。大約在史卡利納過世後，波蘭語成為社會上的主要語言。

* 譯註：一五四七年，伊凡四世加冕為沙皇，莫斯科大公國改稱俄羅斯沙皇國（The Tsardom of Russia）。兩個政權在英文中都慣稱「Muscovy」，譯文中沿用中文習慣，區分為大公國與沙俄。

宛語，正如前文所說，早已在政治上失去了重要性。也就是說，相較於歐洲其他地區，文藝復興時期的「本土語言運動」在立陶宛的成果可謂大不相同。自但丁以來，義大利乃至於整個基督教歐洲，都將本土語言用於寫作並當作國語；但立陶宛大公國文化與政治界所用的語言，卻在這波運動下離本土口語愈來愈遙遠。以波蘭語作為上層階級的通用語，十分符合共和體制的需求，也有助於建立「波蘭立陶宛」這一近世民族的概念。然而當「波蘭」和「立陶宛」各自成為現代民主想像下的民族概念時，這種狀態就將難以為繼。

近世民族與現代民族

在討論近世的政治遺產如何影響現代政治前，我們必須先釐清兩者之間的差異。由立陶宛與波蘭貴族一起打造的近世波蘭民族，和我們所熟悉的現代民族，是兩種差異極大的概念。前者以龐大共和體制下的公民身分為基礎，且貴族享有許多法律明定的權利。十六世紀初，波蘭貴族就取得了不受專制王權干預的地位、自由否決新立法的權利，並在外交事務上扮演重要的角色。隨著整個政治體的憲法基礎日益完善，像王室普魯士（Royal Prussia）*這樣擁有不同傳統權利的區域，也得以長久融入其中。[9]同時，對於周圍那些想要正式確立並進一步擴張自身特權的貴族來說，波蘭的體制就成了仿效的對象。[10]比如立陶宛貴族在與波蘭組成憲法聯盟的過程中，就一直為自己爭取這些權利和特權及不受干預的地位。在與波蘭共組聯邦的時期，立陶宛成為貴族享有相對自治權利的東斯拉夫王國，同時依據一五六九年《盧布林聯合》的條文，他們和波蘭鄰居組成了單一議會，共同選舉國王，進而仍保有自己的頭銜、行政體系、國庫、法律和軍隊。於是，波立聯邦成為了一個貴族共和國，他們自命為古代薩爾馬提亞人（Sarmatian）的後裔，包容不同血統和信仰的貴族，同時排除所有不是貴族的人。[11]

一五六九年後，立陶宛貴族對波蘭的文化與政治認同日漸加深，不少人被波蘭文學的文藝復興魅力擄獲，還有許多人從東正教改宗羅馬天主教。宗教改革（Reformation）和天主教改革（Counter-Reformation）在立陶宛大公國的發展也很特別。就像歐洲各地的貴族家系一樣，多數立陶宛貴族都在一五五〇到一五六〇年代改信喀爾文創立的歸正宗。新教能吸引這麼多人放棄東正教信仰，不只是因為教義和教理，更是因為他們和東方教會有許多相似之處，比如教士能夠結婚、使用口語進行禮拜、一般信徒在禮拜時也可以領聖血。†不像法國和日耳曼地區的貴族是在不同的西方教會之間改宗，立陶宛貴族的宗教改革是由東方教會改奉西方教會。[12]考慮到原本信奉東正教的立陶宛家族，往往會在一個世代的新教信仰後，又投入羅馬天主教的教門，因此我們可以說，立陶

---

* 譯註：波蘭在一四六六年《第二次托倫和約》（Second Peace of Thorn）中，從條頓騎士團手中取得的領土。一五六九年以前為自治領地，波立聯邦成立後併入波蘭王室領地。

† 譯註：在一四一五年的康士坦斯大公會議（Council of Constance）中，天主教廷決議：為免沒有受過訓練的平信徒誤將「基督的血」灑出，須由司鐸以聖餐沾聖血放入平信徒口中。此決議導致捷克宗改革家揚·胡斯（Jan Hus）被判為異端而處以火刑，並引發了一四一九年至一四三四年的胡斯戰爭。

宛大公國的新教在不知不覺間成為了天主教會的盟友——不是天主教會吸引了立陶宛貴族，而是宗教改革讓東正教徒接受西方教會，再從新教改信舊教。不過，天主教改革也學習了新教徒的策略。他們以波蘭語作為口頭語言（但也用立陶宛語出版了一些書籍），這套傳教策略強化了波蘭文化在立陶宛貴族心目中的地位，同時讓講立陶宛語的農民有機會接觸到波蘭語，[13]例如耶穌會就在一五七九年，於維爾諾開設了一間學校。這些宣傳策略是為了對抗新教的傳播，並呼籲東正教徒接受羅馬教廷的權威。[14]

必須留意的是，儘管羅馬天主教被視作「波蘭人的信仰」，但即便是在天主教改革後，接受「波蘭人的信仰」也不盡然等於在政治上效忠「波蘭」。後來的民族主義者在回顧這段歷史時，往往都把宗教當成民族認同的標記或載體，語言也是類似的情形。然而，波蘭和立陶宛都沒有發生激烈的宗教衝突，因此無須採取像日耳曼地區的「教隨國立」原則，或是法國的「一王、一教、一法」政策來解決領土爭議。一五六六年的《大公國法典》，就是由五名東正教徒和五名天主教徒組成的會議制定而成。熱心於立陶宛天主教改革的波蘭作家奧古斯廷・羅頓都斯（Augustyn Rotundus），與立陶宛宗教改革的旗手，維爾諾督軍伯米科瓦伊・拉齊維烏（Mikołaj Radziwiłł, 1515-1565）之間便堪稱君子之交；後者最初宣揚路德派，後改信喀爾文派，最後又推崇反三位一體論（Antitrinitarian）。拉齊維烏以新教立陶宛人的身分，替身為天主教波蘭人的羅頓都斯，出版了捍衛立陶宛法律的鉅作。羅頓都斯曾將《一五六六年大公國法典》編譯為拉丁語，也認同拉齊維烏說立陶宛是個「公共秩序良好的共和國」。[15]偉大的波蘭耶穌會士彼得・史卡迦（Piotr Skarga,

1536-1612）也曾表明要將他最重要的大作獻給信奉東正教的基輔督軍，康斯坦丁・奧斯特洛斯基親王（Prince Konstantyn Ostroz’kyi）。不過這次的宗教和解就沒那麼順利，驕傲且雄心勃勃的奧斯特洛斯基親王對與教會合作一事另有想法，於是買斷了這本書，然後全部燒毀。波立聯邦的政治秩序不只表明要寬容不同的西方教會，也對東方教會展現同樣的寬容，而這份全體貴族的宗教寬容，是來自一五七三年的《華沙聯盟協約》（Confederation of Warsaw）。儘管在如今的眼光看來，這種社會上僅有少數人容忍不同基督信仰的做法，還談不上真正的寬容，但放眼當時的歐洲，《華沙聯盟協約》所提倡的宗教寬容已經是無與倫比的了。

相比於後來盛行的現代民族主義，近世的波蘭民族概念在某些方面更為排外。對現代民族主義者來說，每個人都是民族的一分子，而近世的波蘭民族卻僅限於一群可以投票的政治菁英，沒有投票權的底層人民並不包含在內。然而，近世的民族卻也不是一種特定的經濟階級。好比貴族若掌握政治與經濟大權就能成為「權貴」（magnateria），但權貴其實只占了貴族中的一小部分。反過來說，一般的居民無論再怎麼富有，只要沒有貴族頭銜都不算是擁有投票權的公民，因此也不屬於民族的一員。不過在某些方面，近世民族又比現代民族更為包容。例如在政治層面，現代民族主義渴望建立一個中央集權的國家，近世的波立聯邦則保留了波蘭和立陶宛各自的法律與行政體系。而在個人層面，現代民族主義堅持民族認同包含共同的文化背景和政治命運，但近世的波蘭認同卻認為貴族的文化出身與政治忠誠可以分開。這種排外和包容兼具的特性，最能體現在波蘭貴族對待語言的態度上。對貴族來說，波蘭語是同儕之間或政壇上使用的語言，而如今所謂的白羅斯語或立陶宛語，則是在家人或農奴面前使用的語言。

換句話說，一個貴族可以在血緣上是「立陶宛人」，在政治上是「波蘭人」，而在宗教上是「羅斯人」（或是「希臘」正教徒）。立陶宛甚至被稱為羅斯人的王國，因為其曾長期統治大部分東正教徒和基輔羅斯的土地。一三八五年與波蘭聯合時，約蓋拉的頭銜就叫「立陶宛大公兼羅斯的統治者與繼承者」；波立聯邦和莫斯科大公國在一四四九年簽訂的一份條約中，也將前者稱為「羅斯」，後者稱作「莫斯科」。直到君士坦丁堡於一四五三年淪陷於土耳其人之手，莫斯科大公國才決定在宗教與政治上自居東正教的中心、東羅馬帝國的繼承者與基輔羅斯的繼任者。這個決定讓莫斯科大公國有了討伐東斯拉夫的大義名分，因為在過去一百年裡，統治當地的立陶宛大公都自命為基輔親王的繼任者。[16]此番舉措進一步把立陶宛推向波蘭。一五五八年，人稱「恐怖伊凡」的伊凡四世（Ivan IV the Terrible，一五三〇到一五八四年在位，一五四七年改稱沙皇）發動了利沃尼亞戰爭（Livonian War），也讓波蘭立陶宛聯邦提前於一五六九年成立。當然，波立聯邦同樣宣稱自己是羅斯人的統治者：當年齊格蒙特・奧古斯特在詔令中的頭銜，就是「波蘭國王與立陶宛大公兼羅斯、普魯士、馬佐夫舍和薩莫吉希亞等地的統治者與繼承者」。伊凡四世對付波雅爾貴族的手段，也和同年齊格蒙特立法給予立陶宛貴族的權利，形成了鮮明的對比。[17]

波立聯邦在十七世紀不但屢屢戰勝俄羅斯沙皇國，國王揚・索別斯基（Jan Sobieski）更於一六八三年解救了遭土耳其大軍圍困的維也納。但這也是波蘭榮光的巔峰，因為進入十八世紀後，波蘭的國勢便每況愈下。第六章將介紹的烏克蘭起義，也在十七世紀中葉對波立聯邦造成致命的重創。這些因素都讓波立聯邦無法建立起現代強權所需的財政與軍事實力。波立聯邦在政治上採行由選舉產生國王的「選王制」，而這項制度雖然一開始僥倖運作得不錯，但其實並不符合波立聯邦的利益。國王既然無法建立王朝，也就缺乏為聯邦福祉著想的意願，而出身外國的君主，則沒有融入波蘭複雜政治的門路或動機。貴族的權利擴張甚至讓俄羅斯帝國（一七二一年改稱）有辦法癱瘓波立聯邦：由於國會依據全體一致決的原則運作，只要賄賂一個人就能阻止任何改革。彼得大帝（一六八二到一七二五年在位）就是利用了這點，成功踏足波羅的海，進而腐化波立聯邦。群龍無首的波蘭，就此成為專制帝俄所操縱的棋子。不過就算波立聯邦在十八世紀慘遭瓜分，原本備受推崇的寬容原則也逐漸毀壞，波蘭文明對立陶宛大公國的影響仍持續深化。雖然原本的聯邦體制無法存續，其文化內涵卻繼續演進。原本是貴族象徵的波蘭認同，卻在十八世紀的立陶宛大為風行，變成了地位的象徵，在波立聯邦化為烏有後仍持續存活在人們心中。[18] 一七七二年，波立聯邦第一次遭到奧地利、普魯士和俄羅斯瓜分。這讓貴族們開始投入改革，試圖修補聯邦的體制，而改革的集大成便是一七九一年的《五三憲法》（Constitution of 3 May 1791）。這部憲法將波蘭與立陶宛的貴族視為政治上的同一支民族，並且廢除了國會的一致決原則，力圖打造中央集權的現代共和國。[19] 但這次改革也招致普魯士與俄羅斯在一七九三年再次聯手瓜分波蘭。一七九四年，對抗俄羅斯的柯斯丘什科起義（Kościuszko uprising）失敗，並引來一七九五年第三次也是最後一次的瓜分，波立聯邦就此從歐洲地圖上消失。

俄羅斯女皇凱薩琳大帝（Catherine II the Great，一七六二到一七九六年在位）也在這段期間一步步將立陶宛大公國蠶食殆盡：一七七二年獲取波洛茨克（Polotsk），一七七四年奪得明斯克（Minsk），最後在一七九五年拿下維諾（Vil’no）。併吞立陶宛後，俄羅斯也吸收了使用波蘭語的菁英、（主要）使用現稱白羅斯語的農民，還有大多為猶太人的城市居民。儘管當地仍對猶太人存有偏見，但波立聯邦畢竟在制度上給予他們寬容；而波立聯邦的終結，也意味著世上再也沒有這樣寬容的政治體存在。[20]突然之間，俄羅斯成了全世界最大的猶太人聚集地。接著，帝俄又在一八一五年的維也納會議（Congress of Vienna）上兼併華沙，將大多數波蘭人也納入帝國治下。光是從一個立陶宛大公國，俄羅斯帝國吸收到的波蘭文化貴族，數量就已超過全帝國受俄羅斯文化薰陶的貴族——更不用提後來吞併的烏克蘭，以及維也納會議上成立的俄屬波蘭（Congress Kingdom of Poland），這兩地都替俄羅斯帝國帶來更多的波蘭文化貴族。即便到了十九世紀初，會讀俄文的沙皇臣民仍遠遠少於會讀波蘭文的人。有些波立聯邦貴族，比如亞當・恰爾托雷斯基親王（Prince Adam Czartoryski, 1770-1861）更對沙皇亞歷山大一世（Alexander I，一八〇一到一八二五年在位）的宮廷擁有莫大影響力，像是《一八〇四年猶太法令》（1804 Jewish Statute）的頒布，就有一部分要歸功於他。[21]

隨著波立聯邦消亡，以及其後的俄羅斯政權為收容猶太人規劃了柵欄區（Pale of Settlement），猶太教和猶太社會也跟著出現了各種顛覆性的改革。這部分將會在第三章詳述，此處只需要知道，這些改革有的是對抗跨越國界的歷史神話，比如一七六〇年巴爾・謝姆・托夫（Ba’al Shem Tov）拉比死後在烏克蘭興起的虔敬派猶太教；有的是響應風行歐洲的思想潮流，比如俗稱猶太啟蒙運動（Jewish Enlightenment）的哈斯卡拉運動（Haskalah）。儘管這些潮流都在維爾內交會，卻不屬於立陶宛大公國政治傳統的一部分。一直要到十九世紀末，才終於有世俗化的猶太政治運動崛起。另一方面，在信奉基督教的沙皇臣民裡，原本貴族的近世民族觀逐漸被現代化的民族概念滲透，開始將民族視為相同語言使用者的集合體。十九世紀立陶宛基督徒的民族分化過程十分漫長複雜，與現代民族主義者對歷史的偏差解讀截然不同。要清楚看到近世立陶宛的愛國主義是如何折射成五顏六色的民族光譜，我們可以透過一只名為《達陡大人》（*Lord Thaddeus*）的三稜鏡。《達陡大人》是一部成書於一八三四年的史詩鉅作，另一個為人所知的名字就是前述所說的《塔德伍施先生》，作者是浪漫派詩豪亞當・密茨凱維奇。

俄羅斯帝國與立陶宛祖國

密茨凱維奇出生於立陶宛大公國的第一個首都新格魯代克（Nowogródek），這是一座以波蘭語和意第緒語為主的城鎮。他出生於一七八九年的聖誕夜，過世於一八五五年十一月二十六日。他出生那一年距離波立聯邦最後一次被瓜分已過了三年，當地立陶宛韃靼人（Tatars）的清真寺也才剛落成。雖然附近有不少立陶宛人的村落，不過農民講的多半還是白羅斯語。密茨凱維奇由一戶正派的波蘭貴族人家撫養長大，但他父親應該是東正教徒，而母親則可能有猶太血統。[22]密茨凱維奇後來就讀帝俄在維爾諾成立的大學，該機構突顯出一個不識字的帝國在吸收大量識字家族後會遭遇的困境。在十九世紀早期，帝俄的施政方針仍是盡可能維持波蘭的教育成就，而非鼓勵這些新臣民接受俄羅斯文化。一八〇三年，沙皇亞歷山大一世重新啟用了耶穌會於一五七九年在維諾創立的學校，並改制為大學，以波蘭語授課。這所大學和維諾的所有學區，都由亞歷山大的好友、顧問和導師，波蘭立陶宛人恰爾托雷斯基親王管理。作為波立聯邦的遺產，維諾大學是整個俄羅斯帝國最大的學府，密茨凱維奇這一代以波蘭語討論文化與政治的在地菁英，都是出自這所大學和它旗下所屬的各級學校。立陶宛大公國雖然不復存在，但其歷史、文學與詩歌被這些人的筆墨保留了下來。[23]順帶一提，恰爾托雷斯基親王的祕書和頂頭上司都是烏克蘭人。他們會進入俄羅斯體制，是因為波俄兩國在十七世紀簽訂了瓜分烏克蘭的《安德魯索沃條約》（Treaty of Andrusovo），比瓜分波蘭還早了一個世紀。

如果密茨凱維奇沒有在他心中認定的祖國立陶宛的土地上，接受以母語波蘭語授課的大學教育，我們將難以想像他的詩人生涯。他在一八三四年流亡巴黎時完成的傑作《塔德伍施先生》就是最好的例子。這部史詩描寫的是兩個立陶宛顯赫門庭間的愛恨情仇，並在一八一二年春天，拿破崙揮師穿越立陶宛向莫斯科進發之時落幕。詩裡頭鉅細靡遺地描寫了加入法軍的立陶宛貴族，因為這些正是密茨凱維奇十三歲那年的親眼所見。事實上，加入拿破崙軍隊的立陶宛貴族裡，有三分之一都是維諾大學的學生。雖然這場戰爭的勝利者是俄羅斯沙皇亞歷山大一世，但他奪回立陶宛時，仍拒絕了關閉維諾大學的提議，也幸虧如此，密茨凱維奇才能在一八一五年入學就讀，還以亞當·拿破崙·密茨凱維奇為名申請政府的獎學金。多虧沙皇被自己興辦的大學教出來的立陶宛貴族打過以後還有這種雅量，密茨凱維奇才有機會接受波蘭語的高等教育，並在學成之後將波蘭的悲劇與這場對俄羅斯的反擊連結起來，寫出一部懷舊傷感的史詩鉅作。[24]

在密茨凱維奇的就學期間，波立聯邦遺民都認為立陶宛不但必將復國，也將加快新波蘭立陶宛聯邦的誕生。他們心目中的敵人不是當時還不存在的民族主義對手，而是俄羅斯帝國的國家力量。這份捲土重來的志氣鼓舞了密茨凱維奇和他的同學，並促使他們組成一個名為「愛學者」（Philomaths）的祕密組織。畢業幾年過後，密茨凱維奇脫離了科伏諾（Kowno）單調沉悶的教書生涯，取而代之的是被捕入獄和流放到俄羅斯各地的經歷。他曾在流放期間到過奧德薩（Odessa）、聖彼得堡與莫斯科，後來又移居德勒斯登和巴黎。在這段四處流亡遷徙的時光中，密茨凱維奇的創作達到當時波蘭詩學的巔峰。一八三〇到一八三一年，波蘭人揭竿起義反抗俄羅斯帝國的統治。這次起義的失敗開啟了後來波蘭政治思想的浪漫主義時期，卻也直接導致維諾大學關門，讓學生四散於立陶宛、波蘭、俄羅斯與西歐各地。波立聯邦復國無望，密茨凱維奇也沒有機會再次見到立陶宛的故土，這讓人民與其民族渴望的和諧一致，成為他詩作的主要關懷。密茨凱維奇沒有參與這場起義，但在起義失敗隔年，他便開始創作他的代表作《塔德伍施先生》，並於一八三四年完成全詩。如今，每個波蘭和立陶宛的學生都背得出這首詩的開頭：「立陶宛啊！我的祖國！如同健康！唯有失去，方知珍惜。」[25]

密茨凱維奇的作品無比雋永，足以跨越時代；但正因如此，我們必須把他放回其時代仔細檢視。就像歐洲其他浪漫主義者一樣，密茨凱維奇也希望「在過往的遺跡上建立新的世界」。[26]在西歐和中歐的浪漫主義者眼中，法國大革命和拿破崙摧毀了古典歐洲，因此當務之急正是建立起新的政治與文化秩序。但對密茨凱維奇和其他波蘭的浪漫主義者而言，舊有的秩序早在波蘭被瓜分時就崩解了，法國大革命和拿破崙反而更像是重建秩序的希望。拿破崙兵敗後，立陶宛大公國的貴族除了身邊的農民，就再也沒有人可以視為盟友，這時密茨凱維奇的浪漫詩作，便陷入了一個政治困局：對義大利或德意志這些沒有國家的民族來說，將「平民」納入正在成形的「政治民族」相對單純，但對歷史上曾經舉足輕重的立陶宛而言，這件事就複雜多了。當時的民族主義受德意志哲學家約翰・赫爾德（Johann Gottfried Herder）的影響，主張每一群人民都有各自的天賦，但對一個長久以來包容各種地域、語言與宗教背景的政治民族來說，這種想法實在是格格不入。除了文化上的分歧，對政治體制的記憶與想像也是一大問題。對十九世紀中葉的人來說，一統的德意志或義大利有很大的想像空間，因為過去從來沒有出現過這樣的政治實體，但談到一統的波蘭就會立刻喚起波立聯邦的幽靈——更何況在滅亡以前，它還通過了歐洲大陸的第一部憲法。在密茨凱維奇的心目中，立陶宛不但是這份波立聯邦政治傳統的一部分，舉凡和諧、美、活力與喜悅等浪漫主義推崇的價值也是起源於此。赫爾德認為，斯拉夫人或許可以為歐洲帶來青春的活力與嶄新的能量，但密茨凱維奇相信

圖 2：亞當・密茨凱維奇（1798-1855），歐洲浪漫派波蘭語詩人。這是他的詩作《塔德伍施先生》1834 年版的卷首插畫。

的，卻是立陶宛可以讓過往的波立聯邦起死回生。[27]

密茨凱維奇心中的「立陶宛」仍停留在近世的概念，他相信這塊土地可以接納各式各樣的人民，最後眾人皆擁抱波蘭認同；但在民族觀正經歷徹底翻轉的十九世紀，他的想法注定充滿矛盾。儘管他不是來自波蘭本土的民族主義者，更不曾踏進華沙或克拉科夫一步，但是在他死後，那些動人的詩歌仍成了波蘭地方民族主義傳播的媒介；而雖然他從未想像一個脫離了波蘭的立陶宛，立陶宛的民族主義運動卻利用他創造的意象來強化立陶宛的族裔和民族認同。到了十九世紀末，在當初大公國的西北方具有文化獨特性的立陶宛語，將成為新一代立陶宛民族主義運動者的利器，密茨凱維奇也隨之變成立陶宛的國民詩人。不過諷刺的是，如果認真從歷史發展來看，根據這些誕生於波蘭中部與立陶宛西北部、由族裔定義的民族概念，密茨凱維奇其實既不是波蘭人，也不是立陶宛人，而是白羅斯人。因為他是東斯拉夫的農家之子，而當地正是如今所稱的白羅斯，《塔德伍施先生》的背景也是設定在此。更諷刺的是，白羅斯的貴族和作家或許才是最忠於密茨凱維奇理念的人，因為他們從來沒有利用自身的族裔背景，宣稱他是專屬於白羅斯的「民族詩人」。照理說，現代的族裔民族主義應該要以密茨凱維奇心心念念的立陶宛大公國境內最普遍的語言，也就是如今所謂的白羅斯語為基礎，但他們並沒有這樣做。族裔民族主義作為一種政治理念，其成敗往往與族裔群體的規模無關。我們將在下一章看到，在後人對《塔德伍施先生》的詮釋中，最忠於作者意圖的白羅斯與波蘭聯邦主義，成了政治上的邊緣主張；離原作精神最遠的立陶宛和波蘭族裔民族主義，反而有著最好的政治發展前景。

到了一八六三年，一場對抗俄羅斯統治的起義，再度考驗著密茨凱維奇筆下的近世立陶宛愛國主義。當時一些有志之士相信，只要說波蘭語的貴族和說立陶宛語或白羅斯語的農民聯合起來，就能重建立陶宛大公國與波立聯邦。一八五六年，俄羅斯在克里米亞戰爭中戰敗，促使沙皇亞歷山大二世開始設法改革農奴制度，最後在一八六一年正式將之廢除。在這段期間，有一些前波立聯邦貴族也計劃著如何用地主和農民都滿意的方式解決農奴制度的問題。[28]比如雅各．基耶什托爾（Jakób Gieysztor, 1827-1897）便致力於說服立陶宛貴族搶在沙皇之前解放農奴。儘管基耶什托爾在他活動的地區頗有斬獲，但整體而言立陶宛貴族還是錯過了在勢所必然的發展中留名的機會。基耶什托爾自認是一名和波蘭大眾站在一起的波蘭貴族，同時經營著一間以立陶宛語授課的學校，而不覺得兩者有任何矛盾之處。[29]雖然他認為一八六三年的抗俄起義太過倉促，還是加入了激進派的康斯坦蒂．卡林諾夫斯基（Konstanty Kalinowski，白羅斯語 Kastuś Kalino ski, 1838-1864）陣營。在起義過程中，卡林諾夫斯基曾以農民使用的白羅斯語承諾給予他們土地。[30]雖然現在往往把領導起義的安塔納斯．麥克維奇烏斯（Antanas Mackevičius）神父看作是早期的立陶宛民族主義者，但他的計畫其實是暫時與波蘭結盟，以期重建立陶宛大公國。[31]當年，三人都不相信農民能真正理解重建共和國的意義，所以試圖用利益說服農民加入起義。他們與其他起義領導者都已脫離近世的愛國主義，不再以重建貴族共和為目標；但他們也尚未像現代民族主義者一樣，認為民族就是全體人民。從他們借助一般大眾對抗俄羅斯帝國的方式，可以看出兩項民族主義發展初期的困境：首先，使用波蘭語之外的語言，預示了民族政治的新形態。如果農民會被自己的語言鼓動而願意出生入死，那麼他們也會希望在承平時代能聽到和讀到自己的語言。其次，當貴族需要將土地分給農民換取支持時，就等於是要在個人生活安穩與民族解放之間做出困難的抉擇。

一八三〇年起義的失敗，讓密茨凱維奇追憶起近世的政治民族；而一八六三年起義的失敗，則催生了現代的民族概念。

第二章　立陶宛啊！我的祖國！——1863—1914

就像那蝴蝶沉入金色的琥珀
留下吧，親愛的，留在我們的過往
——亞當・密茨凱維奇，《康拉德・華倫諾德》（*Konrad Wallenrod*，一八二八年寫於聖彼得堡）

一八六三年開啟的現代政治，意味著擺脫波立聯邦的歷史重擔，擁抱百姓和由他們使用的語言所定義的民族。這樣的趨勢最早浮現於前立陶宛大公國的西北端，當地在一八六三年起義的失敗，催生了看重語言的現代立陶宛民族主義。農奴解放帶來的劇烈衝擊，加速了農業的現代化，最後導致立陶宛出現「富農」這個新階級。[1]與此同時，俄羅斯帝國決定讓立陶宛學生前往聖彼得堡而非華沙升學，也造就了一批新的世俗菁英。各地學校中強度不一的去波蘭化政策，亦在意料之外產生了民族建構的效果——因為對立陶宛學生來說，俄羅斯文化的吸引力實在不如波蘭。在接下來的數十年間，立陶宛出身的平民崛起，在學校裡頭學會閱讀自己的語言；說波蘭語的貴族則失去原有的社會地位，跟著學起立陶宛語。這些人和羅馬天主教的司祭，以及在俄羅斯的大學接受教育的社會主義者和醫生，共同成為立陶宛民族運動的主力。[2]這些人從一八六三年波蘭起義的失敗中記取教訓，相信自己可以發展出一套更合適的民族策略。比起武裝起義，新一代更重視民族文化。就這一點來說，他們其實和一八六三年後成為主流的波蘭愛國主義者很像，認為要建立民族社會，就需要靈活的實務運作。[3]這些從根基做起的工作，對波蘭人意味著強化民族菁英的群眾基礎；對立陶宛人而言，則是必須先找回自己民族的根。

立陶宛的民族基礎深埋於重重的歷史之下。數百年來，立陶宛語從未登上政治舞臺，也沒有立陶宛大公出版過立陶宛語的書籍，最後一位懂立陶宛語的大公去世於哥倫布發現美洲大陸的那一年，也就是四百多年前。在過去，不僅大公國貴族的傳統文化都以波蘭語和書面斯拉夫語（類似白羅斯語）記載，農民似乎也一心一意追隨著神父與領主的語言典範。說立陶宛語的農民在十九世紀裡，慢慢轉向白羅斯語，斯拉夫語地區的擴大，提供了日後波蘭與俄羅斯文明同化的跳板。在某些農民家庭，還可以看到說立陶宛語的祖父母、說白羅斯語的父母和說波蘭語的子女三代同堂——這些家族透露出的歷史趨勢，正是立陶宛民族運動者想要逆轉的進程。富農會直接把小孩送進以波蘭語授課，或至少以波蘭語為主的學校，讓子女學習波蘭文化。這樣的歷史讓立陶宛的民族主義運動者對民族忠誠缺乏安全感，使他們不斷尋找適合的政治修辭。他們未曾明言的是，其實就連他們自己對波蘭語的熟稔也更勝於立陶宛語，因此促成民族的文藝復興便顯得十分迫切。

在族裔的邊界尋找祖國

為了應對這種困境，立陶宛民族運動者不再強調一五六九到一七九五年間實際存在的波立聯邦，而是提出一個想像中的大公國，宣揚那個在《盧布林聯合》前未曾與波蘭結合，屬於立陶宛和維爾紐斯自己的中世紀神話。他們中意和近世大公國幾乎毫無關聯的立陶宛語，推崇位於大公國政治邊陲、使用這種語言的農民，並追憶起浪漫化的遠古異教。在他們筆下，一五六九年與波蘭結合之事反倒成了領主對百姓施加的暴政，而如今還在緬懷波立聯邦的貴族，全都是民族的叛徒。正如許多民族史詮釋都是為了回應民族概念成形時遇到的現實問題，這種指控也是源自許多立陶宛民族運動者遭遇的社會困境。

如果立陶宛要成為一支現代民族，就必須成為屬於平民百姓的民族。而平民民族的領導人若要挑戰社會上層，就必須先找到立論基礎，控訴對手背叛了民族的語言和歷史。即便平民可能一時還無法建立起必要的自信，農奴制度的廢除與學校開始招收農民子弟入學等發展，仍舊提供了絕佳的政治契機。現今波蘭東北方的蘇瓦烏基鎮（Suvalkai）在種種因緣下，成為立陶宛民族運動的發源地：早在一八〇七年，拿破崙就率先解放了當地的農奴；一八六三年起義後俄羅斯在原本的波蘭語學校實施同化政策，則是另一個關鍵因素。附近的馬里揚泊列（Marijampolė）中學在一八六三年以前都以教授波蘭文化為主，但從一八六七年開始，便改成俄羅斯化的帝國學校。波蘭語遭到禁止，而立陶宛語則被納入課程之中。約納斯・巴薩納維丘斯（Jonas Basanavičius, 1851-1927）和溫采斯・庫迪爾卡（Vincas Kudirka, 1858-1899）這兩位立陶宛民族運動中最重要的領袖，就是出身於這所學校。兩人都是富農家庭的優秀子弟，皆曾被期許成為天主教神父，並在俄羅斯的教育體系中得到更好的發揮。一八六三年起義後，俄羅斯當局為了限制波蘭在立陶宛的影響力，改以立陶宛語授課，卻無意中替現代立陶宛民族運動撐出了發展的空間。

其實，這些在一八六三年後廣為流傳的歷史和語言資料，早已存在了好一段時間，其中最可信的版本，多半是出自托奧多・納巴特（Teodor Narbutt, 1784-1864）筆下。他於一八三五到一八四一年間以波蘭語寫作並出版了大量的立陶宛歷史，在完成長達四千多頁的鉅作後，納巴特指出立陶宛的歷史在一五六九年就已經「停止」了，然後象徵性地到此後統治的波蘭國王兼立陶宛大公墓前，折斷自己的筆。[4]他留下的浩瀚青史，成為立陶宛民族「應向中世紀看齊，而非以近世遺產為本」這種現代政治觀的學術基礎。在十九世紀，納巴特著作被引用的次數，遠超過任何一部立陶宛史書。[5]不過其實在更早之前，西莫納斯・道坎塔斯（Simonas Daukantas, 1793-1864）就已經用立陶宛語闡述過現代立陶宛民族主義了。身為密茨凱維奇在維諾大學的同學，道坎塔斯就跟他一樣深受中世紀的立陶宛吸引，他可能也是第一個將一五六九年《盧布林聯合》視為投降條約，並將波蘭語的普及與優秀本土文化傾頹劃上等號的人。一八二二年，他發表了世上第一部以立陶宛語寫成的立陶宛史，在書中發表了前述看法。雖然這本書一直到一九二九年才正式出版，但他在一八四五年又推出了另一本此領域的重要著作。

在史家改用恥辱的眼光看待近世，遙仰中世紀的榮耀時，密茨凱維奇的詩作正好替這段時期增添了輝煌色彩。他的史詩《格拉希娜》（*Grażyna*, 1823）和《康拉德・華倫諾德》（*Konrad Wallenrod*, 1828）都是以中世紀的立陶宛為背景。有趣的是，道坎塔斯和密茨凱維奇的作品竟在不知不覺中合流為一，沖積成另一片中世紀幻想的沃土。一八二二年，道坎塔斯顯然誤把一份密茨凱維奇早期的練習作，當成了真正的古代史詩段落，並將之從波蘭語譯成立陶宛語；後來他又把密茨凱維奇筆下一篇關於立陶宛公主希薇娃（Żywiła）的故事，寫進自己的史書裡。等到人們在一八八四年弄清希薇娃其實是密茨凱維奇筆下作品的虛構角色時，這段故事已經在立陶宛的民族文化中占據重要的地位，[6]這時再被「揭穿」也已經沒有什麼差別了。類似的例子還有格拉希娜公主，這個同樣由密茨凱維奇創作的人物到了十九世紀末，已經成為立陶宛女姓常見的名字。不過這名浪漫主義詩人和他的現代立陶宛讀者其實有著一個很大的差別，密茨凱維奇在《康拉德・華倫諾德》的前言最後，引用了席勒的一句話：「從真實的生命裡消逝的，方能在詩歌中不朽。」可見在密茨凱維奇的眼中，古代的立陶宛確實消逝了，真正值得緬懷的應該是《塔德伍施先生》中，與波蘭結為聯邦的近世立陶宛。然而，立陶宛民族運動者認同的卻是納巴特與道坎塔斯的路線：立陶宛的歷史結束於與波蘭共組聯邦的一五六九年，因此他們必須重建的是一五六九年以前的中世紀立陶宛。這便是第一批現代立陶宛語書籍所傳達的歷史觀點。

一八八三年，約納斯・巴薩納維丘斯決定開辦一份立陶宛語報紙。在他就讀馬里揚泊列中學時，該校的授課語言已經從波蘭語改為俄語，並增加了立陶宛語的課程。身為能夠就讀俄羅斯帝國大學的新一代立陶宛青年，巴薩納維丘斯對立陶宛的理解自然十分抽象，但對他本人而言卻顯得無比清晰。在莫斯科時，他曾師從講法語的教授、結交過保加利亞的民族運動者，也用波蘭語發表過立陶宛歷史的文章。一八七九年，他完成醫學院的學業，前往保加利亞從醫，同時持續研究立陶宛的歷史。這使得他在一八八二年來到布拉格，並遇見捷克的民族運動者。和來自保加利亞的朋友一樣，這些捷克民族主義者也心心念念著中世紀的宏偉歷史，想方設法要擺脫近世的恥辱。正是在布拉格，巴薩納維丘斯下定決心創辦一份立陶宛語的評論刊物。他後來即擷取當地民族運動使用的、從黑暗中甦醒過來的民族意象，將這份刊物取名為《黎明》（*Aušra*）。[7]

在一八八三年，巴薩納維丘斯的計畫是和身在德國的同胞一起辦報。因為俄羅斯帝國雖然允許使用立陶宛語，卻規定必須使用西里爾字母拼寫；但在德國的話，民族運動者就可以用拉丁字母拼寫立陶宛語，然後將文章偷渡到俄羅斯帝國境內。最初的幾期刊物由巴薩納維丘斯在布拉格編輯，並交由人在德國的尤爾吉斯・米克夏斯（Jurgis Mikšas）出版。但不久後，米克夏斯因為一場風流韻事不得不離開德國，改由當時正遭普魯士流放的約納斯・許柳帕斯（Jonas Šliūpas, 1861-1944）接手發行。此人先前加入波蘭社會主義革命政黨「普羅階級黨」從事顛覆陰謀時，就已經展現祕密出版的才能。《黎明》借助道坎塔斯與納巴特的研究，以及密茨凱維奇的詩作，鼓勵民眾追尋自身與一五六九年以前，尚未和波蘭合併之立陶宛大公國的文化淵源，最後總共發行了四十期。[8]

毫不意外地，《黎明》的出版方針也遵循當時捷克民族運動者所發展出的策略，跳過近世歷史，直接從中世紀跳到現代。一五六九年的《盧布林聯合》之於立陶宛人，就像一六二一年的白山戰役（Battle of White Mountain）之於捷克人：這些事件標誌了民族生命在外國人的手裡終結，在此之前的中世紀也成為人們珍視的過去，埋下之後民族運動的社會根源，屆時平民百姓的地位也將被提升。[9]在民族運動者的心中，《盧布林聯合》將立陶宛貴族連根剷除，一如捷克貴族在白山兵敗後也淪為一幫服膺外國的投機人士。因此唯有注入新血才能讓民族重生，而他們亟欲重振的民族傳統，只存在於純樸百姓的生活之中。但無論是立陶宛還是捷克的民族運動者，一開始都是以波蘭語和德語，也就是近世上層文化的語言，嘗試接合中世紀與現代的歷史與文化。要將這些新觀念傳遞給大眾，使用大眾慣用的語言是很重要的，即便這項任務本身也充斥著一系列矛盾。

歲月、美與力量

在一八八〇年代，《黎明》選擇用本土口語，也就是立陶宛語出版。前面曾經提到，「黎明」這個刊名隱含著一種冀望：那些看似死去的，只是陷入沉睡；總有一天，黑夜將會過去，世界將迎來黎明，沉睡的人也會甦醒——在每個國家力量和文化傳統疲弱的民族心中，都有著這樣的期許。不過，將這些想法化為立陶宛語的嘗試，除了喚起民族的自許外，還揭露了一條更深入的路徑。因為在「民族復興」這個概念中，其實潛藏著一種深具吸引力的可能性，那就是利用其他民族的成就，來改善自身的落後處境。比如說，人類歷史上所有的字母表（alphabet），其實都來自同一個源頭；[10]但各地的民族運動為了深入草根民眾，都致力於將本土口語編纂成書面語言，因為這是建立民族價值感的必要之舉。相較於「黎明」兩字的意義，我們更能從它的拼法中映證這點。今天的歷史著作若講到《黎明》雜誌，使用的拼法都會是「Aušra」，然而「黎明」一詞在一八八三年卻更常被拼作「Auszra」。以「sz」表示英文的「sh」的發音，是當時立陶宛語普遍使用波蘭語的標準拼寫法；而「Aušra」則是來自捷克語的標準拼寫，以「š」來表示「sh」的發音。《黎明》的編輯群之所以這麼做，完全是為了讓立陶宛語看起來和波蘭語有所區隔，而不是因為要在俄羅斯境內發行。畢竟無論報刊的名字叫「Aušra」還是「Auszra」，都是帝俄境內禁止使用的拉丁字母，同樣會被俄羅斯警察沒收；唯有用西里爾字母寫成「Аушра」，刊物才能合法發行。可見立陶宛民族運動者的唯一考量，便是讓立陶宛文化從波蘭的影響中獨立出來。

借用捷克語來拼寫立陶宛語，這件事本身就頗為諷刺。首先，早在波蘭尚未與立陶宛聯合的中世紀，讓波蘭語成為書面語言的，正好就是捷克語。[11]因此在近世傳入立陶宛大公國的波蘭語，用的便是古捷克語的拼寫方式。數個世紀後，現代立陶宛民族運動者所借用的捷克語音標，則是現代捷克人為了避開和德語有關的複輔音（consonant compound）*與特定字母所設計出來的。經過這些改革後，現代捷克語和波蘭語的外觀就沒那麼相似了，因為波蘭語保留了古捷克語的拼寫元素，仍舊用複輔音表示單獨的聲音。儘管對部分親斯拉夫主義的捷克人來說，這些捷克語改革不期然的副作用頗令人後悔，但立陶宛民族運動者卻深受其吸引，因為波蘭文化正是他們最大的對手。舉例來說，原本在捷克語、波蘭語和立陶宛語中，英語的「v」這個音都和德語一樣寫作「w」；而在語言改革後，捷克語和立陶宛語都改用「v」來表示。另外，這三個語言本來也都用「cz」來表示英文裡「ch」的音，但捷克語和立陶宛語在改革過後，都改為使用「č」來表示。也就是說，為了抗衡波蘭語，立陶宛語用新捷克語的拼寫，取代了古捷克語的拼寫。

另一項諷刺之處在於，由於俄羅斯禁止使用拉丁字母書寫立陶宛語，前述兩種拼寫方式在維爾紐斯都無法使用。結果這種使用捷克語拼寫、或多或少經歷改革的立陶宛語，最主要的使用範圍就變成了德國東普魯士的邊境地區。原本為了防堵德國文化滲透而發展出來的書寫方式，卻迂迴地流入德國境內。這個諷刺的狀況還有進一步發展：在改用捷克語拼寫立陶宛語的過程中，立陶宛語除了用「š」和「č」代替「sz」和「cz」，也放棄了波蘭語中的「ł」，並改用「v」來代替波蘭文的「w」——這正好是德國語言學家奧古斯特．施萊赫爾（August Schleicher）幾年前所提倡的做法。於是，立陶宛語其實是在一個德國人的建議下，採用捷克語的拼寫方案，最終在俄羅斯境內擺脫了波蘭語的影響。但是，德國語言學界會對立陶宛語的興趣，其實有部分是源自於國內學界的浪漫主義轉向，而這場轉變又有部分是為了讓德意志文化擺脫法國的影響。如果我們將目光鎖定十九世紀末歐洲的鏡子迷宮，就會看到民族概念以各種奇怪的角度被反射，各地的民族主義者駐足鏡前，看著在他們眼裡獨特、純粹、美好的形象並沉醉其中。最終，我們會發現十九世紀民族主義的原始意象來自法蘭西，那裡在許多萊茵河以東的人眼中，不僅是政治哲學的故鄉，也是民族國家的原型與典範。[12]

在當時，歐洲普遍認為文學是民族存在的基本條件之一，但學界對立陶宛語古老特徵的關注，

* 譯註：指拼寫中不夾雜母音的連續子音，如「split」中的「spl」。

卻掩蓋了立陶宛文學的幾近匱乏。像巴薩納維丘斯就主張，儘管立陶宛缺乏古代遺留的世俗文學，但只要從立陶宛語完善的文法結構，就能佐證立陶宛的歷史不但悠久，還曾擁有高度文明。就像義大利的托斯卡尼地區正是經歷了近世的經濟衰退，當地城鎮的中世紀塔樓才有幸保存；立陶宛語也是因為缺乏近世的文學著作，才有辦法保留語言中那些古老的特徵。它不像波蘭語曾經歷大量拉丁語、德語和法語詞彙的洗禮，因此繁瑣的文法規則被保留了下來，立陶宛語於是成為鮮為人知的、農民之間的交談語言。密茨凱維奇不但曾說立陶宛語是「歐洲大陸上活著的語言中最古老的」，還在一八四三年認為立陶宛語和梵語有著親緣關係，因此立陶宛人是一支失落的印度部族。八年前，納巴特也在他那部用波蘭語寫成之立陶宛民族史鉅作的第一冊裡，提出立陶宛語和梵語之間的關聯，並為此拜訪過許多日耳曼作家，比如因為編纂《格林童話》成名的文法學和語言學專家雅各・格林（Jacob Grimm, 1785-1863）。道坎塔斯亦曾在一八四五年的研究中引用過施萊赫爾的語言學專著。[13]密茨凱維奇對古立陶宛的想像，也有一部分是以奧古斯特・馮・科策布（August von Kotzebue, 1761-1819）寫的普魯士歷史等日耳曼素材為基礎。[14]為了強調立陶宛的特殊性，道坎塔斯、納巴特和密茨凱維奇都曾從德意志浪漫主義的草根面，以及日耳曼學者的研究成果中汲取養分。此外，密茨凱維奇在流亡巴黎時期，也和法國史家朱爾・米榭勒（Jules Michelet）等人有過許多交流。他對立陶宛語古老地位的主張，便是他在法蘭西公學院（Collège de France）擔任教授並以法語授課時提出。[15]這些仰賴德國與法國的立陶宛語研究成果，將在未來成為立陶宛民族主義的核心元素之一。對現在的我們而言，這或許有些諷刺，但要不是幾乎徹底和上層文化隔絕了好幾百年，波羅的海人的立陶宛方言也無法流傳至今，更不可能有這些學術成果。

當時還是十九世紀，還是一切都還晦暗不明的時刻，立陶宛人的數量尚不足以成為一支民族，而立陶宛民族運動者仍無法擺脫近世文化的影響，導致他們覺得需要證明新的事物能與舊的比肩。十九世紀的歐洲浪漫派民族主義者之間有個共通的信念：上層文化是必要的，而文學是上層文化的結晶，但如果沒有上層文化，擁有悠久的文化總勝過什麼都沒有——沒有美，至少還有歲月。《黎明》世代的立陶宛民族運動者一方面接受格林、納巴特和密茨凱維奇等人提出的立陶宛語歷史，另一方面也努力想證明立陶宛語能夠承載現代文學的重量。立陶宛作家認同密茨凱維奇的看法，認為上層文化和政治命運緊緊相連，但他們不同意密茨凱維奇所說波蘭語是可以代表立陶宛的上層語言；為了反駁他的想法，他們決定把密茨凱維奇的詩翻譯成立陶宛語——如果立陶宛語可以表達密茨凱維奇筆下的非凡詩意，就足以顯示立陶宛是一支獨立的民族，能夠擁有自己的未來。這樣的做法表面上對波蘭文化充滿敬仰，實則企圖透過文學的柔軟身段實現民族復興，證明立陶宛作為一支民族，有著與波蘭平起平坐的實力。人們花費了無數的心力想讓立陶宛跳過一個歷史階段，直接將歲月轉化為美。[16]

這份美最大的意義，是要說服周遭的波蘭人，以及他們自己心底的波蘭認同。如果要讓美成為力量、讓民族運動真正成形，就不能只有民族運動者相信民族的存在，一般大眾也需要有同樣的信念。比巴薩納維丘斯年輕幾歲的詩人溫采斯．庫迪爾卡便找到了一條走進民眾的道路，介於歲月與美之間。他的學養背景頗為曲折，以至於他的做法與其說是拒斥，不如說是利用了近世波蘭的遺產。儘管他和巴薩納維丘斯一樣，都曾在馬里揚泊列中學修習過立陶宛語，但那段日子對他最大的影響，卻是使他接觸了大量的波蘭文化。他曾這麼回憶在學校的日子：「當時我的直覺告訴我，想自保的話就千萬別說立陶宛語，也最好別讓任何人知道我父親是個只會說立陶宛語的農民。為了說好波蘭語，我盡了最大的努力，但還是說得很差。每當我父親或其他親戚來學校找我，我都會躲得遠遠的，不讓同學和其他先生們看到；只有離開學校，或是身邊沒有外人時，我才能放心與他們交談。浸淫在波蘭精神世界裡這麼久後，我已經覺得自己是個富有教養的波蘭人了。」[17]也許有人會好奇，為什麼同樣就讀馬里揚泊列中學，巴薩納維丘斯從學生時期就產生了立陶宛人的認同，而庫迪爾卡卻認為自己是波蘭人？這個問題的答案，要從俄羅斯政策的幾個小細節說起。巴薩納維丘斯比庫迪爾卡早了幾年進入馬里揚泊列中學就讀，當時正值戒嚴時期，帝俄警察嚴格執行波蘭語禁令。但是到了一八七二年，也就是庫迪爾卡入學後的第二年，俄羅斯解除了戒嚴令，波蘭語又回到立陶宛的學校教育之中，就連馬里揚泊列也再次開始教授波蘭文化。

畢業後，庫迪爾卡和巴薩納維丘斯一樣，離開立陶宛進入俄羅斯的帝國大學就讀。不同的是他後來選擇前往華沙並視自己為波蘭人，而他的政治啟蒙也是來自一群波蘭的社會主義者。但是這些和波蘭人打交道的日子，最後卻成了立陶宛民族運動的養分。他沒有抗拒波蘭的文化遺產，而是設法借用和轉化。巴薩納維丘斯最高明的一著，便是徹底捨棄複雜的近世歷史，並以保加利亞和捷克的民族復興運動為師，高舉中世紀的輝煌過往；庫迪爾卡則是一八八九年從華沙返鄉後，才開始認同現代立陶宛的理想，進一步將近世波蘭的概念化作牽引民族運動的力量。他不只和巴薩納維丘斯一樣，展示了立陶宛和波蘭具有同樣獨特的歷史，更證明他們是兩支地位相等的民族。儘管對超越的追求經歷了許多轉折與嘗試，但庫迪爾卡關心的始終都是地位。在一八七〇年代，年輕的庫迪爾卡內心充滿對文化修養的執著，這讓他迷戀著波蘭文化，一心想成為波蘭化的上層人士；到了一八九〇年代，這份執著使中年的他醞釀出更遠大的目標，要將大眾納入政治運動中，讓自己與整個平民階級受到重視。早年在華沙時，庫迪爾卡就曾見識過波蘭的民族運動者將密茨凱維奇塑造成一名屬於現代波蘭的愛國者。為了創造一支屬於平民的新民族，他也有樣學樣，憑藉著精深的波蘭語造詣，將密茨凱維奇的代表作轉化成現代立陶宛愛國主義的吶喊。《塔德伍施先生》的開頭原本是充滿孤寂之意的：「立陶宛啊！我的祖國！」，卻在庫迪爾卡的譯筆下，變成了洋溢希望的「立陶宛哪！吾等祖國！」一八九八年，庫迪爾卡又將這句改譯擴寫，變成了日後的立陶宛國歌《立陶宛哪！吾等祖國！》（*Lietuva, Tėvyne mūsų*）。[18]

經過兩個世代後，當初密茨凱維奇寫下的文字，已經有了另一種意義。不同於密茨凱維奇，庫迪爾卡認為所謂的祖國，就是指說立陶宛語的民族命中注定建國的土地。由於對這個概念理解的差異，庫迪爾卡的譯文對密茨凱維奇的詩句做了些許不能說是完全背離原意的微妙調整，最終變成立陶宛民族運動的格言。庫迪爾卡的譯作還有另一個耐人尋味的意義，那就是將近世波立聯邦的經典浪漫化呈現，轉化成一種現代民族的可能性。一八三〇年起義的失敗引發了浪漫主義的浪潮，讓密茨凱維奇在鼎盛之年寫下《塔德伍施先生》，而一八六三年起義的失敗，又讓這股潮流分散成許多民族主義支流。但無論是一八三〇年起義後的密茨凱維奇與波蘭浪漫主義者，還是一八六三年起義後的庫迪爾卡和立陶宛浪漫主義者，都希望「在舊世界的廢墟上建立新世界」。只不過在後者眼中，這片廢墟也包含了從前的波蘭立陶宛聯邦。

在大公國的疆域上尋找祖國

立陶宛民族的概念在一八六三年發生了徹底的翻轉。相較之下，波蘭和白羅斯的歷史都沒有這麼明確的時間點，可以用來區隔現代民族主義的黎明和近世大公國的黃昏。不過就算到了一八八〇、九〇年代，新世代的民族運動者已經為立陶宛的歷史和民族劃出明確的界線，立陶宛內部的波蘭人和白羅斯人依舊認為「立陶宛」只是一個地理和政治名詞。在他們的認知裡，做一個立陶宛人，意謂著回歸大公國時期的傳統，許多人也認為民族問題無關緊要。多數貴族階級的「本土化」（tutejszość），或者說「本土意識」，許多時候其實是新的意識形態跟表面上的在地現實與傳統不合，所產生的有意識抗拒。[19]相較之下，維爾尼亞周遭農民的「本土意識」，則是務實地應對複雜的語言同化模式，並以柔軟的身段避開必須站在波蘭語貴族或帝俄官員任何一邊的窘境。[20]因此到了十九世紀末，波蘭語在這些地方仍和密茨凱維奇的學生時期一樣，是最廣為接受的溝通方式。[21]

不過即便在一八六三年起義失敗後，仍有一些貴族階級懷著政治抱負，嘗試調整大公國的傳統以符合現代政治的需求。其中最重要的例子，就是波蘭革命者暨政治家約瑟夫・畢蘇斯基（Józef Piłsudski, 1867-1935）。他是兩個立陶宛名門的繼承人，[22]少年時也就讀於維爾諾的俄羅斯學校。

一八八七年，畢蘇斯基因為與暗殺沙皇亞歷山大三世的計畫有所牽連而被流放西伯利亞，刑期結束後回到立陶宛，在一八九〇年代的維爾諾開啟了他作為波蘭社會主義者的政治生涯。我們將來會看到，在一九一八年的波蘭建國，以及不久後的兼併維爾諾中，畢蘇斯基都是最關鍵的人物。他所愛的波蘭並非現代意義中，以族裔或語言界定的波蘭，而是源自於立陶宛大公國的懷舊共和想像，用以反對獨裁帝俄的歷史概念。儘管自稱立陶宛人，但畢蘇斯基最精通的還是母語波蘭語，此外他也會說鄉下人使用的白羅斯語，並在流放西伯利亞期間學過一些粗淺的俄語。而他日後得不到立陶宛人的認同，正和那些幫助他成為波蘭人的同志脫不了關係。[23]

與畢蘇斯基類似的，還有白羅斯民族運動者。他們同樣有著對立陶宛大公國的嚮往，以及對社會主義聯邦體制的渴求。只是這些人雖然以「白羅斯」的新名號想要復興立陶宛大公國，卻都被自己「近世波蘭」的身分認同給綁住了。三百年來，波蘭語在此地區一直都是上層文化的代表，不但備受羅馬天主教會和信奉羅馬天主教的菁英階級家族擁護，在西部地區還擁有數百萬使用者的支持。立陶宛語雖然沒有這樣的地位，但它畢竟屬於波羅的海語系，與波蘭語很容易做出區隔。即使講的人愈來愈少，相較於白羅斯語的使用者，還是有著很好的地理屏障。反觀白羅斯語的處境就艱難得多：在眾多斯拉夫方言中，白羅斯語的文化地位並不高，不但未經編纂，形態上又介於波蘭語和俄語之間，使用者的社會環境則同時受到波蘭文化和俄羅斯威權的影響。白羅斯的農民普遍認為，白羅斯語只是老百姓俚俗的日常語言，波蘭語才是有文化、有身分的人說的語言，而隨著時代變遷，俄語也漸漸提升到相近的地位。想要擺脫農民身分，晉升到更高的社會地位，就是要學會說波蘭語或俄語，成為波蘭人或俄羅斯人。[24]在近世，語言的豐富多變曾經是波立聯邦和大公國價值的體現，但是對如今期望用語言打造現代白羅斯民族主義的人來說，卻成了一個負擔。

既然如此，我們為什麼要討論白羅斯的死胡同？雖然白羅斯民族主義者也主張維爾尼亞應歸他們所有，但很少人會把這些話當一回事，加上現代意義上的白羅斯民族又尚未誕生，我們為何要關注白羅斯語的使用者和白羅斯民族主義者呢？答案在於，大公國傳統的白羅斯分支警示我們，將過去的語言或「族裔」群體理所當然地視為現今民族的前身、等待被現代性魔法喚醒的泥偶，其實相當危險。一旦現代民族誕生，民族史家很容易就能「證明」他們和某個「族裔」間一脈相承的關係。因此，白羅斯的失敗就成了一塊重要的試金石。白羅斯人可以說是本書討論的地區中最大的一個「族裔」，根據俄羅斯帝國一八九七年的人口普查，維納行省的白羅斯語人口，比其他語言的使用者加起來都還要多。在維納、明斯克、格羅德諾（Grodno）、莫基廖夫（Mogilev）和維捷布斯克（Vitebsk）這些與前立陶宛相鄰的行省，白羅斯語的使用者占了總人口的四分之三。然而到了二十世紀，這個「族裔」並沒有變成一支現代民族。比對立陶宛和波蘭的成功與白羅斯的失敗，將幫助我們看清民族運動真正需要的是什麼。如果這些民族運動的成功，取決於對立陶宛大公國傳統的保存程度，或是特定語言的使用者多寡，白羅斯人應該是最有可能成功的例子才對。但白羅斯卻因為一連串社會與政治的偶然，悖離了前述推論，最終沒能形成一支民族，因此特別值得歷史學家留意。[25]

說白羅斯語的立陶宛祖國？

詩人文森蒂・杜寧—馬欽基維奇（Vincent Dunin-Marcinkievič, 1807-1884）曾用優美的語言，描繪過他盼望中說白羅斯語的立陶宛。這位詩人出身自一個說波蘭語的立陶宛小貴族家庭，並在聖彼得堡接受教育。一八四〇年，他和波蘭作曲家斯坦尼斯拉夫・莫紐什科（Stanisław Moniuszko）合寫了一部同時使用波蘭語和白羅斯語的喜歌劇，在維爾尼亞正式出道。[26] 一八五九年，他完成了《塔德伍施先生》的白羅斯語譯本。和前面提到的立陶宛民族運動者一樣，馬欽基維奇也理所當然地認為，想為方言爭取尊嚴，最好的做法就是證明方言可以和波蘭語平起平坐，而最有效的證明方式，就是用方言翻譯波蘭語的文學。此計畫的起心動念，來自兩種斯拉夫文學語言的雙面壓力：據他自己的說法，讓他想動手將《塔德伍施先生》翻譯成白羅斯語的，並不是波蘭原文，而是俄語譯文。就像立陶宛語譯者一樣，馬欽基維奇的翻譯計畫也可說是有原作者本人的背書，畢竟密茨凱維奇曾說過，白羅斯語是「歷史悠久的語言中最豐富、最純淨的一種」，而馬欽基維奇的目標，便是藉由將密茨凱維奇筆下屬於白羅斯貴族的故事，翻譯成白羅斯農民能閱讀的語言來證明這一點。[27] 考慮到《塔德伍施先生》浩大的篇幅、複雜的故事和優美的語言，再加上白羅斯方言從未有人編纂整理，這實在是一項具有非凡野心的工程。雖然在十六世紀時，白羅斯與魯塞尼亞地區的口語也曾被用作書面語，但一五六九年《盧布林聯合》之後，波蘭語取得優勢地位，以書面斯拉夫語寫作的人幾乎不復存在。

在馬欽基維奇之前，已有人先踏出了第一步：揚．切丘特（Jan Czeczot, 1796-1847）曾將白羅斯的民間文化翻譯成波蘭語。他過去和密茨凱維奇一同在維爾諾求學，不但加入過同一個祕密結社，也是一輩子的朋友。當密茨凱維奇想將白羅斯的民間習俗寫成《先人祭》（*Forefathers' Eve*，分成兩集出版於德勒斯登，首發表於一八二二年，全詩完成於一八三二年），以及於《塔德伍施先生》中講述一群說波蘭語的貴族在說白羅斯語的土地上所發生的故事時，都是由切丘特替他蒐集民謠，並改編成流利的波蘭語。[28]不過以現實面來說，切丘特的計畫實在比馬欽基維奇容易多了。在一個人們依舊十分在意地位的社會裡，將民間文化翻譯成高尚的語言，和將文學鉅作翻譯成農民日常的口語，兩者可說是天差地遠。這就像是如果你從豬圈裡撿起一顆骯髒的珍珠，也許可以吸引到別人的目光，但這不代表他們喜歡看見自己的珍珠被扔進豬圈裡。

就連白羅斯的愛國者自己也逃不開這種地位焦慮。真正看得起農民的人並不多，馬欽基維奇就和切丘特或密茨凱維奇一樣，依然深受近世波立聯邦愛國主義的影響，認為波蘭語才是屬於政治界和文化界的語言。另一方面，馬欽基維奇也注意到波蘭語正開始在一種全新的政治中，發揮起截然不同的政治功能：儘管與密茨凱維奇的理想相違背，但他的詩歌是以波蘭語寫就的事實，仍協助鞏固了以語言和族裔為基礎的波蘭民族主義。[29]看著波蘭語「降格」為波蘭的民族語言，白羅斯的愛國者也希望白羅斯語能「升格」成白羅斯的民族語言。馬欽基維奇知道《塔德伍施先生》的故事背景設在白羅斯語地區，而他希望提升這種語言的地位，幫助生活在這片名為「立陶宛」的土地上，說著白羅斯語的人民。

另一個問題則跟這些作家們生活和寫作的政治背景有關。當時市面上既有原文的《塔德伍施先生》，也買得到俄文的版本，但馬欽基維奇的譯本卻遭到查禁，因為它使用的是拉丁字母而非西里爾字母。[30] 這是因為白羅斯語雖然沒有被禁止，只是不能以拉丁（波蘭）字母拼寫。馬欽基維奇遇到的問題是他的譯本封面上印著「Pan Tadeusz」，就和波蘭文一模一樣，而不是可看作俄文的「Пан Тадеуш」。為了規避這一點，立陶宛民族運動者的策略是找身在德國的同胞合作；但馬欽基維奇無法使用這種權宜之計，因為所有白羅斯人都住在俄羅斯帝國境內。白羅斯有勇敢的民族運動者、有能夠成為書寫語言的方言，也有數以百萬計的潛在讀者；但在十九世紀中葉，卻幾乎沒有人只會白羅斯語，也沒有可以出版白羅斯語的地方，更沒有白羅斯語書籍的市場。

斷頭失根的白羅斯

這些明顯來自帝俄政策的問題，往往起源於立陶宛大公國遺留下來的波蘭文化與羅馬天主教影響，導致白羅斯人復興大公國的想望找不到施力點。剛統治前大公國的土地時，俄羅斯其實很樂意保留原本的體制。比如一七七三年遭到教宗克萊孟十四世（Clement XIV）查禁的耶穌會，就被允許在俄羅斯帝國繼續活動，直到一八二〇年被禁絕以前，耶穌會的學校、研究機構和印刷廠都是以波蘭語為主要語言。與此同時，使用波蘭語的維諾大學（由耶穌會於一五七九年成立）和整個維諾學區，也一直活躍到一八三二年；《一五八八年立陶宛大公國法典》一直沿用到一八四〇年，儘管該法典所用的書面斯拉夫語和白羅斯語很類似，各地貴族會議和法院仍是以波蘭語運作。換句話說，無論在宗教、教育還是法律上，俄羅斯在前立陶宛大公國地區的統治方針，最初都是以延續波蘭文明為主。這種做法乍看之下或許難以理解，其實不然。如今我們回顧波蘭與俄羅斯之間的歷史，往往是從一八六三年以後才浮上檯面的現代民族主義出發，但這種視角和俄羅斯沙皇亞歷山大一世的統治模式相距甚遠。在十九世紀初，政府的統治方針還是拉攏地方菁英，而不是動員一般大眾；此外，亞歷山大相信只要遵循波蘭友人恰爾托雷斯基所教導的啟蒙思想，就能吸引菁英們加入俄羅斯帝國。[31]

十九世紀的前立陶宛地區和十八世紀時沒有太多差別：波蘭的政治理念一再遭遇挫敗，但波蘭文化卻屹立不搖、持續發展。出身維爾尼亞地區小貴族家庭的白羅斯史學家米特羅凡・多夫納爾－扎波斯基（Mitrafan Doŭnar-Zapolski, 1867-1934），便將亞歷山大時期的俄羅斯政策稱為「波蘭化政策」。[32]雖然一八六三年後出生的扎波斯基在描述這段期間時，用了簡潔有力卻不大切題的民族主義用語，但他對於一八六三年以前波蘭文化在白羅斯地區的延續，確實說得十分到位。這些現在被我們歸類為白羅斯人的貴族，並沒有因為一八三〇年那場失敗的起義受到太多困擾，仍持續活躍於波蘭與俄羅斯的政界中，毫不關心身邊農民的語言和習俗。[33]因此當《大公國法典》在一八四〇年廢止，白羅斯貴族就失去了大量的傳統特權；在一八六一年農奴解放後，他們更是幾乎喪失了所有社會地位。一八六三年後，隨著一些貴族轉向立陶宛民族認同，其餘貴族便另起爐灶，開始提倡白羅斯民族認同。但他們還是碰到了體制性的阻礙，這次阻礙表面看來也是俄羅斯統治的結果，實際上卻有更深層的原因。

在白羅斯貴族因為帝國政策的允許，不斷浸染於波蘭上層文化的半個世紀裡，白羅斯也喪失了原本可用來凝聚大眾組成獨特民族的宗教基礎。一七九五年，波立聯邦在最後一次瓜分中宣告滅亡，當時大公國地區的農民中，約有五分之四信奉聯合教會（Uniate Church）；*[34] 到了一八三九年，這些地區的聯合教會幾乎都被東正教吸收了。相較於立陶宛的民族運動者可以靠羅馬天主教和信奉東正教的俄羅斯切割，白羅斯的民族運動者只能惋惜自己失去了聯合教會的信仰。一八六三年起義後，白羅斯的愛國者就不斷怨嘆著聯合教會的衰落。[35] 但早在一八三九年，聯合教會就已經沒有機會成為白羅斯的民族信仰了（見表一）。這個教會是波立聯邦政策下的產物，以波蘭語運作，在成立的兩百多年來，聯合教會的高層從未使用過當地口語。儘管從波蘭語改用俄語一開始非常艱辛，但其實不過是從一種外來書面語，改用另一種外來書面語而已。雖然在奧地利的加利西亞地區，聯合教會確實成為了一種民族信仰，但這需要至少一百年的國家政策支持，再加上與俄羅斯競爭的國際政治環境。如果白羅斯的聯合教會能夠留存下來，或許能成為一種民族信仰，但要達成這個結果，白羅斯必須先切斷，而非延續近世遺留下來的傳統。[36]

---

* 譯註：一五九六年，波立聯邦的東正教會和天主教會在今立陶宛的布熱斯特達成協議，承認羅馬教宗為教會領袖，並保留東方聖禮。第六章會對此有更詳細的說明。

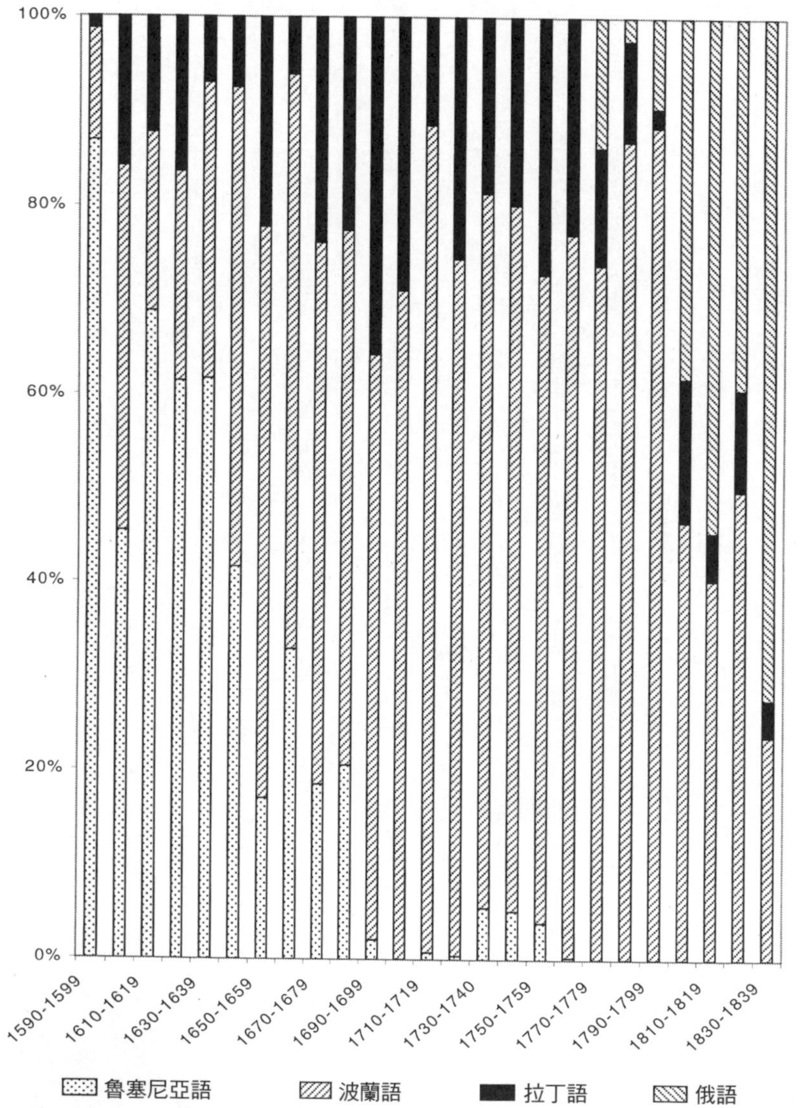

表一：魯塞尼亞語、波蘭語、拉丁語及俄語的教會檔案比例。來源：Opisanie dokumentov Arkhiva zapadnorusskikh uniatskikh mitropolitov, 2 vols，聖彼得堡，教會類（Synodal'naia），1897 到 1907 年。

族裔還是歷史的立陶宛？

一八六三年起義的餘波，替立陶宛民族運動撐開了某些社會空間，也消滅了白羅斯民族運動原本就有限的空間。提倡族裔民族主義的運動者，選擇以立陶宛人和立陶宛語為基礎，在一八六三年後的俄羅斯帝國內找到了施力點；而提倡菁英民族主義的運動者，試圖結合波立聯邦傳統並提升白羅斯方言的地位，卻面臨十分不利的處境。一八六三年創造了一批新世代的現代立陶宛民族運動者，同時置白羅斯的愛國者於深具魅力的波蘭文化與日漸強盛的帝俄政權之間。前面提過的康斯坦蒂・卡林諾夫斯基，這位講波蘭語的立陶宛貴族，就曾在一八六三年以白羅斯語寫成的小冊子號召農民。他對一般大眾呼籲的行為在一八六三年後群眾政治的時代有著很好的前景，但白羅斯語作為此般呼籲的手段，前途可就沒有那麼光明。一八六三年起義之後，俄羅斯帝國禁止白羅斯語著作的出版，到一九〇五年以前，剩下的白羅斯民族復興運動，只能在克拉科夫、波茲南（Posen）和維也納等遙遠的地方進行。[37] 比如有一個叫做法蘭奇沙克・巴休什維奇（Frantsishak Bahushevich），同樣出身維爾尼亞小貴族家庭的詩人，就曾在一八九〇年代的克拉科夫用波蘭語拼寫出版白羅斯語詩集。波蘭字母持續被廣泛用於白羅斯語的著作中，即使一九〇五年後白羅斯語在俄羅斯帝國境內已經合法了也是如此。第一本白羅斯的重要刊物《我們的土壤》（*Nasha niva*）創刊時，便同時發行了拉丁字母和西里爾字母的版本。雖然巴休什維奇如今被譽為白羅斯文學之父，但當時他的詩作在俄羅斯帝國的影響力其實很有限：這些作品在一九〇八年遭禁，不是因為使用白羅斯語，而是由於它們追憶著俄羅斯統治以前的傳統。[38]

乍看之下，立陶宛民族運動者也應該面臨類似的問題。從一八六〇年代開始，由於俄羅斯的禁令，立陶宛語的出版活動就轉移到德國，而民族運動的領導者也遠居保加利亞甚至美國。那麼，為什麼一八六三年後的立陶宛民族運動可以維持凝聚力，白羅斯民族運動卻辦不到？關鍵在於很多因素表面上看似障礙，實際上卻是助力。就拿和過去劃清界線這件事來說，雖然立陶宛民族這個概念有非常多歷史空想的成分，但比起靠著改變社會菁英的行為來改變文化傳統，靠大量的創作來發明歷史還是相對容易；畢竟傳統牽涉到人們現在的實際活動，但歷史敘述的是人們過去可能的生活方式。而傳統要在哪裡中止，歷史又要從哪裡開始書寫，很大程度跟民族運動者的社會出身有關。在這一點上，立陶宛也意外地比白羅斯更有利。立陶宛民族運動者的出身多半不高，他們的家族從未參與過近世政治，因此他們更容易放下那段歷史。這些受俄羅斯教育的農民之子，往往樂於揚棄好幾個世紀以來的歷史重擔，學習新生民族的語言。相反的，白羅斯民族運動者都是講波蘭語的天主教貴族，對他們來說，那些文化傳統是從父母、祖父母那輩流傳下來，真實確切的事物。要他們從人民和庶民語言出發，創造一個白羅斯族裔，確實比立陶宛人創造一個立陶宛族裔困難多了。此時此刻，立陶宛想用新的拼寫方式，展現與波蘭決裂的姿態；白羅斯人則欲以波蘭文字和拼寫，和俄羅斯做出區隔。

這提醒了我們，白羅斯語和波蘭語、俄語一樣都是斯拉夫語系，但立陶宛語卻屬於完全不同的波羅的海語系。因此俄羅斯禁止拉丁字母的立陶宛語出版物，對於講立陶宛語的農民來說非常有感，這就成了立陶宛民族運動的施力點——如果國家力量剝奪了某種社會重視的事物，那麼提供這些事物的組織便會得到社會的支持。在這點上，白羅斯運動者又陷入不利的局面。因為在俄羅斯帝國，沒有人會在教會和學校學白羅斯語，而懂白羅斯語的人，一定也會波蘭語和俄語。所以白羅斯的民族運動者很難利用出版禁令，人民也不會像立陶宛人想念他們的母語那樣，想念白羅斯語。於是在面對使用立陶宛語的農民時，跟他們說同一種語言的立陶宛民族運動者或神父，就比說俄語的官員和說波蘭語的貴族更有利；但白羅斯民族運動者相較於他們的俄羅斯與波蘭對手，便沒有這樣的競爭優勢。語言學上的差異衍生出的後果，決定了兩種民族運動的影響範圍。

前述種種也牽涉到民族運動者的流亡，此一對雙方而言都十分沉痛的問題。儘管政治流亡對每個民族來說都是沉重的歷史，但流亡人士對民族的茁壯其實大有助益。密茨凱維奇美麗動人的詩句間，無疑飽含著他對立陶宛家鄉每一棵樹木的真摯思念，但他還留在立陶宛的時候，只是科伏諾一位百無聊賴的教書匠而已。是監禁、放逐和流亡使他成為了一位偉大的詩人，本書所引用的詩作也都是在聖彼得堡、德列斯登和巴黎等地出版。當然，無論他身在何方，身邊總是有波蘭同胞的陪伴。這點非常重要。那些離開俄羅斯帝國，在東普魯士以德文出版《黎明》的立陶宛人，也和密茨凱維奇一樣，都是嚮往失落故國的浪漫主義者。同樣的，他們身邊也有許多同胞可以給予協助。當時大約有十萬名立陶宛人住在德國，有許多人能將立陶宛語的書報，從德國走私到俄羅斯帝國境內。固然必須有非凡的組織力才能夠完成這些行動，但這至少是一項可行且有辦法持續下去的計畫。相反的，所有白羅斯人都居住在俄羅斯帝國境內，自然不可能穿越國界與其他白羅斯人合作。

就算有人想在遠方的克拉科夫進行打造民族的大計，也幾乎無法找到合作對象，更可能發生的情況是他們被淹沒於當地繁盛的波蘭文化中；而且任何白羅斯語的出版物，都要經過非常遙遠的路程才能發揮作用。這樣看來，像立陶宛一樣被瓜分，也未必沒有好處。

這些因素——諸如民族運動者的出身、民族語言的特性，以及帝國邊界的位置，往往不見於民族形成的大敘事之中。首先，成功的民族運動者普遍不會從這些因素去解釋民族建立的成敗；其次，愈是意識到這些因素的重要性，「族裔群體即是民族原形」這個他們希望大眾相信的想法就愈站不住腳。相較於說立陶宛語的農民，說白羅斯語的農民在「族裔群體」的規模上整整大了十倍，但民族運動最後開花結果的卻是立陶宛，而非白羅斯；第三，這些因素佐證了「現代化國家創造出民族」這種觀點。一八六三年後，俄羅斯的政策在不知不覺間推了其他民族運動一把，卻從未讓前大公國首都的居民普遍以「俄羅斯人」自居。[39]反倒是某些俄羅斯文化中最著名的特徵，其實與立陶宛大公國的傳統密不可分。

立陶宛，大俄羅斯的祖國

一八六三年後，俄羅斯官方大體上是把波蘭菁英當成最大的敵人，而立陶宛民族運動是削弱敵人的工具，白俄羅斯人民則被視為俄羅斯民族的一部分。中央集權國家對起義行動的懲罰，以及一八六一年農民在農奴解放令下獲得土地，讓地方的貴族菁英喪失了大部分的權威。這也是俄羅斯的國家力量第一次開始關注平民百姓的民族認同。儘管整個過程相當緩慢而複雜，但俄羅斯對其西北疆域，也就是前大公國地區的統治方針，確實在一八六〇年代有了根本性的轉變，不再仰賴當地菁英代為治理百姓，而是將百姓的民族主義當作治國工具，利用他們對付當地菁英。

一八六三年後對波蘭貴族的壓迫，和當時被派至當地鎮壓起義的維納總督穆拉約維夫（M.N. Muraviev）有很深的關聯。此人的手段之殘暴，讓俄羅斯、波蘭和立陶宛人都不約而同稱他為「絞刑手」。在穆拉約維夫看來，這場叛變是一場俄羅斯和維納波蘭人之間的民族戰爭，不但坐實了波蘭人都是天生的叛亂分子，也證明他認為俄羅斯是民族國家的主張。穆拉約維夫在聖彼得堡大受歡迎，原因不只是其對當局來說值得信賴的殘忍作為，也因為他能將理想的民族計畫付諸實行，藉著把立陶宛視為波蘭人與俄羅斯人之間民族戰爭的舞臺，他一手促成了這樣的發展。穆拉約維夫推行的政策也正式將立陶宛大公國的形象，掃進了歷史的塵埃。第一章提到那位以白羅斯語寫作，支持聯合教會，視立陶宛大公國為祖國的康斯坦蒂・卡林諾夫斯基，就在一八六四年被他絞死於維納城，罪名是指揮波蘭人與天主教徒的叛變陰謀。

但這個政策方向也無意間在各個社會階層促成了新的民族聯盟。一八六三年以前，說白羅斯語的農民作為俄羅斯西北部的最大群體，普遍認為自己是立陶宛人；但在一八六三年俄羅斯實施新的宗教政策、政治壓迫和等級制度後，這種傳統觀念就逐漸失去了立足空間。由於帝國將東正教當成俄羅斯人的正字標記，人們也不得不選擇要往自己身上貼上何種民族標籤。於是到了十九世紀末，講白羅斯語的人如果信奉東正教，就會說自己是俄羅斯人；如果信仰天主教，則會說自己是波蘭人；沒有特定信仰的話，就會說自己是本地人。隨著俄羅斯政權將「立陶宛」一詞的歷史意義從大眾心中抹除，現代立陶宛民族的建立也少了一大阻礙，民族運動者的工作變得單純許多。[40] 另一方面，和一八六三年後的立陶宛民族運動者一樣，俄羅斯歷史學家也「重新發現」了立陶宛大公國，將其視為一個尚未成熟、屬於俄羅斯人的國家。在俄羅斯後來當道的民族主義語言中，一八六三年起義失敗的意義，是外來的波蘭文化和天主教終於從這塊屬於俄羅斯人和東正教的土地上消失。

一八九八年，當俄羅斯帝國境內各地的波蘭人紛紛為密茨凱維奇樹立銅像，紀念他的百年誕辰時，維納的俄羅斯人和帝國效忠者卻是為穆拉約維夫總督立起銅像。密茨凱維奇激起愛國的熱忱，令人們矢志將維爾諾自俄羅斯的統治下解放；穆拉約維夫的苛政，則使這項志業迅速轉變成現代的民族主義。不過，俄羅斯的態度在一八六三年後仍有過轉變，這點可以從一九〇二到一九〇四年間的維納總督斯維亞托波爾克—米爾斯基親王（Prince P. D. Sviatopolk-Mirskii）的政治生涯中看出端倪。如果說穆拉約維夫是沙皇用以摧折起義的殘暴武力，米爾斯基就代表皇后所偏愛的細膩手腕；前者嚴格奉行傳統的治理原則，後者的施政卻充滿改革的宏願。米爾斯基和穆拉約維夫一樣，認為波蘭人和他們的猶太盟友，是俄羅斯在維爾紐斯和舊立陶宛地區最大的敵人；然而兩人最大的差異，在於米爾斯基認為天主教和波蘭文化可以分別看待。他認為之前的政策只會把信奉天主教的非波蘭人推向波蘭民族認同，因此要改用更細緻的手段，拉攏立陶宛人和白俄羅斯人向帝國效忠。他在總督任內最後的幾項政策中，就包含了說服沙皇允許用拉丁字母出版立陶宛語書籍，一九〇五年就任內政大臣時，他甚至支持過白俄羅斯的民族主義。當然，米爾斯基這麼做，是因為他相信這些民族運動終究會在波蘭和俄羅斯之間漫長的歷史對抗中消失，而在波蘭忙著吸收、同化這些民族的同時，俄羅斯就能成長茁壯，最終取得勝利。[41]

因此，在部分立陶宛民族運動者的認知中，米爾斯基並不是他所統治土地的外來者。他和許多替沙皇治理波蘭與立陶宛的帝國官員一樣，都是舊立陶宛貴族的子嗣。既然多數大公國的貴族家族，一開始都是信奉東正教，那米爾斯基等人也只不過是在俄羅斯的統治下，「重新改宗」東正教而已。這使得許多受過教育的波蘭立陶宛貴族家庭，不但為俄羅斯提供了不少國家官僚，對帝國的保守思想也多有貢獻。[42]「大俄羅斯」（Great Russian）這種摻有現代民族主義成分的帝國概念，正是在米爾斯基擔任維納總督的二十世紀初期誕生的。民族主義的加入，讓大俄羅斯的概念頗具包容性，隨時歡迎「迷失的」斯拉夫土地與人民「回歸」俄羅斯大家族。在此敘事之下，立陶宛大公國成了一度被波蘭和天主教奪走的立陶宛暨俄羅斯國家，如今正準備回到俄羅斯與東正教的懷抱之中。

這種大俄羅斯史觀，和現代立陶宛民族運動者在一八六三年後提倡的史觀，簡直相似得令人詫異。兩者都為了現代政治的需要，摒棄了近世波立聯邦長達兩百年的歷史，以中世紀的立陶宛取而代之。對立陶宛來說，那個時代的意義，在於當時的立陶宛民族擁有自己的土地；對俄羅斯而言，那個時代則是大俄羅斯敘事的一條支線。在一八六三年之後，立陶宛和俄羅斯雙方都把舊大公國首都的古名，從中世紀的歷史中翻了出來。立陶宛開始將這座城市稱作「維爾紐斯」，俄羅斯則稱其為「維納」；雙方都拒絕使用在此之前通用的波蘭語稱呼：「維爾諾」。無論是立陶宛還是俄羅斯的民族歷史書寫，都忽略了近世的歷史，只談中世紀與現代的化學反應。名義上，這是為了承襲中世紀的過往，但雙方真正的目的，都是想擺脫近世的遺產，從根本改變現狀。於是兩邊都高舉著深奧的歷史邏輯，設法合理化自身家族效忠對象的劇烈轉變。貴族出身、講波蘭語的立陶宛民族運動者為了「找回自己的根」，想方設法與平民有所連結；同樣是貴族出身、講波蘭語的帝俄官員為了「找回自己的根」，則紛紛改信東正教，協助沙皇在東斯拉夫地區籠絡人心。

這些俄羅斯人不只是相信東斯拉夫的種種將會融入統一的俄羅斯民族之中，他們自己就活生生體現了這個歷史進程。當米爾斯基回到維納時，很可能不覺得整件事有任何諷刺之處。畢竟，立陶宛也是他的祖國。

第三章　一次大戰與維爾諾問題　1914—1939

他受的傷或許只能靠死亡治癒。

——亞當・密茨凱維奇，《先人祭》

到了一九一四年，前立陶宛大公國的首都依然有著各式各樣的名字：立陶宛人的說法是「維爾紐斯」，波蘭人稱其為「維爾諾」，白羅斯人叫它「維爾尼亞」，俄羅斯人稱作「維納」，猶太人則以意第緒語稱其為「維爾內」。這裡不但是志在建立民族的立陶宛人、白羅斯人與波蘭人渴望得到的政治首府，也是與他們有著截然不同文化的猶太人群體之精神重鎮，以及掌握權力的官員們心中的俄羅斯古城。在這座城市裡，大部分的學校是以俄語授課，多數教堂屬於天主教，超過三分之一的居民是猶太人。維納行省的人口增長為一八六三年時的兩倍以上，行省中城市居民的比例接近當年的三倍，而維納城本身的人口超過當時的三倍；[1]此時，俄羅斯帝國西部正經歷工業化與都市化，每一個世代都比上個世代更集中於都市，教育程度也一代比一代高。一九〇五年第一次俄國革命後，各個族裔紛紛主張自己應當擁有這座城市，而不同語言裡不同的稱呼，正代表著這些觀點愈來愈難彼此共存。

在立陶宛民族運動者的認知裡，維爾紐斯是格迪米納斯（Gediminas）大公在中世紀立陶宛正準備迎接未來盛世時建立的大公國首都。愈來愈多人認為當立陶宛獨立時，新的民族國家也應當繼承中世紀大公國的疆域，但儘管立陶宛民族運動者對維爾紐斯的感情這麼強烈，立陶宛語的使用者其實只占了城裡居民的一到二%。[2]因此雖然他們在主張立陶宛民族的獨特性時，是以語言為基礎，但在談到維爾紐斯的歸屬時，卻又轉向歷史的脈絡。一九〇二年創立的立陶宛民主黨（Lithuanian Democratic Party）甚至在黨綱裡正式採用了這種方便主義的態度，主張要在「族群文化的（ethnographic）大致邊界」中追求立陶宛獨立；而在第一次俄國革命期間，立陶宛的左派和中間派政黨曾組織過一個民族議會，呼籲以「現有的立陶宛族群文化為核心」，在維爾紐斯和周邊地區建立一個自治的立陶宛。會在「族群文化」前面再加上「現有的」，自然是有其用意，就像當時的波蘭民族民主黨員（Polish National Democrats），還有其他民族主義者一樣，立陶宛運動者口中的「族群文化」既有科學上的意義，又可以因應政治變化做出調整。在他們看來，維爾紐斯與周邊地區的居民雖然看似波蘭人或白羅斯人，其實都只是剛好會講波蘭語或白羅斯語的立陶宛人。只要時機成熟，立陶宛的族群文化的定義就可以擴大解釋。[3]我們之後便會看到，他們的想法完全正確。

同時，白羅斯的民族運動者也一樣覬覦著維爾尼亞。他們同樣相信自己是中世紀大公國的後繼者，主張維爾尼亞應成為白羅斯的首都。[4]不同的是，立陶宛運動者認為一五六九年與波蘭合併摧毀了立陶宛的獨立地位，白羅斯運動者卻渴望重建波立聯邦。前一章也談過，兩者會有這麼大的差別，是因為雙方在歷史詮釋上的南轅北轍。立陶宛從一八四〇年代起，就開始批判當年與波蘭的結合，在一八八〇年代後這種想法更是成為立陶宛人的主流；而白羅斯在一九一〇年之前，幾乎沒有任何思想家質疑過波立聯邦的價值。[5]到了二十世紀初，白羅斯人對維爾尼亞的主張遭逢社會主義的挑戰，許多波蘭語天主教貴族家族的子女，都認為社會主義國際的理想非常契合當年的聯邦體制。[6]於是在第一次俄國革命期間，許多波蘭和立陶宛政黨不但展現出全新的政治決心，也獲得了大眾的支持；相較之下，白羅斯民族運動就顯得風平浪靜。革命過後，白羅斯民族主義接著又面臨帝俄想讓白羅斯成為「西俄羅斯」的威脅。[7]

一九〇六年，第一份有影響力的白羅斯語刊物《我們的土壤》終於問世；遲至一九一四年，都還沒有人想過白羅斯民族應該建立一個獨立的國家，可見血緣文化上的「族裔」和政治上的民族主義並沒有必然的關聯。比如在維爾尼亞，說白羅斯語的人遠比說立陶宛語的人多了好幾倍；在整個維納行省裡，白羅斯語的使用者占了半數以上；而在維納、明斯克、格羅德諾、莫給勒夫和維捷布斯克等與過去立陶宛國土有所重疊的行省，更有四分之三的人口使用白羅斯語。然而在前述地區，卻沒有任何一地的白羅斯農民從工業化中受益，也沒有任何一座城市的文化生活是由白羅斯人主導。在每座白羅斯語使用者占多數的城市，他們所受的教育程度都明顯不如其他族群。[8]

儘管立陶宛和白羅斯的民族運動者很看重維爾紐斯／維爾尼亞這座城市，但對波蘭的維爾諾城來說，這些人卻不是很重要；在一九一四年的維爾諾，公領域仍是波蘭語的天下，雖然它和華沙的波蘭語有所區別。在帝俄統治下，維爾諾與其周邊地區發展出一種特殊的波蘭式文化。官方曾施行過一系列法律，試圖將土地轉移到俄羅斯人和東正教徒手中，然而到了二十世紀初期，波蘭人依然掌握著維納行省絕大多數的土地。[9]論人口，波蘭人在一九一四年的維爾諾，也應該比猶太人稍微多一點。依據觀點的不同，波蘭人可以說是維爾諾和其周邊地區的主要民族，也可以說根本不算一個民族：融入波蘭語社群，與其說是加入一個獨特的民族社會，更接近於拿到受人尊敬的入場券。[10]在前大公國地區，幾乎沒有人想過要「喚醒」波蘭語的使用者，讓他們意識到自己「真正的」民族認同，因為就算不這麼做，波蘭文化的魅力也無人能擋，且精通波蘭語就象徵著體面的社會地位。也就是說，在前大公國境內的人們眼中，波蘭文化不是即將在民族運動者的努力下轉化為政治力量的「族裔」現實，而是一種人文素養；不管各自出身於哪個「族裔」，彼此只要會說波蘭語，就可以進行有文化的交流。

一九〇五年後，參與這種波蘭式文化的菁英自稱為「本土派」（krajowcy），以表示自己有別於西邊波蘭王室領地的波蘭文化。這些人明白自己家族和立陶宛貴族的淵源，通常會兩到三種語言，並認為大公國才是波蘭遺產中最美好的部分。在這些波蘭人的心中，過去是他們建立和維繫了波蘭文明，未來也將由他們代表重生的波蘭文明，而維爾諾就是這一文明的中心。維爾諾不是未來波蘭裔國家東北方的波蘭裔城市，而是前大公國的首都，其與波蘭王室領地該是什麼樣的關係，就成為最重要的政治問題。大部分的人相信前大公國可以和波蘭王室領地結合成一個共同管理的政治實體，少部分人則認為這個問題應該保留到維爾諾成立國會後再來討論，[11]但所有人都把一五六九年《盧布林聯合》以後的立陶宛當成他們政治上的祖國。就這點來看，比起現代的波蘭和立陶宛民族主義者，這群「本土派」才是密茨凱維奇真正的門徒。二十世紀初的愛國社會主義者，比如約瑟夫・畢蘇斯基等人，也是受到他們的政治觀點啟發，提出了「海間聯邦」（Międzymorze）*等聯邦主義的構想。

這些立陶宛的波蘭人普遍認為，由於繼承了大公國的傳統，立陶宛的波蘭文化絕對比其他地方的波蘭文化都更優越，也比翻譯成立陶宛語或白羅斯語的波蘭文化更有水準。但隨著現代民族的概念普及，這兩種信心都成了陷阱。首先，這種對王室領地的優越感是以立陶宛在地的傳統為基礎，華沙或克拉科夫的波蘭人根本不可能接受，這點從後者一直想把密茨凱維奇說成道地的波蘭人就可以看得出來。再者，培植立陶宛本土傳統，也可能收到反效果。既然他們主張民間文化是大公國遺產的一部分，也就不會攻擊早期以波蘭語從事立陶宛或白羅斯民族復興的人，[12]但這也使得現代民族主義者得以利用作品中的意象，以立陶宛語或白羅斯語重現，進而挑戰波蘭文化的主流地位。一九〇五年後，由於部分出身天主教家族的菁英「叛逃」到白羅斯或立陶宛民族運動的陣營中，且立陶宛民族運動又在鄉村地區崛起，他們對波蘭文化的偏好漸漸成了需要認真捍衛的選擇。[13]

一九〇五年第一次俄國革命期間，立陶宛人召集的維爾紐斯大議會（Great Seimas of Vilnius）

---

* 編註：海間聯邦是畢蘇斯基在一次大戰後提出的政治構想，希望能在大東歐地區建立一個由波蘭主導的聯邦，成員國包括立陶宛、愛沙尼亞、拉脫維亞、芬蘭、烏克蘭、白羅斯、匈牙利、羅馬尼亞、南斯拉夫、捷克斯洛伐克等國。所謂「海間」，指的就是從波羅的海到黑海與亞得里亞海之間。

成功迫使俄羅斯沙皇政權做出許多深具意義的讓步。部分講波蘭語的立陶宛人，比如法學家米夏爾．羅莫（Michał Römer，後改以立陶宛語稱 Mykolas Römeris, 1880-1945）從中認知到立陶宛民族主義是一股需要認真看待的勢力，於是認為可以結合大公國的傳統與新生的立陶宛民族運動，將前大公國地區打造成一個由立陶宛人、白羅斯人、猶太人和波蘭人共同組成的多民族國家，並且是由立陶宛人領導，波蘭人擔任眾多文化的居中協調者。然而，這個別出心裁的方案卻很難讓現代的民族主義運動者買單，雖然巴薩納維丘斯和許柳帕斯等來自立陶宛的運動領袖，確實也想過類似的概念。[14]不過就像我們前面看到的，這些民族運動者在設法利用大公國遺留下來的多民族架構時，碰到了非常多實務上的問題，讓他們不得不以族裔的角度來定義立陶宛；而當立陶宛的波蘭人準備好接受這種妥協方案時，立陶宛民族運動者卻已經下定決心，要在這個大致上以族裔界定的國家裡，用立陶宛文化取代波蘭文化。[15]

但同一時間，還有一群人同樣來自悠久的古老文明，而且明顯和其他族群大不相同，卻逃過了這些交鋒，這群人正是猶太人。在一九一四年，猶太人占了維爾內人口的四〇%，城裡的商人約有四分之三是他們的同胞；四百年來此地的猶太人數量之眾，甚至有著「立陶宛的耶路撒冷」的稱號。[16]此處說的「立陶宛」，指的是整個前大公國地區，裡頭類似的城市包含明斯克（當時有五十一%居民是猶太人）、戈梅利（Homel，猶太人占五十五%）、平斯克（Pinsk，七十四%是猶太人）與維捷布斯克（五十一%是猶太人）。此時的維捷布斯克出了馬克．夏卡爾（Marc Chagall, 1887-1935）這位大畫家；維爾內則是聚集了許多塔木德學者，比如人稱「維爾內高翁」（Gaon of

Vilne）*的以利亞・本・所羅門（Elijah ben Solomon, 1720-1797）就是活躍於此。這位猶太教學者最著名的一點，便是他對於重視靈性生活的虔敬派（Hasidim）極端正統派的強力批判，然而他不僅和虔敬派一樣修習卡巴拉秘術（Kabbalah），也熱衷於基督徒的草藥醫學，甚至曾經嘗試製造魔像。到了十九世紀，維爾內成為帝俄境內猶太啟蒙運動的中心，許多受這場運動影響的人，後來都成了現代猶太政黨的創建者。雖然只有少部分世俗化（或是正在世俗化）的年輕人熱衷參與政治，但當時整座城市的氛圍確實有利於猶太人成立政治組織。不過與同時期的維也納和勒沃夫（Lwów）相比，維爾內的猶太政治運動缺少政治同化的成分；換句話說，在公共場合使用主流語言並不意味著效忠當政者。因為在維爾內的基督徒圈子裡，主流文化是波蘭語和天主教，但統治者的文化卻是俄語和東正教，且十九世紀末的立陶宛猶太人都明白，帝俄政權並不會因為波蘭文化的影響而在政策上有所鬆綁。[17]不同於習慣使用當地語言的倫伯里（Lemberik，即勒沃夫）猶太人，維爾內的猶太人與波蘭政治保持距離的態度，使他們發展出另一種對現代猶太政治的想像。

雖說猶太復國主義（Zionism）†屬於民族主義，馬克思主義屬於國際主義，但兩種思想都對維爾內的波蘭文化造成許多困擾，其追隨者對波蘭民族的敵意，也比對立陶宛民族主義者來得更加強

* 譯註：希伯來語中的「人傑」、「賢者」之意，原指西元六到十一世紀時，兩河流域「巴比倫塔木德學院」的校長。後來用以指稱在猶太神學上成就極高、足以成為整個社會靈性導師的猶太教學者。

† 編註：猶太復國主義即錫安主義，宗旨是希望能夠建立一個屬於猶太人的國家。這項運動在二次大戰後促成了以色列的建國。

烈。因為立陶宛人就算建國，也是一個多民族的小國，但波蘭人一旦建國，就會是個單一民族的大國。猶太復國主義是一種「抵抗式民族主義」（reactive nationalism），試著以建國的方式維護猶太人的安全和尊嚴；而由於這些猶太人集中分布於前波立聯邦的城鎮地區（多數地方後來被帝俄劃為收容用的柵欄區），因此這又是一個特殊的民族計畫：猶太復國主義者無法以過去的國家疆域或現在的人口分布為由，聲稱歐洲大陸上的某塊土地是他們的，於是亞洲或非洲就成為應許之地的候選。儘管無法爭取在前大公國地區建國，他們仍能透過使用意第緒語和希伯來語，彰顯自身的猶太文化，與波蘭文化做出區隔。另一方面，前大公國地區的猶太社會主義者，則渴望在歐洲甚至全世界掀起革命。在他們眼中，立陶宛大公國遺產的處理，以及現代民族主義者的奮鬥，都會被這場變革順勢推動。當然，前提是要先組織起這場革命：猶太社會主義者在政治場合中，往往習慣使用俄語或意第緒語，維納的猶太人使用俄語而非波蘭語，就讓他們和波蘭同志間存在不少芥蒂，導致後來畢蘇斯基只好提出以意第緒語作為折衷方案。[18]這些出身前大公國地區的俄語猶太社會主義者，一八九七年在維納成立俗稱「邦得」（Bund）的猶太工人總聯盟（General Jewish Labour Bund），一九〇五年響應第一次俄國革命，並在一九一七年的布爾什維克革命*中大展身手。

世界大戰與民族主張

布爾什維克革命與一次大戰，讓前大公國地區多出了不少新國家。帝俄敗亡使立陶宛人和波蘭人得以建立民族國家，並開始爭奪維爾紐斯／維爾諾這座城市。一九一九年，波蘭和蘇俄展開了為期兩年的波蘇戰爭（Polish-Bolshevik War），期間也和立陶宛發生過一些小衝突，最終在一九二〇年取得了維爾諾。雖然這些行動是由波蘭聯邦主義者主導，最終實現的卻是波蘭民族主義者的理想。

目前為止，我們主要談的是維爾諾地區的波蘭聯邦主義，但波蘭民族主義的走向，卻是由前王室領地的華沙、羅茲（Łódź）、波茲南和中部鄉村地區所決定。無論在歷史還是社會上，這些地方都跟前立陶宛大公國地區有所差異：社會菁英說的一樣是波蘭語，但在他們身邊的不是說其他語言的農民，而是一樣講波蘭語的農民、住在城鎮的猶太人與德意志人，還有來自俄羅斯、德意志和奧地利的帝國代表；那些過去不曾屬於王室領地，但農民和工人同樣講著波蘭語的地方，則使波蘭的民族主義者更有理由使用語言而非過往的歷史來定義波蘭民族。現代「波蘭」的概念就在這樣的背景下誕生。在十九世紀末，波蘭語的編纂早已完成，而且有著非常豐富的文化內涵，沒有人會因為使用平民百姓的語言感到羞恥，於是波蘭中部的社會菁英和一般大眾便有機會在語言的力量下團結成一個民族。當地愛國人士確實將保護波蘭文化視為當務之急，並把講波蘭語、信仰天主教與熟悉浪漫主義詩歌，當成認同波蘭民族的表現。[19]維爾諾的波蘭愛國主義由社會菁英所提倡，希望重建歷史上的立陶宛大公國；王室領地的波蘭民族主義，以羅曼·德莫夫斯基（Roman Dmowski, 1864-1939）領導的民族民主黨為代表，則廣納波蘭的農民和工人，使其成為建立現代民族國家的助力。

＊編註：布爾什維克革命又稱十月革命、共產革命，這場革命導致蘇維埃政權的建立，也促成俄國內戰的爆發。

德莫夫斯基和畢蘇斯基的民族想像與國家願景大不相同。畢蘇斯基的社會聯邦主義（socialist federalism），是立陶宛波蘭裔對現代政治的典型反應，其在帝俄境內祕密傳播社會主義的做法，對於一個自詡為文化菁英、比一般人更理解事物該如何運作的立陶宛波蘭人，的確是再自然不過的選擇。他的波蘭社會黨（Polish Socialist Party）在一八九二年成立時，就以建立聯邦制國家為黨綱。這樣的社會聯邦主義介於對近世波蘭的愛國主義與現代的群眾政治之間，和德莫夫斯基的民族民主黨有三個主要差異：第一，社會聯邦主義直接繼承傳統，而非自己發明歷史。相信這個願景的菁英家族遵循著世代相傳的民族想像，渴望復興近世的立陶宛大公國。第二，社會聯邦主義的動員方式不是啟蒙群眾，而是只和信任的同志策劃密謀。波蘭社會黨內部對於民族議題一直意見分歧，但直到一九〇五年分裂之前，黨內高層的觀念都是菁英領導、群眾追隨。第三，社會聯邦主義認為民族不是由語言，而是由社會地位決定的。不應該想像一塊土地上的所有人都屬於同一個族裔群體，因此應當建立一個民族國家，而是要承認族群之間的差異，將此差異引導向波蘭公民身分體現的共和理念。由於前立陶宛波蘭化貴族家族的子女，普遍認為自己比猶太人或是講立陶宛語、白羅斯語的農民更優越，也就傾向於相信這樣的共和國將建立在波蘭文化的基礎之上。一戰爆發前，有不少人抱持這種理念在帝俄從事地下政治；合理推測在一九一八年波蘭復國採行民主政體後，維爾諾地區的波蘭化貴族也多半投給聯邦主義的左派政黨。[20]

相反的，作為波蘭中部偏鄉地區的石匠家庭之子，德莫夫斯基在不同的歷史背景下，得出了不同的政治結論。畢蘇斯基理想中的波蘭政治民族，懸浮於眾多族裔聚集的家園之上；德莫夫斯基眼裡的波蘭俗民民族（Polish folk nation），則夾在陰險狡詐的猶太人和細心自律的德意志人之間，努力求生。從他主張的俗民民族定義中，德莫夫斯基指出波蘭人因為語言和宗教的獨特性而不同於其他民族，接著又引用社會達爾文主義的觀點，解釋為何有這些共同點的群體應該凝聚在一起，捍衛自身不受外敵欺侮。相比於懷舊的畢蘇斯基，德莫夫斯基選擇自稱「現代波蘭人」，大剌剌地表示要摧毀波立聯邦的遺緒，以現代的波蘭認同取而代之。而雖然信奉社會主義的是畢蘇斯基，德莫夫斯基卻比他更關心社會變遷和群眾政治的意識形態內涵。因此儘管在一戰爆發前，德莫夫斯基的社會成就不如已和同志們發起過多次反抗行動的畢蘇斯基，但在決定波蘭民族的概念這塊，卻是德莫夫斯基占了上風。到了一九一四年，德莫夫斯基已經徹底改變了人們對「波蘭」的認知，而他引領的民族民主黨也在講波蘭語的地區中成為最重要的政治勢力。[21]在波蘭一戰後舉行的選舉中，德莫夫斯基所屬的政黨贏得了最多的選票。

畢蘇斯基和德莫夫斯基兩人提出的觀念，不只對歷史產生了長遠的影響，也改變了許多關鍵時刻的情勢走向——雖然乍看之下，這些事件在當時的發展，好像完全是由軍事力量所決定。比如說在一次大戰的尾聲，維爾諾就有三場互相影響的競爭，包括（一）兩種波蘭概念的倡議者之間的競爭；（二）國際主義者、多民族主義者和現代民族主義者對「立陶宛」定義的競爭；以及（三）布爾什維克黨和波蘭、立陶宛與白羅斯民族主義者之間對這座城市控制權的競爭。我們此前提及的群體皆有參與其中：前大公國地區相信國際主義的年輕人，包含斯拉夫人、猶太人和波羅的海人，大部分都加入了布爾什維克黨；忠於大公國多民族主義的年輕人，則成為波蘭或白羅斯的社會聯邦主義者；此外還有立陶宛民族主義者與現代的波蘭民族主義者。這些人到了一九一八年，對於國家的藍圖與國界的劃分，都有著堅定的看法。布爾什維克黨人期待以共產主義解放維納城，波蘭和白羅斯社會聯邦主義者都認為維爾諾／維爾尼亞應成為一個多民族國家的首都，波蘭和立陶宛民族主義者則都認為維爾諾／維爾紐斯應成為一個新民族國家的首都——至於要屬於哪個國家，雙方莫衷一是。我們稍後會看到，聯邦主義者要成功，比民族主義者或國際主義者困難多了。他們需要小心設定國界、與地方菁英妥協，還要得到被統治者的認同。比起讓布爾什維克俄國，或是某個民族國家取得維爾諾，這些計畫實在相對複雜。

最後贏得這些競爭、建立民族國家並成功拿下維爾諾的，是波蘭的民族主義者。不過雖然歷史發展如他們所料，也由他們取得勝利，當時維爾諾的波蘭民族主義者遠遠算不上最強的勢力，甚至可能是當地最勢單力薄的群體。他們既不像立陶宛民族主義者或白羅斯聯邦主義者一樣，致力於在前立陶宛大公國的土地上獲得群眾支持；也不像布爾什維克黨或波蘭聯邦主義者那樣，嘗試用軍隊占領維爾諾。最特別的是，他們沒有和其他群體一樣（包含布爾什維克黨），試圖利用立陶宛大公國的遺產。但最後勝出的，卻是他們對國家藍圖與領土安排的主張，這說明了在那個帝國崩塌的時代，現代民族主義思想所具有的優勢。畢蘇斯基雖掌握了大部分資源，最後卻因為聯邦主義固有的難題而綁手綁腳，當聯邦體制遭到其他政黨反對，畢蘇斯基就不得不把資源用在原先由德莫夫斯基主張的政策。與其說這是波蘭的勝利，不如說這是其中一種波蘭願景的勝利；這並非戰後民族自決原則的體現，而是現代民族主義勝過了立陶宛大公國傳統的多民族愛國主義，也在某種程度上勝過了布爾什維克黨的國際主義。

一九一八年時，密茨凱維奇緬懷立陶宛大公國所寫的眾多詩作，已是波蘭和立陶宛現代民族主義的經典。到了一九二〇年，畢蘇斯基卻以復興立陶宛大公國的聯邦主義為由，號召軍人奪取維爾諾，將其納入波蘭民族國家的版圖。讓我們先放下歷史的諷刺，回到當時的戰爭中，看看事情的來龍去脈。

一次大戰與波蘇戰爭

一九一七年發生十月革命，以及一九一八年一次大戰落幕，讓俄羅斯的西北疆域，也就是前立陶宛大公國領土的局勢變得撲朔迷離：彼時西線戰場的德軍已經向美、英、法等協約國投降，然而東線戰事尚未結束，俄羅斯內部的紅軍與白軍也正殺得不可開交，前立陶宛地區的政治人物因此逮到機會，宣布民族獨立並嘗試建立軍隊；協約國對民族自決的支持，也提供了波蘭人主張獨立的合理基礎，但西方國家卻沒有足夠的軍力可以決定東方局勢的變化；德軍也沒有完全撤出東部戰線，而是在過程中不時停下來對抗布爾什維克黨。[22]

立陶宛和白羅斯運動者都希望能在布爾什維克軍抵達之前，以德國軍隊作為掩護獨立建國。然而白羅斯對維爾尼亞打的如意算盤立刻遭遇了挫敗。由安東・盧茨科維奇（Anton Lutskevich, 1884-1946）領導的白羅斯民族議會，在一九一八年三月宣布白羅斯獨立，成立白羅斯人民共和國

（Belarusian Democratic Republic），同時將維爾尼亞視為該國的一部分。議會心目中的白羅斯是一個多民族國家，因此他們在主張屬於自己的領土時，也表達了民族寬容的精神。盧茨克維奇希望重建立陶宛大公國，建立一個南及黑海、北臨波羅的海的現代社會主義聯邦。不過，當時這片土地正由德國占領，他們的宣言也沒有得到德國支持，而且當紅軍在一九一八年十二月來襲時，盧茨克維奇和大部分的議會成員都早已逃到明斯克。先前在維爾尼亞，議會的提議是由白羅斯和立陶宛共組邦聯制國家，白羅斯社會主義者相信採用這種制度，可以將維爾尼亞從「小布爾喬亞的」立陶宛民族國家手中拯救出來，[23]但當時的立陶宛政治人物已經深陷重重困境，對這個拯救方案絲毫不感興趣。以白羅斯之名重建立陶宛大公國的計畫，也就暫時被迫中止。不過這個計畫雖然失敗，卻促成了另一場成功。布爾什維克黨的組織固然集權，但他們仍承諾留在明斯克的白羅斯運動者，會建立一個白俄羅斯蘇維埃社會主義共和國（Belorussian Soviet Socialist Republic）。[24]儘管一開始，這個共和國只包含明斯克周圍的一小圈領土，但在一九二二年蘇聯成立後，其範圍卻不斷擴張，並且前後一共存活了七十年之久。

十月革命移除了立陶宛政治圈對俄羅斯的效忠心態，一次大戰的經歷則使立陶宛民族主義者的目標更為清晰，於是在一戰的最後一年，追求徹底獨立的行動接二連三發生。一九一七年九月，立陶宛國民大會（Taryba）在德軍的保護下，於維爾紐斯宣布立陶宛人有必要在「族裔文化的疆域上」建立一個獨立的民族國家。德國會這麼做，是因為他們先前已經扶持了波蘭攝政王國（Królestwo Regencyjne），希望能避免波蘭人進一步主張擁有維爾諾和立陶宛地區。立陶宛運動者很清楚德國的戰略考量，也決定盡可能利用這一點，[25]立陶宛國民大會便於一九一七年十二月十一日，在維爾紐斯宣布立陶宛獨立，並同意成為德國的保護國。同時，他們也焦急地關注著德國和布爾什維克黨在布列斯特—立陶夫斯克（Brest-Litovsk）的和約談判，因為兩方都拿著民族自決原則來鞏固對立陶宛的主權主張。一九一八年二月，立陶宛國民大會又一次宣布獨立，但這次並未宣誓效忠德意志，柏林當局對此並未留心，因為當時德軍正忙著向俄羅斯方面進軍。到了戰爭尾聲，德軍在西線戰場的挫敗，讓立陶宛國民大會得以在十月規劃新的行動方向。[26]然而他們還來不及慶祝，紅軍便撕毀和約向西進發，雖然立陶宛立刻向波蘭軍隊請求協防，但急就章的談判很快就在十二月破裂。由於無法順利召集軍隊，立陶宛政府只好逃出維爾紐斯，遷往西部的考納斯（Kaunas，科伕諾的立陶宛名），維爾諾波蘭裔自行組織的志願軍也不是紅軍對手；一九一九年一月五日，這座城市正式落入紅軍手中。維爾紐斯成為立陶宛蘇維埃社會主義共和國（Lithuanian Soviet Socialist Republic）的首都，由兩名立陶宛共產黨員領導。不久之後，立陶宛蘇維埃又與白俄羅斯蘇維埃合併，維爾紐斯也變成立陶宛與白俄羅斯蘇維埃（"LitBel" Soviet Socialist Republic，簡稱「立白蘇維埃」）的首都。對於身為立陶宛愛國者、波蘭聯邦主義者和共和制社會主義者的畢蘇斯基來說，這可以說是最糟糕的結果，他為此在華沙落下英雄淚。[27]

然而，在華沙與考納斯的人們看來，這個結果都還未成定局。在一九一九年初，軍隊的有無尚不影響立陶宛人和波蘭人對維爾紐斯／維爾諾的想法。維爾紐斯是立陶宛領導人心中的民族首都，因此即便處境極度弱勢，他們還是要求波蘭撤回對該城的主權宣稱。與此同時，領導波蘭的畢蘇斯基，也正準備將維爾諾送給立陶宛，換取他們和波蘭一同成立聯邦；但對立陶宛的政治人物而言，加入波蘭人的國家實在是個令人反感的念頭，原因不只是他們害怕波蘭的上層文化和人口優勢，更因為他們現在渴望的是徹底獨立。[28]雖然畢蘇斯基和聯邦主義者未能完全理解立陶宛人的恐懼與志業，但相比於其他波蘭人，他們其實已經開明許多。例如他們在國內的政敵、德莫夫斯基的民族民主黨甚至主張，就算小小的立陶宛最後能倖存下來，也只配成為波蘭的衛星國。[29]至少在最主要的問題上頭，波蘭和立陶宛民族主義者的意見倒是完全一致：波立聯邦已經一去不復返，多民族聯邦再也行不通了。

布爾什維克勢力的實際問題，也必須以這些價值觀來理解。一九一九年二月，波蘭軍隊突然向東朝紅軍進攻。對於這次不宣而戰應該取下哪些領土，波蘭議會內部有許多不同意見，若要用一句話總結就是「解放波蘭東北部省分和首府維爾諾」。[30]四月二十一日，畢蘇斯基的軍隊將紅軍逐出維爾諾，立陶宛和白俄羅斯共產黨逃往明斯克，並為了「立白蘇維埃」的殞落互相批鬥。在進攻前，畢蘇斯基曾派遣同為波蘭化立陶宛人的米夏爾．羅莫前往考納斯，試圖成立一個由波蘭與立陶宛共組的聯合政府，可惜沒有任何立陶宛的部長級官員感興趣。四月二十二日，畢蘇斯基又在維爾諾發表《致前立陶宛大公國居民宣言》（Proclamation to the Inhabitants of the Former Grand Duchy of Lithuania），承諾當地人民可以選擇自己想要的政府，結果同時遭到波蘭和立陶宛民族主義者痛斥。華沙的民族民主黨認為不把維爾諾當成波蘭城市簡直荒謬絕倫；考納斯的立陶宛政府則大罵畢蘇斯基這時提起立陶宛大公國，只是為了掩飾他的波蘭帝國主義。

時序進入夏天，正當協約國打算在巴黎和會上決定戰後最終的疆域分配時，波蘭和立陶宛的軍隊卻爆發了一連串沒有結果的小衝突。接著在八月，畢蘇斯基發起了兩場公投，一場在波蘭軍隊占領區，另一場在立陶宛其他地區。立陶宛政治人物都否定這些公投，認為無論立陶宛的居民怎麼想，維爾紐斯都是屬於立陶宛民族的領土。外交部長奧古斯丁納斯・沃德馬拉斯（Augustinas Voldemaras）甚至聲稱：「民族是由死者更甚於由生者組成的。」顯然這在計票時會引起不少實務問題。[31]同個月裡，畢蘇斯基嘗試顛覆考納斯的立陶宛政府，但負責策劃的人卻找不到立陶宛人內應，反而害得自己被逮捕。就算立陶宛的領導階層中有人支持他們，看到這場慘敗恐怕也不敢再次出聲。

畢蘇斯基在一九一九到一九二〇年，還相信可以在戰場上擊敗蘇俄，維爾諾問題也將迎刃而解。於是在一九二〇年四月，畢蘇斯基聯合了西蒙・彼得留拉（Symon Petliura）領導的烏克蘭，對蘇俄發起進攻，同時蘇俄也正與立陶宛展開和平條約談判。七月，波蘭在戰場上逐漸失去優勢，且蘇俄和立陶宛的談判眼看就要得出結果。為了徹底打倒波蘭，蘇俄打算將維爾紐斯贈與立陶宛，以換取紅軍能借道立陶宛進攻波蘭。這對立陶宛實在難以抗拒，蘇立雙方於是在七月十二日祕密簽訂《莫斯科和約》（Treaty of Moscow），接著紅軍便迅速占領維爾紐斯，並移交給立陶宛。沒想到波蘭軍隊卻於八月在華沙的維斯瓦河畔（Wisła）大敗紅軍，一舉將紅軍逐出波蘭。[32]如果這時打敗仗的是波蘭，蘇俄一定會回頭吞掉小小的立陶宛。但立陶宛政府一心只想著對付波蘭，他們相信只要布爾什維克得勝，立陶宛不但可以保持獨立，還能得到維爾紐斯——儘管實情絕非如此。[33]

最後，蘇俄向波蘭求和，雙方代表團在九月前往今日拉脫維亞的里加（Riga），同時協約國也開始催促波蘭和立陶宛盡快解決爭議。波蘇兩國在十月七號達成政治協議，決定停戰並讓維爾紐斯歸於立陶宛，並最終於隔年簽訂《里加和約》（Treaty of Riga）。但是在背地裡，畢蘇斯基已經策劃了一場軍事行動，準備奪回波蘭人的維爾諾，繼續他建立新立陶宛大公國的野心。他將這場作戰交給盧茨揚·澤利戈夫斯基將軍（Lucjan Żeligowski, 1865-1947）指揮。澤利戈夫斯基同樣是一名波蘭化的立陶宛人，原本是帝俄軍隊的軍官，妻子也是俄羅斯人。他說的波蘭語在我們今天聽來，幾乎像是白羅斯語；換句話說，他也是一名立陶宛大公國之子。畢蘇斯基在向維爾諾進軍前，曾向其他「立陶宛白羅斯」出身的軍官發表演說，這些話如今聽來很有地方愛國主義的味道：「你們來自這些地方，如今你們已經武裝起來了，回家吧。」[34]於是在十月九日，澤利戈夫斯基率領一萬五千名士兵進入維爾諾。立陶宛軍隊毫無抵抗，城內波蘭人更是歡迎他們的到來。十二日，澤利戈夫斯基正式宣布「中央立陶宛」（Central Lithuania）成立，不久後即加入波蘭成立的聯邦，成為代表立陶宛的一省。

除了中央立陶宛以外，波蘭聯邦主義者也希望西邊以考納斯為首都的立陶宛民族疆域，還有以東邊以明斯克為首都，位在白羅斯的立陶宛，都可以成為波蘭治下的省分。說起來，讓立陶宛成為聯邦下的省分，並不是現在才出現的想法，早在一八六三年起義時，就開始有人提倡這種做法，在後來的幾十年間也不斷有社會主義者討論。然而在一九二〇年的背景下，這樣的計畫實在不可能實行。要復興立陶宛大公國並將之納入聯邦，最起碼要把三個省都拿下，但澤利戈夫斯基和畢蘇斯基只能拿下一個。想當然，考納斯的立陶宛政府絕不希望由一國淪為一省，而入侵考納斯不僅違反聯邦主義的精神，也會引起歐陸強權的反彈；波蘭的民族民主黨則確保不會出現一個白羅斯—立陶宛省：原本布爾什維克已經提議要放棄明斯克和其他被波蘭軍隊占領的土地，但澤利戈夫斯基一宣布「中央立陶宛」成立，里加的波蘭代表團就馬上回絕了這項提議，聯邦主義者的計畫也從此落空。這個代表團的核心人物，是民族民主黨的史丹尼斯瓦夫．格拉布斯基（Stanislaw Grabski, 1871-1949），他希望能建立一個由波蘭人主導的波蘭。格拉布斯基壓制了代表團中由畢蘇斯基的盟友利昂．瓦西萊夫斯基（Leon Wasilewski）所率領的聯邦主義派，[35]讓代表團能為波蘭民主政府和制憲議會，而非元首畢蘇斯基代言。儘管畢蘇斯基背後有軍隊與軍官團的支持，但格拉布斯基的靠山，卻是由民族民主黨支配的整個議會。

在華沙的波蘭民族民主黨，以及考納斯的立陶宛政府極力反對下，白羅斯和立陶宛民族疆域都沒有機會成為波蘭聯邦的立陶宛省，波蘭聯邦的主意也徹底宣告失敗。雖然沒有光明正大地結盟，各方現代民族主義者還是一起葬送了近世波立聯邦的傳統，並各自建立起新的民族國家。為了避免模糊的操作空間，立陶宛人正式揚棄了一五六九年的《盧布林聯合》。

《里加和約》對戰間期各民族的影響

白羅斯

白羅斯民族運動者認為《里加和約》的意義，就是波蘭的背叛導致白羅斯的悲劇。白羅斯之

圖 3：平斯克（Pińsk）附近的普里皮亞特沼澤（Prypiet Marshes），波利西亞地區，波蘭，1934 年。此地今日位於白羅斯，當地居民的民族認同非常難以確定。

後還會受到更多打擊，但沒有一件比得上華沙政府和蘇俄共謀瓜分白羅斯。白羅斯人也不認為波蘭真的能夠成立一個跨民族的聯邦，儘管波蘭官方一直設法守住維爾諾和白羅斯西半部領土。《里加和約》決定的國界，讓波蘭境內使用白羅斯語的人，都像民族民主黨預想的一樣，淪為鄉下的少數族群。失去明斯克後，白羅斯的知識分子就少到無法和任何波蘭的政治陣營結盟，且由於明斯克落入布爾什維克手中，波蘭人也把白羅斯的民族主義者當作是潛在的蘇俄同路人。[36]此時，將各個蘇維埃社會主義共和國合併成一個聯盟的想法，也對波蘭化的白羅斯人產生了相當大的吸引力，於是在《里加和約》簽訂後不久，「蘇維埃社會主義共和國聯盟」（即蘇聯）這個名義上的聯邦制國家便正式成立；以明斯克為首都的白俄羅斯蘇維埃，就成為最初的加盟國之一。而根據共產國際理想所執行的政策，蘇屬白俄羅斯應該西進，拿回波蘭境內屬於白俄羅斯的波蘭土地。

一九二〇年代，民族主義思潮正盛，波蘭農民又熱切渴望擁有自己的土地。藉著這股趨勢，蘇聯利用列寧發明的戰術，拉攏農民和反對共和國政府的民族主義者，不斷向波蘭輸出共產主義與革命。這些在波蘭境內的顛覆

圖 4：霍迪尼切（Chodynicze）的兩名老人，波利西亞，波蘭，1934 年。

圖 5：拉特諾（Ratno）和科布林（Kobryń）之間的一名漫步者，波蘭，1934 年。前者今屬烏克蘭，後者屬於白羅斯，當時攝影師正位在波蘭的波利西亞沼澤中間。

行動，都有著來自蘇聯的支持：當時的蘇屬白俄羅斯，以及在波蘭境內活動的西白俄羅斯共產黨（Communist Party of Western Belorussia），都是打著民族大義的旗幟聲討失土——而最先升起這面旗幟的，就是蘇聯。整個一九二〇年代，莫斯科一直很支持白羅斯的文化；白羅斯加入蘇聯後，領土還曾經在一九二三、一九二四及一九二六年，三度朝東邊的俄羅斯擴張。相較於沒有任何學校會教授白羅斯語的帝俄時代，一九二〇年代的蘇屬白俄羅斯突然擁有了自己的國家科學院、國立大學、白俄羅斯文化研究中心和國家圖書館，以及四千所白俄羅斯語學校。第一本完整的白俄羅斯歷史課本，也是在蘇聯時代完成的，只可惜這本書從未出版，作者也慘遭流放莫斯科。[37]

相反的，波蘭在一九二〇到三〇年代，一直對白羅斯人維持高壓政策，不但白羅斯語的學校全都遭到關閉，異議者更是紛紛被捕入獄。白羅斯民族運動也始終停滯在維爾尼亞，沒有機會拓展到波利西亞（Polesie）等偏鄉地區。波蘭的政策抑止了白羅斯民族社會的形成；到了一九三〇年代，史達林治下的蘇聯也開始摧毀二〇年代崛起的白羅斯社會。從白羅斯政治家布拉尼斯勞．塔拉什基維奇（Branislau Tarashkevich, 1892-1938）的遭遇，就可以看出兩個年代的落差。塔拉什基維奇出生於維爾尼亞附近，並在城裡接受教育，帝俄時期就參與過波蘭人和白羅斯人的地下組織。在戰間期的波蘭，他為白羅斯的民族事業付出良多，曾擔任國會代表、主管多所白羅斯語學校，還創立和領導了農民自治社區（Hromada）。一九二五年，他加入西白俄羅斯共產黨，後來兩度遭波蘭判刑入獄。在總共四年的囹圄生涯中，塔拉什基維奇翻譯了整部《塔德伍施先生》，並在一九三三年帶著這份手稿，前往蘇聯換囚。然而，這份譯作無法在蘇屬白俄羅斯出版，當局甚至不允許他在國內定居。一九三七年，他在莫斯科被逮捕，隔年便遭處決。不幸中的大幸是，他的遺孀將這份譯稿保留了下來。[38]

波蘭

《里加和約》、白羅斯被瓜分，以及波蘭粗暴地奪取維爾諾，都意味著密茨凱維奇的大公國理念，已經徹底消失在波蘭人的政治生活中。代表聯邦主義傳統的畢蘇斯基，終究被代表「統合性民族主義」（integral nationalism）*的德莫夫斯基打敗。無論對外關係還是國內政治，都由民族民主黨大獲全勝，因為他們的路線不但容易操作，還掌握了基本的政治地理優勢。一九二〇年二月舉行制憲議會大選時，波蘭尚未從紅軍手中奪得東部領土，議會裡便只有波蘭中部的代表，民族民主黨人因此多得不成比例，而這些人對於拿下東部土地建立聯邦，實在沒有什麼興趣。然而，他們在《里加和約》劃定的偏西國界雖然使得聯邦夢碎，但要促成一個穩定的民族國家仍有難度。儘管明斯克、卡緬涅茨－波多斯基（Kamieniec Podolski）、別爾季切夫（Berdyczów）和周邊地區的人多數都對波蘭、立陶宛和白羅斯人共組聯邦國家的想法抱有好感，但這些地方仍舊被劃歸布爾什維克所有，使得數以十萬計的波蘭人就這麼落入了莫斯科的關愛之中，其中多數人都在一九三〇年代被發配到西伯利亞或是哈薩克。放棄這些領土，也讓波蘭不必多出大約兩百萬的東斯拉夫人口，以及數

* 編註：根據吳叡人教授的研究，統合性民族主義渴望追求領土擴張與民族同化。

十萬的猶太人口。[39]民族民主黨人很清楚這些決策的影響，如果波蘭的邊境更往東擴，他們就不可能贏得選舉了。果不其然，在一九二二年國會選舉中，《里加和約》土地上的選民分裂成兩邊，一邊是民族民主黨與其他右派，另一邊是社會主義者和少數民族，兩邊大致上勢均力敵。一九二二年十二月九日，左派、中間派和少數民族選出了第一任波蘭總統——加布列爾．納魯托維奇（Gabriel Narutowicz）。結果上任才一週，他就遭到右派狂熱分子暗殺身亡。納魯托維奇和畢蘇斯基一樣，都是出身立陶宛的波蘭人，並且同樣致力於保障少數民族的平等權利。他的遇刺讓畢蘇斯基受到沉痛的打擊，不久後便暫時退出政壇。

此後，畢蘇斯基在維爾諾未竟的事業，也不可避免地頹然倒下，被民族民主黨收為己用。隨著波蘭和立陶宛民族主義者將其重建立陶宛大公國的構想埋入塵土，維爾諾也被波蘭民族國家所吸收。由澤利戈夫斯基將軍安排的文官，在一九二三年一月八日舉行地方議會選舉。由於選舉是在波蘭的軍事統治下進行，猶太人、白羅斯人和立陶宛人都紛紛抵制，期間頻傳的違規行為也使選舉顯得不甚光彩。即便如此，城裡仍有五十四．四％的人前去投票，為選舉提供了強力的正當性；至於非波蘭人的抵制行動，反而讓支持兼併的波蘭人主宰整個議會。現在看來，當時的維爾諾彷彿是個屬於「波蘭族裔」的城市，兼併的決定也就顯得順理成章。但事實正好相反：波蘭併吞維爾諾，是消滅傳統愛國主義、加劇波蘭與立陶宛族裔民族主義的開端。議會在一月二十日舉行表決，正式將維爾諾和周邊領地併入波蘭，而協約國也承認了這次合併。

立陶宛

如果波蘭讓出維爾諾，變成立陶宛的維爾紐斯，立陶宛民族主義會怎麼發展？就像許多說波蘭語、贊同合併的維爾諾居民一樣，畢蘇斯基和澤利戈夫斯基也自稱是立陶宛人，但畢蘇斯基從歷史中看見的立陶宛，和德莫夫斯基併吞這座「波蘭」城市的野心之間，有著很明確且重要的差別，兩者分別代表了傳統的愛國主義與現代的族裔民族主義。不過正如曾為畢蘇斯基戰友的米夏爾·羅莫所說，占領維爾諾的作為，終究讓波蘭和立陶宛之間的疆域分界更形鞏固，雙方的民族主義也因此更為興盛。無論當初畢蘇斯基的立意為何，立陶宛人都無法將他奪取這座城市的行為，和大公國的傳統連繫在一起。如前所述，立陶宛和維爾紐斯具有緊密的歷史連結，用武力拿下這座城市必定會失去立陶宛民族主義者的認同，讓他們更傾向從族裔而非政治歷史的角度來理解民族的意義。羅莫另外也指出，併吞維爾紐斯還剝奪了波蘭化立陶宛人和猶太人成為新國家一員的機會，而這些人本來可以讓社會更繁榮、政治組織更具實務經驗。猶太人對立陶宛人的主張一直都感同身受，他們也相信如果以維爾內為首都，建立一個多民族的立陶宛，最有可能讓自身權利得到保障。然而一九一九年波蘭軍隊進城時，他們卻在現代的維爾內遭遇了第一場猶太屠殺。[40]

無論國界為何，每個前大公國疆域上的民族國家都會強迫個人做出選擇。一九二〇年後，世俗化的猶太人得出結論，認為猶太人必須有自己的政治生活，才能在波蘭治下的維爾諾維護自身權利；基督教菁英往往則是先表達對某個民族國家的忠誠，才從民族社會的種種問題、自己對社會環境的影響，或是利用國家力量的過程中，確認自己的民族認同。多數波蘭的立陶宛人都是在兩條路中選一條走。羅莫自己就是一個例子，他一開始是畢蘇斯基的同志，後來成了他的代表，最後不遺餘力地批評他，並在一九二〇年決定永遠成為立陶宛人，還用立陶宛語把自己的名字改成「羅莫里斯」（Römeris）。他接著以法官、法律教授和考納斯大學校長的身分服務國家社會，一直站在激進民族主義的對立面，努力尋求與波蘭的和解。另一個類似的案例發生在前述那位慘遭暗殺的第一任波蘭總統納魯托維奇身上，他有位兄長名叫斯坦尼斯瓦夫·納魯托維奇（Stanislovas Narutavičius）。相較於傾向波蘭的弟弟，斯坦尼斯瓦夫選擇出任立陶宛國民大會主席團，以及第一屆立陶宛政府的成員。

「立陶宛啊！我的祖國！」

和多數波蘭化立陶宛人不同，畢蘇斯基即使經歷過一戰，也從未打算在波蘭和立陶宛之間選邊站，更不曾認同這個世界必須由「族裔正確的公民」組成一個個民族國家才能運作。攻占維爾諾之後，畢蘇斯基搞砸了至少一代波蘭和立陶宛人之間的關係，但他依舊表示：「我還是把他們當成兄弟。」然而，儘管他後來終於理解到聯邦主義不切實際，卻還是無法接受民族主義。由於其他波蘭同胞無法認同他信仰中的共和國，畢蘇斯基最後只能依靠軍事力量和個人魅力來抗衡多數人的觀點。一九二六年，畢蘇斯基發動政變重返權力中心，但掌權後的他既不信賴波蘭公民能取代他，也無法想像自己成為獨裁者。在執政的九年裡，畢蘇斯基一直疏遠眾人，鬱鬱寡歡。隨著健康不斷惡化，他最終在一九三五年逝世，屍身和約蓋拉大公等波立聯邦國王一起葬於克拉科夫的瓦維爾城堡（Wawel Castle），他的心臟則被從胸口取出，安置在維爾諾羅莎公墓（Rasos Cemetery）的家族墓地，緊挨著他母親的墳塚。

「如同健康！唯有失去，方知珍惜。」

畢蘇斯基很清楚，他就像密茨凱維奇筆下的詩句一樣，永遠失去了立陶宛。畢蘇斯基的身心異處，彷彿暗示了現代的波蘭與歷史中的立陶宛注定要徹底分家；不過更能象徵這點的，或許是畢蘇斯基領導的波蘭共和國，從來沒有在維爾諾為密茨凱維奇豎起任何一座紀念碑。[41] 儘管密茨凱維奇根本未曾踏足華沙、克拉科夫等波蘭名城，但這些城市幾乎都成了這位詩人的紀念堂，反而是他真正求學、流亡的地方，從來沒有為他立過一尊塑像。當然，這件事在沙皇統治時期的俄國絕不可能，畢竟密茨凱維奇的意義再明顯不過了：他象徵著在東斯拉夫大地上堅忍不搖的波蘭文

圖 6：志在恢復大公國的波蘭革命家和政治家，約瑟夫・畢蘇斯基心臟的喪禮，維爾諾（現稱維爾紐斯），1936 年 5 月 12 日。

明、不斷吸引人們改宗的天主教文化，以及帝俄無法以武力與教育刨除、持續頑強抵抗的民族想像。然而，當波蘭在一次大戰後獨立時，維爾諾的波蘭裔人口卻發現，他們對於密茨凱維奇的意圖，還有該如何解釋他代表的意義，其實都無法達成共識。既然維爾諾城是靠子彈與選票拿下的，又怎麼容得下詩歌和預言呢？

「就像那蝴蝶沉入金色的琥珀……」

現代民族主義的固執雖然吸引了很多人，但是在戰間期波蘭的維爾諾城裡，始終只能讓浪漫主義的民族意象形成一具又一具化石，無法為其注入生機。最能體現這一點的，莫過於波蘭人在拿下維爾諾後，嘗試為密茨凱維奇樹立紀念雕像的經過。為了這件事，澤利戈夫斯基將軍召集了一個委員會，但他提出的所有計畫都得不到支持，最後只好另覓他處。此時波蘭軍正駐紮於維利亞河（River Wilia）*對岸，不屬於維爾諾市的轄區，於是軍方就打算在營中一座山丘上設置雕像，他們選擇了前衛藝術家茲比格涅夫・伯納茨科（Zbigniew Pronaszko）風格強烈的提案。伯納茨科在設計這座塑像時，是以密茨凱維奇的死對頭尤利烏斯・斯沃瓦基（Juliusz Słowacki）的一首詩為靈感，他在詩中將密茨凱維奇比做一名立陶宛神祇。結果軍方才公開雕像的地基選址，設計稿就招來城中居民的譏弄，最大的報紙還批評占領軍把有史以來最偉大的波蘭居民，弄成了一縷「灰色的怨靈」。[42]到頭來，這座四層樓高的塑像從來沒有真正完工。一九三九年夏天，一道閃電擊中工地，未完成的雕像被劈成碎片，沿著山丘一路滾出當年駐地的範圍，墜入維利亞河的河水中，一如古代立陶宛的異教神像，也是在基督教的雷音之中轟然倒下，墜入歷史的河水。

同一時間，維爾諾還有另一座密茨凱維奇的紀念像正在施工。由於伯納茨科的設計飽受批評，當局又持續舉行了幾輪競賽，希望找到更能讓人接受的選項。最後中選的是波蘭猶太雕塑家亨里克·庫納（Henryk Kuna）。那年九月，他才剛在夏天用花崗岩完成紀念像周圍的浮雕，德軍的砲彈就飛了進來，擊碎他尚未完成的作品。如果說七月那道閃電是立陶宛命運的回聲，九月這場閃電戰，就是波蘭共和的喪鐘。這個月，納粹德國和蘇聯先後入侵，一起瓜分了波蘭。史達林先在一九三九年將維爾諾劃給立陶宛，接著又在一九四〇年將立陶宛併入蘇聯；接著，納粹德國又在一九四一年進攻蘇聯，在維爾諾展開長達四年的猶太大屠殺。納粹占領期間，庫納這面紀念碑剩下的石材都被拿去拓寬墓園的主要步道。[43] 一九四四年，紅軍又回到立陶宛，重建了蘇維埃政權，並在接下來的兩年內驅逐了境內的所有波蘭人。

「留下吧，親愛的，留在我們的過往。」

隨後，庫納當年的這些花崗岩板似乎又從墓園裡被挖出來，送入當地的藝術學院。這麼說來，

＊　譯註：發源於北白羅斯，流經維爾紐斯。立陶宛語中稱為內里斯河（Neris）。

立陶宛又要在蘇維埃政權的統治下遭到俄羅斯化，藝術也要被編目列管，而這名詩人也要被遺忘了嗎？不，這座城市沒有變成俄羅斯的維納，反而變成了立陶宛的維爾紐斯。密茨凱維奇也沒有從眾人眼中消失，而是變成立陶宛的民族詩人。一九八四年，立陶宛人在蘇維埃政權統治下，完成了當初波蘭人做不到的事：一座由蓋迪米納斯．約庫波尼斯（Gediminas Jokūbonis）設計的密茨凱維奇（這時已經改用立陶宛語拼作 Mackevičius）雕像，終於在維爾紐斯落成。一九九六年，立陶宛獨立，當初的石板也有部分被移到這座新的紀念像周圍展示。這座波蘭人設計的紀念像在戰火中變成瓦礫，再從瓦礫變成鋪路磚，又從鋪路磚變成美術品殘片，最後是由立陶宛人找回這些殘片，重新打造成新的紀念像。只有浪漫主義者的筆，才寫得出這樣的顛沛流離，然而這麼浪漫的民族重建之旅，不但在公共藝術上，也在政治生活中不可思議地完成了。立陶宛人在二戰中獲得了維爾紐斯，在蘇維埃政權的統治下將它變成立陶宛人的城市，從波蘭人手中奪回這位偉大的詩人，最終贏得民族的獨立。這一切轉變的來龍去脈，便是下面兩章的主題。

第四章 二次大戰與維爾紐斯問題 1939—1945

庫謝雷沃與希威泰齊
波納爾與比亞沃維耶扎
你們的森林，都曾與立陶宛的大公們為伍
你們的樹蔭，都曾替那些駭人的冠冕遮蔭
替那可畏的維太尼斯、偉大的明道加斯
還有蓋迪米納斯遮蔭；他曾經裹著熊皮
登上波納爾的高地遊獵，臥在草地歇息
靜聽智者立茲代卡的詩歌
伴著維萊卡河的水聲入睡
直到一匹鐵狼從夢中將他驚醒
他知曉這應是諸神的諭令
要他將維爾諾城建在林裡
就像將雌狼放入野牛、熊羆與山豬之間

如羅馬城的母親那樣，在維爾諾城哺育
科斯圖提、阿爾吉達與他們的子子孫孫
這些是偉大的獵人、英武的騎士
追逐起敵人就像追逐逃竄的獵物
這獵人之夢道出了立陶宛的祕密：
後人務須持守她的鐵與她的林地

——亞當・密茨凱維奇，《塔德伍施先生》

要將敬愛與悌睦獻予我們的兄長以色列
和他們在路上扶持，走向塵世與永恆的
福祉與平等

——亞當・密茨凱維奇，〈一套原則〉（A Set of Principles, 1848）

一九三九年九月，納粹德國和共產蘇聯入侵波蘭。此時維爾諾人口最多的族群雖然是波蘭人，猶太人還是占了約三分之一。他們在此居住了世世代代，於當地的歷史上頗具份量，因此當地很大程度上是一座猶太城市。對這些猶太人來說，這座城市的稱呼其實是「維爾內」。當時維爾內的猶太人在各方面都符合當地基督教愛國者對他們的想像，也因此比白羅斯人、立陶宛人，甚至波蘭人都更為顯眼。由於俄羅斯帝國的政策，老一輩的猶太人通常是說俄語，而非波蘭語。整體來說，猶太人的語言和歷史意識都受到各方民族主義者的百般羨妒。因為多數猶太人都從小接受意第緒語或希伯來語的教育，使得近百年來，維爾內都是猶太文化的國際中心。許多被波蘇邊界阻擋，無法前往基輔或奧德薩就學的猶太人，都選擇來到維爾內，這也使得維爾內城多多少少恢復了波立聯邦時期的地位。好比說專門研究猶太文化的意第緒科學院（Institute for Jewish Research, YIVO）就是在一九二五年成立於維爾內。知名意第緒語詩人亞伯拉罕・蘇茨凱弗（Abraham Sutzkever, 1913-2010）也是在這時創立《維爾內青年》（*Yung Vilne*）。儘管如此，戰間期的猶太知識分子其實沒有一致的族群認同，而是有三場不同的「民族復興」彼此競爭：一群人努力發揚波蘭境內的意第緒語猶太民間文化，另一群人以希伯來語文學力主回歸巴勒斯坦，最後一群人則是努力想掌握波蘭「國語」，融入波蘭生活。

無論哪個年齡的猶太人，都比維爾內的其他族群更熱衷政治，其中又以青年最為積極。最大的分別在於，猶太人沒有貴族和農民階級，也就少了階級衝突和不同社會地位間的複雜情結，因此他們在戰間期不需要為了團結大眾的意識形態苦惱。猶太人最大的分歧，在於要選擇波蘭還是巴勒斯坦當作民族主義的政治舞臺，以及虔誠信徒到底該投入政治到什麼程度。就這方面看來，維爾內猶太人的政治生活，比波蘭人更加分化。充沛的政治能量與分歧的政治生活，都反映了猶太人在這座波蘭語城市內的孤立，以及充滿不確定性的處境；儘管如此，他們還是取得了可觀的成就。一如猶太文化傳承的歷史之久，遠遠超越任何民族史學家的想像，猶太人對政治現代性的投入，其

圖 7：維爾諾（維爾紐斯）的市鎮廳廣場。

根基之深厚也不是二十世紀的基督教民族主義運動所能及。畢竟，當時維爾內可以說是猶太文化在立陶宛的聖地，甚至有著「北方耶路撒冷」之稱。說意第緒語的阿什肯納茲猶太人（Ashkenaze Jewish）*也以這座城市為首都，在自身的文化發展脈絡下打造出一個特殊的社群，說是「第二個歐洲」也不為過。然而，這一切都在一九四一年納粹德國入侵時戛然而止。[1]

相較於猶太人眼中的維爾內，波蘭人所認識的維爾諾又是另一個世界。這是一座波蘭語城市——正確來說，是和華沙、勒維夫與克拉科夫比肩的波蘭文化中心之一。在一九三九年的維爾諾，波蘭語不但是政治圈和文化界使用的語言，也普遍見於多數鄰里和家庭，並日漸往鄉村擴張影響力。在約瑟夫·畢蘇斯基占領期間，亞當·密茨凱維奇的母校維爾諾大學於一九一九年復校，距離詩人畢業正好一百年。和一八〇三到一八三〇年這段時期一樣，一九一九到一九三九年間的維爾諾大學，也同時以波蘭語、俄語、白羅斯語及立陶宛語授課。不同的是，這時的維爾諾大學也開始錄取並試圖同化猶太人，部分猶太人便因為受到波蘭文化吸引、想要向波蘭政府表示忠誠，或單純出於利益考量，而開始自稱波蘭人。這些人大都來自說白羅斯語的家庭，他們多半是在學校和軍隊裡學會波蘭語，極少數是出了社會才開始學習。藉著人口遷移政策和國家力量，波蘭確保了自我認同為波蘭人的族群，占維爾諾二十二萬人口中的大多數。除了猶太人以外，已經沒有其他民族認同可以和波蘭人匹敵，於是在一九三五年畢蘇斯基去世之後，波蘭的國家力量與體制對猶太人自由的限制，就成為維爾諾內部民族張力的來源。儘管波蘭的統治未必受到猶太人和其他少數族群歡迎，但直到

圖 8：維爾諾（維爾紐斯）市集上的農婦，攝於戰間期。高舉立陶宛政治遺產的各方人馬最關切的問題，就是維爾諾的歸屬。在他們的想像中，百姓們將會對語言與民族認同做出最終且一致的選擇。

* 譯註：指祖先來自歐洲萊茵蘭地區的猶太人，語源為聖經中的哥篾長子亞實基拿（Ashkenaz）。

一九三九年波蘭第二共和*滅亡為止，城裡還是維持著大致的安定。

相較之下，戰間期的立陶宛人與白羅斯人在這座城市裡就沒有太多值得一提的事蹟。[2]雖然《黎明》的創辦人巴薩納維丘斯在一九二七年過世前，一直在維爾紐斯領導著立陶宛學會（Lithuanian Scholarly Society），天主教會的維爾紐斯主教，在一九一八到一九二五年間也是由立陶宛人尤爾吉斯・馬圖萊蒂斯（Jurgis Matulaitis）擔任，但城裡的立陶宛人還是太少，不足以維持可見的文化特徵。白羅斯人的狀況也差不多：許多波蘭的地方政府一直想刨除白羅斯社會的根基，除了沒收白羅斯語報紙、關閉白羅斯語學校，還拒絕用白羅斯語發送電報。不過說到白羅斯文化在波蘭統治下的發展中心，

圖 9：前立陶宛地區的波蘭式宅邸（魯納沃拉，今白羅斯魯納）。在十六到十九世紀的立陶宛地區，社會進步總是離不開波蘭文化。

恐怕還是白羅斯人稱之為「維爾尼亞」的這座都市。白羅斯文化在此雖然不受到官方支持，但至少一開始沒有遭到禁止。白羅斯語文學於是得到發展；東正教與天主教的神職人員，基於務實考量，也開始使用白羅斯語；原本被帝俄禁絕的聯合教會亦在此時期復甦，展現出成為白羅斯民族宗教的潛力。同時，十七世紀初曾推動以波蘭語取代書面斯拉夫語的耶穌會，也發現在一九二〇年代使用白羅斯語有許多便利之處。我們前面提到過，近世的波蘭民族認同之所以會在天主教與東正教的接壤處成形，最重要的因素之一，就是耶穌會和聯合教會採用波蘭語作為日常語言。因此，現代神職人員把白羅斯語當成日常語言，也暗示著現代白羅斯民族的崛起。[3]

在外交上，這座城市的狀況又是另一回事。從一九二〇到一九三八年，波蘭和立陶宛都為了維爾諾／維爾紐斯的歸屬問題，一直處在名義上的交戰狀態。在戰間期，該城雖是立陶宛的法定首都，卻幾乎不曾屬於立陶宛人。立陶宛政府在遷往考納斯時切斷了所有電話線和鐵路，並宣布國家進入戰爭狀態，斷絕雙方大多數的民間往來（雖然某些人還是同時持有兩國護照）。[4]儘管從歷史和人口組成來看，立陶宛政府對維爾紐斯的重視根本說不過去，但為了強化民族主義，奪回維爾紐斯仍被視為該國最迫切的政治目標。於是，軍隊在立陶宛年輕男性的教育中，扮演了很重要的角色，軍方安排的民族主義歷史課程，使得男性文盲率從十五％遽降至一％，而立陶宛學童在這二十年間學到的歷史，都說維爾紐斯在族裔上是屬於立陶宛人的領土。[5]他們在學校讀的《塔德伍施先

＊　編註：波蘭第二共和成立於一九一八年一次大戰後，並在二次大戰爆發的一九三九年遭到納粹德國與共產蘇聯的聯手摧毀。

生》是刪減過的譯本，所有提到波蘭和近世波蘭認同的部分都被拿掉了。[6]在當時立陶宛的現代政治生活中，反而是蓋迪米納斯的鐵狼之夢等密茨凱維奇筆下的古代傳說有機會重獲新生，甚至有個在一九三〇年遭到解散的法西斯陰謀組織就叫鐵狼會（Geležinis Vilkas）。*其他像是維爾紐斯解放聯盟（Union for the Liberation of Vilnius）、維爾紐斯基金會（Vilnius Foundation）和《我們的維爾紐斯》（*Our Vilnius*）報紙等組織，也大量使用這些傳說符號，並成為立陶宛公民社會的支柱。維爾紐斯遭波蘭將軍澤利戈夫斯基攻下的一九二〇年十月九日，則被定為國殤日。在整個戰間期，維爾紐斯問題於立陶宛的國內政治中，有著非比尋常的意義，政客們經常會指責政敵對波蘭太過軟弱，或是過度順從國際聯盟的指示。

在國際場合上，立陶宛政治人物經常宣稱波蘭是歐洲和平最大的威脅。奧古斯丁納斯・沃德馬拉斯（Augustinas Voldemaras）擔任總理時就常把「敵人的敵人就是朋友」這句話掛在嘴邊，指望可以仰仗蘇聯對波蘭的敵意奪回維爾紐斯。立陶宛追討維爾紐斯的法律基礎，是他們在一九二〇年與蘇俄簽的一份條約，後來他們會在一九二六年另外與蘇聯簽署互不侵犯條約，也是因為蘇聯承認立陶宛對維爾紐斯的主權宣稱。法國、英國和義大利曾在一九二七年派出代表，希望立陶宛能和波蘭建交，但是被沃德馬拉斯總理拒絕；同年稍晚，他也向拉托維亞總理保證，波蘭的威脅遠比德國和蘇聯更值得擔憂。沃德馬拉斯甚至在隔年告訴英國外交大臣奧斯汀・張伯倫（Austin Chamberlain），宣稱蘇聯的威脅「只是純粹的理論」，波蘭的威脅「卻是真確的現實」。[7]立陶宛採取這種立場並不是戰略誤判，而是因為他們的領導人真的相信，相較於俄羅斯，波蘭才是對立陶宛文化與其民族地位最大的威脅。雖然乍聽之下有點奇怪，但這種看法其實有其道理：立陶宛在文化競爭中從來沒贏過波蘭，卻不曾輸給俄羅斯。

等沃德馬拉斯之後要向華沙提議和談時，立陶宛民意和軍方已經無法忍受任何讓步了。[8]於是，同一個問題到了一九二〇年代也就一直困擾著當時立陶宛的總統安塔納斯．斯梅托納（Antanas Smetona）與他的獨裁政權，因為共產蘇聯和納粹德國雖然都是波蘭的敵人，但顯然也都不是立陶宛的朋友。（順帶一提，斯梅托納總統的妻子是波蘭人，而且他本人就跟其他同輩的立陶宛民族運動者一樣，說得一口流利的波蘭語。）最後，斯梅托納和多數政治菁英都逐漸看清，對波蘭懷抱敵意無法保護立陶宛，維爾紐斯也不是立陶宛唯一重要的外交問題。然而，先前的民族主義宣傳實在太過成功，導致立陶宛的外交政策已難有轉圜餘地。對於在一次大戰後受教育或服役的年輕立陶宛人來說，收復維爾紐斯已是立陶宛民族主義中最有號召力的願景：只要拿不回維爾紐斯，立陶宛民族就不完整。因此在新世代立陶宛人的眼中，不敢用武力奪回維爾紐斯的斯梅托納政權根本是一群懦夫，[9]這股國民情緒也讓斯梅托納這位自稱「民族之父」的領導人進退維谷。一九三八年，立陶宛終於回應波蘭的最後通牒，兩國正式建立外交關係，但就連這種程度的讓步，都足以導致整個政

* 譯註：鐵狼會由立陶宛民族聯盟（Lietuvių tautininkų sąjunga）在一九二七年成立，是沃德馬拉斯在義大利黑衫軍啟發下成立的半官方準軍事組織。其政敵安塔納斯．斯梅托納（Antanas Smetona）曾想在鐵狼會中安插自己的人馬，失敗後便於一九三〇年五月二十四日宣布解散鐵狼會，但該組織仍持續策劃政變，後來又於納粹占領期間重新成立。

府垮臺，並讓斯梅托納面臨整個社會的反彈。

一九三九年的劇變

一九三九年九月，波蘭第二共和在納粹和蘇聯入侵下滅亡，維爾紐斯問題又成了國際政治的角力場。根據一九三九年八月二十三日《德蘇互不侵犯條約》（Molotov-Ribbentrop Pact）中的祕密附錄，納粹和蘇聯都同意「尊重立陶宛在維納地區的利益」，因為兩方都希望透過該城操縱立陶宛政府。德軍在九月一日發動閃電戰，迅速占領波蘭大部分的領土，於是維爾紐斯的問題也重新被搬到檯面上，但立陶宛政府卻回絕了德國以奪回維爾紐斯為由共同入侵波蘭的邀請，因為這麼做不但會招致英法反對，蘇聯對此議題的態度也尚不明朗。[10]斯梅托納政府對局勢自有一套看法：他們認為就短期而言，納粹的統治很可能比蘇聯還糟糕；中期來說，等到蘇聯和納粹開戰，蘇聯將成為獲勝的一方；再看得長遠一點，如果奪回維爾紐斯必須以放棄獨立為代價，那麼蘇聯也是比納粹德國更好的選擇。[11]考慮到立陶宛夾在兩國之間的無力處境，這種態度可說是相當現實且透徹。到了九月十九日，紅軍占領維爾紐斯（俄羅斯人稱作維納），莫斯科的立陶宛代表隨即為該城請願。九月二十七日，史達林和德國外交部長里賓特洛甫（Ulrich von Ribbentrop）修改了先前的安排，將立陶宛與維納劃入蘇聯勢力的範圍。

當立陶宛外交官提出請願時，原先身在波蘭第二共和與蘇屬白俄羅斯境內的白羅斯民族運動者也同樣表示希望得到他們眼中的維爾尼亞。德蘇瓜分波蘭後，史達林獲得了波蘭第二共和境內所有講白羅斯語的土地，而許多自稱替波蘭境內三百多萬白羅斯語族群發聲的民族運動者十分樂見這樣的發展——至少一開始是如此。他們還相信蘇聯擴張會讓蘇屬白俄羅斯更加壯大，幫助他們取得維爾尼亞。會打這種如意算盤，不只是因為他們認為白羅斯繼承了立陶宛大公國的政治遺產，而且經歷過波蘭對白羅斯文化的壓迫，以及自身對維爾尼亞的執迷；許多白羅斯社會菁英之所以對此堅信不疑，更是受到蘇維埃陣營的白俄羅斯共產黨影響，這些人期待維爾尼亞成為蘇屬白俄羅斯的一部分。畢竟，共產國際所定義的「西白俄羅斯」就包含了維爾尼亞與周圍地區，比如一九一九年的「立白蘇維埃」就是定都維爾尼亞，而這只不過是二十年前的事。

蘇聯在一九三九年九月為了占領維納所做的準備，在在顯示出他們計劃將該城劃入蘇屬白俄羅斯。九月初，西白俄羅斯的蘇維埃主席伊凡・克利莫夫（Ivan Klimov）宣布將維爾尼亞定為西白俄羅斯蘇維埃社會主義共和國（West Belorussian Soviet Socialist Republic）的首都。九月十五日，白俄羅斯內務人民委員部決議，將維爾尼亞視為前波蘭領土，併入蘇屬白俄羅斯。兩天過後，蘇聯占領軍摧毀了波蘭在當地的政府機關，維爾諾地區的白羅斯、猶太和波蘭共產主義者也紛紛響應。蘇軍在九月十九日抵達維納後，便開始將他們的計畫付諸實行。對蘇聯占領當局來說，白羅斯人的用處在於政治宣傳。由蘇聯出資的報紙為白羅斯對維爾尼亞的主權主張找了許多理由，並且百般強調白羅斯文化於立陶宛大公國中的地位。九月二十四日，克利莫夫又在與白羅斯領袖的會議中，宣布將維爾尼亞併入蘇屬白俄羅斯。[12]對於一心希望將維爾尼亞納入白羅斯的社群來說，這個消息實在令人無比振奮，此時他們大概都沒想到，無論維爾尼亞還是白羅斯，都將在這一陣狂喜中淪為蘇聯的一部分。

蘇聯說服的這些人裡包括了許多戰間期在波蘭活動的政治人物，一九一八年成立白羅斯人民共和國的盧茨克維奇也是其中一員。他曾立下不少可敬的成就，也在政治上犯下許多過錯，而一切都和維爾尼亞脫不了關係。一開始，他於維爾尼亞投入民主派的社會主義愛國志業，隨後在當地協助創辦和編輯了一次大戰後第一份合法的白羅斯語報紙；一九一八年，他率領民族議會在維爾尼亞宣布白羅斯獨立；一九二一年，他於維爾尼亞發表了抗議波蘭兼併白羅斯的刊物；他曾在維爾尼亞的白羅斯語高中執教（不久後被波蘭上司開除），更曾是維爾尼亞的白羅斯教育界領袖（直到被波蘭當局逮捕）。在這將近二十年間，盧茨克維奇還協助創辦並主導著維爾尼亞白羅斯博物館的運作，也在維爾尼亞將《新約聖經》翻譯成現代白羅斯語。這位新大公國的倡議者與聖經譯者，卻在過去二十年受到波蘭政府的憎惡與百般刁難，最後他只好選擇相信，面對這些政治困境，蘇屬白俄羅斯和蘇維埃統治下的維爾尼亞會是個比較可以接受的解方。[13]

然而到了一九三九年的九月底，史達林又明確表示將維納劃給立陶宛，並且將在立陶宛的土地上建立蘇聯軍事基地。盧茨克維奇和其他白羅斯政治人物原本以為終於可以得到維爾尼亞，沒想到等著他們的只有監獄的鐵欄杆——盧茨克維奇最後死在勞動改造營裡。儘管史達林將維爾尼亞劃給立陶宛的決定，讓白羅斯受了很多苦難，這些故事後來卻幾乎沒有人記得。除了有許多白羅斯民族運動領導者遭到逮捕和處決，得到維爾尼亞的心願遭到否決，也重創了白羅斯民族的力量。一方面，這意味著白羅斯民族的概念，對維爾尼亞城一帶的白羅斯語族群來說，又再度變得曖昧不清；另一方面，人們原本就普遍認為大公國的後繼者是立陶宛而非白羅斯，立陶宛得到維爾尼亞（並在不久後成為蘇屬立陶宛），等於驗證了這項看法。當立陶宛作為新的「族裔共同體」（ethnonym），和立陶宛大公國這個舊有的「政治共同體」（politonym）相互結合，世人就不會再把現代的白羅斯與近世的大公國想在一起了。原本懷著滿心期待，在一九三九年九月走進維爾尼亞城的白羅斯共產主義者，如今也全都失望透頂。他們曾像十九世紀的聯合教會牧師一樣，在這座夢想之城裡花費許多時間，蒐集著大公國時代的歷史文件。當史達林將這座城市交給立陶宛時，他們便被迫離開前往明斯克，並在臨走前偷偷帶走了許多檔案。[14]

一九三九年十月一日，立陶宛外交部長尤歐扎斯・烏爾伯須斯（Juozas Urbšys）才發現，原來得到維爾紐斯的代價，是讓蘇軍進駐立陶宛，而且納粹和蘇聯還在九月二十八日約定將立陶宛劃入蘇聯的勢力範圍。隔天，立陶宛政府就被迫解散了軍隊。十月十日，烏爾伯須斯在蘇聯承認維爾紐斯屬於立陶宛的文件上簽了名，這天距離當年澤利戈夫斯基將軍率領波蘭軍拿下維爾諾，總共只過了十九年又一天。立陶宛得到了維爾紐斯，還有之前屬於波蘭的七千一百二十二平方公里領土，以及上面的四十五萬七千五百名居民，代價則是允許蘇聯在立陶宛駐紮兩萬名士兵。[15]不過立陶宛人不分政治人物和一般大眾，都因為得到維爾紐斯而歡欣鼓舞，同時對蘇聯好感大增，不但放鬆了原先對蘇聯國力的畏懼，還相信無論戰爭結果如何，莫斯科都會幫立陶宛保住維爾紐斯。他們相信蘇聯勢力進駐將會斬斷維爾紐斯與波蘭之間千絲萬縷的關聯，讓這塊土地徹底立陶宛化。[16]立陶宛忌憚的只有波蘭文化，對俄羅斯文化並無顧忌，而我們之後也會發現，儘管以今天的眼光來看，這樣的預測十分不合理，但其實相當合乎現實；雖然現在我們可能會覺得難以想像，然而當時不少立陶宛知識分子甚至對蘇維埃政權有某種惺惺相惜之情，上一章提到的知名法學家羅莫里斯就是其中之一。他曾在日記中寫道：「在我面對蘇聯之前，我就覺得和他們非常意氣相投。如果非要在蘇維埃革命和希特勒的國家社會主義之間選一個，那我無論如何都會選擇革命。」[17]

於是，在蘇聯和立陶宛的共同利益下，維爾紐斯暫時成為了立陶宛的一部分。當地提出抗議的白羅斯人全都被蘇聯的內務人民委員部給驅逐出境（儘管此時立陶宛理應是獨立的狀態，但蘇聯內務人民委員顯然直接越過立陶宛政府）。立陶宛當局還正告波蘭流亡政府，依據法律，維爾紐斯從一戰結束以來就應當屬於立陶宛。[18]這種說法當然完全忽略了實際上的人口結構。結果當立陶宛軍隊在十月二十八日進入維爾紐斯時，他們立刻被眼前的景象震撼了，因為他們發現這座城市「不是立陶宛民間童話裡等待拯救的公主，街道上的每個人都說著陌生的語言——這是他們完全不認識的異國城市維爾諾」。[19]不過這些見聞都只是印證了立陶宛知識分子的信念：一定要讓說波蘭語的「波蘭化立陶宛人」變回立陶宛人。後來的立陶宛政府和安塔納斯．梅爾基斯（Antanas Merkys）總理頒布的政策，也是以此為出發點，後者更直說這些政策的目的是「讓所有人用立陶宛的方式思考」並「清理維爾紐斯地區的外來文化因素」。[20]因此，該城大多數波蘭人和猶太人都沒有被當成立陶宛公民，即使他們出生於這座城市也一樣。根據羅莫里斯日記中的描述，利用族裔而非地理或政治因素來區分族群的政策，讓當地人很難對立陶宛這個國家產生任何忠誠心。當時的立陶宛語報紙「揭露」了哪些政客曾在一九二〇年接受波蘭統治，使得這些菁英在社會上都被看作是對立陶宛不忠的人物，無法打入一九四〇年的新環境。[21]理論上，在一個成熟的政治環境裡，有時候人們必須睜一隻眼閉一隻眼，但立陶宛這個血氣方剛的年輕民族卻容不下這樣的空間，進而在狂熱中喪失了對周遭世界的洞察力。當德意志國防軍占領巴黎，波蘭人和立陶宛人依舊為了維爾諾／維爾紐斯的波蘭文化問題相爭不休；甚至當蘇聯紅軍在一九四〇年初湧入立陶宛時，立陶宛政府都還在傾全國之力辯論戰敗崩潰的波蘭會對立陶宛造成什麼威脅。[22]

一九四〇年六月，蘇聯開始出手消滅立陶宛的獨立地位。蘇聯外交部長維亞切斯拉夫・莫洛托夫（Vyacheslav Molotov）在十四日向立陶宛發出最後通牒，要求成立新政府。隔天，紅軍就開進了維爾紐斯，總統斯梅托納舉家逃往德國。在人心惶惶的氣氛下，蘇聯於七月舉辦了一場公投，為新成立的政府賦予正當性，由共產黨人主導的立陶宛人民大會（Lithuanian People's Parliament）宣稱他們贏得了九十五％的選票。八月三日，立陶宛「申請加入」蘇聯的要求通過；三天後，又有更多紅軍進入立陶宛，在一片已然成為蘇屬立陶宛的土地上，占領了更多陣地。從一九四〇年六月開始的短短一年內，總共有二到三萬立陶宛人、波蘭人和猶太人被內務人民委員部流放到西伯利亞或哈薩克。[23]七月，就連立陶宛共和國的前總理梅爾基斯和外交部長烏爾伯須斯都加入被流放的行列。

＊
＊
＊

和戰間期波蘭一樣，立陶宛的民族情緒在戰間期也變得非常強烈。兩國都向人民大量灌輸民族主義，竭盡全力壓低少數民族在民族政治和文化上的影響力，用各種手段壓制他們認為可能危害國家的少數民族運動者，甚至在一九三〇年代後期制定了官方的反猶政策，其中波蘭的做法又比立陶宛更激烈。不過當兩國分別在一九三九和一九四〇年滅亡後，納粹和蘇聯在當地所施行的民族與種族迫害，又進入了全新的境界。數以十萬甚至百萬計的人們，因為與生俱來的民族或種族身分，慘遭驅逐和屠殺。相較之下，波蘭和立陶宛的政策不管在規模還是意義上，都是小巫見大巫。

這點從納粹和蘇聯瓜分波蘭第二共和後，波蘭人和立陶宛人之間的關係就可見一斑。在一九四〇到一九四一年間，蘇聯先是清除了大量的波蘭菁英，讓整個社會群龍無首，接著又對立陶宛社會故技重施。一九四一年，德國占領立陶宛，此時納粹對付當地波蘭人的策略雖然不同於蘇聯，殘忍程度卻沒什麼差異。[24]納粹當局允許立陶宛人組成安全警察，讓立陶宛人有合法的理由攻擊住在維爾諾的波蘭人。[25]一九三九到一九四〇年，獨立的立陶宛開始歧視維爾諾的波蘭人；一九四〇到一九四一年的蘇聯更進一步，直接將波蘭人驅逐出境；但兩者都沒有像一九四一到一九四四年的立陶宛安全警察和他們的納粹上司一樣大肆屠殺維爾諾波蘭人。在一九三九到一九四一年間，立陶宛人和波蘭人為了維爾紐斯／維爾諾的所有權而爭執不休，偶爾會爆發暴力衝突，但唯有在德國的統治下這些爭議才迅速激化，甚至到了低強度內戰的地步。比如在一九四三年秋天，反抗組織波蘭救國軍（Polish Home Army）攻擊了維爾諾附近與納粹合作的立陶宛警察組織，並解除他們的武裝。為了報復，立陶宛警察處決了一批波蘭裔平民。於是波蘭人又決定以血還血，攻擊了好幾座立陶宛村莊。[26]

猶太人失去維爾內

一九四一年六月二十四日，納粹占領維爾紐斯。納粹占領和蘇聯占領最大的不同，就是納粹計劃有系統地消滅立陶宛的每一個猶太人，而且他們幾乎成功了。[27]事實上，在所有被德國攻陷的歐洲國家裡，最早開始大規模屠殺猶太人的就是立陶宛。一進入立陶宛，納粹便注意到維爾紐斯和考納斯等其他地方相比有個不尋常之處：這裡的立陶宛人在乎波蘭人更甚於猶太人。許多當地菁英都嘗試說服德國人，這座城市應當由立陶宛人，而非波蘭人來掌管。維爾紐斯的立陶宛人認為，配合猶太大屠殺只會危及他們本來就不夠穩固的權力。對他們來說，波蘭問題比猶太問題重要多了。[28]

然而在這片被蘇聯占領過兩年的土地上，納粹終究對猶太人展開了他們的「最終解決方案」。就跟東線戰場上的其他地方一樣，納粹的技倆都是將維爾紐斯和整個立陶宛在蘇聯占領時期產生的怨懟和恥辱轉移到猶太人身上。[29]一九四一年七月，德國開始對立陶宛施行軍事統治。七月二日，德意志特別行動隊的第九特遣隊（Einsatzkommando 9）進入維爾紐斯，招募了數千名立陶宛合作者加入，開始滅絕該城的猶太人。在七到八月，有上百名猶太人遭到德國和立陶宛組成的特別行動隊逮捕、殺害，然後埋在波納爾森林（Ponary）的萬人塚裡，其中大部分屠殺是由立陶宛特別行動支隊（Ypatingas Burys）所執行。在九月的一次行動中，總共有三千七百名猶太人遭到逮捕並槍

圖 10：納粹在大約 1941 年以立陶宛語製作的宣傳海報中，將史達林主義與猶太人相提並論。1941 年侵略蘇聯後，納粹親衛隊第一次遇到厭倦蘇聯統治的人民。

決，然後埋進萬人塚。九月六日這天，三萬八千名猶太人被塞進兩處小小的隔離區，還有大約六千人被帶到萬人塚旁槍決。接著在十月到十一月，特別行動隊執行了七次行動，超過一萬兩千名猶太人從隔離區被帶到萬人塚槍決。到了一九四一年底，納粹在立陶宛人的協助下，在短短的六個月裡就殺害了約兩萬一千七百名維爾紐斯猶太人。屠殺的速度從當年十一月起開始減緩，因為此時德意志國防軍需要大量猶太人進入勞動營充當苦力。

直到一九四三年九月，這兩個隔離區才被徹底清算。這次大約有一萬名猶太人被帶走，其中五千人被送往馬伊達內克滅絕營的毒氣室，好幾百人在波納爾的萬人塚被槍殺，[30]剩下的人則被送進愛沙尼亞的勞動集中營，並在一九四四年蘇聯進逼立陶宛時遭到德軍處決。一九三九年的維爾紐斯大約有七萬名猶太人，這裡面得以挺過二次大戰的只有約莫七千人。[31]

有些猶太機構還是倖存了下來，比如意第緒科學院就奇蹟似地搬遷到紐約。然而，維爾內的猶太文明已徹底覆滅，它在這短短幾年間滅絕的故事，也取代了過往好幾百年的文化成就，成為猶太文明新的核心記憶。當年在《維爾內青年》上活動的數十名作家，僅有三人活

波納爾森林的維爾紐斯猶太屠殺，約攝於 1941 年 7 月。

過大滅絕，其中一位正是創辦者暨詩人亞伯拉罕・蘇茨凱弗。他離開立陶宛這座北方耶路撒冷的殘骸，動身前往真正的耶路撒冷，也象徵猶太傳統向以色列的轉移。[32]立陶宛耶路撒冷的滅亡，意味著大公國政治遺產的終結。納粹屠殺猶太人的「最終解決方案」於波納爾森林揭開序幕，這裡也是密茨凱維奇在《塔德伍施先生》中歌頌之地，而在他的詩意想像中，猶太人之於立陶宛是不可或缺的存在。

維爾紐斯高翁聖殿的殘骸，攝於 1944 年。維爾紐斯曾是「立陶宛的耶路撒冷」，但「最終解決方案」徹底消滅了猶太人在此歷史悠久的生活痕跡。

波蘭人失去維爾諾

在納粹清算猶太隔離區的同時，德意志國防軍則是節節敗退，面臨整條戰線失守的局面。

一九四四年，紅軍回到維納，波蘭裔、立陶宛人與蘇聯三方開始爭奪起城市的主導權：波蘭裔雖然數量大減，比例上仍舊占了多數；立陶宛人相信自己是波蘭、蘇聯和納粹占領維爾紐斯時期的最大受害者，因此滿腔怒火；蘇聯則再度集結優勢兵力，大權在握。想當然耳，波蘭裔和立陶宛人無法形成共同戰線，抵抗蘇聯的侵襲。[33]波蘭救國軍的目標不只是爭取波蘭獨立，還想要為波蘭奪回維爾諾。在大多數救國軍成員看來，沒有波蘭人的維爾諾，或是沒有維爾諾的波蘭，都是難以想像的。因此在立陶宛人眼裡，波蘭救國軍簡直就是波蘭帝國主義的化身。[34]紅軍在七月抵達維納城，此時救國軍已經占領了附近的一些區域，但他們一直沒有果斷進攻德軍在維爾諾的陣地。直到七月十三日，紅軍才在波蘭人的協助下奪回維納，然後就把這群波蘭軍人關入牢房，強迫他們眼睜睜看著史達林重新建立起定都於維爾紐斯的蘇屬立陶宛。儘管有一些波蘭政治人物前往莫斯科試圖要回維爾諾，但史達林很清楚，把這座城市讓給立陶宛人對他而言更加有利。[35]

史達林瞭解該城的主流是波蘭文化，而且在「最終解決方案」清除當地的猶太人之後，波蘭裔的族裔優勢又比過去更大；他也知道當地波蘭裔最不能接受的就是被立陶宛人統治。內務人民委員部的拉夫連季．貝利亞（Lavrentii Beria, 1899-1953）也提出了一樣的報告，用詞可說相當直白：「維納居民對於從德國統治解放出來一事，觀感十分正面。他們表示能在教堂用波蘭語而非立陶宛語舉行彌撒，讓他們非常滿意。他們也希望維納能加入西烏克蘭、白羅斯或其他任何地方，只要不是立陶宛即可。」[36]儘管貝利亞完全沒有提到「波蘭」，但經過猶太大屠殺後，該城居民顯然幾乎全都是波蘭人了。然而，史達林的政策從來都不把民族自決當一回事，所以維爾諾居民的意見自然也無足輕重。他不但決定把維爾紐斯送給立陶宛人，更決定要就此終結雙方對這座城市的爭執，而他的解決辦法，和在東方戰線的其他地方一樣，便是在戰前屬於波蘭的土地上進行族群清洗。[37]一九四四年七月，蘇聯在較原先舊有國界更西邊的地方正式劃定新的波蘇邊界，並在波蘭和蘇屬立陶宛間展開了新的「人口交換」政策。在一九三九到一九四一年，蘇聯的政策是強迫當地菁英往東遷徙到蘇聯內地；而在一九四四到一九四六年，蘇聯又把大量蘇聯西部的波蘭裔趕回波蘭。從一九四四到一九四八年，大約有十萬名登記為波蘭裔的人離開維爾紐斯，前往共產波蘭。就像羅莫里斯一九四四年十一月的日記所描述的，維爾紐斯的波蘭問題在短短幾個月裡便已「不復存在」。[38]

史達林重新奪下維爾紐斯後，選擇以該城作為首都，重建蘇屬立陶宛。他沒有為波蘭裔成立一個「蘇屬波蘭」或「波蘭自治共和國」，而是在一九四五年將波蘇邊境推向更西邊，並把維爾紐斯城中的波蘭裔都送往共產波蘭。維爾諾的波蘭知識階層消失，聯邦路線的波蘭愛國主義也隨之滅亡。因為聯邦主義原本的願景，是以維爾諾為中心發揮波蘭式菁英文化的同化力量，他們一旦離開維爾諾，這些主張也就失去了力量。從波立聯邦成立的一五六九年開始，波蘭文化始終都是維爾諾的主導文化，直到蘇聯自一九四四年展開人口交換才劃上句點。對於這些立陶宛波蘭裔人來說，無論是眼前的共產波蘭，還是昔日的波蘭王室領地，其實都像是另一個完全不同的國家，他們的聯邦願景也完全沒有機會在此處開枝散葉。相較這裡人親土親的波蘭人，失去家園的他們顯得格格不入；在共產黨的審查制度下，他們又無法暢談，甚至無法追憶那塊被蘇聯奪走的土地，只能在一片陌生的社會環境下默默養大子女。然而，新一代維爾諾波蘭人的民族認同，已經和其他波蘭年輕人沒有什麼區別，兩者都活在宣揚「同質一致」的共產社會。「立陶宛」原有的歷史意義就此消逝，維爾諾也跟著如同切斯瓦夫・米沃什（Czesław Miłosz）一九六九年那首有名的詩所說的，成為一座「沒有名字的城市」。[39]

在下一章，我們就會看到，它的名字變成了「維爾紐斯」。

第五章　蘇屬立陶宛的維爾紐斯　1945－1991

就像一隻手敲打在魯特琴上
敲出琴弦迸裂的聲音
那聲音嘈嘈切切，像是一首歌將要開始
卻沒人想到歌曲已經結束

——亞當・密茨凱維奇，《康拉德・華倫諾德》

在本書第一部的開頭，我引用了《塔德伍施先生》的開場：「立陶宛啊！我的祖國！」密茨凱維奇在一八三四年發表了這篇鉅作，而在接下來的十九到二十世紀裡，這段開場的意義總共經歷了三次轉折，分別可以從「立陶宛」、「我的」和「祖國」三個詞來理解。第一次轉折發生在「立陶宛」一詞上，牽涉到十九世紀民族運動者對自身定位，還有所屬民族的定義。最早的民族運動者，是懷抱著景仰之情追憶前立陶宛大公國的政治民族，而後進的民族運動者，則愈來愈期盼建立一個現代意義上的民族國家。在十九世紀的最後三十多年裡，密茨凱維奇筆下的浪漫情懷開始顯得矛盾重重，近世波蘭民族的想像已經無法應付內部各種經濟、社會和語言的拉扯，似乎只有排他的現代民族主義才有機會解決這些問題。一八六三年一月起義後，這些為了「重建」民族國家而彼此競爭的民族運動者，開始將《塔德伍施先生》翻譯成自己的語言，將緬懷過去的浪漫主義，轉化成服務現代民族主義的工具。到了十九世紀末，相較於波蘭聯邦主義者與白羅斯愛國者依舊守著密茨凱維奇的理想，主張現代民族主義的波蘭人和立陶宛人已經把「民族詩人」的桂冠戴在他的頭上。面對艱難的國際政治，後者選擇了最實用的詮釋方向。這些人讀書或許不求甚解，但他們的倡議卻鏗鏘有力。

隨著民族運動開始追求國家獨立，原先的盼望轉變成一種執念，運動者粗暴地簡化民族的概念，從而開啟了第二個轉折，這次關係到《塔德伍施先生》開場的第二個詞：「我的。」一次大戰後，歐陸傳統的帝國勢力分崩離析，讓現代民族主義、近世聯邦主義和布爾什維克國際主義等不同民族想像的擁護者得到發展空間，於政治、軍事和外交上展開激烈的競爭。在前大公國的土地上，是由波蘭和立陶宛民族主義者贏得這些競爭，各自建立獨立國家，並維持了二十多年；布爾什維克黨人也建立了白俄羅斯蘇維埃，儘管壽命只有七年。波蘭與立陶宛在戰前期施行了許多政策，試圖讓國內人口更同質化，但就像我們在前一章看到的一樣，後來的第二次世界大戰、納粹的「最終解決方案」和蘇聯的強制遷徙，成效都比這些政策大得多。到了戰後，蘇聯又驅離了剩下的近世聯邦主義者。在這些史達林做過的決策中，影響最深遠的一項，便是把曾經聚集眾多民族的維爾紐斯讓給蘇屬立陶宛。

不過在一九三九年，這座城市的居民還是用波蘭語稱它為「維爾諾」，說立陶宛語的人只占了居民中的一小部分，為什麼到了一九九一年，它的名字會變成立陶宛語的「維爾紐斯」，並成為這個民族國家的首都呢？事物在重新建構前，往往要先經歷破壞；維爾紐斯能重新建構成一座立陶宛人的城市，前提在於納粹和蘇聯的政策造成了實質與政治認同上的破壞。隨著蘇聯重新占領立陶宛和維爾紐斯，第三次轉折也跟著發生，改變了密茨凱維奇筆下「祖國」的定義。二次大戰過後，立陶宛文化開始在蘇聯統治下滲透、同化維爾紐斯，將這座曾孕育出密茨凱維奇的城市變成一座現代民族意義上的立陶宛城市，實現了民族主義者的夙願。然而此轉折的基礎，卻是九成的維爾內猶太人在納粹大屠殺中死去，以及八成的維爾諾波蘭裔在戰後被迫遷離至共產波蘭，導致當地的猶太和波蘭文化徹底滅絕。蘇聯曾在境內各地施行強制遷徙政策，而在立陶宛，主導這項政策的正是立陶宛共產黨：一九四五年五月三十日，距離德國投降才過了幾個禮拜，立陶宛中央政治局就拍板定案，決定投入所有國家資源將波蘭裔逐出維爾紐斯。[1]

立陶宛人的維爾紐斯

在蘇屬立陶宛時期，所有登記為「需遣返」的立陶宛波蘭裔中，只有大約三分之一真的回到波蘭；鄉村地區仍有數萬名波蘭裔並未被要求登記遣返，還有好幾萬人雖然登記要前往波蘭，最後卻被擋了下來。這些狀況顯然是出自立陶宛遣返當局的指示，他們的各種措施都被華沙的波蘭共產黨嚴正抗議。因為在一九四五年的春天，波蘭還有大量土地無人耕種，波蘭當局等待這些來自立陶宛的波蘭農民，可說是等得心急如焚。但有時候，立陶宛當局卻會要求登記離境的波蘭裔出示德國發放的文件，證明自己是波蘭人；最低限度至少要證明自己是波蘭公民，與遣返同意書所載的相符。然而維爾紐斯的狀況卻完全不同，遣返當局利用蘇聯的政策，試圖打造一個全新的、屬於立陶宛人的維爾紐斯。他們強迫所有波蘭裔登記遣返，實際被遣返的波蘭裔更多達八〇%。[2]於是，維爾諾徹底地去波蘭化，立陶宛民族的歷史也走入新的篇章。從一開始，取得維爾紐斯就是立陶宛民族運動者的主要目標。兩次俄國革命期間，他們都選擇在維爾紐斯起事，而波蘭在一九二〇年奪得維爾紐斯，更是戰間期立陶宛的心頭大恨。但其實從現代民族主義的定義，也就是從當地人的民族認同來看，維爾紐斯從來都不是一座立陶宛城市。

後來的發展，從蘇聯的人口普查可以略知一二。一九五九年，維爾紐斯共有二十三萬六千一百位居民，其中有七萬九千四百人回答自己是立陶宛人（占三十四%），六萬九千四百人是俄羅斯人（二十九%），四萬七千兩百人是波蘭人（二〇%），一萬六千四百人是猶太人（七%），還有一萬四千七百人是白羅斯人（六%）。這是立陶宛人在現代史上第一次成為維爾紐斯的多數族群，而且相較於一九三九年的一到二%，三十四%簡直多得不可思議。值得注意的是，這時的立陶宛人只比俄羅斯人稍微多一點，而所有的斯拉夫人（俄羅斯、波蘭和白羅斯人）數量幾乎是立陶宛人的兩倍。到了一九八九年，蘇聯最後一次的人口普查顯示，維爾紐斯的人口已經成長到五十七萬六千七百人，超過當年的兩倍，其中有二十九萬一千五百名立陶宛人，占了五〇・五%，成為絕對多數；俄羅斯人、波蘭人和白羅斯人的比例分別降低至二〇%、十九%和五%，就算將他們都算成斯拉夫人，數量也不及立陶宛人。[3]考慮到一般認為蘇聯時期採行的是俄羅斯化政策，以及同時間明斯克、里加與塔林的俄羅斯化程度，這些數字顯然需要特別的解釋。

民族共產主義

維爾紐斯的立陶宛化，有部分可以從蘇聯政府與立陶宛共產黨之間公開的默契來解釋。在一九四〇年代後期，立陶宛共產黨奉行著史達林的指示，執行各種鎮壓、強制遷徙和農業集體政策。當時的立陶宛共產黨領導人是安塔納斯・斯涅奇庫斯（Antanas Sniečkus, 1903-1974），他曾經歷過戰間期的顛覆陰謀、二戰時的武裝抵抗，以及戰後的各種整肅；自一九三六年起擔任黨內總書記，活過了史達林和赫魯雪夫時代，在布里茲涅夫主政時期如魚得水，直到一九七四年去世。放眼整個共產主義史，只有毛澤東的總書記任期比他更長。身為戰間期政治的過來人，斯涅奇庫斯很清楚維爾紐斯是立陶宛民族主義的核心；[4]再加上立陶宛當初是在白俄羅斯共產黨的激烈抗議下得到維爾紐斯的，種種因素使他無論如何都得善加利用這份到手的珍貴資產。況且在驅逐波蘭裔後，城裡的優勢地位也可能由俄羅斯人取而代之，這大概是他和立陶宛同志們最不樂見的情況。值得一提的是，在蘇屬立陶宛剛成立的頭幾年裡，大部分的黨幹部都不是立陶宛人，而是來自其他的加盟共和國，[5]但他們也很清楚維爾紐斯對立陶宛有多重要。為了鞏固蘇維埃政權在立陶宛的勢力，這些外國幹部決定借助民族主義的力量，即使這會讓他們離政治核心愈來愈遠。

蘇聯時期的立陶宛和拉脫維亞、愛沙尼亞一樣，都被允許使用母語授課。於是，十六世紀由耶穌會成立的學院，歷經沙皇亞歷山大一世於十九世紀前期的寬容，以及戰間期波蘭在一九二〇到一九三〇年代的支持後，終於在二戰結束後以維爾紐斯大學之名復校，成為一所立陶宛語大學。根據一九三七學年度的統計，該校在戰前有七十二．六％的學生以波蘭語為母語，只有二．七％使用立陶宛語；但到了一九四五年的秋天，新生比例發生了不可思議的劇變，立陶宛裔新生總共占八十六．四％，波蘭裔新生則只有一．六％。這間學校的民族比例會在蘇屬立陶宛時期出現如此大的改變，具體來說有三個原因：首先，如果八十六．四％這個數字正確，就代表政府刻意要讓更多立陶宛人從鄉村搬到維爾紐斯。再者，戰間期的維爾諾大學十分積極地同化白羅斯人，但戰後的維爾紐斯大學卻極力排除他們。儘管維爾紐斯距離蘇屬白俄羅斯僅有四十公里，周圍村莊講的也幾乎都是白羅斯語，然而該校的白羅斯裔始終只占大約一％。[6]最後也最根本的一點，是蘇聯體制很強調先天的民族身分。波蘭在一九三七學年度做的母語統計，是根據學生自行回報的資料；但到了戰後，由於每個蘇聯人的國內護照上都會登記他的「民族」，維爾紐斯大學也就可以得到明確的資料。

這些體制性的改變，讓後來蘇聯執行都市化政策時碰到了特殊的地方脈絡。由於戰後的維爾紐斯基本上是座空城，附近又分布著大量立陶宛農村，立陶宛人的比例自然會快速增加。但蘇聯設計的都市化政策，用意並不是要讓加盟共和國的主要民族往首都集中，這點從周圍已俄羅斯化的鄰國的情形就可以看得出來。立陶宛在一九五〇年代的工業化相對緩慢，這對當地人往首都遷移比較有利，不會像愛沙尼亞、拉脫維亞與白俄羅斯的首都那樣一口氣湧入大量來自蘇聯各地的人口；[7]另外，一九五〇到一九六〇年代的立陶宛兒童人口數非常多，這有部分是天主教禁止家庭計畫和墮胎的結果。不過民族認同的改變，也不能單純歸因於生育率與人口組成。來自鄉村的農民，還有他們的子女都認同自己是立陶宛人，代表此時的社會環境已經不同於以往。在過去四百多年裡，波蘭文化一直主導著維爾諾社會，但隨著戰火摧毀了前大公國地區的波蘭文化重鎮，這段歷史也就此結束。維爾紐斯的立陶宛化不只是因為波蘭裔遷離這座城市，更因為波蘭文明已經徹底從它的都市生活中消失。

即使接受過城市文明數百年的薰陶，鄉村地區的族群仍有可能在接近一瞬之間突然認為自己的文化比較優秀，並渴望取而代之。[8]當原本主導城市生活的族群離開或者失去地位，便是這種轉變發生的時機，而在維爾諾，這個離開的族群就是波蘭裔。在一九四四到一九四六年的強制遷徙以前，波蘭裔不只是維爾諾人口最多的族群，更主導著城市與上層文化。族群的「質」永遠比「量」更重要。在十九世紀末，沙俄的維納總督就非常忌憚波蘭貴族的文化號召力；早期的立陶宛民族運動者也很畏懼波蘭文化的魅力，這種畏懼是來自他們的親身體會，而不是和波蘭人的實際接觸；戰間期積極追討維爾紐斯的立陶宛政治家，也深怕波蘭文明的影響力。直到一九四四年，立陶宛共產黨開始執行蘇聯的強制遷徙政策，才終結了波蘭文化在維爾諾數世紀以來的主宰地位。正因為深刻理解前大公國地區民族認同的歷史，他們才會選擇讓鄉村地區的波蘭裔留下，將重心放在驅逐維爾紐斯的波蘭裔。最後，立陶宛的波蘭裔竟淪落到前所未見的落魄處境，成為人口稀少的農村民族。

立陶宛人則獲得了前所未有的地位，於一九五〇年代躍升為主導都市生活的民族。在現代史上，立陶宛語首次成為地位的象徵，想在維爾紐斯擁有更高的社會地位，波蘭語再也不是必備要件。一九五〇年代出生於農村或鄉下小鎮立陶宛家庭的維爾紐斯孩童們，長大後多半在市區學校接受立陶宛語教育。蘇聯統治的前十年裡，立陶宛國民中學的數量足足增加了四倍，而且相比戰前立陶宛共和國的中學，這些學校的立陶宛語課程更多。[9]到了一九六〇年代，父母其中一方是立陶宛人、另一方則否的十六歲維爾紐斯年輕人中，多數認為自己是立陶宛人。[10]儘管對維爾紐斯來說，大學以立陶宛語授課其實是相當新穎的景象，但在當時即將成年的整個世代眼中，卻已經不足為奇了。根據一九八九年的人口普查，在所有立陶宛人裡，大約還有十%的人其父母至少有一方不是立陶宛人。[11]在蘇聯統治時期的維爾紐斯，立陶宛認同具有非常強大的同化力量。

立陶宛的共產黨和知識分子之間，也達成了另一種妥協。蘇聯統治時期大約有兩萬名立陶宛人揭竿起義，其中大部分的人不是在行動中犧牲，就是被流放到西伯利亞。在一九四五到一九五三年間，大約有十二萬蘇屬立陶宛居民被驅逐出境，占了共和國總人口的五%，其中許多人是立陶宛的著名作家和學者，當時國內的一千三百名天主教神父中，就有一千人慘遭驅離。[12]不過很多人在一九五三年後又回到國內，親眼看見維爾紐斯真的成為了蘇屬立陶宛的首都，城市文化也漸漸地立陶宛化。史達林去世之後，立陶宛共產黨內的立陶宛人比例便迅速增加，因為不少知識分子接受了交換條件，同意加入立陶宛共產黨，換取一定程度的自由以保存立陶宛文化。他們的成就確實可觀：經過他們的修訂和統一，立陶宛語終於成為一種學術的書寫語言；立陶宛語詩歌和散文蓬勃發展，成績斐然；維爾紐斯大學也成為波羅的海研究的聖地。[13]

歷久不衰的浪漫主義

這樣的妥協方案維持了數十年。到了一九七〇年，共產黨的立陶宛黨員比例，已經愈來愈接近國內的立陶宛人比例（分別是六十六％和八〇％）。立陶宛人的平均所得，也在這一年成長到蘇聯成員國中的第三名，僅次於愛沙尼亞和拉脫維亞。[14]立陶宛共產黨員除了誇耀國家的經濟發展，也開始在蘇聯允許的程度內，強調立陶宛的文化內涵。比如斯涅奇庫斯總書記就在這年出版的一本書裡，將立陶宛人對首都維爾紐斯的熱愛，和列寧一八九五年到訪此地連結在一起。[15]他這麼做的用意，是想把立陶宛得到維爾紐斯，歸功於共產黨仁慈的政策。確實，立陶宛能得到維爾紐斯，都是因為列寧的後繼者史達林，而史達林和後續的蘇聯領導人，也很瞭解立陶宛人在乎的是什麼，甚至連俄語都在蘇聯對立陶宛民族認同的讓步下有了改變。比如列寧當年來訪時，他對這座城市的稱呼應該是俄語的「維納」，但在此時期的俄語史書上，卻都以立陶宛語的「維爾紐斯」來稱呼。在前一章裡，我們看到猶太人的「維爾內」和波蘭人的「維爾諾」如何以充滿暴力的方式迅速消亡，也分析過白羅斯人獲得「維爾尼亞」的希望為何破滅；如今在蘇聯統治下，俄羅斯人也默默放棄了「維納」，背後的原因值得我們仔細探究。

前面曾提到，戰間期立陶宛的政治人物非常忌憚波蘭文化，卻不怎麼擔心俄羅斯文化；

一九三九年的政治領袖甚至認為，如果立陶宛落入蘇聯統治，維爾紐斯就能斷絕和波蘭的文化連結，成為一座立陶宛人的城市。面對當年嚴峻的局勢，這些人還能用這麼現實的眼光準確預測未來發展，可見立陶宛民族主義絕非某種不理性的信仰。但我們也不能否認，立陶宛人的浪漫民族情懷，確實在戰後政治中發揮了強大的影響力，而就連俄語都得對立陶宛語低頭，使人不免再度開始思考立陶宛民族的概念對語言的重視。如前所述，立陶宛語和周遭民族的語言不同，屬於波羅的海語系，這點對立陶宛民族運動在十九世紀後期的成功非常重要。戰間期的立陶宛共和國就是以這種語言提升識字率，而在蘇屬立陶宛時期，立陶宛語又再次成為古老歷史傳承的象徵。客觀來看，波羅的海語言確實不同於斯拉夫語系，前者更為原始；但從浪漫主義的角度來看，這意味著立陶宛人比周圍的斯拉夫民族都更「純粹」。立陶宛語和梵語之間的親緣關係，在語言學上只是一個合理的觀點，然而在大眾心中，它始終都是個強而有力的民族信念。這些浪漫主義時期的思想並未因政權更迭而斷絕，反而一代又一代地延續、傳播開來，最後在蘇聯的統治下開花結果。[16]

但蘇聯政權為什麼會支持浪漫民族主義呢？正如第二章所述，立陶宛民族主義雖然成形於十九世紀末，但其源流可以追溯到日耳曼人在法國大革命後發展出的浪漫主義思潮，接著又在一八二〇到一八三〇年代經過密茨凱維奇的改造，於一八八〇年代被民族運動者顛覆，最後在一九〇五年第一次俄國革命中才成為一條清晰的政治路線。我們也在第三章看到，立陶宛獨立後是如何在戰間期推動民族主義教育，讓國民把心思都放在一九二〇年被波蘭攻占，從此只在名義上屬於立陶宛的維爾紐斯上。一九二〇年以後，近世的立陶宛大公國便幾乎從人們心裡消失了。儘管仍有少數例外，但到了一九三九年，無論是維爾諾的波蘭人還是考納斯的立陶宛人，都普遍相信現代的族裔民族主義。等到二戰落幕，立陶宛族裔民族主義終於在蘇屬立陶宛的首都維爾紐斯，贏得了這場民族想像的競爭。

有個老笑話是這麼說的：「維爾紐斯屬於立陶宛，但立陶宛屬於俄羅斯。」這句話事實上並不正確。立陶宛是屬於蘇聯沒錯，但蘇聯並不等於俄羅斯，在維爾紐斯更是這樣。十九世紀浪漫主義者的夢想，經過二十世紀立陶宛民族主義者的詮釋，在蘇聯的統治下終於得以實現。隨著立陶宛語在維爾紐斯成為主流語言，民族主義者對於掌權的期盼與中世紀獨立政權之間的巨大鴻溝終於被克服，中世紀與現代的結合也宣告完成。語言降低了近世的維爾紐斯在沒有國家的狀態下所受到的衝擊，立陶宛的其他地區在戰間期亦然。我們甚至可以說，立陶宛和其他波羅的海國家能在蘇聯統治下獨樹一幟，都是因為語言的緣故。浪漫主義者相信，語言保存著一個民族的歷史與美好，而立陶宛正是因為蘇聯的統治，才有機會實踐並印證這個信仰。一九九六年，西格馬斯．津凱維丘斯（Zigmas Zinkevičius）出版了全世界第一本用英文寫成的立陶宛語歷史，向國際讀者介紹現代立陶宛語和原始印歐語（proto-Indo-European）之間的關係，而訓練出這位語言學家的，正是蘇聯時期的維爾紐斯大學。[17]

無論是立陶宛還是其他地方的族裔民族主義，都很厭惡兼容並蓄的近世傳統，並推崇某種純潔而強大的中世紀民族幻想。然而近世的民族思想在維爾紐斯卻非常牢固，從來沒有任何立陶宛人的組織或體制能夠動搖，直到蘇聯的力量降臨，才終於打碎這些大公國的遺緒。一五六九年的《盧布林聯合》，被一九三九年的《德蘇互不侵犯條約》推翻；一八四一年，浪漫主義史家納巴特在寫完立陶宛民族史之後象徵性地折斷自己的筆，表達對波立聯邦成立的抗議；但真正斬斷兩個民族連結的筆，要等到一九三九年才會交到莫洛托夫和里賓特洛甫的手中。一五六九年，歐洲分布最廣的近世民族誕生，直到一九三九年，波蘭人和立陶宛人才真正分家，各自成為緊密的現代族裔民族。同時，蘇聯統治也讓立陶宛人有機會盡可能削減與波蘭的歷史連結。在立陶宛共產黨居中斡旋，讓蘇聯政府和立陶宛社會間產生的默契中，波蘭扮演了一個重要的角色：雙方的共同敵人。史達林把從波蘭手中奪得的領土交給蘇屬立陶宛後，他和他的後繼者就自居為現狀的捍衛者；[18]蘇聯時期的立陶宛知識分子經常譴責波蘭在一九二〇年「強占」維爾紐斯，這和蘇聯將波蘭詮釋為帝國主義者的整體路線正好相符，此番言論也就沒有被禁止。導致到了一九八〇年代，立陶宛民族主義者都還普遍相信波蘭仍對維爾紐斯虎視眈眈，隨時等著將它奪回手中。[19]

就像在蘇聯的其他地方一樣，《德蘇互不侵犯條約》在蘇屬立陶宛也是不能提起的禁忌。但到了戈巴契夫時代，立陶宛人卻在好幾次大型公開遊行上，將之稱為民族悲劇，這麼做可說十分大膽。他們擺出的姿態，就好像自己是這份條約的無辜受害者，都忘了他們的國家是因此才得到維爾紐斯。如果真必須提起立陶宛在一九三九年占領維爾紐斯，他們就會說這是「維爾紐斯的回歸」。立陶宛人一方面理所當然地主張《德蘇互不侵犯條約》缺乏正當性，另一方面又認為他們據此併吞維爾紐斯合情合理。在一九八〇年代末的一場民族運動中，立陶宛人喊出了「廢除《德蘇互不侵犯條約》」的口號，[20]但如果真要「廢除」這份條約，他們恐怕得把維爾紐斯還給波蘭才行。隨著蘇聯在一九九〇年代初解體，莫斯科的蘇聯當局和立陶宛的波蘭裔也提出了這個問題。

一些人與一些事

在這一百年裡，立陶宛民族運動、立陶宛共和國和蘇屬立陶宛輪流接手，埋葬了立陶宛大公國的政治遺產，切斷了立陶宛和波蘭的文化連結，也揮別了密茨凱維奇的理想。新生的立陶宛民族，是一個以維爾紐斯為首都的現代民族國家：這是由民族運動者創立的意識形態、由立陶宛共和國推動的志業，最後由蘇屬立陶宛實現的成果。前面提到，維爾紐斯於一九八四年，在蘇屬立陶宛時期完成了波蘭統治下的維爾諾沒能實現的計畫——樹立民族詩人密茨凱維奇的紀念碑，於是原本用波蘭語拼寫的 Mickiewicz，也變成了立陶宛語的 Mickievičius。後來蘇聯總書記戈巴契夫在一九八〇年代後半宣布改革，導致新一波民族運動爆發時，立陶宛的民族主義者們正是相約集結在這尊密茨凱維奇雕像下。

在這場運動中，有一位領導人叫做維陶塔斯・藍斯柏吉斯（Vytautas Landsbergis, 1932-），他後來成為了立陶宛共和國議會的議長。在第一部的最後，且讓我們從他的家族史，回顧立陶宛的近世與現代民族想像之間，存在著什麼根本差異。在十九世紀初，這家人的姓氏還叫做蘭斯柏格（Landsberg），當時他們就和其他立陶宛貴族一樣，憧憬著近世的波蘭文明。此時卡齊米日・藍斯柏格（Kazimierz Landsberg）正在俄羅斯的維爾諾帝國大學修習波蘭語課程。他和密茨凱維奇一樣，理所當然地相信波蘭語比前大公國地區的任何語言都要優越，也相信波立聯邦終將復國。一八三〇年，卡齊米日在華沙參與了反抗帝俄的起義；這場起義並未成功，卻啟發密茨凱維奇寫下《塔德伍施先生》。經過這次起義，帝俄關閉了維爾諾大學和其他立陶宛地區的波蘭語學校，但直到一八六三年，波蘭文化在前大公國地區依舊毫無對手。

一八六三年那場失敗的起義不僅改變了俄羅斯民族政策，也改變了藍斯柏吉斯家下一代人的發展。蓋比琉斯・藍斯柏格（Gabrielius Landsberg）出生時，家裡主要還是講波蘭語，但當他升上中學後，學校已經跟父親那輩不同，改為用立陶宛語授課。畢業後的他由於帝俄政策的關係，只能前往俄羅斯內地就讀大學；等到他自莫斯科返國之時，已經成為一名熱忱的立陶宛民族運動者。儘管他自己的立陶宛語說得不甚流利，還娶了一位波蘭妻子，兩人平常都是波蘭語溝通，但他五個孩子的立陶宛語都講得很好，這讓他深感自豪。他最小的兒子成年時，第一次俄國革命已經結束。之前在米可拉斯・羅莫里斯的段落中有提到，是從此時開始，不少立陶宛的波蘭裔貴族家庭開始接受現代的立陶宛民族想像。

下一個世代的立陶宛人終於迎來了獨立之光，不過在此時的民族運動者看來，少了維爾紐斯的立陶宛仍不算真正的國家。因此當波蘭在一九二〇年攻下這座城市，民族獨立的願景也彷彿再度被烏雲籠罩。此時蓋比琉斯的小兒子維陶塔斯・藍斯柏吉斯—熱姆卡尼斯（Vytautas Landsbergis-Žemkalnis，順帶一提，熱姆卡尼斯就是藍斯柏吉斯的立陶宛語化寫法）已經長大，成為一名建築師。他在戰間期設計過許多紀念建築，其中還有一座是為蓋迪米納斯城堡規劃的。只是沒過多久，波蘭就占領了維爾紐斯，讓立陶宛民族主義者只能遙想這座城堡而不可得。從某個角度來說，他的作品也是多虧了二戰才有機會問世，當蘇聯在一九三九年把維爾紐斯交給立陶宛時，維陶塔斯是第一個走進蓋迪米納斯城堡的立陶宛士兵——至少他是這樣跟兒子講述。立陶宛在這年獲得了短暫的獨立，維陶塔斯也開始將維爾紐斯打造成立陶宛人的城市，儘管國家自隔年起淪為蘇聯的一部分，但他並沒有停下腳步。今日，維爾紐斯有一條街以他為名。

在限制重重的蘇維埃政權下，維陶塔斯選擇培養兒子學習鋼琴，因為這門藝術沒有建築那麼顯眼。小維陶塔斯也不負所托，成為了蘇維埃時代典型的成功知識分子。他在一九五五年從音樂學院畢業，又於一九六九年獲得音樂博士學位，不但持續執教三十年，還有多達二十本不同領域的著作，其中有八本是以立陶宛藝術家米卡洛尤斯・丘爾廖尼斯（Mikalojus Čiurlionis, 1875-1911）為主題。這位畫家兼作曲家曾在史達林時期被批鬥成形式主義者，直到一九六一年才洗刷汙名，躍升為立陶宛民族的代表人物。從小維陶塔斯這八本著作，可以窺見立陶宛在傳承民族文化上的卓然成就，而這麼豐厚的傳承，自然也會創造出新一代的文化。別忘了，小維陶塔斯自己就是家中以立陶宛語為母語的第一代，而他所醉心的丘爾廖尼斯雖然被當今立陶宛人視為「民族藝術家」，小時候卻一句立陶宛語也不會講。因為丘爾廖尼斯也是出身波蘭語家庭，直到一九〇五年第一次俄國革命後，才開始認同自己是立陶宛人；至於開始學習立陶宛語，則是因為他在一九〇七年遇見了後來的妻子索菲婭・基曼泰特（Sofija Kymantaitė, 1886-1958）。她與民間的立陶宛文化沒有任何關係，而是一名來自貴族家庭的作家和譯者，在克拉科夫求學時曾熱衷於青年波蘭派（Young Poland）的新藝術。從藍斯柏吉斯家族和丘爾廖尼斯的故事可以看出，民族認同絕不是由族裔決定的必然命運，而是在具體的歷史情境下做出的政治抉擇。[21]

不過當初催生出這些抉擇的背景，往往會逐漸和整個民族的歷史神話互相交織，形成一種奇妙的共存關係。好比說立陶宛的現代民族運動，就處心積慮想跟近世的波立聯邦斷絕關係，擁抱歷史與神話混雜的中世紀立陶宛大公國。也就是說，他們捨棄了密茨凱維奇在政治上對波立聯邦的嚮往，並將他筆下充滿浪漫神話的中世紀大公國變成一種政治願景。藍斯柏吉斯家族的歷史（或者應該說他們的姓氏），紀錄了現代立陶宛民族如何一步步淘汰近世波立民族，也紀錄了平民如何以立陶宛語表達新的民族認同，逐步取代社會菁英用波蘭語闡述的政治理念。立陶宛的民族政治，就是現代與中世紀結盟對抗近世的過程，他們拒絕近世歷史的正當性、貴族家族的特權，以及波立聯邦的政治體制，並以中世紀歷史的歲月之美，為現代高舉人民旗幟奪權的奮鬥賦予新的正當性。

像「維陶塔斯」這個名字，就是取自中世紀時用盡權謀智計抵抗波蘭干預的維陶塔斯大帝（Vytautas the Great），如今這位大公已成為立陶宛民族史上的傳奇人物。在戰間期立陶宛，維陶塔斯大帝象徵著立陶宛在一五六九年《盧布林聯合》以前的黃金時代，以及立陶宛人收復維爾紐斯的志業。到了蘇屬立陶宛時期，維爾紐斯又以維陶塔斯大帝為師，警惕著與波蘭之間的往來。[22] 等到立陶宛脫離蘇聯統治，他已經成為了人們眼中最偉大的民族英雄之一，而他所代表的民族復興路線，也就是回歸和波蘭沒有連繫的中世紀立陶宛，又在小維陶塔斯・藍斯柏吉斯的政治生涯中得到了印證。一九八八年，藍斯柏吉斯被推舉為民族運動「薩尤季斯」（Sajūdis）的領導人；一九九〇年，立陶宛最高蘇維埃會議在他主持之下宣布獨立，首都依舊是維爾紐斯；一九九一年，他獲選為立陶宛共和國議會的議長。當年九月，藍斯柏吉斯政府就和波蘭發生了外交爭議，因為他要求波蘭承認維爾紐斯在一九二〇到一九三九年之間歸立陶宛所有。

這種不尋常的外交舉動，是源自立陶宛看待歷史的觀點，也就是要盡可能強調浪漫化的中世紀歷史，否定近世歷史上與波蘭的連結。一直以來，立陶宛民族主義最根本的策略，就是否定立陶宛在近世與波蘭的結合，並堅定抗拒來自波蘭的文化輸入，因為每個世代的立陶宛民族運動者，都熟知波蘭文化的吸引力有多麼強烈，甚至連他們口中那段未曾受到波蘭文化染指的中世紀歷史，也是出自密茨凱維奇以波蘭文寫就的優美詩句。本章開頭引用了密茨凱維奇創作的英雄史詩《康拉德·華倫諾德》，詩中講述康拉德這名中世紀的立陶宛騎士隱姓埋名加入敵軍，靜待時機做出致命決斷，為祖國消滅大患的英雄事蹟；而他在另一部史詩中為英雄取的名字「格拉希娜」，也被立陶宛語吸收，成為常見的女性名字，比如藍斯柏吉斯的妻子就是以她為名。這些對中世紀的推崇還有對近世的拒斥，不但符合現代族裔民族主義的內涵，更推動了後者的傳播。語言承載的古老歲月，變成了文化的美之所在，而文化的美在人民普遍識字、獲得選舉權以後，又獲得了更強大的力量。

和一次大戰後一樣，蘇聯一解體，立陶宛政府就開始極力向大眾傳播各種歷史神話。在人們對歷史真相的追求下，許多戰間期歷史文件都再次出版，其中發行量最大的就是阿道法斯·薩波卡（Adolfas Šapoka）的作品——這位民族史學家最擅長的就是創造神話；甚至連納巴特那套以波蘭語寫成的立陶宛史鉅作，也在一九九〇年代被翻譯成立陶宛語出版。不過就和戰間期一樣，蘇聯瓦解後的這些歷史神話只要一不小心，就有可能被拿來當成政治論述，阻礙政府執行理性的外交政策。對波蘭文明的憂懼雖然能協助復興民族，卻也會讓立陶宛的國際關係變得脆弱，而在一九九〇年代的前幾年裡，事態發展並不樂觀。藍斯柏吉斯主動對波蘭擺出強硬態度這點，雖然完全符合國民的期待，也迅速獲得舉國上下不分世代的認可，卻使得兩國關係停滯不前。當時曾有人調查立陶宛學生，請他們選出民族歷史上最可恥的事件，而最多人選的答案，正是一五六九年與波蘭結合。[23]

第二部

PART TWO

危機四伏的烏克蘭邊境

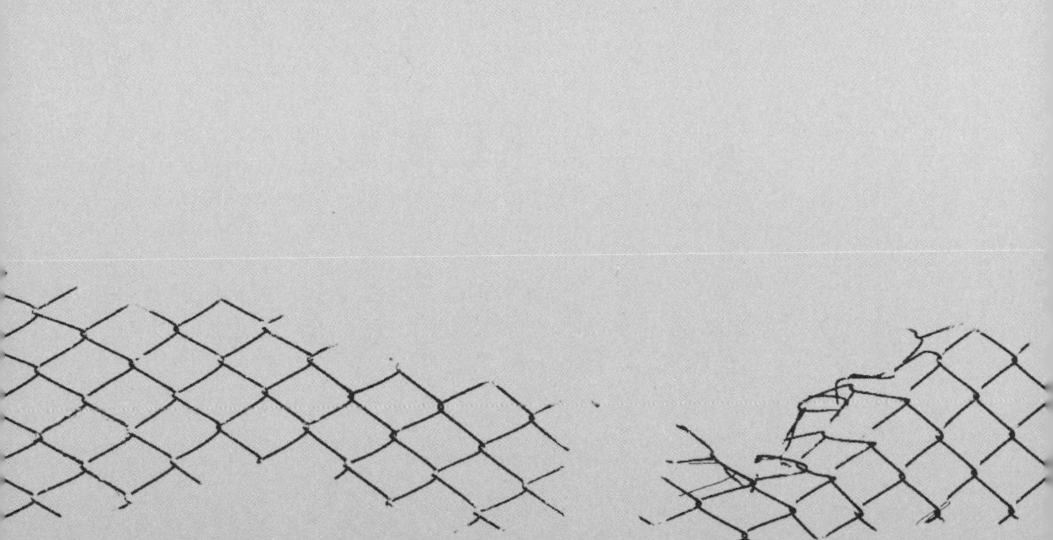

第六章　近世烏克蘭的歷史 1569—1914

你們自豪，說我們曾打敗波蘭
但落敗的波蘭，卻將你們徹底擊垮
從此，你們的父親為華沙與莫斯科喋血
將他們的名銜與枷鎖，傳到兒子的手中

——塔拉斯．謝甫琴科（Taras Shevchenko, 1814-1861），〈此致國內與國外、活著或死去，以及尚未出世的烏克蘭同胞〉，一八四五年，寫於文尼察（Viunyshcha）

一五六九年，《盧布林聯合》成立後，原本由立陶宛統治的東斯拉夫變成了波蘭的屬地，近世的烏克蘭也隨之成形。立陶宛在十四世紀幾乎征服了所有基輔羅斯的土地，並在一三六三年攻下基輔城；一三四九年，波蘭國王卡齊米日大帝又拿下了加利西亞和勒維夫。在接下來的兩百多年裡，包括如今的烏克蘭在內，基輔羅斯大部分的疆域都被波蘭和立陶宛納入掌中。[1]在一五六九年以前，立陶宛統治著大部分曾隸屬基輔大公的地盤，但被波蘭征服的加利西亞地區（波蘭稱為羅斯督軍領）才是這些土地中最富饒進步的地方。因此，一五六九年的《盧布林聯合》便可視為兩國對前羅斯地區的重新瓜分，而對波蘭較為有利：立陶宛保留了北邊的斯拉夫地區，也就是現在的白羅斯；其他比較南部，包括布拉茨拉夫（Bratslav）、基輔和沃倫（Volyn’）等如今大多屬於烏克蘭的地方，皆轉歸波蘭治下。兩百年來，羅斯的東正教貴族都自認是立陶宛人，如今卻在一夕之間發現自己身處波蘭王國境內，布拉茨拉夫、基輔和沃倫都被劃入波蘭王國的加里西亞地區。這裡的居民主要信仰東正教、口說魯塞尼亞語，在宗教場合使用教會斯拉夫語，拼寫則用西里爾字母。前羅斯政權的首都基輔城，突然成為了波蘭的一部分。

立陶宛大公國和波蘭王國之間的聯合是漸進與協商的結果，但烏克蘭劃歸波蘭統治，卻非常快速且毫無模糊地帶可言。早在一三八六年約蓋拉受洗以來，天主教就開始在立陶宛大公國境內緩慢擴張，直到波立兩國於一五六九年正式聯合；然而，長久以來信奉東正教的烏克蘭，卻被迫在宗教改革的紛爭最激烈時，突然與西方基督教世界產生密切接觸。宗教改革也象徵著東西方基督教的平衡發生轉變。中世紀時期，來自羅斯的東正教教士，替維爾紐斯和立陶宛帶來了東斯拉夫的語言與文化，而隨著波蘭上層文化主宰維爾紐斯、立陶宛將烏克蘭讓給波蘭，以及西方基督教發生宗教改革，形勢便開始翻轉。烏克蘭不再像中世紀那樣對立陶宛輸出上層文化，而是成為近世波蘭教化的目標。這塊土地曾在中世紀將基督教文明和書寫文字傳授給立陶宛，到了近世卻只能接收自波蘭傳入的、改革後的基督教與印刷書籍。換句話說，一五六九年的聯合中斷了東斯拉夫地區的中世紀羅斯文化，只剩立陶宛統治的領土內繼續傳承著羅斯文明的果實；但也是從這一年開始，這片土地在波蘭統治下，開始成為近世的烏克蘭。烏克蘭民族詩人塔拉斯・謝甫琴科曾說過，維爾紐斯是座

「無上榮耀之城」，但他筆下的烏克蘭，其實始於和華沙之間的往來。

正如中世紀羅斯的歷史是從九八八年弗拉基米爾大公皈依東正教算起，我們也可以將一五六九年烏克蘭貴族接受西方基督教，視為近世烏克蘭歷史的起點。新教在十六世紀的波蘭首先開始善用印刷術與在地語言，並鑽研起在文藝復興時期重生的辯論技巧，天主教也隨後跟進；一五六九年，這些知識的火藥終於傳入烏克蘭，在以耶穌會為主力的知識分子手中，化作一朵又一朵的煙火，照亮原已逐漸黯淡的天空。此前，宗教改革掀起的論戰在波蘭正如火如荼的展開，東正教卻彷彿長日將盡，知識活動極其衰微。東正教的困境來自它所使用的語言，也就是當初為了向斯拉夫人傳揚東方基督教的古教會斯拉夫語。這種由聖西里爾與聖美多德（St. Cyril and St. Methodius）整理的語言，*曾經協助福音傳遍東斯拉夫和南斯拉夫的大地，讓無數異教徒改宗基督教，如今面對宗教改革的挑戰卻毫無招架之力。這是因為它與古典時期缺乏連結，當古典思想在數百年後強勢來襲，東正教教士彼此便無法用古教會斯拉夫語討論這些概念，更不可能與信徒們分享。隨著各種斯拉夫語言逐漸發展，教會斯拉夫語和口頭語言的關聯愈來愈遙遠，也愈來愈不普遍。到了近世，它已經分裂成好幾種方言，不但和各地口語無法互通，也不再是教士之間共同的溝通媒介。[2]

東正教在十六世紀留下的文獻相當稀少，和新教或天主教差距甚遠。[3]其實一開始，新教和天主教在烏克蘭都曾使用教會斯拉夫語教學、出版，只是沒過多久，他們就發現這些內容都必須使用

---

* 譯註：聖西里爾與聖美多德兄弟先發明了格拉哥里字母，再由後人簡化為現行的西里爾字母。

波蘭語才能表達。波蘭語和教會斯拉夫語的差別，在於前者是一門普遍使用，而且富有文化深度的語言，這讓波蘭語非常適合宣傳宗教，並吸引人改宗。也就是說，西方教士到了烏克蘭仍使用波蘭語，並不是出於民族偏見，而是把波蘭語當成這場靈魂之戰的武器。當然，教會斯拉夫語的支持者也有所反抗。比如沃里尼亞督軍康斯坦丁・奧斯特羅斯基（Kostiantyn Ostrożki）就曾贊助出版史上第一本教會斯拉夫語聖經；東正教僧侶帕姆沃・貝林達（Pamvo Berynda）也出版了一本斯拉夫語辭典；基輔都主教佩卓・莫訶拉（Petro Mohyla）則創辦了一所東正教學堂，也就是後來基輔莫訶拉大學的前身。這所學校使用教會斯拉夫語授課，但課本大半是拉丁文，學生也幾乎都是波蘭人。由於不得不學習其他語言和古典時代的修辭與辯論技巧，烏克蘭教士能夠閱讀教會斯拉夫語寫成的各種文件，這讓他們成為莫斯科最渴望的人才。不過他們也發現，波蘭語其實才是最符合他們需求的語言。一六〇五年以後，大部分的東正教教士都選擇用波蘭語發表論點，只剩文章標題、筆名和辱罵

圖 13：《奧斯特羅聖經》，1581 年出版。奧斯特羅（Ostroh）位於今西烏克蘭的里芙南州，在近世曾有一所東正教學院、一座猶太會堂、一座清真寺，還有間一位論派的教會。

的用詞還經常保留東方風格；一六二〇年之後，這些教士的署名多半都改用波蘭語；一六四〇年以後，多數的烏克蘭正式文件是以波蘭語寫成。甚至連莫訶拉在一六四七年過世時，也是用波蘭語留下遺囑。[4]

面對不利的局面，東正教高層做出的重大決策，就是與羅馬結為「聯合教會」，奉羅馬為最高權威但保留自己的教禮。自一〇五四年以來，羅馬教廷最大的盼望就是結束東西方教會的分裂狀態，但由於分裂局面持續已久，難以徹底解決，天主教廷便打算與各地採用不同教禮的教會結為同盟，而波立聯邦一五六九年的成立便提供了聯合所需的政治條件。莫斯科和基輔早在一四五八年就分裂成兩個不同的教省，基輔教區後來又完全被併入波立聯邦的領土。經過一五六九年的領土重劃，這些信奉東正教的土地幾乎都從立陶宛轉移到波蘭手中。與東正教結盟的計畫獲得彼得・史卡迦等眾多波蘭耶穌會士支持；如安東尼奧・波塞維諾（Antonio Possevino）等教宗特使也向羅馬表達了建立聯合教會的意願；波蘭國王齊格蒙特三世（Zygmunt III）更是出於國防和宗教因素積極支持。不過，結為聯合教會並不是由羅馬或華沙策劃的陰謀，一五九六年的布列斯特聯合（Brest Union），其實是東正教的主教們為了維持教會獨立而想出的策略。當時君士坦丁堡牧首區已淪為鄂圖曼帝國的禁臠，而莫斯科牧首區的成立過程又十分可議。時任君士坦丁堡牧首耶利米二世（Jeremiah II）雖然貴為東正教會的最高權威，卻曾先後遭到鄂圖曼帝國和莫斯科監禁，還被迫將莫斯科從教省升格為牧首區。在一五八八到一五八九年間，耶利米曾經停留波蘭統治下的烏克蘭地區，並下令每年在布列斯特舉行主教會議。正是這道命令，讓東正教和天主教有機會在一五九六年宣布於波立聯邦境內成立聯合教會。[5]

在反對者眼中，布列斯特聯合的目的，根本是要消滅聯邦境內的東正教會，而事實也是如此。畢竟那些東正教主教提議結盟的目的，就是相信加入天主教會不但可以維持東方教禮，還能在這個更大的群體中獲得平等地位；梵蒂岡則認為這場區域結盟，是終結東西教會分裂的一小步。所以齊格蒙特三世說他依法必須保護的「希臘禮信仰」僅限於聯合教會時，其實說得很正確，因為聯合教會完整且合法繼承了波立聯邦境內的東正教會。於是，聯合教會背後的政治盤算，讓新教和東正教不得不合作，因為前者相較於勢力擴張的天主教屈居下風，而後者在波立聯邦已不再是合法教會。在十五世紀末到十六世紀初的這場危機中，新教和東正教可說是同病相憐，兩者不只教義與教禮有著共通之處，政治命運也頗為類似。因此他們找上了布列斯特聯合教會最大的對手，也就是前面提到那位出版斯拉夫語聖經的沃里尼亞督軍奧斯特羅斯基。他揮舞著「教宗乃敵基督」等新教徒提供的神學武器，以波立聯邦本身的制度對抗整個聯合

圖 14：十六世紀的東方禮教堂，位於西布格河上的尼然科維奇（Niżankowice）。該河為現今波蘭與烏克蘭的界河。

教會。[6]

奧斯特羅斯基號召了一批沃倫和基輔地區的貴族在地方議會中抗議布列斯特聯合，宗教便以這種奇異的方式，促使部分烏克蘭貴族開始參與波蘭的政治。對於信奉東正教的城市居民而言，布列斯特聯合象徵著波蘭移民對他們社會地位的威脅，他們對原宗教信仰的堅持實為保守主義的體現；而在各個教區裡，新的聯合教會既無法拉攏東正教教士，也沒能提升東方教禮的地位，滿足不了多數的烏克蘭貴族。[7]聯合教會引起的爭議還催生了一個新的政治詞彙。數世紀以來，人們在政治上一直都用「羅斯」這個在文化上頗具神聖意涵的名字來稱呼東斯拉夫南部；但從這時候開始，「烏克蘭」這個模糊的軍事用語漸漸有了政治意涵，並成為波蘭境內東正教地區的代稱。[8]一五六九年《盧布林聯合》成立後，烏克蘭地區的東斯拉夫人不再受立陶宛大公國統治，失去了和北部同胞之間的連繫；一五九六年的布列斯特聯合，則讓人們開始以政治的角度看待領土重劃的結果。最終，布列斯特聯合教會不只沒能同化東方教派，還製造出混亂的局面，讓所有烏克蘭的基督教會都遇上政治難題。其中最重大難解的就是改革者與老百姓之間的認知差距，因為一般農民無法理解宗教改革和聯合教會的目的何在。

近世烏克蘭的確立（1569-1648）

前面曾經提到，波蘭和立陶宛在面對文藝復興的本土語言運動時，出現了一些奇異而重要的發展。雖然在一五六九年後，兩地的貴族都接受以波蘭語作為教育與政治場合的語言，但長期下來雙方受到的影響卻大不相同。對波蘭的受教育階級來說，他們是捨棄拉丁語這種外來的正式書面語言，改用波蘭語這種經過編纂的本土口頭語言；但大公國的狀況正好相反，他們放棄了書面斯拉夫語這種和國內多數地區口語相近的文書用語言，改為學習波蘭語這種外來的正式書面語言。白羅斯和立陶宛的本土語言也因此被逐出政治和文化領域。時序進入現代，民族政治變成了大眾政治，波蘭語又逐漸失去菁英地位。在一五六九年後的烏克蘭，本土語言運動的發展也大同小異：烏克蘭的本土語言並未受到重視，教會斯拉夫語也未能復興，波蘭語輕輕鬆鬆就席捲了這片土地。本土語言運動讓波蘭的書面語言和常民語言更為接近，卻讓立陶宛和烏克蘭的識字菁英離平民大眾愈來愈遠，會友與教士皆然（參見第一章）。

宗教改革對烏克蘭還有一個重要的影響：許多烏克蘭貴族都跟波蘭貴族一樣，轉投改革後的新教。在十六世紀，有大量烏克蘭貴族放棄東正教信仰，改宗其他的新教教派，而這些貴族的子輩和孫輩往往又會被天主教改革吸引，投入天主教的懷抱，於是兩地的貴族就有了共同的信仰。但不同的是，天主教改革消除了波蘭貴族與農民之間的宗教差異，但烏克蘭只有貴族改信天主教，農民依然習慣舊時的東正教信仰。時間進入現代後，多數人的信仰和語言成為了推行民族政治的基礎，波蘭語和天主教也注定變成烏克蘭社會中的異類。不過還是有一種宗教可以同時滿足兩個族群，那就是儘管較為小眾，但貴族和平民皆有人信奉的聯合教會。隨著波立聯邦在一六三〇年代恢復東正教的合法地位，聯合教會也不再有廣傳四方的志向，成為東方禮教會中的一個小分支。不過之後我們又會看到，一旦具備充足的政治條件，聯合教會就會變成推動現代烏克蘭民族想像的基石。[9]

談到波立聯邦內的宗教與政治生活，近世烏克蘭和波蘭的差異，遠比立陶宛和波蘭的差異更大。在宗教上，羅馬天主教在立陶宛耕耘已久，早已成為百姓和貴族共通的信仰；在政治上，立陶宛也擁有與波蘭對等的地位，這些都是烏克蘭所沒有的條件。而且，立陶宛的中階貴族可以任意選用大公國和聯邦的法律來捍衛自由，但烏克蘭的中階貴族只能任其他有錢有勢的大貴族擺佈。於是烏克蘭的土地便在波立聯邦的政經結構中，扮演著一個特殊的角色。由於當時的波立聯邦已成為西歐最重要的糧食產地，貴族又成功將農民束縛在土地上，地產便日益成為財富與權力的來源，[10]而烏克蘭就是他們奪取地產的獵場。

在立陶宛，貴族可以利用他們在一五六九年獲得的政治權力保護手中的土地，而且無論如何，《大公國法典》都是最高位階的法律。事實上，《一五八八年立陶宛大公國法典》的誕生，有部分就是為了保護立陶宛出身的地主，但烏克蘭貴族卻沒有這些政治資源。一五六九年以後的數十年裡，大片的烏克蘭土地被少數幾個波蘭家族瓜分，而他們手下還有數以千計的小波蘭貴族和猶太人為他們工作，導致土地不斷往少數權貴手裡集中。到了一六五八年，全烏克蘭大約只有二％人口是貴族，遠少於波蘭其他地方大致的貴族比例（十％）。[11]不過，從新的政經秩序中獲益最多的，還是烏克蘭本地出身的貴族。這些巨富招募了許多波蘭人和猶太人當作軍隊與行政人員，受雇的波蘭人又帶來出租土地等經濟模式，將原本的大片土地開發成真正的大莊園。此外，權貴們對專業技能的需求，亦吸引大量猶太行政人員離開王室領地來到烏克蘭。隨著貴族採行波蘭制度，並將土地交給猶太人管理，東正教農民的生活也從粗衣劣食變得三餐不繼，最後終於爆發農民起義。根據漢諾威的奈森（Nathan of Hannover）這位出身奧斯特羅猶太授業座（Ostroh Yeshiva）的編年史大家記載，當時烏克蘭農民受到的壓迫，與猶太人在埃及所受的奴役不相上下。在他筆下，烏克蘭人「飽受輕賤，淪落為波蘭人和猶太人的奴婢……。」[12]

不過，階層森嚴也讓社會頂層實現了驚人的文化成就。波蘭婦女將宮廷內的生活方式帶到烏克蘭，創造出適合觀察文化風向，並有利於文化傳播的社會環境。就像米蘭公主博娜・絲佛札（Bona Sforza）嫁給齊格蒙特一世後，她與隨行人員的義大利文藝復興魅力很快就虜獲了波蘭；當下一代的波蘭人開展屬於自己的文藝復興運動，於移民貴婦的引介之下，同樣在烏克蘭權貴的宮廷裡大受歡迎。於是，在不到一百年的時間裡，烏克蘭就出現許多富裕的莊園，其守衛波蘭化的程度，與道地的波蘭人相比簡直有過之而無不及。[13]就這樣，波蘭上層文化在烏克蘭攀上新的巔峰，但在山峰的陰影下，卻暗藏著反抗的隱憂。

一六四八年的起義

從一五六九年的《盧布林聯合》，到一六四八年哥薩克人博赫丹・赫梅利尼茨基（Bohdan Khmel'nyts'kyi's, c. 1595-1657）起義，中間一共經歷了三個關鍵的世代；在這段期間，波蘭貴族來到烏克蘭，烏克蘭權貴波蘭化的程度日深。社會差距不斷擴大，新的宗教和文化差異進而造成更嚴重的政治分歧。在波立聯邦的體制下，事態更是不斷加重。因為根據聯合的法案內容，聯邦是由兩個，而非三個民族組成的共和國，而且只有貴族才是共和國公民。像哥薩克人這種通常出身農民而非貴族階層，卻掌握武力的自由社群，打從一開始就很難融入波立聯邦的體制。當波蘭王國於一五六九年從立陶宛手裡獲得烏克蘭時，也連帶得到了這片土地上的哥薩克人，在此之前，立陶宛一直仰賴哥薩克人抵擋南方的克里米亞汗國（Crimean Khanate）。波蘭不僅在守衛國土方面需要他們，更在發動侵略戰爭時充分體認到這群人的軍事價值。當時的波蘭擁有全歐洲最優秀的騎兵，但騎兵比較適合用作終結戰役的最後一擊，仍需要有步兵擔任發動戰爭的角色，可是成立常備步兵對政府而言又過於昂貴。[14]於是在好一段時間裡，這項任務都是由哥薩克人負責，他們在一六〇一到一六〇二年對瑞典、一六一一到一六一二年對俄羅斯，以及一六二一年對鄂圖曼帝國的戰爭中都有重大表現。這段波立騎士與烏克蘭哥薩克人並肩作戰的時光，也是波立聯邦歷史上最輝煌的時代。為了籠絡這些極具軍事價值的平民，聯邦提出了妥協方案，允許平民註冊成為哥薩克人。*一旦成為哥薩克人，就能擁有個人自由，但如果沒有貴族身分，還是不會獲得公民權。不過，聯邦議會一直很吝於開放哥薩克人的登記名額，因為大貴族的利益，往往建立於將農民束縛在土地上，一旦農民登記成為哥薩克人，就會得到個人權利，損害貴族們的經濟利益。因此，擁有公民權的貴族一直

* 譯註：哥薩克（Cossack）一詞源自韃靼語，意思是「自由人」。雖然中文慣稱哥薩克「人」，但在十六世紀末以前都是指部曲、強盜、逃犯等身份，而在帝俄時期，哥薩克也是一種階級身份。

刻意壓低哥薩克人的數量，而沒有公民權的哥薩克人完全無法違抗。從一六三二年開始，波蘭就一直用這種政策，維持數量稀少的哥薩克邊境衛隊，只有戰事需要時才會增加註冊人數。一六四三年後，波立聯邦開始積欠註冊哥薩克人的報酬，引起許多不滿。[15]這些人不斷被動員去賣命，卻無法有自己的代表。

一開始，哥薩克人向議會提出請願，希望能恢復傳統的自治地位。和《盧布林聯合》簽訂前的立陶宛中階貴族一樣，一五六九年後也有些烏克蘭哥薩克人希望能獲得始終由波蘭王國貴族獨享的權利。但跟立陶宛貴族不一樣的是，烏克蘭哥薩克人並不是以法律上的平等地位加入波蘭王國，也沒有制度能幫助他們和波蘭談判。立陶宛貴族觀察波蘭的政治規範長達數百年，又經過數十年才協商出《盧布林聯合》這樣的方案；反觀烏克蘭的哥薩克人是突然就被逼著要直接面對波蘭統治，而且在烏克蘭能代表波蘭政治與文化影響力的，只有少數極其富有的權貴，以及他們帶來的行政人員。早在一三八六年，天主教就傳入了立陶宛的部分區域，等到波立聯邦成立時，即使有些貴族仍未接受天主教，對此也已經非常熟悉；但對於大多數沒有貴族身分的哥薩克人來說，東正教就是他們唯一認識的信仰。一五九六年的布列斯特聯合教會在烏克蘭貴族之間只有激起一些爭端，對大多數哥薩克人卻造成了強烈的衝擊。[16]雖然一六三〇年代過後，東正教再度成為波立聯邦認可的合法宗教，但哥薩克人普遍還是渴望將聯合教會、天主教、新教和猶太教都徹底逐出烏克蘭。這不表示哥薩克人因此打算跟恢復地位的基輔東正教高層結為同盟，後者曾向赫梅利尼茨基提議合作，卻被他斷然拒絕。

從這件事可以看到近世烏克蘭有個更深層的問題，那就是菁英之間缺乏合作。烏克蘭有自己的貴族，還有一群哥薩克軍官，捍衛東正教的士兵是一般的教友，反抗波蘭統治的義軍則對波蘭的風俗習以為常；以上這些人多少都有一點交集，然而不同的出身卻造成嚴重的政治分歧。波蘭化和波蘭出身的大貴族支配著當地政治，想方設法消滅赫梅利尼茨基這些小貴族自古以來的權利。一六四七年，一名波蘭官員竊占了赫梅利尼茨基的莊園、強奪他的愛人、殺害他的兒子；身為一名註冊哥薩克人，他選擇回到部落中尋求協助。很快地，他就被推舉為哥薩克人的酋長（hetman），並在一六四八年發動大規模起義。赫梅利尼茨基可以說是十七世紀烏克蘭最重要的人物，然而他的事蹟也顯示出波蘭體制的到來，是如何激怒並分裂當地貴族。另外，讓少數烏克蘭貴族能在波立聯邦享有巨大權力的經濟模式，亦進一步強化了哥薩克人的作戰力量。因為在權貴們馴服烏克蘭黑土草原，將之納入穀物貿易的同時，大量百姓也被迫南遷，進入克里米亞韃靼人劫掠奴隸的獵場，許多人為了自保，便選擇加入哥薩克部落。對農民百姓來說，在哥薩克部落生活，比成為權貴的農奴或韃靼人的奴隸好上許多。波蘭併吞、東西教會聯合、註冊哥薩克人遭遇的挫折和農民所受的奴役，種種因素加總在一起，解釋了為什麼赫梅利尼茨基在一六四八年發動的起義，可以對波立聯邦形成這麼嚴重的威脅。

一六五四年，赫梅利尼茨基在佩列亞斯拉夫（Pereiaslav）與沙俄建立盟約，率領哥薩克人協助俄羅斯沙皇國對波立聯邦發動戰爭。這讓波立聯邦遭遇接二連三的大潰敗，原本上千萬的人口少了接近三分之一，並逐漸喪失歐洲強權的地位。一六五八到五九年之間，波立聯邦和烏克蘭簽訂了《哈佳奇聯合條約》(Union of Hadiach),這份條約由哥薩克酋長伊凡・維霍夫斯基(Ivan Vyhovs'kyi)提出,要求波立聯邦改制為波蘭、立陶宛與羅斯組成的三國聯邦,並讓烏克蘭哥薩克人的菁英成為聯邦中的第三個民族。烏克蘭將會獲得和立陶宛對等的地位,擁有自己的政府、軍隊和司法機構,烏克蘭和整個聯邦的東正教會也將擁有和天主教會相同的地位。提出這個計畫的是博學善辯的耶爾茲・尼米里奇(Iurii Nemyrych, 1612-1659),他原本信奉一位論派新教,後來又回歸東正教門下。這份條約本來可以讓部分哥薩克人成為貴族,享有政治權利和統治烏克蘭的特權,成為波烏關係的轉捩點。不過,波立聯邦宮廷信奉的是共和主義,而哈薩克草原卻一直施行民主制度,哈佳奇聯合的內容又更接近於前者,與烏克蘭人起義的目標頗有落差。和前任酋長赫梅利尼茨基一樣,維霍夫斯基也卡在這兩個世界之間左右為難。身為一個受過教育的人,他很清楚妥協的重要,但他的觀點無法說服大多數哥薩克人。雙方最大的分歧在於哥薩克人希望中止聯合教會,天主教卻主張這不屬於世俗政權的管轄範疇。對此,維霍夫斯基提出的方案可說是兩面不討好。即使哈佳奇聯合能夠實施,為數眾多的自由哥薩克人也不會獲得貴族身分,而維霍夫斯基既沒有足夠的權威壓制這些人,也沒有充足的領袖魅力說服他們。當莫斯科再度對波立聯邦揮兵,並支持維霍夫斯基的政敵時,他就失去了酋長的地位,不得不逃出烏克蘭;起草這個妥協方案的尼米里奇,則在他的命令下死於哥薩克人之手。波烏關係終究沒能轉向。因為大多數哥薩克人最關心的,都是守護自己的人身自由,無論和沙俄、波蘭還是克里米亞汗國暫時結盟,都只是為了這個目的。雖然波立聯邦議會接受了哈佳奇聯合,但當他們發現這名酋長顯然沒有實力控制哥薩克人,而哥薩克人也沒有能力真正控制烏克蘭，就對聯合失去了興趣。[17]

哈佳奇聯合在一六五九年告吹的同時，也終結了波立聯邦的黃金時代，光榮、興盛和《盧布林聯合》開創的容忍皆一去不復返。[18]一五六九年波立聯邦的成立，可說是為威脅歐洲列強的宗教與民族紛爭，找出了一個獨特的解決方案。近世的歐洲君主都很擔憂國內臣民之間不同的宗教信仰或政治認同所引發的衝突，但是當日耳曼被路德派和天主教諸侯分裂、法國大肆屠殺胡格諾派信徒、神聖羅馬皇帝向鄂圖曼蘇丹納貢，就連實力雄厚的西班牙都被荷蘭起義困擾了八十年之久，國勢也受宗教審判影響而衰退之際，波立聯邦卻獨樹一幟，實現了宗教寬容、體制改革與領土擴張。[19]不過，雖然一五六九年《盧布林聯合》創立的共和體制讓許多貴族不會因身分和信仰的不同，就喪失個人權利；但是在經濟上，聯邦與貴族生活的興榮，幾乎完全依靠向西歐出口穀物，這暗示著波蘭和立陶宛的經濟已經相對落後，農民百姓的地位也日益低落。長時間缺乏中央政府、城市的地位邊緣化，以及農村地區落後，這些或許都是導致波立聯邦衰敗的因素，但我們也不能說得這麼篤定：如果十七世紀的重大事件有不同的發展，如果十七世紀中葉的烏克蘭問題能夠解決，波立聯邦或許就能克服這些問題。在我們前面討論的時代，也就是一五六九到一六五九年裡，波立聯邦最至關重要的挑戰，就是如何塑造、吸引並得到波蘭、立陶宛和烏克蘭政治菁英的忠誠心。《盧布林聯合》在波蘭和立陶宛的大地上，建立了一個屬於貴族戰士與貴族公民的國家；哈佳奇聯合的失敗，不僅讓烏克蘭施行同樣體制的期望落空，更削弱了該體制在波蘭與立陶宛的運作。

哥薩克起義不只預告了波蘭民族概念的未來，也提示著波蘭如何影響了烏克蘭的民族想像。在十七世紀的烏克蘭，人們一聽到波蘭人或天主教徒，很容易就會想到「主人」，而到了十八和十九世紀，這種聯想變得愈來愈強烈。但十七世紀最關鍵的事件，並不是波蘭和烏克蘭民族之間的衝突，而是波立聯邦和哥薩克人無法達成像一五六九年《盧布林聯合》這樣的妥協方案。立陶宛不僅與波蘭達成了妥協，妥協所造就的政治和宗教體制更在一七九五年聯邦滅亡後，繼續扮演著地方菁英與波蘭文化之間的紐帶。烏克蘭就沒有保留這些政治體制，聯合教會的傳播也受到哥薩克人百般限制。這導致許多人在回顧過往時產生了錯誤的印象，以為「波蘭」和「烏克蘭」雖然歸屬於同一個王國，但兩地差異甚大，「波蘭人」和「烏克蘭人」也注定彼此為敵。然而事實上，哥薩克人在建立自己的酋長國（Cossack Hetmanate）以後，依舊繼續使用波蘭貨幣，也持續使用波蘭語治理國家和指揮軍隊。雖然波立聯邦與哥薩克都不滿意十七世紀中葉那場談判，但他們其實很瞭解彼此。哥薩克軍官和波蘭貴族的談判過程不需要翻譯，雙方不但可以直接用拉丁語、波蘭語甚至魯塞尼亞的地方話，也就是烏克蘭語交流，有些人甚至同時具備兩種身分。反而是哥薩克人與俄羅斯談判時，需要有人居中翻譯。赫梅利尼茨基收到對方用莫斯科方言寫成的書信時，要先請人翻譯成拉丁語才能閱讀。[20]

史書往往將領導哥薩克起義的赫梅利尼茨基寫成烏克蘭的民族英雄，但他其實也是波蘭貴族的一分子，並在耶穌會學校學過拉丁語；而他的死敵雅雷馬．維什尼奧維茨基（Jarema Wiśniowiecki）則被描寫成波蘭權貴，雖然雅雷馬王公確實信奉天主教，也擁有二十三萬名農奴，但他其實出身自一個東正教家族，還是一位哥薩克大英雄的後裔。維什尼奧維茨基也應被視為烏克蘭給波蘭造成的困擾之一，畢竟他曾要求議會承認他世襲而來的王公頭銜，* 挑戰了波蘭「貴族之間人人平等」的傳統；他拒絕將任何他認為屬於自己的土地讓給沙俄，也一直是華沙眼中的外交問題。[21] 雖然一五六九到一六五九年這段時期為日後現代民族的誕生打下了必要的基礎，但對烏克蘭來說，波立聯邦帶來的法律、政治、宗教、文化與經濟模式，卻是一段痛苦掙扎的歲月。在現代人的印象裡，維什尼奧維茨基和赫梅利尼茨基都是民族領袖，因為烏克蘭曾讓波立聯邦失望，波立聯邦也辜負了烏克蘭。政治制度失敗造就了這樣的結果，就像烏克蘭詩人謝甫琴科說的一樣：「哥薩克人向貴族報復，因為貴族無能統治。」隨著近世波立聯邦的政治秩序瓦解，現代的波蘭、烏克蘭和俄羅斯民族也即將誕生。

一六四八到一七七二年：俄羅斯吞併立陶宛、波蘭與烏克蘭

哈佳奇聯合失敗的八年後，波立聯邦和沙俄簽訂了《安德魯索沃條約》（Treaty of Andrusovo），沿著聶伯河（Dnipro River）將烏克蘭一分為二。現今的烏克蘭人認為一六四八到一六六七年是一場反抗波蘭壓迫的壯大起義，但在俄羅斯人的眼裡，這段歲月卻是烏克蘭這條岔流

* 譯註：波立聯邦的貴族身份可以世襲，但法律上貴族之間沒有高低之分，只承認《盧布林聯合》以前個人在立陶宛取得的頭銜，或是由其他國家贈與的個人頭銜。

的小溪再度匯入俄羅斯大河的過程。[22] 如果我們換個角度，從莫斯科如何接觸西方的政治與宗教切入這段歷史，將得到更多洞見。哥薩克人揭竿而起一方面是為了反抗波蘭體制在烏克蘭造成的不平等，另一方面也是要爭取聯邦保障他們的權利。從一五六九到一六四八年，共和主義早已在三個世代的波蘭統治下，深深滲透了哥薩克人原始的自由觀和民主制度，讓他們開始重視國家保障的貴族權利，甚至連一六五四年與沙俄簽訂的《佩列亞斯拉夫條約》都在第三條強調，哥薩克人將保有「波蘭國王統治下」享有的一切權利。儘管俄羅斯人看起來和哥薩克人一樣，都是信奉東正教的教友，但兩邊所代表的政治秩序卻天差地遠。一直以來，哥薩克人極力爭取著對東正教信仰的包容，而在一個理應保障所有基督教信仰享有平等地位的制度下，這樣的要求完全正當；但最後他們結盟的對象，卻是一個教會被國家力量徹底支配的政權。以往，俄羅斯就時常監禁、有時候甚至會處決東正教教士，其統治手段之殘暴遠勝於波立聯邦。

因此，俄羅斯在得到烏克蘭部分地區的同時，不但接收了一批飽經宗教改革、天主教改革和聯合教會等爭議洗禮的東正教教士，同時也接觸到許多全新的思想，莫訶拉創立的基輔學院，更一度成為沙皇治下最大的教育機構，和車尼希夫（Chernihiv）與哈爾基夫（Kharkiv）學院*一同向東斯拉夫數以萬計的學生傳授深具巴洛克風格的古典教育，授課時大多使用拉丁語和波蘭語。他們使用波蘭文藝復興的傑出詩人揚．科恰諾夫斯基（Jan Kochanowski）當作寫作範本，波蘭的詩歌形式也在整個十八世紀席捲帝俄統治下的東斯拉夫地區。這些學院的成立宗旨，是為了保護東正教、抵抗天主教，因此他們和新教歐洲的來往相當緊密；而在接下來的一百五十年裡，這些烏克蘭的學校也為莫斯科和聖彼得堡訓練出源源不絕的醫生、記者與公務員。另外，在十七世紀下半葉，莫斯科開始大量翻譯外文書籍，這些作品的原文以希臘文、拉丁文和波蘭文寫成，譯者則是來自波立聯邦的教士。[23]俄羅斯的本土語言運動，便在東、西斯拉夫以及歐洲語言帶來衝擊的情況下應運而生。[24]種種發展都顯示，將基輔和烏克蘭東部納入統治，使沙俄不得不與歐洲產生接觸。

當時，烏克蘭的教士已逐漸發展出一套策略，以應對西方基督教經歷宗教改革後的文化魅力，但他們馬上又面臨了新的挑戰，那就是宣稱承襲拜占庭帝國，實際上卻與其交流有限的沙俄和正教會。儘管基輔教士們從未把莫斯科當作是東正教世界的中心，但他們很快就適應了十七世紀下半葉的政治局勢，大力支持時任俄羅斯牧首尼孔（Nikon）的禮儀改革，以及後來彼得大帝推行的現代化改革。在《安德魯索沃條約》簽訂後，烏克蘭的教士就一直打算從政教結合的角度出發，替新的統治者改寫歷史，藉此博取支持和更尊崇的地位。在這段合作中，他們可以說是憑空發明了俄羅斯的歷史。例如一位烏克蘭教士提出了莫斯科「合法承繼」基輔大公政權的說法，後人又從這個說法建構出俄羅斯民族的歷史神話與歷史書寫。一六七〇年代的基輔學院教授們，就是一群新政權的意識形態寫手。於是，在吸收烏克蘭東部後，「俄羅斯」的概念也從過去由莫斯科大公統治的土地，變成包含大俄羅斯（俄國）、小俄羅斯（烏克蘭）和白羅斯在內的帝國。[25]這些在近世發展出來的

＊　譯註：臺灣慣以俄語譯為切爾尼戈夫和哈爾科夫，但為了符合本書對語言和民族認同的探討，譯者選擇和作者一樣從烏克蘭語音譯。

政治概念，也在民族主義盛行的現代有了新的意義。

一七七二到一九一八年：在帝俄統治下復興烏克蘭

俄羅斯治下其實有兩個不同的烏克蘭。前面提到，聶伯河左岸的東烏克蘭在一六六七年的《安德魯索沃條約》後，就落入了俄羅斯的控制之下。當時的哥薩克酋長伊凡・馬澤帕（Ivan Mazepa, 1639-1709）和後來流亡的繼任者佩利普・奧里克（Pylyp Orlyk, 1672-1742）都曾試圖採取與外部勢力結盟的傳統策略，以維持哥薩克酋長國在東烏克蘭的自治權。兩人都接受過波立聯邦的教育與文化薰陶，代表著以波立貴族為楷模的軍官集團。當沙皇彼得一世在大北方戰爭（Great Northern War）中拒絕出兵阻止瑞典進犯烏克蘭後，馬澤帕和部分哥薩克軍官認為俄羅斯違反了《佩列亞斯拉夫條約》，便考慮與波立聯邦重拾哈佳奇聯合，[26]然而雙方結盟的時機早已過去。一七〇九年，沙俄在波爾塔瓦會戰（Battle of Poltava）中大破馬澤帕與瑞典聯軍；這次大敗不但終結了酋長國的自治地位，也讓哥薩克菁英開始被整合進新的俄羅斯體制。等到西烏克蘭被俄羅斯帝國併吞時，東烏克蘭已經和俄羅斯經歷了三個世代的融合。

帝俄在一七七二、一七九三和一七九五年三次瓜分波立聯邦的過程中，逐步獲得西烏克蘭，並在新的領地上設立沃倫、基輔和波多里亞省。這裡的人口大約有十分之一是波蘭裔貴族，十分之一是猶太人，其餘的大部分是說烏克蘭語的農民。一八三〇年起義後，俄羅斯褫奪了大部分波蘭裔貴族的特權，讓許多貧窮貴族在法律上也淪落為貧窮百姓。這個改變在兩種層面上，讓烏克蘭的「波蘭人」變成只是單純的「地主」。首先，逃過罷黜的貴族都是大地主，這些人象徵著烏克蘭土地上遺留的波蘭文化，而失去地位的小貴族便逐漸融入烏克蘭的語言與文化。[27]和地產制度相關的社會慣例消失，讓權貴們得以將貧窮的（波蘭裔）同胞逐出土地；俄羅斯國家力量的到來，更使他們可以借助俄軍鎮壓烏克蘭農民起義。其次，在一八三九年時，聯合教會已經差不多被俄羅斯正教會同化，使得東正教再度成為烏克蘭的主流宗教，天主教變成相當少數的信仰。不過一直到一八七五年為止，聯合教會仍盛行於沃里尼亞的海烏姆教區（Kholm Eparchate）。此地的情況比較複雜，當地聯合教會地主們的自我認同，比較接近信奉天主教的波蘭裔貴族，而非信奉東正教的農民和俄羅斯人。

對於帝俄治下的立陶宛和白羅斯來說，一八六三年起義是整個民族的轉捩點，但這場起義在同受帝俄統治的烏克蘭卻沒有多少人響應。相比於數以萬計的波蘭和立陶宛貴族在自己的土地上奮起反抗，烏克蘭的波蘭裔地主面對俄羅斯當局卻非常恭順。[28]不過，烏克蘭人本就無法像立陶宛貴族一樣，為了復興大公國的體制與傳統拋頭顱灑熱血，畢竟烏克蘭缺乏類似的傳統可以承繼。立陶宛和白羅斯農民對大公國歷史有著非常深厚的認同，讓他們願意和貴族齊力合作；但同樣的事情發生在烏克蘭，農民卻更有可能向沙皇的警察告密，甚至與俄軍一同作戰，同時俄羅斯軍方也設法將波蘭人的起義，宣傳成是為了奴役烏克蘭的農民。不過，此刻的波蘭人和烏克蘭人還沒有完全分立成不同的現代民族。部分烏克蘭人仍響應了一八六三年起義，其中最知名的例子當屬波蘭裔將領埃德蒙．羅日茨基（Edmund Różycki）：他的沃里尼亞部屬們總是以烏克蘭語稱呼他「父親」（Bat'ko），並高唱著烏克蘭歌謠走向戰場。[29]在那時候，語言尚未成為民族之間的界線，人們起義往往是高舉政治目標，而非民族尊嚴的旗幟，有些沃里尼亞貴族也願意為了重建波立聯邦的理想奉獻生命。

不過一來到一五六九年《盧布林聯合》所劃的烏克蘭界線以南，貴族和農民齊心抗俄的景象也隨之消失，原因出自當地穩固的社會與經濟局勢。[30]由於帝俄允許地方上的波蘭裔貴族在十八世紀繼續統治西烏克蘭，十七世紀頻頻引發大規模起義的政治和社會制度，在當地依然堅不可摧。[31]雖然規模難以考證，但根據烏克蘭詩人謝甫琴科的描述，聶伯河右岸在十八世紀仍常有農民舉事。延續自波立聯邦的落後農耕經濟，加上帝俄十九世紀的統治方式，讓少數波蘭裔地主和廣大烏克蘭農民之間的仇隙越演越烈。儘管農奴在一八六一年的解放宣言後獲得了人身自由，多數人還是難以取得足以維生的土地。因此要讓他們相信，波蘭人造反是為了重新奴役他們並不難。在一九〇〇年的沃里尼亞、波多里亞和基輔行省，大約只有三％的居民是以波蘭語當作母語，但這四千多個波蘭語家庭所擁有的土地，卻足以和三百多萬前農奴的身家相比。[32]

在十九世紀的多數時間裡，俄羅斯認知中的「烏克蘭」僅限於一六六七年取得的聶伯河左岸，右岸那片由波蘭裔貴族統治的地方並不算在內。最早於俄羅斯人筆下留有紀錄的烏克蘭愛國運動，也是發生在一八二〇到一八三〇年代的東烏克蘭，萌生自哈爾基夫一所新設立的大學。在政治上無處施力的漫漫黑夜裡，哈爾基夫的復興就像燈塔一樣，將火光照向了哈薩克酋長國的歷史。儘管早在一七八五年，酋長國的軍官就被帝俄徹底收編，但後來的烏克蘭人依然認為，是這道光將那段歷史，和克里米亞戰爭後接受現代民族主義的帝俄時期串連了起來。不過這個現代愛國運動的發生，有個很重要的條件。哈爾基夫復興的創新之處，不在於對烏克蘭文化的重視，而在於它將烏克蘭的文化和土地連結在一起。綜觀歷史，烏克蘭文化可以說是帝俄的屏障，整個帝國的正統神話、民謠、民間故事，以及受過教育的公務員，多半都來自烏克蘭；一七二一年，彼得大帝加冕為俄羅斯皇帝，在這之後的一百多年裡，烏克蘭為帝俄訓練出無數優秀的建築師、護教士和探險家。直到一八二〇年代，這種為帝國服務的關係才漸漸出現裂痕，受烏克蘭文化滋養的人們也開始面臨兩難。帝俄當局對民族認同的態度日趨嚴格，使得烏克蘭人不得不在擔任公職和個人傾向之間做選擇；同時，隨著平民愛國主義西風東漸，烏克蘭人民認同的地基也日益堅實。簡單來說，如果莫斯科依舊承認俄羅斯的多樣性，烏克蘭菁英就會像過去一樣為沙皇服務，但是當俄羅斯將狹隘的民族觀加諸於烏克蘭，情況便不可同日而語。[33]克里米亞戰爭不只改變了俄羅斯對烏克蘭的態度，也改變了烏克蘭對俄羅斯的看法。

到了十九世紀中葉，東烏克蘭出於防禦心態的愛國主義，與部分西烏克蘭地主帶有的、浪漫主義所激發的內疚情緒在基輔交會，產生了具有民族主義色彩的民粹主義。不少基輔人十分熱衷於喚醒烏克蘭農民的政治意識，而這些人大多都是波蘭人的後裔。基輔這座城市受波蘭文化的影響極深，即便已經被俄羅斯併吞了兩百多年，還是讓俄羅斯人無法參透：[34]一開始，沙皇的官員仍不確定，這股民粹思潮究竟是有利於他們的（將使農民們更認同大俄羅斯），還是有害的（因為許多烏克蘭民族運動的倡議者是波蘭人後裔）。[35]直到爆發一八六三年起義，他們才下定決心將烏克蘭民族運動視為波蘭陰謀的一環。一八六三年七月，俄國頒布有名的《瓦盧耶夫文告》（Valuev Decree），宣布烏克蘭語完全出自波蘭人的捏造傳播，「昔不存在，今不存在，未來亦不應存在」。[36]俄羅斯人太慢才意識到，烏克蘭有可能成為一個獨立於波蘭和俄羅斯的民族；而當他們開始認真對待此一可能性，第一個反應就是堅決否認。一八七六年，俄羅斯又頒布《埃姆斯文告》（Ems Decree），禁止出版和進口任何烏克蘭語著作。這份法令不僅顯示出現代民族認同和語言的關係，也代表俄羅斯終於正視烏克蘭成為一支民族的可能性。於是在十九世紀最後的二十五年裡，人們只能相信俄羅斯是單一民族，且所有東斯拉夫人都是俄羅斯人。[37]

同一時期，由俄羅斯治下臣民發展出的「烏克蘭」概念，也在另一個帝國得到回應。塔拉斯・謝甫琴科的詩作於奧地利的加利西亞地區，就和在俄羅斯一樣廣為流傳。謝甫琴科的人生十分傳奇，出身農奴家庭的他除了寫詩以外，也留下不少畫作，少年時期的謝甫琴科有幸遊歷維諾和華沙等大城市，並在行經聖彼得堡時，被當地的仰慕者贖回自由。他歌頌自由的詩作，奠定了現代烏克蘭語的寫作文法與典範。[38]伴隨著謝甫琴科去世那一年農奴制的廢除，現代烏克蘭政治以他的成就為基礎迅速發展，將文化和農民的生活緊緊連繫在一起，在政治理論與實踐上都是如此。但是在一八七六年《埃姆斯文告》頒布後，這些政治運動就只能從俄羅斯轉往奧地利發展。在逃往奧地利的烏克蘭政治家中，最具影響力的當屬米海洛・德拉霍瑪諾夫（Mykhailo Drahomanov, 1841-1895），他在一八七六年失去基輔大學的教職後，便前往勒維夫發展；烏克蘭最偉大的史學家米海洛・赫魯雪夫斯基（Mykhailo Hrushevs'kyi, 1866-1934）在一八九四年離開基輔，前往勒維夫大學任教；烏克蘭最重要的政治理論家維亞切斯拉夫・李平斯基（Vyacheslav Lypyns'kyi, 1882-1931）也在一九〇八年移居奧屬加利西亞。此外還有烏克蘭最著名的民族主義者德米托・頓佐夫（Dmytro Dontsov）：他認為現代民族是不容置疑的基本概念，這樣的想法在二十世紀的加利西亞很受歡迎，而加利西亞不過是十九世紀的最後二十五年內才誕生的概念。

一七七二到一九一八：在奧地利治下復興烏克蘭

那麼，烏克蘭到底是怎麼成為一個現代民族概念，這件事又為什麼會發生在奧地利？一開始，波蘭裔的主導地位在奧屬加利西亞遠比在俄羅斯統治下的烏克蘭還穩固。奧地利在一七七二年和一七九五年從波立聯邦取得的這片土地，正式名稱叫做「加利西亞與洛多梅里亞」（Galicia and Lodomeria），上面居住著超過兩百萬名東斯拉夫農民，不過真正的統治階級還是信奉天主教的波蘭人，奧地利也讓波蘭地主原有的地位保持不變。雖然該省西半部的居民多數是波蘭人，最大城是一八四六年獲得的克拉科夫；東半部的主要人口是烏克蘭人，最大城是勒沃夫（用烏克蘭語來說的話則是勒維夫），兩邊仍同屬加利西亞省。在十九世紀最後二十五年裡，西半部人口中約有八十八％是波蘭裔，七・五％是猶太人，剩下則是少數的德意志人和東斯拉夫人；而在東半部，烏克蘭人占了六十五％，波蘭裔占二十二％，猶太人占十二％，兩邊的人口比例直到一次大戰前都沒什麼變化。[39]加利西亞猶太人的角色容後討論，此處我們想探究的是烏克蘭政治的起源。

雖然奧地利的土地改革一開始幾乎沒有改善烏克蘭農民的處境，*但宗教方面的改革卻產生了許多潛在的影響。一七七四年，奧地利女王瑪麗亞・特蕾莎將聯合教會改名為「希臘禮天主教」，使其擁有與羅馬天主教和亞美尼亞天主教相等的地位。隔年，她又開放十四個維也納巴勒琉姆神學院（Barbareum Academy）的名額供希臘禮天主教徒就讀。一七八三年，繼任的約瑟夫二世更在倫堡（Lemberg），也就是德語中的勒沃夫／勒維夫成立希臘禮天主教總神學院，並於隔年開辦倫堡大學。在一七八七到一八〇九年之間，這所大學裡還有一間魯賽尼亞學習院（Studium Ruthenum），專門開課供不諳拉丁語的希臘禮東正教徒修習。[40]

起初，已經解放的奧地利希臘禮天主教農民，與讀過書的希臘禮教士之間關係並不密切。在十九世紀上半葉，希臘禮天主教神父普遍認為自己繼承了波蘭的上層文化，以及過往波立聯邦抱持的宗教多元主義。一七九五年波立聯邦滅亡後，他們仍繼續守護著一五九六年由聯邦催生的聯合教會，而他們在帝俄境內的弟兄卻無法達成這種成就。當勒維夫主教區在一八〇八年升格為都主教區時，他們也是使用波蘭語慶祝。雖然有一些總神學院的學生在一八三〇年代，就開始用加利西亞的烏克蘭方言出版一些著作，卻沒有受到教會和國家的重視。在這些作者裡，最重要的就是馬基揚・沙什克維奇（Markiian Shashkevych）這位出身自貴族家庭、家裡世世代代都說波蘭語的神父；除了他以外，也有一些教士選擇用德語或波蘭語出版烏克蘭語的文法書。[41]他們一直沉浸在對近世波蘭傳統的景仰中，直到一八四八年的革命浪潮襲來，這些教士才在挫敗中發覺，原來跟他們講同一種語言的波蘭裔貴族，和聆聽他們佈道的烏克蘭農民之間，存在著這麼尖銳的利益衝突。在奧地利政府的鼓勵下，一些曾是希臘禮天主教神職人員的烏克蘭領袖開始提出他們對加利西亞未來的展望。

在希臘禮天主教農民的協助下，一八四八年的革命之火終於撲滅，奧地利也決定廢除農奴制，並短暫釋放了一些帝國議會的席次給農民；接著在一八五〇年，帝國又承諾烏克蘭人會得到平等對待。不過烏克蘭人還是沒能取代波蘭人成為加利西亞的統治階級，因為波蘭人很快就適應了革命後的社會局勢。一八四九到一八五九年間，波蘭裔的阿哲諾・戈盧霍夫斯基伯爵（Count Agenor Goluchowski）於加利西亞實施了一連串反動政策，將當地波蘭裔貴族安插進奧地利行政體系的關鍵崗位。[42]由於革命導致波蘭裔貴族和烏克蘭農民彼此對立，後續發展又顯示奧地利的支持其實幫助有限，希臘禮天主教領袖便逐漸受到俄羅斯吸引。加上維也納在一八六七年授予加利西亞非正式的自治地位時，接受了許多對波蘭裔貴族有利的條件，更讓俄國顯得魅力無窮。當然，這些在一八四八年後倒向俄國的希臘禮天主教徒，並不單純是把自己當成「俄羅斯人」；就像一八四八年以前那些說波蘭語的先人，也不單純是把自己當成「波蘭人」一樣。加利西亞「俄派」(Russophilia)主張，當時候的俄語是由烏克蘭學者在十七到十八世紀時發明的，因此可以成為所有東斯拉夫人的

---

* 譯註：瑪麗亞女王曾在一七七五年將二十五座王室莊園拆成小塊土地分給農民，並試圖對貴族土地的如法炮製，但談判成果不佳。約瑟夫二世也曾嘗試減輕農奴稅賦，但貴族同樣不願意配合。

書面語言，[43]他們也視自己所屬的東加利西亞為東斯拉夫民族這個大家族的一分子。

一八七五年過後，帝俄徹底中止了與希臘禮天主教同宗的聯合教會，因此這些加利西亞的神父如果想尋求俄羅斯的協助，就必須和東正教會打好關係；而維也納支持希臘禮天主教，則是將其視為天主教屏障的一部分，鞏固國家在奧俄邊境上的權力。一八八二年，有個信仰希臘禮天主教的村莊被俄派領袖說服，向奧地利當局請求改信東正教，這件事讓維也納開始大力支持提倡使用地方口語、強調當地人和俄羅斯人有別的「烏派」（Ukrainophilia）。同時，教廷也認為比起俄派，烏派算是可以容忍的小惡，因此對後者多有通融。到了一八八〇年代，世俗政治也出現類似的變化。在一八七九年的帝國議會選舉後，烏克蘭代表的席次從十七席跌落到只剩三席，許多希臘禮天主教菁英意識到他們需要爭取農民支持，有些人更進一步指出，老百姓講的烏克蘭語就是達成這個目標最好的手段。後來一八八九年的選舉大勝，也確實證明了烏克蘭語的

圖 15：安德雷・謝普蒂茨基，希臘禮天主教都主教。謝普蒂茨基的種種作為，促成了希臘禮天主教與烏克蘭政治在加利西亞地區的深刻連繫。不過對於一個兄弟在波蘭軍中身居高位，還曾保護許多猶太人逃離「最終解決方案」的人來說，「民族主義者」的標籤似乎不大合適。

政治價值。[44]

在整個十九世紀，奧屬加利西亞的希臘禮天主教神父經歷了三個階段：波立聯邦亡國後，他們仍用代表上層文化的波蘭語傳道了好一陣子；一八四八年的革命讓他們決定疏遠波蘭人，轉向親俄羅斯的認同；到了一八九〇年代，他們開始提倡一個既非奧地利，也不是俄羅斯的「現代烏克蘭民族」。他們關懷的對象，也從當地希臘禮天主教會的延續，變成平民百姓在社會上的處境，最後轉而關心屬於數百萬「烏克蘭人」的民族正義。一九〇〇年，致力使希臘禮天主教成為民族信仰的安德雷・謝普蒂茨基（Andrei Sheptyts'kyi, 1865-1944）就任加利西亞都主教，此時他所提倡的理念已經頗能服人。在瑪麗亞女王的時代，他的先人列烏・謝普蒂茨基（Leo Sheptyts'kyi）曾提議給予希臘禮天主教與羅馬天主教相等的地位；而安德雷卻說，一個屬於烏克蘭人的希臘禮天主教會，將會給予信奉它的三百萬人民和信奉羅馬天主教的波蘭人相等的地位。在十九世紀的最後二十五年間，希臘禮天主教會開辦了數百間學校，絕大多數都是以烏克蘭語授課，民族主義的色彩也漸趨濃厚。[45]身為一名獨攬大權的都主教，謝普蒂茨基可說是親手推動了教會本身的民主化。

二十世紀初：從加利西亞到烏克蘭

話說回來，加利西亞烏派的組成結構，其實跟被他們取代的俄派差不多，只是表現比較溫和。比如說，雙方都很著迷語言統一的夢想，只不過俄派講的是一種融合加利西亞方言、教會斯拉夫

圖 16：聖喬治主教座堂，勒沃夫。勒沃夫曾是希臘禮、羅馬禮和亞美尼亞禮三個天主教宗派的主教駐地。這間主教座堂即為謝普蒂茨基任加利西亞都主教時的教座所在。

語，並夾雜許多書面俄語元素的奇特混合語；烏派則對東部的語言一無所知，只希望加利西亞方言能夠成為烏克蘭人的語言。另外，雙方對領土也都很有野心。無論是俄派還是烏派，都想要利用他們毫無認識、遠在東方的廣大斯拉夫民族充實自己的信心，並強化他們的主張。這些相似之處讓我們明白，為何許多人從俄派轉變成烏派，而沒有經歷太多的心理掙扎。

烏派傾向與其他受到奧地利統治、具有野心和理想的斯拉夫民族運動來往。在當時，加利西亞的轉變並非特例，像是在現今捷克的波希米亞（Bohemia）等地區，民族復興運動也持續不斷。[46]正如捷克人夢想著加入俄羅斯帝國，與巴爾幹民族一同崛起，以抗衡日耳曼人的勢力；加利西亞烏克蘭人也相信可以借助東方斯拉夫親戚的力量，擺脫波蘭人的統治。就像後來的捷克斯洛伐克和南斯拉夫一樣，*加利西亞人的「烏克蘭」是種溫和的泛斯拉夫主義：它一方面和民族主義很類似，能夠博取在地人的支持，另一方面又十分貼近現實主義，並非毫無成功的希望。

這一脈烏克蘭民族運動的想法，或許是借鑑自某些奧地利波蘭人的企圖：後者希望將加利西亞變成「波蘭人的皮埃蒙特」（Polish Piedmont），統一其他被瓜分的波蘭民族。薩丁尼亞王國正是從皮埃蒙特開始擴張，並在一八七〇年（大致）統一了義大利，比德意志統一還早了一年。加利西亞波蘭人和烏克蘭人之間的區別，在於世人普遍認為波蘭是個歷史悠久的國家，建國資格就和德意

* 譯註：一九一八年，波西米亞、摩拉維亞、西里西亞與斯洛伐克從奧地利獨立，成立捷克斯洛伐克第一共和國；同年，塞爾維亞等巴爾幹地區從奧地利與鄂圖曼獨立，成立南斯拉夫王國。

志與義大利一樣不言可喻。[47]波蘭人一方面想重建近世的波立聯邦，另一方面也受到現代民族主義的影響，勾勒著迥然相異的想像；而烏克蘭人對這些想像毫無興趣，他們要的是擺脫過去，創造新的概念。

出身波蘭化家庭的安德雷．謝普蒂茨基，正是這種理想的體現，而他不斷和波蘭人交會的一生，也突顯出在十九世紀末，波蘭人對於烏克蘭民族想像的成形，扮演著很重要的角色。對烏克蘭民族運動者而言，波蘭人既是學習對象，也是統治者和競爭對手。雖然同樣受奧地利統治，但波蘭民族明顯擁有更大的自治權，這點值得烏克蘭人學習。更大的自治權讓波蘭貴族掌握了實際的權力：加利西亞的高階行政官員中，有超過九〇%都是波蘭人，所以他們仍是烏克蘭人的統治者。而像波蘭民族民主黨這種奉行現代民族主義的政治勢力，又極力傳播波蘭文化，設法將之打造成加利西亞的民族文化，因此烏克蘭人必須和他們競爭。也就是說，烏克蘭運動者不只要對抗被波蘭人掌控的政府，還要對抗整個波蘭民族運動，因為後者不但致力於打造波蘭人的公民社會，更打算將加利西亞建立成波蘭人的民族國家。幸好，忠於奧地利的波蘭貴族和民間的波蘭民族主義者，在許多議題上都抱持不同立場，其中也包含對烏克蘭問題的態度。

在一八九〇年代初期的加利西亞，奧地利中央制定的施政方向普遍有利於烏派菁英，政策細節則是由波蘭官員執行。當時的波蘭貴族組成了一個委員會，打算將烏克蘭語標準化，而他們選定的「烏克蘭語」便是烏派使用的加利西亞方言，而非俄派常用的混合語。在另一個由波蘭貴族主導的委員會裡，他們也決定從基輔聘請俄羅斯人米海洛．赫魯雪夫斯基（Mykhailo Hrushevs'kyi,

1866-1934）來勒維夫大學主持新開設的東歐史講座。多虧有這群奧地利波蘭人忠心耿耿地執行帝國政策，勒維夫終於和基輔牽上線。在基輔，烏克蘭語碰到的主要問題是帝俄的審查制度，有不少烏派根本就是波蘭人；因此當赫魯雪夫斯基來到加利西亞，便很訝異竟然有這麼多波蘭人對烏克蘭人的目標懷抱敵意，再加上他又是波蘭裔烏克蘭史學者弗洛迪米爾・安東諾維奇（Volodymyr Antonovych）的學生，更可以體會到兩方人情的差異。[48] 雖然貴族聘請他只是為了應付一時的政治難題，但這個決定卻對整個烏克蘭民族造成了深遠的影響。一八九四年，赫魯雪夫斯基從基輔來到勒維夫，成為加利西亞烏派重要的知識後援。他的烏克蘭語講座讓許多人相信，這是一種能夠用來從事學術並啟蒙人民的語言。

一八九八年，他出版了《烏克蘭—羅斯歷史》（*History of Ukraine-Rus'*）第一冊，這本書後來成為烏克蘭歷史敘事最重要的基礎。赫魯雪夫斯基最重要的創新，是從基輔羅斯開始，闡述了連貫的烏克蘭歷史。他的做法是借鑑基輔人發展出的民粹主義，將人民和政體都呈現為歷史上的行動主體。結果俄羅斯與奧地利帝國政治的交會，竟為勒維夫帶來了足以抵擋任何帝國野心的歷史視野：赫魯雪夫斯基駁斥俄羅斯過去宣揚的「莫斯科繼承古基輔羅斯」的正統論，讓後人有政治上的立足點可以挑戰「烏克蘭為俄羅斯固有領土」的說法；而將平民寫進歷史，也化解了傳統上「歷史悠久」和「缺乏歷史」的分別，讓波蘭人更難以此主張加利西亞的主權歸屬。原本在十九世紀，一個民族的菁英必須讓人聯想到某個國家的文化傳統，才會被承認是「歷史悠久」的民族；但如果歷史不只是菁英的歷史，也是平民的歷史，那麼即便加利西亞曾屬於波蘭王室領地，或是烏克蘭菁英曾深受波蘭文明影響，都已經無足輕重。[49] 赫魯雪夫斯基雖然才剛踏入加利西亞政治，但他的研究成果在烏派手中，卻幾乎立刻就產生了奇效。他讓當地的烏克蘭民族運動者瞭解到，如果人民也是構成民族的要素，那麼東加利西亞就應該是烏克蘭人的領土；俄羅斯在一八九七年公布的人口普查，更讓加利西亞人開始想像一個將他們的東側土地納入管轄範圍的、更大的烏克蘭。

圖 17：歷史學家赫魯雪夫斯基。他對東歐歷史的闡述鼓舞了許多烏克蘭人，但在他的時代沒有得到學界的普遍認可。

雖然奧地利在一八九〇年代初做出的妥協，讓烏派直接或間接地增加不少影響力，但烏克蘭運動者還是不滿足。尤其是一八九五年和一八九七年的選舉舞弊醜聞，更讓他們的思考愈發傾向民族主義，並要求和競爭對手擁有相同的民族地位。前面說到，烏克蘭運動者既想得到波蘭官員掌握的權力，也渴望和波蘭民族主義者一樣建立一支俗民民族。換句話說，烏克蘭運動者要的，就是獲得和加利西亞波蘭人一樣的地位，實現和波蘭民族主義者一樣的目標。他們向維也納提出的短期訴求包括將加利西亞一分為二，讓烏克蘭人在東半部擁有自治權，並在加利西亞和帝國議會擁有合乎比例的代表，以及勒維夫大學烏克蘭化。他們的長期目標，則是建立烏克蘭民族，並打造符合「族裔」邊界的烏克蘭國。[50]這些更強硬的目標是由新一代的世俗民族運動者提出的，此時的民族運動者已經不再只有希臘禮天主教的教士，還包括他們的子女，甚至還有一八四八年後受過教育的烏克蘭農民的下一代。

如果說謝普蒂茨基代表了教士和波蘭裔貴族等上一代菁英，那麼詩人伊萬·弗蘭科（Ivan Franko, 1856-1916）就代表著烏克蘭土生土長的新一代世俗知識分子。他的族譜告訴我們，其實族裔民族主義的觀念，是先傳進菁英階級後，才被平民們接受的——儘管前者往往不符合自己對「族裔」所下的定義。弗蘭科的父親是一名鄉下鐵匠，有著日耳曼人的血統，母親則出身波蘭小貴族家庭。一八六四年，他進入一所巴西略會（Basilian）的德語學校就讀。（巴西略會是一個希臘禮天主教修會，致力於保留與西方教會之間原有的連繫）不過，比起弗蘭科的童年或「出身族裔」，影響他最深的還是在十九世紀末接觸的波蘭文化、俄國政治和歐洲意識形態。一八七六年，他認識了被俄屬烏克蘭放逐、剛失去基輔大學教職的歷史學家米海洛·德拉霍瑪諾夫（Mykhailo Drahomanov, 1841-1895）。來到加利西亞後，德拉霍瑪諾夫就一直教育像弗蘭科這樣的年輕知識分子，要拋棄對俄羅斯的憧憬，把目光轉向自己的烏克蘭同胞。到了一八八〇年代，因為一場公開審判和弗蘭科用波蘭語發表的文章，他成為勒維夫最有名的社會主義者；一八九〇年，他和其他人共同創立了一個農民基進黨（Peasant Radical Party），該黨的宗旨是在加利西亞推動社會主義改革，以及將當地分割成東部烏克蘭區和西部波蘭區。七年後，他公開用德語訣別波蘭政治圈，又以波蘭語和烏克蘭政治圈決裂，然後成為好友赫魯雪夫斯基的門徒。一八九九年的平安夜，兩人與剛成立的民族民主黨的領袖們共同發表了一封公開信，呼籲烏克蘭社會上下齊心為建立國家主權奮鬥。雖然此時的弗蘭科仍舊相信組織政治行動是菁英的責任，但他對菁英該遵循哪些信念的想法，卻發生了重大的轉變。[51]

到了一九〇〇年，弗蘭科和其他同世代的加利西亞民族運動領袖開始提倡烏克蘭人應該在「族群文化的疆域上」追求獨立；僅僅在十年前，這些人都還是社會主義者。這在當時的歐洲十分常見，在波蘭亦是如此：舉凡波蘭民族民主黨的創始人羅曼．德莫夫斯基、青年部主任齊格蒙特．巴利茨基（Zygmunt Balicki），還有他們的社會理論家史丹尼斯瓦夫．格拉布斯基，都曾經是左派青年。社會主義和民族主義表面上看似矛盾，但兩者對於涉世未深的年輕人來說，都是迷人的理想主義；真正把烏克蘭運動者從社會主義推向民族主義的，是他們和波蘭對手之間的激烈競爭。受到德拉霍瑪諾夫影響的烏克蘭人相信，烏克蘭人會激盪出屬於烏克蘭的社會主義，就像波蘭人會激盪出屬於波蘭的社會主義。既然新的社會主義來自於人民大眾的信念，就必須先解決「誰才是人民大眾」的問題。這樣一來，預言烏克蘭和波蘭大眾將會發起革命的同時，就等於是在宣告要創造烏克蘭和波蘭民族；而且從邏輯上來看，這也是革命的前提。由於歷史上的烏克蘭人幾乎全都是農民，人民革命的思想和打造新族裔的工程很容易就可以劃上等號。帝俄在一八九七年執行的人口普查同時統計了語言的分布，這份調查讓加利西亞人瞭解到，原來東邊還有這麼大一片和他們說著相同語言的土地。此外，烏克蘭族裔的概念也形成了一道抵擋波蘭人的屏障，因為當時的波蘭左派常常把社會主義當作復興聯邦的道路，而民族主義者則總是用波蘭人的文化當成擁有加利西亞的合理依據，從不正視人口比例的差異。[52]

加利西亞的世俗知識分子在一九〇〇年達成了共識；同一年，希臘禮天主教會也在謝普蒂茨基的政策下，開始轉變成烏克蘭民族復興的民主機構。這些源自近世的社會、宗教和語言差異，如今都在運動者和教士手中重塑成現代民族主義的形貌。在近世的波立聯邦，農民並非民族的一分子，而現代定義下的烏克蘭卻是一個由農民組成的民族，波蘭人只不過是外來的剝削者。近世波立聯邦遺留下來的希臘禮天主教會，變成了現代烏克蘭民族誕生過程中最重要的一個機構；與此同時，羅馬天主教則被歸類為波蘭的信仰和禮俗，也代表著波蘭民族的認同。烏克蘭文學中的許多詞彙都來自近世與波蘭的交流，但人們最後選擇的民族語言，還是經過編纂的口頭用語。於是波蘭語不再是文化交流用的語言，地位也隨之下降，變成眾多的民族語言之一。

* * *

要理解什麼差異造就了現代民族理念在加利西亞大獲全勝，而立陶宛卻一直為歷史傳承相爭不下，我們需要回頭談談浪漫詩人密茨凱維奇的遺產。一九〇〇年的烏克蘭人和波蘭人在筆戰時經常引用密茨凱維奇的作品，就跟立陶宛人、白羅斯人和波蘭人之間的互動一樣。像是有些懷疑謝普蒂茨基的烏克蘭民族主義者就常叫他「華倫諾德」，他們擔心身為當地希臘禮天主教會領袖的他，雖然嘴上說自己屬於烏克蘭民族，但遲早會像密茨凱維奇史詩中的主角一樣，為了另一個民族背叛同胞。在立陶宛，「華倫諾德」會讓人想到一個忍辱負重、足智多謀的英雄；但是在烏克蘭，「華倫諾德」就只是個叛徒。此外，在密茨凱維奇筆下的意象中，最契合一九〇〇年烏波關係的就是「華倫諾德」這個人物，但波蘭、立陶宛和白羅斯之間的競逐，卻是圍繞著「祖國」而展開。從這兩個截然不同的意象，可以感受到兩種民族復興之間的差異：彼此競逐「祖國」，暗示著認同與忠誠的複雜性；而指控他人是「華倫諾德」，則預設民族之間存在著根本的分界。[53]

弗蘭科對密茨凱維奇的態度更加突顯出兩者的差別。選擇棄絕波蘭文化、拒絕與波蘭人合作的弗蘭科很鄙視密茨凱維奇，稱他為「叛國詩人」。對弗蘭科來說，密茨凱維奇代表的不是與波蘭人共同打造的文化，而是波蘭民族主義的論述資源，他的文字根本不值得引用。弗蘭科接受波蘭的統合性民族主義，也就是民族是由下而上誕生的，但拒斥被波蘭民族民主黨奉為民族偶像的密茨凱維奇，也否定前大公國地區持續進行的歷史對話。在立陶宛，密茨凱維奇代表著《康拉德．華倫諾德》等作品中古老體制的生命力。前面提到，在立陶宛當時新興的民族神話中，一五六九年的《盧布林聯合》終結了立陶宛文化。不過直到一七九五年為止，立陶宛都還保留著國家地位，許多重要的體制也一直延續到十九世紀，但這份聯合條約並沒有幫烏克蘭在波立聯邦留下位子。整體來說，一九〇〇年的立陶宛民族運動者都同意他們需要證明自己擁有悠久的歷史，還要證明農民們雖然到了現代才嶄露頭角，但他們同樣從古至今都是該政治體的一分子。經過這番知識論辯，密茨凱維奇的「立陶宛啊！我的祖國！」才在庫迪爾卡的譯筆下，變成「立陶宛哪！吾等祖國！」而烏克蘭人又更往前跨了一步，讓人民成為歷史的主體。這麼做不但化解了烏克蘭內部的矛盾，也開啟了更寬廣的視野。因為如果烏克蘭就是烏克蘭人民，那麼只要是烏克蘭人民生活的地方，都應當是烏克蘭的國家疆域。[54]

第七章 被邊緣化的加利西亞與沃里尼亞 1914—1939

在一次大戰爆發之前，奧屬加利西亞的烏克蘭民族運動，似乎比帝俄內的立陶宛民族運動更有勝算。在帝俄使用立陶宛語的人不到二百萬，加利西亞的烏克蘭「族裔群體」卻有數千萬；帝俄西北部的立陶宛人無權投票，但奧屬加利西亞的烏克蘭人可以在國會大選中投票、能用母語出版書籍，還成立了合法的政治團體。哈布斯堡王朝領地內的民主政治，讓現代民族認同得以成型；想要推動烏克蘭成為一支農民民族的人們，也將成年人的普選權化作他們手中有力的政治工具。民主讓加利西亞波蘭貴族的既有優勢漸漸消失，使人們意識到訴諸「族裔」確實比訴諸「傳統」更有力，於是世俗菁英開始提倡烏克蘭民族獨立，同時當地的神職人員也用希臘禮天主教來凝聚民族共識。到了一次大戰，奧地利在與俄羅斯交戰時，維也納當局迫害它認定親俄的加利西亞人，間接助長了烏克蘭的獨立運動。維也納的加利西亞烏克蘭政治人物，便希望烏克蘭在從帝俄手中獲得的領土上獨立建國，並與剛取得自治的東加利西亞保持密切連繫。這樣的主張只差沒有詔告天下，卻也幾近於支持烏克蘭在所有烏克蘭人的土地上建國。一九一七年俄國爆發二月革命，再加上該年年初烏克蘭人民共和國（Ukrainian National Republic）在基輔發表建國宣言，都讓獨立的機會愈來愈大。同年四月，美國加入一次大戰，威爾遜的民族自決原則更是深深打入加利西亞烏克蘭人的心中。在當時的局勢下，無論哪一方贏得一次大戰，烏克蘭的獨立之路都很樂觀，至少看起來如此。[1]

然而務農民族有個致命弱點，同時也是族裔政治最力有未逮之處：城市。無論烏克蘭要以什麼方式獨立，都得有個首都，但西烏克蘭唯一能作為首都的勒維夫，卻是波蘭人占大多數，他們以波蘭語稱之為勒沃夫。即使是對烏克蘭最有利的統計結果，也顯示該市有略高於五十二%的居民認為自己是波蘭人，因為在一九〇〇年的奧地利人口普查中，有五十一．九%的人自稱為羅馬天主教徒，而當時信仰希臘禮天主教的波蘭人，應該多於信仰羅馬天主教的烏克蘭人，如此一來保守估計，波蘭人的比例至少超過五十二%。普查的結果也顯示，勒沃夫有七十五．四%的居民說自己的母語是波蘭語，但這個數字遠高於實際的情形，因為當時並沒有「說意第緒語的猶太人」的選項可以選。不過勒維夫由波蘭人主導的證據還是很多，例如在一次大戰之前，在前波立聯邦的所有議會裡面，只有該市的加利西亞議會使用波蘭語；而且波蘭文化在不久前剛征服了這座城市，該市的學校、大學和公共生活原本都是使用德語，卻在兩個世代內轉換為波蘭語。到一次大戰結束、奧地利垮臺的時候，波蘭人很清楚整個加利西亞東部大多都是烏克蘭人：該地區三分之二的人都信仰希臘禮天主教，而在四十四個行政區中，波蘭人占多數的只有一個地方，就是勒沃夫。[2]但波蘭依然聲稱自己擁有加利西亞東部，因為波蘭人掌握了勒沃夫，並為這塊土地帶來文明。[3]勒沃夫不僅代表古老的波蘭文化，也代表近代的政治成就。

對於一九一八年的華沙來說，認為勒沃夫屬於波蘭的定見，甚至比維爾諾是屬於波蘭的想法還來得強烈。維爾諾過去是某個叫做「立陶宛」的地方的首都，所以要說跟「波蘭」的歷史關係，可能有一些值得討論的地方；但「烏克蘭」從來都不是波立聯邦內部的政治實體，於是他們便認定勒沃夫自古以來就是屬於波蘭的城市。雖然這座城市是一位東正教的親王在一二六四年建立的，但在一三四九到一七七二年間勒沃夫確實屬於波蘭王國（位於羅斯督軍領內）。當然，它在一七七二年落入奧地利手中之後有了很大的改變，城市的規模增長了七倍，人口大約從二萬成長到十四萬；波蘭菁英也在新的政治規則下，重新建立霸權。波蘭人認為，既然他們能讓奧地利統治下的勒沃夫維持波蘭文化，一定也能讓城市周圍的腹地在波蘭轄下接受波蘭文化。他們相信波蘭語和羅馬天主教，會將文明帶到加利西亞東部。雖然如史丹尼斯瓦夫．格拉布斯基等民族民主黨人想要將東部領土的問題上與俄羅斯妥協，而像畢蘇斯基這樣的聯邦主義領袖則希望跟烏克蘭聯手抗俄，但所有人都同意勒沃夫為波蘭所有。一九一九年四月，波蘭

圖 18：勒沃夫市景。如今該市是烏克蘭的勒維夫，但景觀幾乎沒有改變。

制憲議會一致通過吞併加利西亞全境。

在勒沃夫的少數民族中，猶太人也比烏克蘭人更加活躍。中世紀時期，在加利西亞親王和波蘭國王的友善政策下，猶太人陸續來到勒沃夫；到了十六世紀，他們在許多加利西亞城鎮和都市成長茁壯，成為城市中的重要族群；直到十八世紀為止，加利西亞的猶太人都擁有波立聯邦賦予的特權，延續原來的生活方式，不必像奧地利的猶太人那樣，被帝國的同化政策要求成為德國人。倫伯里（即德語倫堡〔Lemberg〕的意第緒語發音）的許多中產階級、專業人士，以及人數不多的勞工階級，基本上都是猶太人。一八六七年，加利西亞在對波蘭人有利的條件下獲得自治權，猶太人被迫在奧地利的學校裡學習波蘭語。一八七三年爆發的金融危機，使得奧地利的自由主義聲勢大減，世俗猶太人的政治選項也變得愈來愈少。一八七九年的國會大選之後，文化整合與政治合作齊頭並進，加利西亞的猶太代表加入國會的保守派政黨「波蘭俱樂部」（Polish Club），並成為該黨候選人。然而到了世紀之交，情勢卻大幅轉變，現代波蘭與烏克蘭民族主義的興起，將世俗猶太人逼向更為排外的政治理念。一九〇七年奧地利實施全國成年男性普選權之後，猶太復國主義者開始在選戰中聯合烏克蘭人，展現出他們對民族政治新規則的深刻理解。[4]在這段時期，猶太人和波蘭人，以及後來跟烏克蘭人的結盟，都是在奧地利這個多民族政體內才有可能發生。每個猶太人都知道，奧地利一旦消失，就不再有這樣的政治空間。

不過現代民族主義將書寫語言和口頭語言合二為一的做法，對大多數的猶太人而言還是很難想像。大部分的猶太人，依然把希伯來語當成神聖的語言，把意第緒語當成日常溝通的語言，把波蘭語或德語當成經商工具。一八六七年頒布的憲法賦予加利西亞的猶太人平等的權利，使他們無論精通波蘭語或德語與否，都能成為最傑出的奧地利公民。此外，猶太人小時候學到的語言，經常跟長大後使用的語言不一樣：一八二〇年代的猶太人，用意第緒語表達自己願意融入德國文化；一八七〇年代的猶太人，用德語主張猶太人應該接受波蘭式的生活；一八九〇年的猶太人，則用波蘭的語言和文字高呼猶太復國的理想；到了二十世紀初，第二代猶太復國主義者咬著牙，用本土口語意第緒語來討論政治。這些猶太復國主義者，至少精通波蘭語、德語和意第緒語中的其中二種語言，但深深盼望有一天每個猶太人都可以用希伯來語生活。

然而即便是猶太復國主義者，也無法想像要如何在歐洲找到一塊專屬於猶太人的領土，在上頭建立一個說著希伯來語的猶太人國家。在一九〇〇年，猶太人大約占加利西亞東部人口的十三%，也在當地許多城鎮裡占多數，但這裡就和東歐其他地方一樣，找不到一個以猶太人為主的完整區域，並打造出一個獨立國家。即使奧地利的民主化讓猶太復國主義者能夠暫時放下到巴勒斯坦建國的計畫，把精力用在處理各地猶太流亡者遇到的政治問題，但對猶太人來說，找不到土地的困境依然比語言難題更棘手。此外，猶太復國主義者也認為，一戰帶來的風險比機會更大。他們知道領土自決原則毫無用武之地，即便奧地利垮臺，還是不可能在歐洲建立一個猶太國家。倫伯里的猶太人在一戰期間的目標大多非常保守：先保住手裡的資源，剩下的等和平來臨之後再說。

一戰期間的失敗與烏克蘭民族主義

疏理完波蘭人的立場和猶太人的處境之後，再望向一九一八年加利西亞的烏克蘭民族運動者，就可以看出他們的激進之處：他們的目標是要在加利西亞建立一個烏克蘭民族的共和國，首都設在勒維夫。某種意義上，這跟立陶宛民族運動者希望獨立建國，首都設在維爾紐斯的願望很像。然而，在一戰結束後的一九一八到一九二〇年間，立陶宛這塊小小的土地，實際上受那些滯留東部的德軍所保護，又因為波蘭的關係而沒有被蘇聯吞併。在歷經德國與蘇聯的戰敗，以及波蘭強行占領維爾諾之後，立陶宛倖存了下來。在這段時間裡，不幸喪生的立陶宛人相對沒那麼多；但國家對國家的戰爭、國家內部的武裝衝突，以及各種游擊行動、土匪掠劫與大屠殺，卻害死了一百萬名以上的烏克蘭居民。

烏克蘭人想要的更多，得到的卻更少。因為地緣政治的價值比民族做出的犧牲更重要，有組織的行動比民族的人口數更重要。雖然奧匈帝國和俄羅斯帝國先後倒臺，但波蘭人、白羅斯人和布爾什維克黨，全都不認為烏克蘭有權繼承這些帝國任何一平方公分的土地。戰勝的協約國成員對於要如何處置加利西亞與沃里尼亞地區意見不一，但在每個關鍵的時刻，他們都沒有認真看待烏克蘭人的任何要求。在一九一八到一九二〇年間，這些國家只希望打倒，或者至少壓制俄羅斯的布爾什維克黨。由安東·鄧尼金（Anton Denikin）將軍領導、幫助協約國的俄羅斯白軍，也不支持烏克蘭人，因為鄧尼金是俄羅斯民族主義者，認為烏克蘭屬於俄羅斯。鄧尼金戰敗後，西方列強為了抗衡布爾什維克俄羅斯，開始支持波蘭，也因此承認了加利西亞東部和勒沃夫都屬於波蘭。[5] 於是，烏克蘭人在戰後建立的、首都分別位於勒維夫和基輔的兩個國家，都得在孤立無援的狀況下，應付波蘭和俄羅斯的威脅。要應對這些情勢，烏克蘭菁英必須擁有非凡的組織力量，但實際上他們卻四分五裂。基輔的領導人之間因為意識形態而無法合作，國家不但因為軍隊等重要機構過於無能而舉步維艱，還無法把聲音傳到民眾耳裡，最後就被國內外一系列軍事力量給擊垮。[6]

加利西亞的烏克蘭人試圖在勒維夫建立西烏克蘭共和國的過程，是兩者中比較成功的案例。最具戲劇性的時刻，發生在一九一八年十月三十一日晚上，當時烏克蘭人占領了勒維夫的重要建築，並在十一月一日面臨波蘭居民的反攻。不幸的是，波蘭人後來得到了正規軍的支援。一九一九年四月，約瑟夫．哈勒（Józef Haller）將軍從法國帶回來的軍隊，對戰事產生了關鍵的影響。這支大軍向東越過茲布魯奇河，最終使得西烏克蘭共和國於一九一九年七月潰敗，被迫逃到維也納建立流亡政府。這場戰爭犧牲了一萬五千名加利西亞烏克蘭士兵的性命、造就了一整個世代的失意老兵，也讓大部分的烏克蘭人把波蘭當成最大的敵人。戰爭結束後，勒維夫／勒沃夫和加利西亞東部落入了波蘭的領土，而三百萬名使用烏克蘭語的人，以及加利西亞東部將近一百萬名猶太人，都成為波蘭第二共和的公民。其中，加利西亞的猶太人最為倒楣，從奧地利帝國的遺跡中興起的民族主義政權，沒有提供多少空間給未在政治上表態的族群；當地的波蘭民眾和士兵，認為猶太人保持中立與自我防衛的態度，都是在支持烏克蘭。在一九一八到一九一九年的勒沃夫，波蘭人的襲擊事件造成了至少七十名猶太人死亡。[7]

一次大戰與帝國的崩潰，讓各民族分別在華沙、基輔與勒維夫建國；但哈布斯堡王朝的垮臺，也讓另一群說烏克蘭語的族群以截然不同的目標打造國家。加利西亞說烏克蘭語的三百萬人中，有大約十五萬人是蘭克人（Lemkos）。這群東斯拉夫人居住在山區，在帝國垮臺之後，他們的家園很快就變成了波蘭和捷克斯洛伐克的國界。一九一八年十一月，當加利西亞的烏克蘭人在勒維夫宣布獨立時，蘭克人成立了另一個政府。這群住在喀爾巴阡山脈貝斯基德山（Beskidy）的人們，對烏克蘭民族的概念十分陌生，當地的蘭克人菁英屬於親俄派，不過他們最在意的是維持家園的完整，而非對某個民族效忠。蘭克政府先是希望俄羅斯來吞併自己，之後又希望加入捷克斯洛伐克。對他們來說，被波蘭吞併是最糟的結果，尤其擔心蘭克人的土地會被新的邊界切成兩半。一九二〇年春天，波蘭出兵鎮壓蘭克「國」，之後真的分割了蘭克人的家園。[8] 蘭克人的故事告訴我們，哈布斯堡王朝的垮臺並沒有讓各個地方都產生民族主義，人們團結起來也不一定是為了民族獨立，而可能是出於其他政治目標。此外，當時也不是整個加利西亞地區，都瀰漫著烏克蘭民族獨立的氣息。

一九二一年的《里加和約》

波蘭與烏克蘭的衝突，讓波蘭領導人畢蘇斯基遲遲無法跟烏克蘭聯手對抗俄羅斯，因為只要波蘭東南部與烏克蘭的國界無法讓波蘭人滿意，他們就不願意跟烏克蘭人站上同一條戰線。事實上，波蘭在消滅了一個烏克蘭國家之後，也只能與另一個烏克蘭國家結盟。雖然畢蘇斯基的波蘭政府最終仍與西蒙·彼得留拉（Symon Petliura）搖搖欲墜的基輔政府之間建立盟約，但這盟約實在來得太晚，也太過無力。一九二〇年四月，彼得留拉以西烏克蘭為代價，跟畢蘇斯基結盟共同對抗蘇俄。加利西亞人視其為背叛，但彼得留拉認為只有這樣才能讓烏克蘭的核心地區繼續保持國家地位，而決定在最後賭一把；至於畢蘇斯基則希望能藉此機會擊敗紅軍，並使地位穩固的烏克蘭成為波俄之間的緩衝區。畢蘇斯基這步棋相當危險，因為波蘭的民選國會當時掌握在民族民主黨手中，該黨反對烏克蘭獨立，而無論政府在東部遭受什麼挫折，他們都能因此得利。畢蘇斯基與烏克蘭結盟之後，民族民主黨的格拉布斯基憤而辭去國會外交事務委員會主席。一九二〇年五月，波蘭軍隊很快就在基輔取得勝利，但隨後又敗給了俄羅斯。布爾什維克軍隊展開反擊，不僅擊退波蘭與烏克蘭的軍隊，還在一九二〇年八月挺進華沙與勒沃夫郊區。

最終，波蘭和烏克蘭的軍隊還是迎來了勝仗，但波蘭耗盡了資源，國內輿論出現分歧，就連該從戰敗的布爾什維克俄羅斯手中拿回多少領土這點，政府內部也無法達成共識。我們之前提過，波蘭制憲議會代表波蘭中部地區，裡面有著非常多民族民主黨的成員。波蘭在跟布爾什維克談判和約的時候，是由格拉布斯基主導，他只希望把（他認為）能夠有效同化的領土納入波蘭，也就是在民族民主黨心中「屬於波蘭民族」的領土，即所有「自古屬於波蘭」、充滿波蘭文化的地區。布爾什維克的談判代表阿道夫·越飛（Adolf Joffe），也樂見為莫斯科拿回一些被波蘭軍占領的地區。一九二一年三月，波蘭和布爾什維克的代表，在里加瓜分了如今屬於白羅斯與烏克蘭的那些土地，波蘭拿走大部分的沃里尼亞和全部的加利西亞，同時承認烏克蘭蘇維埃和白俄羅斯蘇維埃。[9]波蘭甚至違背了當初與彼得留拉簽署的軍事同盟條約第四條的精神，拘留了它的烏克蘭盟友。

總而言之，波蘭打贏了兩次對東戰爭，第一次是在一九一八到一九一九年打贏了西烏克蘭共和國，第二次是在一九一九到一九二〇年打贏了布爾什維克俄羅斯，這兩次戰爭讓它拿下了整個加利西亞，以及大部分的沃里尼亞。歐洲在一次大戰之後出現不少領土重劃，東歐有很多小國都從大國中獨立出來，大家通常都認為這是《凡爾賽條約》的結果，但東部邊界的變化其實並非協約國所能決定。在地圖重劃之後，我們必須在此停下腳步，仔細思考那些舊有的名字在新的局勢下代表的意義。「沃里尼亞」在中世紀是一個公國的名字，在立陶宛大公國時期是一個區，在波立聯邦時期是波蘭的一塊督軍領地，在帝俄時期則是一個省。而這個前帝俄的省分，在一九二一年大部分都落入了獨立之後的波蘭手中，剩下的部分則屬於蘇聯，分別被烏克蘭蘇維埃劃進基輔州以及文尼察州（Vinnytsia）。烏克蘭人在一九一八到一九二〇年爭取獨立所造成的最重要結果，就是一九二二年烏克蘭加入新誕生的蘇維埃社會主義共和國聯盟。[10]波蘭境內已經沒有任何一個地方叫做「烏克蘭」，但卻出現了一塊叫做「沃里尼亞」的領地，而且當時「沃里尼亞」這個名字，不僅可以指波蘭的沃里尼亞督軍領（Województwo Wolynskie 或 Wołyń），也可以指波蘭的波利西亞省南邊地區。

本書提到的「加利西亞」是奧地利王室領地東半部在英語中的稱呼，烏克蘭人稱之為「哈里欽亞」（Halychyna）。奧屬「加利西亞」一詞，是個比帝俄省分「沃里尼亞」一詞更加晚近的詞彙，這個名字只能代表奧地利帝國在十八世紀最後二十五年從波立聯邦手中奪走的那些領土。奧屬加利西亞的西邊是波蘭人的土地，主要城市是克拉科夫；東邊則較為複雜，包括使用烏克蘭語的農村地區、使用意第緒 和波蘭語的城鎮，以及使用波蘭語的主要城市勒沃夫。獨立的波蘭打敗西烏克蘭共和國之後，收復了波立聯邦輸給奧地利的加利西亞全境，從西邊的克拉科夫到東邊的勒沃夫。「加利西亞」這個詞留在波蘭的語言文化裡，卻從波蘭的地圖上消失了。波蘭把奧屬加利西亞的東半部，分成勒沃夫、史坦尼斯瓦烏夫（Stanisławów）和塔諾波（Tarnopol）三塊領地，統稱為「東部小波蘭」（Małopolska Wschodnia）；有趣的是，這些省分在前波蘭王國卻叫做「羅斯督軍領」。我們接下來所說的「加利西亞」，就是戰間期的「東部小波蘭」，再加上住著烏克蘭人的克拉科夫和盧布林領地的一小部分。波蘭的烏克蘭人在戰間期繼續把「東部小波蘭」叫做「哈里欽亞」，兩種稱呼我們都將翻成「加利西亞」。[11]

在協約國的壓力下，波蘭承諾讓這些過去屬於奧地利的加利西亞地區政治自治，但過去屬於俄羅斯的沃里尼亞地區就沒有這種權利。一九二〇年代初，波蘭善待境內的烏克蘭裔公民，試圖讓協約國承認加利西亞東部屬於波蘭，這個目標也在一九二三年成功實現。至於那些被《里加和約》劃進蘇屬烏克蘭的烏克蘭人則是先甘後苦，一開始的處境比西邊的同胞好，之後卻變得艱困許多。雖然波蘭的民主對烏克蘭人而言是強加在他們身上的外來之物，無法替他們發聲，空間也愈來愈限縮；但蘇聯的共產統治，卻是完全無視人民權利的極權主義，最後甚至實行了種族滅絕。一開始，波蘭斷斷續續地推動「民族同化」，蘇聯則出力幫忙建立一個現代的烏克蘭文化。在一九二〇年代的蘇屬烏克蘭，共產黨吸收了烏克蘭的知識分子，支持他們以母語進行創作，進而釋放出他們無與倫比的創造力。他們邀請偉大的烏克蘭歷史學家赫魯雪夫斯基之前曾在短暫獨立的烏克蘭人民共和國擔任中央議會議長）回到基輔工作，大部分的書籍和報紙都用烏克蘭語書寫，大部分的學童也都接受烏克蘭語教育。在某段時期，蘇聯當局甚至允許烏克蘭成立東正教自治教會（Ukrainian Autocephalous Orthodox Church）；但後來史達林上臺，結束了烏克蘭化政策，取締新成立的自治教會，消滅烏克蘭知識分子，這段成果豐碩的寧靜歲月就此戛然而止。在史達林統治下，蘇屬烏克蘭受到的摧殘，是所有歐洲的蘇聯成員國之冠：五百萬居民死於一九三二到一九三三年的大饑荒，[12]數以萬計的烏克蘭知識分子在一九三〇年代末的大清洗中遇害，其中包括許多一九二〇年代文化復興的重要領袖。[13]

蘇聯治下的烏克蘭中部和東部，發生了烏克蘭史上最慘烈的災難。只有波蘭治下的西烏克蘭和得以移民的烏克蘭菁英，才有時間和自由去思考他們的民族困境，而這些人大多是加利西亞人。不過得要到一九三〇年代，加利西亞才成為烏克蘭民族思想毫無異議的中心，也是自那時起，烏克蘭文化才開始由西向東傳播。雖然加利西亞的民族思想有著團結所有烏克蘭人的宏願，但這群在一九二〇到一九三〇年代受波蘭統治的加利西亞烏克蘭人，卻受限於自身的位置，看不清當下現實的全貌。一九二〇年代蘇屬烏克蘭的烏克蘭文化復興終究傳到國外，至於一九三〇年代有關各種暴行的消息則全被壓了下來。這些烏克蘭民族主義者記得波蘭菁英在一戰之前的統治嘴臉、與波蘭的同盟有多麼令人失望，以及波蘭如何在《里加和約》裡背叛了他們，也在跟波蘭政府日復一日的交涉中感到筋疲力盡。在他們眼中，波蘭就是烏克蘭民族運動的最大敵人。其實波蘭這時正暗中支持著來自烏克蘭中部的流亡者，也就是他們之前在基輔戰役中的盟友，但西烏克蘭的民族主義者依然毫不領情。[14]此外，對波蘭的敵意也蓋過了蘇聯政權引起的廣大爭議，許多烏克蘭民族運動者甚至把蘇聯當成幫助烏克蘭建國的盟友，因為它建立了烏克蘭蘇維埃社會主義共和國。

共產主義者總是高喊著四海一家，實際卻經常或多或少地以民族中心作為治理的施力點；反觀民族主義者，儘管他們不斷聲稱自己的民族獨一無二，但民族主義其實有許多特質充滿普世色彩：原則上，它認為所有族群都應該有權自決；在現實社會中，一個民族主義總是誕生自另一個民族主義；在國際關係上，每個族群都可以從其他民族主義意識形態中，擷取自己想要的元素來使用。因此，要理解戰間期烏克蘭這種歐洲小型民族的民族主義時，便必須對照義大利和德國等歐洲大型民族的民族主義。一次大戰後的歐洲分成兩種思維，某些國家希望保持現狀，另一些國家則想奪回失土。那些主張收復失地的民族主義者自然會找後者求助，尤其在義大利的墨索里尼掌權之後，烏克蘭民族主義者們似乎從西方意識形態找到了一條翻轉敗局的出路。一九二九年，一群參加過西烏克蘭與波蘭戰爭的加利西亞烏克蘭退伍軍人，在維也納成立了烏克蘭民族主義組織（Organization of Ukrainian Nationalists，烏克蘭語：Orhanizatsiia Ukrains’kykh Natsionalistiv, OUN，簡稱「烏民組織」），雖然成員有許多來自烏克蘭中部與東部的流亡者，但整體依然貫徹著加利西亞的政治路線。[15]烏民組織之所以對波蘭抱持敵意，是因為當下的政治現實：加利西亞被波蘭吞併，加利西亞的烏克蘭人被迫成為波蘭公民。它成立的直接動機，則來自一九二八年的波蘭選舉，當時一些加利西亞烏克蘭人政黨的參與，令這些民族主義者怒不可遏，認為這簡直就是承認了波蘭的吞併。[16]烏民組織是一個非法的恐怖主義密謀團體，成立的目的是改變現狀，讓烏克蘭獨立建國。不過它對這個未來國家的期待，雖然包含廣義的烏克蘭領土，卻希望裡面只住著狹義的烏克蘭民族。一九二九年，該組織第一次代表大會決議，「只有把每一個占領烏克蘭土地的人全都趕走，烏克蘭民族才能在自己的國家裡充分發展。」[17]烏民組織發布的「烏克蘭民族主義者十誡」（The Ten Commandments of the Ukrainian Nationalists）裡的最後一條，也清楚地寫著「我們要擴大烏克蘭國家的力量、財富與規模，即使必須奴役外國人也在所不惜」。十誡作者正是以激進著稱的烏克蘭民族主義者德米托・頓佐夫，在他的領導之下，一九三〇年代的年輕人罔顧歷史、鍾情於意識形態，夢想著透過暴力革命建立屬於烏克蘭人的國家；而烏民組織對組織行動的重視，就和他們提倡的意識形態一樣，對時局造成了重大的影響。

雖然原則上，烏民組織把所有占領烏克蘭人居住土地的國家，包括蘇聯、波蘭、羅馬尼亞與捷克斯洛伐克都視為敵人，但其實它只在波蘭境內針對波蘭。烏民組織謀殺願意和波蘭政府合作的烏克蘭名人，謀殺打算幫助烏克蘭人的波蘭官員，藉此分化烏克蘭人和波蘭人，並激發波蘭人的報復心以合理化自身的激進訴求。至少有三十六名烏克蘭人、二十五名波蘭人、一名猶太人和一名俄羅斯人被該組織暗殺，或暗殺未遂。其中包括布羅尼斯瓦夫・皮拉基奇（Bronislaw Pieracki）與塔德烏施・霍洛夫科（Tadeusz Holówko），這兩位波蘭人都致力於調解波烏衝突。[18]烏民組織認為自己是在跟波蘭打仗，而組職領袖認定為了打贏，就必須向外結盟。他們對德國寄予厚望，因為想要在波蘭、蘇聯、捷克斯洛伐克和羅馬尼亞的領土上建立烏克蘭國家，這樣的宏圖大業大概也只有德國可以提供協助。烏民組織和一些歐洲國家（例如義大利）在一九三〇年代的法西斯運動一樣，有部分領導人支持納粹德國，並相信希特勒會因為意識形態而幫助他們。一九三〇年代末，人們證實烏民組織與納粹德國情報機構「阿勃維爾」（*Abwehr*）合作。

戰間期的加利西亞人與沃里尼亞人

雖然烏民組織的意識形態很極端，但波蘭第二共和國內的烏克蘭人處境也很惡劣。波蘭第二共和大約有五百萬人說著我們現在所謂的烏克蘭方言，並在希臘禮天主教或東正教教堂做禮拜。其中約有三百萬人來自加利西亞，此前受奧地利帝國統治，絕大多數是希臘禮天主教徒；約有二百萬人來自沃里尼亞，之前歸俄羅斯管轄，大部分是東正教徒。當時的波蘭官員和烏克蘭民族運動者，都會設法區分出加利西亞的烏克蘭人和沃里尼亞的烏克蘭人。烏克蘭民族主義者認為加利西亞人是可靠的好人，沃里尼亞人可能成為民族運動的阻礙；波蘭國家主義者則認為沃里尼亞人在政治上可望融入波蘭，加利西亞人不可信任，所以政府致力於阻止加利西亞的「壞人」影響沃里尼亞的「好人」。

波蘭治理加利西亞的方式，雖然絕非足以扼殺烏克蘭公民社會，或者粉碎烏克蘭民族主義陰謀的暴政，但仍然十分嚴苛，使得許多人決定與之為敵。對加利西亞烏克蘭人來說最痛苦的打擊，莫過於一九二四年通過的「格拉布斯基法」（Lex Grabski）。這條法律是民族民主黨人格拉布斯基的傑作，它要求國內的烏克蘭語學校全都要改用雙語上課，而所謂的雙語，實際上是只使用波蘭語。格拉布斯基從《里加和約》中得到他認為可以妥善管控的烏克蘭人數後，接下來便打算同化這群人的後代。「格拉布斯基法」實行後，加利西亞的私立學校激增，烏克蘭青年也對波蘭政府更不信任。[19]一九二五年，格拉布斯基的弟弟瓦迪斯瓦夫（Wladyslaw Grabski）時任波蘭總理，他則擔任內政部長，擋下了試圖讓波蘭變得更平等的土地改革。一九二六年，畢蘇斯基發動政變，似乎帶來另一個轉折。畢蘇斯基政權將整體方針從「民族同化」轉為「國家同化」，不再根據民族來判斷人民是否值得信任，而是根據人民是

圖 19：巴西利亞女子學院（Institute of Basilian Sisters）的烏克蘭學生，1930 年 6 月 22 日。該學院位於勒維夫，烏克蘭文化在波蘭境外成功倖免於難。

否忠於國家。烏民組織知道這項轉變對他們相當不利，於是引發動亂，迫使畢蘇斯基將事態升級。破壞發生之後，畢蘇斯基一方面為了回應，另一方面為了讓他支持的政黨在議會選舉中能站他這邊，而發出了數百張鎮壓命令。其中許多被鎮壓的民眾都在大庭廣眾下被體罰，[20]這樣的羞辱自然讓人們記恨在心。

沃里尼亞的狀況又跟加利西亞不一樣。它是全波蘭第二大的區域，境內的原野、森林與沼澤幾乎完全沒有被鐵路和公路破壞，而城鎮中甚至沒有下水道。最大的城鎮盧芙南（Równe，烏克蘭語里芙南，Rivne）人口數四萬二千人，大部分都是猶太人。住在沃里尼亞的人，接近百分之九十（也就是當地幾乎所有非猶太人）都在這塊土地上務農，或者擁有土地的產權。即使是眾所周知相當落後的加利西亞，跟沃里尼亞一比也顯得十分歐洲，並具有十足的民族主義色彩。不久之前烏克蘭人與波蘭人的大戰，才剛動員過加利西亞，沃里尼亞在一九二〇年早期卻沒有出現過民族運動。更早之前，一八六三年的波蘭立陶宛起義，也幾乎沒有影響到沃里尼亞，因為當地的波蘭人不多，而且波蘭的權貴與沙皇當局達成了他們可接受的妥協。位於立陶宛的俄羅斯官員非常擔心波蘭文化的勢力，但身處烏克蘭的俄羅斯官員卻已經高枕無憂。一九二一年，沃里尼亞有百分之六十八的波蘭人被當成烏克蘭人，只有百分之十六被當成波蘭人，但兩群人都幾乎沒有發起民族運動的打算。當地有很多、甚至可能是大部分的波蘭人都會講烏克蘭語，也有不少聯合教會的教徒改信東正教。在一九一四年之前，俄羅斯沃里尼亞的波蘭人與烏克蘭人之間，並沒有像奧屬加利西亞那樣發生過民族衝突；[21]但（烏克蘭）農民在這兩百多年間，一直反抗著（波蘭）地主，光是在一九〇五到一九〇七年之間，就有七百零三起農民動用暴力主張他們對土地所有權的紀錄。[22]雖然一次大戰與波蘭－西烏克蘭戰爭，讓沃里尼亞的年輕人看到其他民族的民族主義，但至少在一九二一年，農民還是沒有把土地分配視為民族解放的要件之一。地主還沒有被視為異族，「祖國」（fatherland）依然是指繼承自父親的地產，土地改革也還沒有跟「祖國」的概念連在一起。

情況不久後就改變了。在一九二二年的選舉中，沃里尼亞地區的烏克蘭人把票投給烏克蘭人，希望藉此阻止波蘭人的殖民，但好不容易進入議會的烏克蘭議員，對此卻無計可施。三百多年來，沃里尼亞人最在意的社會問題，一直都是無法擁有自己的土地。波蘭雖然確實推動了土地改革，或多或少結束了封建式的土地規範；[23]但波蘭農業部門的領袖溫森蒂．維托斯（Wincenty Witos），一九二三年卻在他實行的土地改革中與民族民主黨結盟，使得波蘭的農業政治，變成是在守護波蘭的利益而非農民的利益，土地改革規則也刻意寫得對波蘭人有利。這讓長久以來的土地之爭，開始與新的民族政治有所牽連。波蘭殖民者在土地方面獨享的特權和優惠貸款，讓國家權力、語言與土地之間的關係變得愈來愈明顯；而且除了波蘭殖民者，這塊土地還開始出現波蘭官員。政府認為當地波蘭人的教育程度不足以治理沃里尼亞，便派了波蘭中部和加利西亞的波蘭人來管理。這群享有特權波蘭人的大舉闖入，創造出了新的刻板印象，並逐漸成為當地人對所有波蘭人的成見。[24]

沃里尼亞的階級和民族問題，為蘇聯的宣傳打造天賜良機。蘇聯在一九二〇年代向東歐國家大肆宣揚共產主義，鼓勵每一塊土地的農民站起來，反抗既有的民族國家。列寧與農民結盟的策略，以及鼓動民族自決的戰術，在沃里尼亞都非常成功；共產國際對民族與階級衝突的操弄，也是在波蘭東部收到最多效果。該手段的成效之高，甚至讓波蘭共產黨被烏克蘭人和白羅斯人把持，莫斯科當局還必須加以調整。不過到了最後，事情依然按照虔誠的馬克思主義者預見的那樣發展：沃里尼亞的階級結構問題，讓免費發放土地的激進計畫大受歡迎。沃里尼亞的社會與經濟條件，是列寧心中祖國的完美範例：土地生產力低、人口自然增長率高、人民大多務農，而且採用粗放式農業。蘇聯將沃里尼亞農民無法獲得土地的困境，全都怪到波蘭頭上，讓人忽略了蘇聯的實際作為，也使土地問題與民族衝突更加緊密地連結在一起。政治宣傳由武力展示推波助瀾。一九二〇年代初，蘇聯在波蘭的沃里尼亞地區組織了數百起襲擊波蘭移居者的武裝行動。[25]

波蘭政府的好意措施在當時整體的政治鬥爭形勢中，不但沒有達到預期的效果，甚至適得其反，例如教育改革就是如此。波蘭的政策讓沃里尼亞的烏克蘭人開始上學，但在落後的沃里里亞，工作機會很少，政府又被波蘭人把持，從學校出來的烏克

圖 20：盧芙南居民。盧芙南即為今日烏克蘭的里芙南。在戰間期，沃里尼亞的城鎮大部分都是猶太人，而波蘭人愈來愈多。至於農村，則幾乎全部都是烏克蘭人。如今沃里尼亞屬於烏克蘭，城鎮和農村之間沒有明顯分別。

蘭菁英很難找到稱職的工作。另一方面，經濟大蕭條讓波蘭農業停滯不前，沃里尼亞幾乎無法產生中產階級。所以這些讀過書的烏克蘭無產階級，就變成了基輔共產黨和勒維夫民族主義者可以煽動的絕佳對象。這些沃里尼亞的烏克蘭人在波蘭學校學會了讀書寫字，卻是從烏克蘭中部的共產黨員，以及加利西亞烏克蘭民族主義者那邊，學到了自己該讀什麼。雖然所謂的「索卡斯基線」（Sokalski line）將加利西亞和沃里尼亞切成兩半，但加利西亞的民族主義者很容易就可以進入沃里尼亞，蘇聯的煽動者也能夠肆意穿越蘇波邊境，幾乎不會受到懲罰。在這種情況下，民主一直為華沙當局帶來麻煩。在一九二七年的省選舉中，沃里尼亞的烏克蘭人把票投給了祕密加入共產黨的左派候選人，左派也組織了沃里尼亞大部分的公開造勢活動。[26]這實在太過危險，畢竟沃里尼亞東邊就是蘇屬烏克蘭。波蘭只好改變政策，畢蘇斯基在一九二八年派老戰友亨德利克．尤瑟夫斯基（Henryk Józewski, 1892-1981）前去治理沃里尼亞。

附帶一提，沃里尼亞對波蘭造成的困擾並非來自身處弱勢的猶太人，而是居於主導地位的烏克蘭人。烏克蘭人的共產主義和民族主義，都想從波蘭手中奪回土地，前者想要成為蘇屬烏克蘭的一部分，後者想要建立一個獨立的烏克蘭國家。沃里尼亞雖然也是猶太復國主義的溫床，但這群猶太人並不想摧毀波蘭，而是想把波蘭拋在腦後。九十九%的沃里尼亞猶太成年人認為自己的母語是意第緒語或希伯來語，三分之二的猶太學童都是上猶太復國主義者的私立學校，但這些都對波蘭無傷，有的甚至有利。[27]

尤瑟夫斯基出身基輔，並且深信波立聯邦主義，他在一九一九到一九二〇年波蘭與烏克蘭結盟期間，被畢蘇斯基派駐烏克蘭政府內部工作。尤瑟夫斯基支持畢蘇斯基的「國家同化」政策，而且認為過去波立聯邦的政治遺產，一定可以讓波蘭人與烏克蘭人攜手合作。尤瑟夫斯基希望將沃里尼亞打造成一個波蘭版本的烏克蘭，藉此根除布爾什維克主義和民族主義的不良影響；但這個地緣政治的願景最終失敗，也讓人看見波蘭的國家力量在《里加和約》獲得的沃里尼亞上顯得進退兩難。尤瑟夫斯基既得不到波蘭社會的支持，也得不到烏克蘭民族主義者的認同。波蘭人無法理解政府為什麼要支持烏克蘭人；烏克蘭人則希望自立自強，不想接受波蘭政府的援助。在這種狀況下，原本想打造烏克蘭公民社會的尤瑟夫斯基，只好反過來親手消滅它。他知道烏克蘭人的合作社和教育團體裡面，藏著很多共產黨和民族主義者，於是下令消滅這些組織，由國家建立一些類似的機構取代，但這幾乎毫無作用，因為在經濟大蕭條時期波蘭政府資源有限，只能讓各地組織自行運作，並雇用當地的人，所以即使烏克蘭組織被國家接管，底下的人大抵還是同一批人。長遠來看，尤瑟夫斯基最大的期待還是放在教育。他要求沃里尼亞的公立學校都要教授烏克蘭語，但在該屆波蘭政府的管理之下，卻有愈來愈多波蘭中部的老師來到沃里尼亞教書，這些人既不願意推動母語計畫，更對烏克蘭人一無所知。另外，尤瑟夫斯基也努力達成烏克蘭民族主義者的目標之一，讓當地的東正教會烏克蘭化，但烏克蘭民族主義者並不領情。結果到最後，尤瑟夫斯基辜負了大部分波蘭人的期待，反而孕育出大部分波蘭人不想要的成果：他成功讓沃里尼亞的烏克蘭人熱愛自己的民族，卻沒有讓他們因為這樣的熱愛而支持波蘭的國家地位。[28]

但還是有一個人認為尤瑟夫斯基的付出會有收穫，那就是史達林。史達林似乎相當擔心尤瑟夫斯基會把沃里尼亞打造成烏克蘭人的「皮埃蒙特」，讓蘇屬烏克蘭不再支持蘇聯。雖說這種想像大抵符合尤瑟夫斯基和畢蘇斯基的初衷，卻離沃里尼亞的現實很遠，不過史達林這樣的偏執恐懼，可能多少促使他在一九三二到一九三三年引發烏克蘭大饑荒。另一方面，波蘭的聯邦主義者則是腹背受敵，被莫斯科的共產黨員和華沙的民族民主黨人同時圍攻。那些討厭尤瑟夫斯基的民族民主黨人，一等到他的後臺畢蘇斯基在一九三五年去世，就推翻了尤瑟夫斯基的沃里尼亞政策。他們派軍隊接管沃里尼亞，摧毀東正教堂，沒收烏克蘭人的土地，藉此強化波蘭人的優勢。沃里尼亞的烏克蘭人對此憤恨難忍，最黑暗的時刻即將到來。29

波蘭國與烏克蘭政治

戰間期的烏克蘭公民社會，很值得拿來跟立陶宛的公民社會對比。之前已經提到，在一九一八年，奧地利帝國的烏克蘭民族運動，比俄羅斯的立陶宛民族運動成功許多，然而立陶宛在一九一八年建國之後，所打造的立陶宛民族社會使這樣的局勢逐漸翻轉。一九三〇年代，立陶宛讀過書的年輕人，紛紛進入立陶宛的國家機構與教育體制；相比之下，加利西亞的烏克蘭年輕人，卻只能活在十九世紀的社會結構中，組織的政治團體要不是非法就是沒有影響力，就連受教育的機會也不如奧地利帝國時期的祖父母。對當時的加利西亞人與沃里尼亞人而言，從事合法的政治工作沒有前途，在落後的故鄉做生意賺不了錢，到了一九三〇年代，就連教會的職位也失去保障。雖然波蘭政府執政期間，烏民組織相當小眾，但波蘭政府的統治逼得許多讀過書的年輕烏克蘭人無路可出，也讓烏民組織作為他們宣洩挫折的管道，變得愈來愈有吸引力。參與烏民組織的恐怖行動對這些年輕的烏克蘭人而言，成了一種光復民族的革命大業。

當時波蘭的法律與政治界屏除烏克蘭人的狀況相當嚴重。全波蘭有三分之一的公民屬於少數民族，卻沒有任何一個少數民族的代表曾擔任過中央政府的部長，或者地方政府的首長。很少政治領袖認真看待烏克蘭人和其他少數民族爭取的民族權益，向烏克蘭菁英伸出的有用援手，幾乎全部來自共產主義和民族主義。西烏克蘭共產黨（Communist Party of West Ukraine）從一九二三年創立以來就是地下政黨，烏克蘭農工組合（Ukrainian Peasant Worker Union, Sel-Rob）這個秘密共產組織，則是在一九三○年代初遭到政府取締。波

圖 21：猶太人和基督徒在勒沃夫的市場上買賣商品。

蘭政府以反抗國家為由查禁這類政黨，但即使被宣告為非法，其成員依然不改忠誠。當然，烏克蘭人還是有比較主流的政治活動，即烏克蘭民族民主聯盟（Ukrains'ke Natsional'ne Demokratychne Ob'iednannia, UNDO）。該聯盟成員多半認為，蘇屬烏克蘭是烏克蘭獨立建國的必經之路，但他們在得知烏克蘭發生整肅和大饑荒之後，開始對蘇聯失去信心，所以大約從一九三五年開始，該黨就開始支持波蘭。然而無論它再怎麼試圖與波蘭當局交好，都還是可能被當局鎮壓；而烏民組織更透過暗殺波蘭官員的方式，刻意引發政府的鎮壓。到了一九三〇年代末，畢蘇斯基去世後，波蘭政府再次走回「民族同化」之路，且方式比以前更加暴力。他們揮軍進擊、焚燒教堂、公然毆打烏克蘭人，每一項行動都坐實了烏民組織散布的謠言：波蘭民族即將對烏克蘭民族開戰。

但這種說法即使是在一九三九年，也不符合社會現實，而是一種政治說法。烏克蘭人的恐怖行動與波蘭人的報復，都只影響到一小部分人，波蘭大部分地區皆安然無恙。烏民組織認定，波蘭國內所有講烏克蘭語的人，都覺得自己屬於一個具有排他性的民族，或者不久後就會這　認為。但之後的事件讓支持和反對烏克蘭民族主義的人，都認為一九二〇到一九三〇年代的加利西亞和沃里尼亞，是認同明確的烏克蘭民族主義者的家園。正如先前所說，當時絕大多數的烏克蘭人，都比較接受社會主義、農業主義和民族共產主義，而非烏民組織信奉的統合性民族主義。在波蘭務農的烏克蘭語使用者裡面，高達九十五%人的意識形態，與移居國外的退伍軍人和不得志的知識分子有著巨大落差：位於波蘭的烏克蘭人就像過去一樣親俄，即使蘇屬烏克蘭出現了大饑荒，當地許多烏克蘭民族運動者依然相信俄羅斯有一天會解放烏克蘭的社會。另外，雖然勒沃夫是烏克蘭民族主義的重鎮之一，但城裡最常見的其實是波蘭語和意第緒語；而戰間期，即使是住在波蘭城鎮裡的烏克蘭人，仍有許多人不僅對民族政治毫無興趣，也沒有確切的民族認同。其他許多民族認同相當明確的烏克蘭人，並不覺得認同烏克蘭社群就一定得忠於烏克蘭國家。雖然一九二〇到一九三〇年代的土地改革和宗教迫害，讓波蘭的統治帶給人們許多負面的感受，但還是很少人像烏民組織那樣，希望建立一個專屬於烏克蘭族裔的烏克蘭國家。直到一場全面戰爭摧毀波蘭整個國家、扭曲法治觀念、摧毀當地社群、展露出人性最惡劣的一面，這種想法才得以成為主流。這場戰爭，就是接下來幾章的主題。

這裡我想強調一件事：戰間期的波蘭其實有數百個國家力量難以觸及的地方社區，這些社區的居民彼此都清楚誰是波蘭人，誰是烏克蘭人，但他們認為自己的村莊或小鎮比宏大的民族更重要。一個有趣的例子是加利西亞的多布拉希拉黑次卡（Dobra Shl'iakhets'ka），我們之後會再度回到這個村落。在這裡，講烏克蘭語的貴族擁有土地，制定規則。十五世紀初，三位信奉東正教的兄弟被波蘭國王封為貴族，宣示此地向波蘭效忠，同時盡力維持這裡的地方自治。之後每次的波蘭貴族普查，他們的子孫都有被包括在內，到了十九世紀的奧屬加利西亞時期，也持續保有原來的地位。在戰間期的波蘭，多布拉親烏克蘭的貴族依然擁有財富和權力，他們守護共同擁有的林

圖 22：基督徒和猶太人在勒沃夫的市場上買賣商品。

地，把自己的女兒當成禮物，吸引其他地方的波蘭人。村裡的波蘭人去希臘禮天主教教堂做禮拜，在公開場合使用烏克蘭語；村裡的旅店和商家，則是猶太人在經營。一九三九年的多布拉不屬於烏克蘭、不屬於波蘭，也不屬於烏克蘭和波蘭的混合體；如果真要說的話，或許可以稱他們為加利西亞人。它本身只是當地的現實，處在下一章將詳加敘述的現代民族概念就要現身的交界。當地人以過去遺留下來的方式看待民族，遵循沒有被時間抹去的、古老的政治秩序。

第八章　西烏克蘭的族群清洗 1939—1945

一九三九年九月，波蘭接連受到納粹德國和共產蘇聯的摧殘，一切都改變了。接下來的兩年，希特勒和史達林陸續瓜分了波蘭的領土和公民。一九三九到一九四一年間，在《德蘇互不侵犯條約》的協議之下，波蘭境內大多數的烏克蘭人都歸蘇聯統治，而大多數的波蘭人則受納粹統治。一九四一年六月，納粹德國入侵蘇聯，沿途占領了加利西亞地區、沃里尼亞地區及蘇屬烏克蘭。在接下來的三年裡，波蘭所有的領土和公民都任由希特勒擺佈。納粹德國建立了烏克蘭總督轄區（Reichskommissariat Ukraine），領土範圍涵蓋沃里尼亞地區，卻把加利西亞地區劃入波蘭總督府（眾所皆知，該府管理的是沒有併入納粹帝國直轄領地的波蘭領土）。一九四三年二月，史達林格勒歷經了人類有史以來最大規模的戰役，德國陸軍元帥包盧斯（Friedrich Paulus）最後違抗了希特勒的命令，選擇投降。一九四三年春天，紅軍繼續發動攻勢。一九四四年夏天，蘇聯已將德國人趕出烏克蘭，並重新劃定了波蘭和烏克蘭的邊界。到了一九四五年春天，整個波蘭領土和公民都已改聽命於史達林。短短幾年內，加利西亞地區和沃里尼亞地區總共就歷經了三次易主：先是一九三九年被蘇聯占領，接著是一九四一年被納粹德國占領，最後又於一九四四年重回蘇聯手中。

烏克蘭和波蘭在第二次世界大戰歷經的每個階段，都遠比西線戰場來得慘烈。一九三九到一九四一年間，蘇聯和納粹德國先後占領並摧毀了當地社會，驅逐並殺害了許多菁英。一九四一年之後，在東線戰場的德軍都被灌輸了斯拉夫人是「次等人類」的概念，必須把他們的土地搶奪過來給德國人自己使用。所以與一九四〇年西線戰役不同的是，一九四一年的東線戰役是針對劣等種族所發動的戰爭。[1] 自一九四一到一九四四年間，德國的權力機關對猶太人展開大屠殺，而且常常就在當地人的面前執行（有時也獲得當地人的協助）。一九四四年蘇聯政權再次回歸，這次更意圖把烏克蘭與波蘭都打造成單一民族國家。波蘭人和烏克蘭人不斷歷經各種戰事、占領、饑荒、報復、驅逐和種族滅絕，整整六年的時間，他們在這樣的環境下載浮載沉。

損失慘重的烏克蘭人和波蘭人，明明敵人同樣都是共產蘇聯和納粹德國，卻沒有辦法在這場戰爭中團結起來，反而相互敵對。他們在戰前就爭執著加利西亞地區和沃里尼亞地區究竟該屬於誰，互不相讓而種下了心結。雙方關係在一九三九年更是急轉直下，一道隔絕彼此的高牆就此屹立不搖。我們在上一章談及了這道高牆的源頭，這一章將討論二次大戰如何讓民族歧見引爆成新的民族戰爭。原本在一九三九年以前，關於誰統治領土有正當性的意見分歧，在實務上還不具有太大的意義，一旦進入戰爭時期，這類分歧就不僅會讓各方在原則上難以取得共識，更容易激起兩造對彼此的怒火。到了一九四三年，部分重要的烏克蘭民族主義者開始認為，若要保障烏克蘭的未來，現在就必須消滅所有波蘭人。這樣的想法最終導致無數平民失去性命，甚至讓烏克蘭人與波蘭人在二戰的背景下爆發內戰，徹底改變了烏克蘭和波蘭之間的關係。

烏波雙方對一九三九年領土統治正當性的政治糾紛，究竟是如何在一九四三年演變成對該地人民的族群清洗，本章的主旨正是要回答這樣的問題。畢竟，在內心渴望民族純淨是一回事，選擇付諸實行則是另一回事。早在一九三〇年的波蘭和歐洲，就時常有人在鼓吹要清除特定少數民族，但只有在戰爭爆發後才開始有人認真看待。正是戰事蔓延所導致的各種消磨與損失，替族群清洗鋪平了道路。這是因為二次大戰帶來了三大影響，最終讓那些煽動性言論演變成實際行動。第一，是戰爭導致的政權更迭，使得由誰來統治加利西亞和沃里尼亞這兩個地區才有正當性的問題重新浮上檯面。第二，占領此地的史達林和希特勒政權都各自施行了由他們一手擘畫的大規模族群清洗和種族滅絕計畫。最後，無論是波蘭或烏克蘭，當地既有的重要社會力量皆在戰爭中被連根拔除。本書接下來會先深入討論這三個因素，接著再細談波蘭人在西烏克蘭地區遭遇族群清洗的歷史。

領土統治正當性

由於波蘭的國家遭到納粹德國和蘇聯共同摧毀，其原本對境內領土的宣稱與統治正當性便因此遭受挑戰。波蘭政權在一九三九年九月毀滅時，距離當年協約國同意波蘭東部邊界的劃定也僅僅過了十六年。那些曾經參與過一九一八到一九一九年西烏克蘭與波蘭戰爭的士兵，如今年紀正值壯年。換言之，對於烏克蘭的民族主義運動者來說，烏克蘭對加利西亞地區和沃里尼亞地區的領土宣稱依舊相當有說服力，更不用說眼前迎來了實現的機會。那些認為波蘭統治是一種占領的烏克蘭人，如今都想在這塊土地上建立一個屬於烏克蘭的國家。即便是觀點比較溫和的烏克蘭文化認同者，在一九三九年波蘭滅亡後也都不再支持未來讓波蘭重新恢復統治。雖說這是烏克蘭民族主義組織（烏民組織）期盼已久的時刻，但眼前的任務依然相當艱鉅。從零開始打造新國家，本來就比重建舊國家更加困難，因為能得到的國際盟友更少，通常也不大符合國際法律制度，往往還得採取革命手段。這個過程極其艱困，卻也讓這條路顯得更加吸引人。與波蘭人的狀況不一樣，烏克蘭人將德國視為爭取獨立之路上的盟友，所以部分烏克蘭民族主義者才會出於政治動機與納粹合作。

積極參與政治運動的烏克蘭人，希望建立一個囊括加利西亞和沃里尼亞這兩塊前波蘭領土的新國家；但積極參與政治運動的波蘭人，則是希望波蘭能恢復成一九三九年劃定的邊界。令這些波蘭人難以原諒的是，一九三九年九月時烏克蘭村民是如何熱烈地用麵包和食鹽迎接入侵波蘭的德意志國防軍。[2] 大量烏克蘭人選擇替納粹成立的波蘭總督府工作，而且大多數都還受過教育且從事報酬可觀的職業，例如記者、教師、教授和官僚。[3] 烏克蘭菁英選擇與德國當局合作，站在希望建立烏克蘭國家和民族的立場來說確實是理性之舉，但看在波蘭抵抗運動人士眼中就只能是叛國的行為。比起殺德國人，處決通敵的烏克蘭人對波蘭抵抗組織來說更加省事，因為這樣也比較不容易引起德國人對波蘭平民的報復。而且比起對付通敵的波蘭人，要在反抗納粹時針對通敵的烏克蘭人進行處理無疑更加容易。

通敵者留下的汙點通常很難消除。儘管一九三九年夾道歡迎蘇聯統治的烏克蘭人常常在後來改變心意，但波蘭人無法忘記這些烏克蘭人當初在波蘭國家被摧毀時的見獵心喜。那些參與一九四一年納粹入侵蘇聯的烏克蘭民族主義者，很快就對納粹幻想破滅，但大家依然會記得他們曾經穿上德國軍服。然而，並不是只有烏克蘭人與納粹勾結，特別是在過去為波蘭東部的部分地方。這些地方於一九三九年時被蘇聯吞併，一九四一年又被德軍占領，許多當地人在歷經兩年蘇聯統治後把德軍視為解放者，或許並不讓人意外。（雖然我們如今已知德軍並非為解放而來，但一九四一年夏天確實有一些猶太人認為，被德國統治應該不會比被蘇聯統治更糟，因為蘇聯占領時期的驅逐行動確實對猶太人造成較大的影響，其集體化政策尤其讓商人和小販過得辛苦，且當時德國也還沒提出「最終解決方案」，以至於在蘇聯占領期間曾有成千上萬的猶太人出逃，自投羅網到德國去。）好比一九三九到一九四一年蘇聯治下加

圖 23：照片拍攝年代約為 1940 年，有人試圖跨越布格河（Bug River）從蘇聯逃至納粹占領區，然而卻失敗了。在河岸兩端，超過數以萬計波蘭第二共和國的公民都選擇渡過這條河，因為他們都相信對岸的占領政權可能不會比現在更糟。

利西亞和沃里尼亞的波蘭人，就時常與德國人勾結，卻從沒有像在波蘭中部和西部那樣背負罵名。儘管烏克蘭通敵者在蘇聯治下的加利西亞地區出任了幾乎所有公務要職，不過波蘭通敵者同樣在沃里尼亞地區德國占領當局的行政機關扮演重要角色。[4]

原本在軍事占領的情況下，必然會發生一些緊張衝突，但在納粹與蘇聯的占領案例中，有許多衝突卻是由占領者故意挑起。兩大強權都對占領區採取分而治之的策略。[5]一九三九年，蘇聯占領者刻意挑起波蘭人和烏克蘭人之間的衝突，鼓動烏克蘭人採取「革命」，好讓蘇屬烏克蘭合理化其將國土向西擴張到先前波蘭領土的舉措。[6]納粹德國則是允許烏克蘭中央委員會在波蘭克拉科夫採取行動——該委員會名義上是一個救濟組織，實際上卻是烏克蘭遂行政治活動的半官方中心，其成員希望借助德國的力量，將波蘭人和猶太人趕出這塊屬於烏克蘭「族群文化的領土」。[7]納粹德國在一九四一年占領沃里尼亞地區後，先是在一九四一到一九四二年煽動烏克蘭人迫害波蘭人，接著又在一九四三到一九四四年讓波蘭人反過來迫害烏克蘭人。這些都是納粹分而治之的統治手段，目的是為了穩固當地秩序，儘管此舉也間接導致當地民族主義武裝分子的數量上升。同樣的，推行納粹主義意識形態的各種作為，也刺激出更多民族主義者的出現。德國人狂妄地想奪取更多「生存空間」（*Lebensraum*），於是讓波蘭人與烏克蘭人陷入彼此對立的境地。一九四二到一九四三年，德國試圖在扎莫希奇（Zamość）附近的烏波邊界地區建立殖民地，同時指派烏克蘭中央委員會進行相關組織計畫。德國人希望能藉此讓烏克蘭與波蘭之間的衝突進一步惡化。[8]

族裔的分類與滅絕

如前所述，無論是烏克蘭人如何對待波蘭人，或是波蘭人如何對待烏克蘭人，都不能單純簡化為兩個民族之間的事件，也不能僅從民族歷史的敘事角度來理解。關鍵在於，波蘭人和烏克蘭人對待彼此的方式，會因為各自與占領勢力的關係而有所不同。無論是波蘭人還是烏克蘭人，兩者同樣都是被分類的對象，同樣因為分類而被驅逐或被殺害。自一九三九年起，無論是共產蘇聯還是納粹德國，都會向占領區人民發放身分證明文件。這個政策看似無害，卻導致了影響深遠的後果。被占領的勒沃夫／勒維夫在該年流傳著一則笑話：「一個人是由身體、靈魂與護照組成的。」正如我們後來看到的，一九三九年發放的身分證明文件，經常就決定了是否要讓一個人的靈魂離開他的身體。[9]納粹在一九四二年實施「最終解決方案」之前，也曾按照原先制定的粗略藍圖，強制將數十萬人遷出或遷入德占波蘭，只不過這項大業一直沒有完成。然而，納粹強制遷徙人口的做法，卻讓波蘭總督府轄區中的部分烏克蘭民族運動者開始認為，解決波蘭與烏克蘭民族爭端的最好方式，就是清洗對方的民族。一九四一年十二月，烏克蘭中央委員會的大老甚至向波蘭人提議，未來可以「仿效德國模式」推行人口交換。[10]另一方面，蘇聯則在一九三九到一九四一年間驅逐了至少四十萬波蘭公民，其中大部分是猶太人和波蘭人，[11]大約是這些土地上百分之三的人口。這類強制遷徙直到一九四一年六月德國入侵才結束。隨著德國軍隊進入烏克蘭領土，蘇聯內務人民委員部匆忙處決了數千名政治犯，其中大半是烏克蘭人。然而，這件事卻被烏克蘭民族主義者怪罪給猶太人，因為他們認為蘇聯是猶太人的政權。就在這種當地各族群彼此極度不信任的時刻，納粹德軍抵達了。納粹很快就拿內務人民委員部執行的處決做文章，挑撥烏克蘭人向猶太人報復。這正是納粹拿手的政治宣傳，而且相當有效。[12]

一九三九到一九四一年這段時間，納粹與蘇聯開始讓一項觀念深植人心：人可以被分門別類，並且依據分類予以差別對待。自一九四一年起，納粹的「最終解決方案」更是讓公眾意識到，原來真的有可能讓整個族群被徹底消滅。[13]數千名烏克蘭人以輔警身分參與了一九四一年末至一九四二年加利西亞和沃里尼亞兩個地區的「最終解決方案」。[14]這些在加利西亞地區和沃里尼亞地區發生的大屠殺事件，完全是對當地猶太人發動的冷血謀殺，而波蘭人則眼睜睜看著這場「最終解決方案」進行。[15]有一種史學觀點認為，「猶太人大屠殺」（Holocaust，希伯來語稱 Shoah）斬斷了猶太人在歐洲綿延數千載的歷史，卻也讓猶太人動起了在世界某個地方建立一個猶太國家的念頭。史學界會有這樣的觀點，並不難理解。另一種史學觀點，則將猶太人大屠殺這起歷史事件邊緣化，將其置於共產革命或民族發展等宏大歷史敘事中的邊緣位置。這類觀點往往比較隱晦，但要批判起來卻也比較容易。然而，為了更批判性地瞭解二戰與戰後時期的東歐史，我們必須先跳脫前述這兩類史學觀點。當我們想像「最終解決方案」的時候，必須將視角放回那一連串歷史事件之中，檢視這些事件對那些見證其發生或參與其中的群體，造成了什麼樣的後果。

值得注意的是，當納粹在一九四一年夏天占領沃里尼亞地區時，這其實已經是這塊土地過去三年內第二次被迫接受極權主義。許多年輕烏克蘭男性深深受到納粹占領影響，但納粹占領卻不是他們獲得政治權力的初次嘗試。那些在一九四一年擔任納粹輔警的年輕烏克蘭人，其中有許多人其實早在一九三九年起就當過蘇聯統治下的民兵。他們原本所受的蘇聯訓練，是將烏克蘭人和波蘭人之間的差異視為一種階級鬥爭，必須將有專業能力和管理地位的階級（大半是波蘭人）驅逐出境，藉此一併解決民族問題。這些來自沃里尼亞地區的烏克蘭男孩，同樣也參與了納粹在一九四一年起實施的「最終解決方案」，並因此變成某種自己做夢也沒想過的樣子。許多烏克蘭人在一九四一年加入德國政權，或是成為德國警察，他們各自有著不盡相同的動機。或為了繼續從事熟悉的工作，或是想要藉此獲得影響力；或為了趁機竊取財富，或為了除去猶太人，或為了提升地位，甚或是為了日後的政治行動做準備。波蘭人想要復興自己的國家，烏克蘭人則必須從頭打造新的國家，因此烏克蘭民族主義者具有強烈的政治動機與德國合作，也時常鼓勵烏克蘭青年加入納粹政權。然而，烏克蘭人的政治目標並沒有獲得納粹支持。到頭來，雙方合作完全無助於推進這項政治目標，更多是單方面協助納粹執行重要政策，也就是殺害猶太人。別忘了，沃里尼亞當地社會在這段時期的最大變化，就是有高達九十八．五%的猶太人遭到殺害。[16]為此，我們也需要檢視猶太人大屠殺為這些烏克蘭通敵者帶來哪些影響。納粹不僅訓練烏克蘭裔警察使用武器，還洗腦他們仇視猶太人。納粹親衛隊還會利用烏克蘭人的語言，灌輸年輕的烏克蘭新兵反猶思想。[17]都主教謝普蒂茨基曾在發現此事之後寫信給納粹親衛隊頭子海因里希．希姆萊（Heinrich Himmler），請求他們不要派烏克蘭裔警察去謀殺猶太人。一九四二年十一月，謝普蒂茨基發了一封主教牧函〈汝不能殺戮〉（Thou Shalt Not Kill），[18]希望每座希臘禮天主教堂佈道時都會宣讀。他希望能藉此讓信眾明白，無論什

圖 24：戰間期奧斯特羅格的居民，這座城鎮即現在烏克蘭的奧斯特羅。雖然這裡是近世基督教研究和爭論的中心，但這裡在 1941 年之前住了大量猶太人。

麼理由，殺人都是不對的。

然而，就在謝普蒂茨基如此祈求的時候，早已經有數千名烏克蘭人以政治理由謀害無辜，即便這些政治理由根本無益於烏克蘭民族主義，而是淪為希特勒千年納粹帝國的幫兇。「最終解決方案」讓這些烏克蘭人見識到了，只要靠著精密規劃的組織，以及願意對眼前男女老少開槍的人手，就有辦法大規模屠殺平民百姓。當時沃里尼亞附近就建有一座惡名昭彰的索比堡（Sobibor）滅絕營，但沃里尼亞的猶太人並沒有被送進那座營區，而是在一九四一年末到一九四二年間被迫徒步走到鄰近的開闊田野。在那裡迎接他們的不是毒氣，而是子彈。腥風血雨吹過一座又一座村莊和城鎮，一個古老的文明就這樣一點點地從地表上消失。我們在第六章提過一座沃里尼亞城鎮奧斯特羅格（波蘭語 Ostróg，即今日烏克蘭的奧斯特羅 Ostroh），這裡是近世基督教改革的中心，同時也是猶太教育的中心。一六四八年這裡發生赫梅利尼茨基起義，終結了舊波立聯邦的東斯拉夫復興。當時起義的過程中也發生了猶太屠殺，整段過程都記錄在《絕望深淵》（*Yeven metsulah*）一書中。該書作者是畢業自奧斯特羅格猶太授業座的拉比，奈森．漢諾瓦（Nathan Hanover）。雖然這本書寫的是一六四八年的歷史，但對照一九四二年此地發生的大屠殺血淚，讀起來就宛如預言一般。奧斯特羅格是沃里尼亞第一批實施「最終解決方案」的城鎮。到了一九四一年底，該鎮已有三分之二的猶太人居民遇害。接著，納粹才在此地蓋起了猶太隔離區。[19]

當倖存的猶太人都被趕進猶太隔離區之後，納粹親衛隊就在烏克蘭和德國警察的協助下於一九四二年下半年展開一系列行動。城中的猶太人從猶太隔離區被驅趕至幾公里以外的地方，被迫脫去衣物、交出財物，然後躺進挖好的坑裡，最後被親衛隊用機關槍掃射。有些猶太人試圖從隔離區逃走，偶爾也有些猶太人能在機關槍的掃射之下倖存，而殺掉這些漏網之魚的職責就落到了烏克蘭裔警察身上。在一些較小的城鎮或村落，「最終解決方案」的紀錄相對較少，但正是在這些地方，烏克蘭裔警察對屠殺起到了更大的作用。前前後後大約有一萬兩千名烏克蘭裔警察，協助大約一千四百名德國警察，共同謀殺了二十萬左右的沃里尼亞猶太人。雖然烏克蘭裔警察實際殺害猶太人的人數比例並不算多，但沃里尼亞地區之所以有辦法進行如此大規模的猶太人大屠殺，其實正是得力於這些烏克蘭警力的配合。[20]這些警察一直工作到一九四二年十二月。

隔年春天，一九四三年的三月到四月，幾乎所有烏克蘭裔警察都離開了德國警隊，加入了烏克蘭反抗軍（Ukrainian Insurgent Army，烏克蘭語：Ukrains'ka Povstans'ka Armiia, UPA）所組織的游擊隊。[21]游擊隊的主要任務之一，就是要清除還住在沃里尼亞地區的波蘭人。後來的波蘭人傾向於認為，烏克蘭反抗軍之所以能夠痛下殺手，是因為烏克蘭人生性殘暴，但實際上卻是因為這些烏克蘭人已有過類似的經驗。人類往往是從做中學，訓練幾次之後就熟能生巧，愈做愈上手。烏克蘭游擊隊在一九四三年大規模屠殺波蘭人時所採取的戰術，實際上都是從一九四二年協助納粹屠殺猶太人時學到的。他們會事先詳細擬定計畫，精心挑選地點，接著在採取行動前先安撫當地人，再無預警包圍聚落或社區，最後將居民一個個誅殺殆盡。烏克蘭反抗軍的種族滅絕行動可以如此雷厲風行，正是因為這群烏克蘭人從德國人那裡學到了整套大屠殺的技術。一九四三年沃里尼亞波蘭人陷入的無助絕境，幾乎跟一九四二年沃里尼亞猶太人的處境不相上下。這也是為什麼針對波蘭人的屠殺會從沃里尼亞開始，而不是加利西亞地區，因為當年沃里尼亞的烏克蘭裔警察就是納粹「最終解決方案」的重要助力之一。沃里尼亞先後發生的猶太人大屠殺和波蘭種族滅絕，使數以千計的烏克蘭人手上同時沾染過猶太人和波蘭人的鮮血。但我們不禁要問，為什麼烏克蘭民族主義者會想要消滅沃里尼亞的波蘭人？抱持反波蘭想法的烏克蘭人，又是如何掌權，於一九四三年下令對波蘭人進行族群清洗？烏克蘭警察在一九四二年是奉德國人的命令殺害猶太人，但當這群警察在一九四三年加入烏克蘭反抗軍的游擊隊時，又是奉誰的命令去殺害波蘭人呢？

遭斬首的公民社會

烏克蘭人和波蘭人之所以爆發如此激烈的衝突，最重要的原因或許是因為雙方的菁英都陷入士氣低落的困境，甚至有大批菁英死於非命。當蘇聯在一九三九到一九四一年第一次占領此地，就驅逐和殺害了大量菁英。比起烏克蘭人，波蘭人和猶太人更容易被強迫遷徙或殺害，但當時受過教育的烏克蘭人原本就不多。至少四十萬名波蘭公民被逮捕，並且從波蘭東部領土被強制遷徙至哈薩克或西伯利亞。國家官員和專業人士最先被驅逐出境，使得許多地方頓時變得群龍無首，少了能夠指引道德方向或組織政治行動的權威人物。超過兩萬名受過教育的波蘭公民在一九三九年被紅軍打入大牢，包括大半的波蘭軍官，並在史達林的一聲令下全部遭到內務人民委員部處決。受害者當中約有七百到九百名猶太人，這也顯示出波蘭其實是有猶太軍官的。這些暴行發生在卡廷森林（Katyń

Forest），也發生在許多地方。一九四一年德國入侵蘇聯，蘇聯占領當局跟著撤出加利西亞和沃里尼亞，而內務人民委員部又射殺了數千名當地的波蘭人、烏克蘭人和猶太人。[22]而在納粹德國這邊，他們也在一九三九年後的波蘭總督府轄區謀殺了大量波蘭知識分子，並且監禁可疑的烏克蘭人。德國的鎮壓行動也替當地製造了許多永難磨滅的傷痛記憶，例如烏克蘭民族主義領袖斯捷潘·班德拉（Stepan Bandera）的兩名兄弟就是死在波蘭裔獄卒之手，[23]而海烏姆（Chelm）地區的波蘭人則以懲罰通敵者為由，殺害了三百四十九名烏克蘭在地領袖。烏克蘭民族主義人士聲稱，正是這起屠殺事件激發出當地烏克蘭語人口的民族意識。[24]德國在一九四一年入侵蘇聯之後同樣逮捕了大量烏克蘭菁英，包含沃里尼亞和加利西亞地區的烏克蘭民族主義人士。一九四一年六月，烏克蘭民族主義組織宣布烏克蘭獨立，結果又有數十人被捕。納粹德國殺害了數百名受過教育的沃里尼亞烏克蘭人，其中有些還是在蘇聯游擊隊的刻意挑撥之下發生的。[25]

與烏克蘭和波蘭菁英階層遭受毀滅同時發生的，還包括了烏克蘭和波蘭公民社會的軍事化，特別是在一九四一年德國入侵蘇聯之後。戰時狀態下，烏克蘭和波蘭政府或政黨組織都失去了領導權威，大權旁落於游擊隊或地方民兵等軍事化組織之手。[26]雖說波蘭官方的抵抗組織波蘭救國軍在許多方面表現亮眼，但其指揮結構卻很脆弱。一九四三年六月，救國軍將領斯蒂芬·羅維奇（Stefan Rowecki）遭到納粹蓋世太保逮捕，使得救國軍更難掌握各地情況，只能鬆散地主導一些民兵組織。但這些組織各有各的政治思想，好比左派組織「農民營」；有些甚至還拒絕聽從救國軍的號令，例如極右派組織「國家武裝部隊」。雖然波蘭的合法政府得到西方盟國的承認，但它在沃里尼亞地區卻沒有什麼實際權威。波蘭政府代表就曾對沃里尼亞的波蘭人投身德國行政機關感到驚訝，也無法阻止沃里尼亞的波蘭人加入德國警察。

烏克蘭的情況更為嚴峻，因為他們沒有國家，無法組織一支官方軍隊，檯面上僅剩極右派勢力的代表。烏克蘭民間社會的急速右傾，對一九四三年後的事件發展產生了關鍵影響。原本在戰間期的波蘭，烏克蘭民族主義組織這種恐怖組織的規模遠比主流的民主組織烏克蘭全國民主聯盟還小得多。結果烏克蘭全國民主聯盟等政黨在戰爭期間解散之後，烏民組織就成了西烏克蘭唯一的烏克蘭政治組織。一九四一年春天，烏民組織分裂成兩個派別：「班德拉派」（OUN-Bandera）與「梅爾尼克派」（OUN-Mel'nyk）。梅爾尼克派成員年紀較大，受教育程度也比較高；班德拉派則是比較年輕的一代，而且迫不及待想要發動攻擊。兩派在一九四〇到一九四一年間不斷鬥爭，最後班德拉派勝出，成了主導全國的組織。然而，班德拉派雖然在這場同族相殺的鬥爭中打敗了梅爾尼克派，班德拉派的高層卻隨即遭到納粹整肅。一九四一年六月，烏民組織在勒維夫宣布烏克蘭獨立之後，班德拉本人就遭德國人逮捕，而該派將近五分之四的領導階層都在隨後兩年間死在德國人手中。到了一九四三年，烏克蘭在政治上僅僅剩下一個從恐怖主義團體分支出來的極端組織。該武裝團體的主要成員大多年輕，且缺乏經驗。[27]

一九四三年清洗沃里尼亞波蘭人的，就是這群班德拉派餘黨。該組織先是由民族主義領袖雷貝德（Mykola Lebed'）領軍，後改由舒赫維奇（Roman Shukhevych）接手。原本沃里尼亞地區並不是只有班德拉派存在，而是還有另外兩支烏克蘭游擊隊組織，分別是由烏克蘭反抗軍創建者之一的布爾巴—波羅維茲（Taras Bul'ba-Borovets）領導的派系，以及曾經同樣屬於烏民組織的梅爾尼克派。波羅維茲是經驗老道的民兵指揮官，他拒絕採取大規模族群清洗的方式來解決波蘭問題；[28]梅爾尼克派則如前所述，正陷入與班德拉派的惡鬥之中。這兩股勢力後來都在一九四三年初被班德拉派消滅，其士兵則被倒向班德拉派的烏克蘭反抗軍收編。這段期間，多達數以萬計的烏克蘭同胞因為被懷疑與波羅維茲或梅爾尼克有關，而慘死在班德拉派的擁護者手下。雖然目前學界對實際傷亡數字未有定論，不過烏克蘭反抗軍在一九四三年殺死的烏克蘭人跟波蘭人很可能一樣多。[29]班德拉派樂於背叛和伏擊其政治對手，還成功把過去當過警察的人招募回鍋，並以激進目標吸引當地年輕人加入，最終在一九四三年成為沃里尼亞地區的主導勢力。

事實上，在全部烏克蘭人裡面，只有一小群非我即敵的狂熱分子打算清除沃里尼亞的波蘭人。這群人乘著波蘭在二戰期間面臨軍事重挫與種族滅絕，整個公民社會元氣大傷之際崛起與茁壯。當班德拉派領導人雷貝德在一九四三年四月做出徹底改變烏克蘭和波蘭關係的舉動，提議要「清除整片革命領土的波蘭人」時，才不過三十三歲。[30]也就是說，他們的民族主義策略其實並不成熟，其手下又多是參與過種族滅絕的年輕人，結果整個沃里尼亞地區形勢的發展就是掌握在這群人手上，埋下了日後烏克蘭和波蘭爆發戰爭的禍根。雖然戰爭會吸引某些群體採取某些策略，但決定要在一九四三年清洗波蘭人的責任，其實還是落在班德拉派的領導階層身上。這一小群人為了當下狀況所制定的策略，最終決定了時局的走向。

梅爾尼克派的民族策略

前面已經介紹了相關歷史脈絡和人物，現在就讓我們來看看烏克蘭是如何走到這個地步。德軍在史達林格勒戰役失利後，班德拉派就開始採取族群清洗的策略來促進民族解放。為了理解族群清洗為何會成為班德拉派的策略，我們得先檢視同一時期梅爾尼克派所採取的策略：梅爾尼克派主張與德國建立合作關係。當時的德國人唯有在東線戰場陷入節節敗退時，才願意大力支持烏克蘭人武裝起來，而梅爾尼克派欣然接受了德國人的武裝提議。受到梅爾尼克派的鼓舞（同時也想藉此避免被納粹德國徵召去做苦力），大約八萬名烏克蘭人自願加入納粹武裝親衛隊（Waffen SS）組建的第十四武裝擲彈兵師，又名「加里西亞師」。該師之中只有一萬一千六百人接受過軍事訓練，且德國人也缺乏合適的軍官。加里西亞師獲得許多烏克蘭人的支持，甚至包括致力於庇護猶太人的都主教謝普蒂茨基，因為他認為加里西亞師將會成為未來烏克蘭軍隊的骨幹核心。即使是像謝普蒂茨基這樣大半輩子都奉獻給基督教的人，也很清楚烏克蘭需要自己的軍事力量才能建國。謝普蒂茨基的一位兄弟擔任過波蘭將軍，曾經在一九二〇年擊敗了西烏克蘭共和國。這段艱苦的記憶讓謝普蒂茨基明白，沒有軍隊，烏克蘭就無法建國。謝普蒂茨基支持武裝親衛隊加里西亞師的歷史事實，其實突顯了烏克蘭當時的戰略地位究竟是何等艱困，即便是主張寬容之人也需要合理化自己的極端手段。[31]

一九四三年冬到一九四四年春，武裝親衛隊加里西亞師摧毀了好幾個波蘭社區，最廣為人知的就是在一九四四年二月屠殺胡塔佩尼茨卡村（Huta Pieniacka）的五百名居民。[32] 加里西亞師並沒有被派去執行猶太大屠殺，因為當時「最終解決方案」早已實施多時。加利西亞和沃里尼亞地區的絕大多數猶太人早已在一九四二年就被謀殺，大部分都是在自己家附近、鄰近的森林或田野裡被一個個處決。部分加利西亞地區的猶太人則死於伯羅維賽克（Borovetsec）、奧斯威辛、特雷布林卡、索比堡及馬伊達內克（Majdanek）等地的死亡集中營。加利西亞地區的猶太人歷史在此終結。無論是在勒沃夫這樣的大城市，還是布羅德（Brody）等原本是加利西亞地區猶太居民最多的小鎮，如今都再也看不見半個猶太人。一九四四年七月，加里西亞師在布羅德遭蘇聯紅軍殲滅，該師的編制歷經改組後後加入了更多來自其他地區的志願者，還被派往斯洛伐克和南斯拉夫鎮壓當地的反德起義。諷刺的是，烏克蘭民族主義者原本希望藉由這支軍隊來建立烏克蘭的國家，結果這支軍隊卻在外國人的命令下離開烏克蘭，前往別的國家鎮壓民族主義運動。許多士兵半路落跑，大多投靠班德拉派與由班德拉派掌控的烏克蘭反抗軍。隨著德國人撤離烏克蘭，梅爾尼克派頓時失去靠山，其合作策略也就失去了說服力。梅爾尼克本人跑去尋求新的贊助者支持，卻因此遭蓋世太保逮捕入獄。

加里西亞師的歷史在戰後受到了最多的關注，因為納粹武裝親衛隊正是希特勒政權底下最惡名昭彰的單位，同時也是「最終解決方案」的主要實施者。對某些烏克蘭民族主義者來說，加里西亞師是最有可能實現烏克蘭建國目標的組織。在今日的獨立烏克蘭，人們可以在勒維夫博物館的建國展覽中看見加里西亞師的制服。該師重新改組後，上千名老兵自願向在德國境內的美軍或英軍投降。部分在義大利戰鬥的該師老兵，則在波蘭將領安德爾斯（Wladyslaw Anders）和教宗庇護十二世（Pope Pius XII）的呼籲下，躲過了遭遣返回蘇聯的命運（當然，最根本的理由還是因為這些老兵都是波蘭公民）。[33]由於同盟國在戰後將加里西亞師認定為戰鬥人員，該師老兵紛紛跑到英國和加拿大，幾十年來一直為自己的行為辯護。正如我們前面所說，姑且不論各種有關通敵和建國方面的爭議，加里西亞師涉入波蘭族群清洗的程度其實相對較小。

班德拉派的民族策略

清洗波蘭人的罪魁禍首，其實是烏民組織底下的班德拉派。德國人在史達林格勒吃了敗仗之後，班德拉派便與梅爾尼克派分道揚鑣。梅爾尼克派看準機會，迅速跟德國人建立合作關係，班德拉派則認為，眼下烏克蘭人只能採取獨立行動。隨著蘇聯在沃里尼亞地區的游擊隊活動從一九四三年二月起不斷增加，班德拉派也抓準了這一千載難逢的好機會。[34]班德拉派一方面拉攏所有願意對抗德國統治的人，一方面吸收史達林格勒戰役之後逃離崗位的烏克蘭裔警察，然後決定在一九四三年二月展開自己的游擊行動。該年三月，班德拉派創立了烏克蘭反抗軍，組織任務包括對抗德國人、保護烏克蘭不受蘇聯的侵擾，以及將住在烏克蘭的所有波蘭人全部清除出去。[35]那年春天，許多沃里尼亞警察離開了原本的崗位，班德拉派便從加利西亞向北方派出一批軍官前往領導這些人，打造了一支由加利西亞人指揮沃里尼亞人的部隊。從這點也可以看出，烏克蘭民族主義其實很早就在今日我們稱之為「西烏克蘭」的土地上站穩腳跟。從一九三九到一九四三年，沃里尼亞地區歷經了一連串的政治變動。先是波蘭當局對當地東正教發起了反對運動，接著這起運動又結束於一九三九年的蘇聯占領。蘇聯一邊動員烏克蘭人參與當地的政治活動，一邊強迫他們建立集體農場。德國人在一九四一年取代蘇聯，但他們同樣藉烏克蘭人之手，繼續在當地實施高壓統治。當地的年輕警察先後受到蘇聯和納粹政權的培育，然後才在一九四三年春天成為沃里尼亞烏克蘭反抗軍的核心成員。在短短幾年之內，沃里尼亞的烏克蘭人就先後遭到波蘭、蘇聯和納粹等三個不同勢力的動員。

原本較活躍於加利西亞地區的班德拉派，此後便開始在沃里尼亞展開自己的軍事行動。班德拉派建立了烏克蘭反抗軍，儘管最初比較多是出於在地情勢和權宜之計，但該組織的目標卻是考量到國際局勢和長期戰略。班德拉派不僅反對納粹和蘇聯占領烏克蘭，還堅持一個烏克蘭國家裡不能容許波蘭少數民族存在。班德拉派領導階層顯然深信，二次大戰會跟一次大戰一樣，以德國人和俄國人被戰爭拖垮而告終，因此烏克蘭人最後的大敵乃是復國後的波蘭。[36] 畢竟，烏克蘭民族主義組織原本就是由參加過西烏克蘭與波蘭戰爭的老兵組成，會有這樣的想法或許也不意外。班德拉派則收留了一九三〇年代曾被波蘭關押在貝雷薩—卡爾圖斯卡（Bereza-Kartuska）監獄中的年輕人。這兩代烏克蘭人都認為，波蘭人未來只要一逮到機會，就有可能向加利西亞和沃里尼亞地區出兵。對他們來說，波蘭勢必會像一九一八年那樣復國，同時波蘭中部的軍隊和移民就會過來占領烏克蘭，所以他們必須在戰爭期間就建立一支軍隊來防範。[37] 沃里尼亞的烏克蘭人往往聽信這樣的說詞。許多當地農民都認為波蘭人是最鐵石心腸的殖民者，所以要是能夠搶到波蘭人的資產，將會是莫大的獎賞。

抱持類似想法的，也包括了波蘭流亡政府及其地下抵抗勢力波蘭救國軍——波蘭人確實也有奪回加利西亞和沃里尼亞地區的計畫。[38]無論是波蘭士兵還是西方盟國，都認為波蘭人在二次大戰中的最主要目標，就是恢復波蘭在一九三九年的國界。波蘭政府拒絕承認納粹或蘇聯以侵略改變波蘭東部邊界的做法，他們也很清楚任何妥協都會被視為是對莫斯科當局的讓步。[39]波蘭接受烏克蘭獨立，但只能是在蘇聯領土上獨立，而不能是在波蘭領土上獨立。從波蘭的角度來看，德國和蘇聯一旦被戰爭拖垮，波蘭軍隊就能藉機收復東部領土，恢復戰前的國界。早在一九四一年，波蘭將領就曾向在倫敦的流亡政府解釋過，未來若要波蘭人起義反抗德國，勢必也需要一併以某種快速的「武裝占

圖 25：烏克蘭反抗軍，照片拍攝時間約為 1943 年。

領」方式處理加利西亞乃至於沃里尼亞的烏克蘭人。[40]波蘭救國軍在一九四二年制訂的反德起義計畫，就把針對烏克蘭人的武裝行動納入考量。[41]到了一九四三年，烏克蘭與納粹德國攜手合作的行為，更讓波蘭人無法想像彼此能夠結為盟友。更不用說，波蘭救國軍的任務就是保衛波蘭在戰前的領土，因此該軍領導人能給烏克蘭好處更是微乎其微。[42]一九四三年，波蘭救國軍也在加利西亞地區建立了自己的軍隊（沒有選在沃里尼亞地區是因為當地的波蘭人數量太少）。

無論是波蘭救國軍，還是烏克蘭反抗軍，雙方都計劃要發動一場快速的軍事襲擊，搶占加利西亞和沃里尼亞地區的領土。倘若雙方真的再度爆發一次像一九一八到一九一九年那樣的常規戰爭（波烏戰爭），那討論究竟是誰先動手大概意義不大。但這樣的戰爭終究沒有爆發，因為實際上發生的狀況是，班德拉派在一九四三年初搶先突襲了波蘭人，而且採取的做法已不是常規戰爭，而是族群清洗。如同前面章節所述，烏克蘭民族主義組織早在二戰前就擁抱了極權式的統合性民族主義：根據這套意識形態，烏克蘭國家裡只能有烏克蘭民族，因此要讓波蘭「占領者」再起不能的唯一辦法，就是清光所有在烏克蘭土地上的波蘭人。在大原則上，梅爾尼克派也是這樣想像自己的烏克蘭國家，但班德拉派的差別在於，其領導階層深信必須在一九四三年就採取清洗行動。在班德拉派眼中，此時猶太人已經被德國人消滅，而德國人和蘇聯人都即將成為過客，唯獨波蘭人必須靠武力才能把他們從「烏克蘭的土地上」剷去。波蘭民族主義者希望復興舊有的秩序，烏克蘭民族主義者則搶先一步，他們已準備好打造一套新秩序。

屠殺

一九四三年春天，烏克蘭反抗軍從德國人手中搶回了對沃里尼亞鄉村地區的控制權，[43]並開始大肆謀殺和驅逐波蘭人。

當時沃里尼亞地區的波蘭人力量太過孱弱，根本沒想到要主動出擊。當地波蘭裔人口的比例在一九三九年時最多占十六％，約莫是四十萬人，這個數字到了一九四三年已經降到八％與二十萬人左右。[44]這些波蘭人分散在農村，並且已在先前的驅逐行動中失去了領導菁英。他們沒有自己的游擊隊，也沒有自己的國家權力機構，只能仰賴德國人的保護。班德拉派利用烏克蘭反抗軍對付波蘭人之舉，完全是針對平民的族群清洗。[45]整個一九四三年，烏克蘭反抗軍的成員和特別情治單位都忙著在波蘭人的殖民地、波蘭人或烏克蘭人的村莊殺害波蘭老百姓。[46]為了摧毀規模更大的波蘭人聚落，烏克蘭反抗軍甚至會動員當地的烏克蘭居民。

目前已有大量能夠互相佐證的目擊報告，指出烏克蘭游擊隊和其黨羽到處毀屋滅村，射殺那些試圖逃跑的波蘭人，或把他們關在燃燒的屋子裡，甚至用鐮刀或乾草叉殺死在外捕獲的波蘭平民。游擊隊將那些正在舉行禮拜的教堂燒為平地，刻意公開展示那些遭斬首、釘死、肢解或開腸破肚的屍體，逼得留下來的波蘭人紛紛逃離。[47]在部分波蘭人與烏克蘭人混居的地區，烏克蘭反抗軍的情治單位會先警告當地的烏克蘭人逃跑，然後隔天再來殺死所有留下來的人。[48]烏克蘭反抗軍偶爾會聲稱自己是蘇聯游擊隊，甚至還曾跟波蘭游擊隊提議一起攻擊德國人，讓當地居民信以為真而召集鎮民大會，烏克蘭反抗軍再藉機一舉殺光群聚民眾。[49] 這類族群清洗政策深獲烏克蘭反抗軍內部歡迎，而且也受到沃里尼亞一些烏克蘭農民的支持。[50] 烏克蘭反抗軍會向與波蘭人同住一個村落或城鎮的烏克蘭人提供物質利益，吸引他們加入屠殺鄰居的行列。不過，其中也有不少烏克蘭人冒險警告或庇護波蘭人，甚至為此犧牲性命。[51]

烏克蘭反抗軍的游擊隊、情治單位和烏克蘭農民，針對沃里尼亞波蘭人發動一系列襲擊，時間大多落在一九四三年三月到四月、七月到八月和十二月下旬。到了該年七月，烏克蘭反抗軍已經陸續收編了沃里尼亞地區其他的烏克蘭派系，組成了兩萬人大軍，有辦法在廣闊的領土上同時發起行動。[52] 烏克蘭反抗軍不僅在首期的機關報上，威脅著要讓所有還留在烏克蘭的波蘭人都「在屈辱中死去」，[53] 還將其付諸實行。一九四三年七月十一日到七月十二日上午，烏克蘭反抗軍在短短十二個小時內襲擊了一百六十七個地點，由於當時適逢東正教聖彼得和聖保羅節的慶典期間，這起慘絕人寰的屠殺就被後世稱之為「波蘭佬的血腥禮拜天」（在此之前，烏克蘭人還發起過另一次人稱「血腥禮拜五」的襲擊）。到了聖誕節，沃里尼亞地區又是一場浩劫。由於羅馬天主教比東正教更早過聖誕節，所以烏克蘭人和波蘭人在聖誕節時自然而然就被區隔出來。正當所有波蘭人都聚集在教堂過節時，烏克蘭人釋放的熊熊惡火吞噬了這些易燃的木造教堂，一些僥倖逃出火場的民眾則被子彈打死。在沃里尼亞地區，光是一九四三年就有四萬到六萬名波蘭平民遇害於烏克蘭反抗軍之手。[54] 我們如今也把這一系列襲擊事件視為沃里尼亞地區猶太人大屠殺的一部分，因為部分受害者就是那些從一九四二年冬日屠殺事件倖存下來的極少數沃里尼亞猶太人。他們那一次是跟著波蘭農民一起躲在沃里尼亞鄉間才得以逃過一劫，但這一次卻連同這些波蘭農民一起遇難於一九四三年烏克蘭反抗軍的屠殺行動。[55]

一座波蘭村莊的滅絕

沃里尼亞地區前前後後共計有上百個聚落遭到殘忍地屠殺，但其中一座村莊的故事特別值得在此一提。雖然光從單一村莊發生的事情，無法推論出大屠殺的完整樣貌，但比起概括性的描述，那座村莊的遭遇更能讓我們瞭解人們是如何一步步走向悲劇。一九四三年，沃里尼亞沃齊米爾區（Włodzimierz）有一座小村莊叫做格文博奇卡（Głęboczyca），全村共有七十戶人家。這座波蘭村莊建於十九世紀晚期，在波蘭於一九一八年後獨立建國之前始終都在俄羅斯的統治之下。這裡的生活跟鄰近的烏克蘭村莊其實沒有太大差異，沒有特別繁榮，也不特別貧困，平常仰賴與附近聚落的貿易往來，許多當地農民也有參與烏克蘭人的合作社。蘇聯占領的一九三九到一九四一年間，格文博奇卡拒絕參與農業集體化政策，並因此受到蘇聯地方當局的懲罰。一九四一年夏天起，村莊改由德國人統治，當地的烏克蘭人從蘇聯占領期間就一直握有較大的權力，現在他們依然占有優勢，替德國人擔任警察和行政管理的職務。當地烏克蘭人負責擬定要把誰送去德國強制勞動，而他們盡可能挑選波蘭人——結果就是格文博奇卡半數的波蘭家庭，頓時失去了家中最有能力的男丁；另外還有人數高到不成比例的波蘭人被送去給德國政府當苦力和砲灰。一九四二年夏天，德國和烏克蘭警方開始四處逮捕及殺害當地大多數的猶太人。猶太人一個接一個，一群接一群地被帶走，其他的基督徒居民時常可以聽見附近傳來處決的槍聲，有時甚至親眼目睹行刑。一九四三年春天，當地德國警隊裡的烏克蘭人紛紛離開崗位，轉而加入在森林裡暗中行動的烏克蘭反抗軍。這些新加入的烏克蘭游擊隊還襲擊了某個德軍駐點，搶走了當地德軍的武器。

此時整個區域都落入了烏克蘭反抗軍的手中。對當地的波蘭人來說，區分統治者是烏克蘭反抗軍或德國人已經沒有太大意義，因為控制當地的人都是同一批，拿著同樣的武器。最一開始時，烏克蘭反抗軍對待格文博奇卡居民的方式並沒有太大的變化。他們首先確保波蘭人身上都沒有武器，並且掌握了每個家庭的成員名單，徹底搜索過各家房屋，不讓任何波蘭人逃出自己的手掌心。烏克蘭反抗軍接著會指派部分家庭來為自己運送物資，而那些協助運送貨物到反抗軍基地的波蘭男子，往往都成了槍下亡魂。他們特地挑選年輕的波蘭壯丁進行殺害，特別是受過教育或具有才華的那些，而且大多數在死前都慘遭酷刑。格文博奇卡居民其實多少耳聞過其他波蘭聚落慘遭滅村的消息，有時夜裡甚至還可以看到遠處的村莊冒出火光。但也許是那些傳言太過危言聳聽，使得多數人都是半信半疑，或是認為消息即使為真，這麼可怕的事情應該也不會發生在自己身上。[56] 一九四三年八月，村民們都殷殷期盼著莊稼收成，畢竟若真有必要逃亡，長途跋涉總也要備好糧草才是。面對無法想像之事時，人們會不相信是正常的；當辛苦栽種的莊稼成熟，農民心裡會放不下也是正常的。但除了這些人之常情之外，當地村民會這麼一廂情願，其實還有另外三個原因。首先，當時各個村落之間相距遙遠，彼此互通消息的方式也很原始，所以大多時候人們只能仰賴個人經驗進行判斷。其次，當其他村落不幸遭受襲擊，倖存者往往少之又少，即使有，大多也是逃往其他更大的聚落，而不是格文博奇卡這種小村莊。最後，這些波蘭人的烏克蘭鄰居就在他們耳邊在在保證，像他們這樣「良善的波蘭百姓」，不可能淪落到「被屠殺」的下場。

一九四三年八月二十九日破曉時分，烏克蘭反抗軍的游擊隊和一些從鄰近村莊過來支援的烏克蘭人，開始團團圍住格文博奇卡村，準備殺害所有居民。他們包圍了農田，用鐮刀將那些剛下田工作的農夫活活砍死。農夫的妻子聽到了田裡的慘叫聲而開始警覺，但依然沒能逃過子彈和農具的襲擊。整座村莊慘叫與悲鳴四起，只有少數人死裡逃生，全村至少一百八十五名波蘭人死於非命。有的被斬首，有的遭絞殺，有些還慘遭剝皮，甚或心臟被挖出來，還有的人是被放火燒死，更多人則是被農具劈成肉塊。一些受害者甚至同時遭受了前述多個甚或所有的折磨手段。最終整座村莊被夷為平地，直至今日都找不到村人曾經生活過的痕跡。[57]

滿腔復仇怒火的通敵者

在這類恐怖襲擊中倖存下來的沃里尼亞波蘭人，都逃離了他們的家園。親人死去的慘狀，深深烙印在他們的心中，驅使他們等待與抓緊為往生者報仇的時機。數以千計的波蘭人有的接受了波蘭救國軍協助，有的接受德國人的協助，建立了大約一百個自衛前哨基地。[58]波蘭的自衛隊曾擊退過一些烏克蘭人的攻擊，一些比較大的聚落，例如胡塔斯捷潘斯卡村（Huta Stepańska），便成了重要的防禦據點。部分資料顯示，這類自衛哨站是波蘭人重要的根據地，幫助波蘭人平定了一些烏克蘭村莊。部分猶太人在一九四二年跑去波蘭人那裡避難，到了一九四三年又跟著波蘭人逃往這些前哨基地，甚至加入自衛隊的行列。那年夏天，沃里尼亞地區幾乎被屠成一片荒漠。那些受德國人統治的城鎮則安然無恙，對波蘭人（甚至猶太人）來說，這些城鎮就像荒漠中的綠洲。[59] 當時在德國當局的命令之下，許多波蘭人都被強制遣送到德意志帝國去做苦力，但跟屠村的命運相比，強制勞動至少還可以保住性命。當蘇聯開始在當地城鎮招募新兵的時候，也吸引了許多手無寸鐵但又想要對抗烏克蘭反抗軍的波蘭年輕人（或許也包括一些猶太人），大約有五千到七千人因此加入蘇聯游擊隊。[60]

烏克蘭反抗軍在一九四三年初同時對納粹和波蘭人開戰，卻反而讓這兩群人聯合了起來。波蘭人藉由當上德國的警察，對烏克蘭人展開報復。由於當時沃里尼亞的烏克蘭人陸續從德國警隊跳槽到反抗軍，德國人便徵召波蘭人替補空缺。考慮到波蘭人所遭遇的大規模屠殺，這項招募工作輕易就招滿了波蘭人。例如來自格文博奇卡村的難民，好不容易逃出烏克蘭人的毒手，就接到德國警隊的工作。有一位波蘭警員來自沃里尼亞地區的佐菲約卡（Zofijówka）殖民地，而他警隊裡的同事多達一百一十名則是來自一九四三年七月十一到十二日屠村慘劇的倖存者。根據這位警員的回憶，「加入警隊是為了取得武器。」[61] 大約一千兩百名波蘭人在這個時候加入當地德國警隊，與此同時德國人還從波蘭總督府轄區調來更多的波蘭警隊支援。無論是來自當地還是外地的波蘭裔警察，全都以殘暴的手段報復了烏克蘭人。[62] 這些穿上德國制服的波蘭人，對遠在倫敦的波蘭流亡政府來說毋寧是一種叛國者，同時這些人的報復行為進一步坐實了烏克蘭反抗軍的政治宣傳，讓烏克蘭人更加相信波蘭人就是烏克蘭的敵人。

當然，有許多波蘭公民其實根本沒有機會尋求德國人的幫助，就已死在烏克蘭反抗軍的手中。根據一九四三年四月來自烏克蘭反抗軍的報告：「在舒姆斯基（Szumski）地區的庫提村（Kuty），整個波蘭殖民地的八十六座農場全都付之一炬，所有人皆遭清算，因為他們曾與蓋世太保和德國占領當局有過合作。」「在韋博斯基（Werbski）地區，波蘭殖民地諾娃諾為撒（Nowa Nowica）的四十座農場遭到整肅，因為此區曾與德國占領當局合作。」[63]諷刺的是，那些以嚴懲通敵為由，而在該年四月時殺害波蘭聚落裡所有男女老幼的烏克蘭人，明明自己也才剛從德國警察崗位離開。他們沒有預料到的是，自己這一系列的屠殺行動，將會導致一連串的恐怖後果。德國當局規定，警隊裡的烏克蘭人一旦叛逃，其家人皆得連坐處死，倘若叛逃者把武器帶走，則直接毀家滅村。德國人極盡所能地迅速落實這些報復性的政策，而且把這些任務交給新加入警隊的波蘭人。許多從德國警隊跳槽到烏克蘭反抗軍的烏克蘭人，頓時失去了至親和家園，也因此更加憎恨波蘭人。烏克蘭人從一九四三年春天就展開針對波蘭的清洗行動，到了該年夏天，「報復波蘭通敵者」已經成了發動清洗的慣用說詞。某位班德拉派領袖在該年八月宣稱，局勢之所以會惡化至此，都是因為德國軍警「利用波蘭佬來執行毀滅烏克蘭人的行動，因此我們只得回以不留餘地的毀滅」。[64]

對遠在倫敦的波蘭流亡政府來說，這些問題並不在他們的戰爭計畫之內，他們也因此被搞得心煩意亂，難以理解沃里尼亞的悲劇究竟是如何發生。他們沒有想過會發生大屠殺，也不希望沃里尼亞波蘭人陷入復仇的迴圈，因為他們必須先以波蘭人的整體利益為重。但即使無視烏克蘭反抗軍帶來的挑戰，當前的局勢依舊讓波蘭指揮部進退維谷。一九四三年春天，蘇聯紅軍開始反攻，同年夏天更在庫斯克（Kursk）一舉擊潰了德軍的裝甲部隊，逐步實現紅軍渴望已久的勝利。身為同盟國陣營的一員，波蘭政府理應派出波蘭救國軍協助蘇聯進攻。與此同時，為了顧及波蘭的國家利益，波蘭政府當然也希望自己能直接派軍參與解放波蘭的行動。儘管如此，資源有限的波蘭政府仍舊不得不再撥出部分資源去對抗烏克蘭反抗軍。一九四三年七月二十日，波蘭救國軍要求接管波蘭各地的自衛部隊。該月三十日，波蘭救國軍呼籲各方停止殺害平民，同時宣布支持烏克蘭在沒有波蘭人的領土上獨立。但是殺戮並未停止。事實上，救國軍的呼籲反倒證實了烏克蘭民族主義者的想法，認為要從波蘭手中搶得領土，唯一方法就是把波蘭人殺光。一九四四年一月，波蘭救國軍組建第二十七步兵師，該師又稱「沃里尼亞師」，兵力共計六千五百五十八人，是波蘭救國軍中規模最大的一支。[65]該師成員大部分來自為了保護平民不受烏克蘭反抗軍傷害而成立的波蘭自衛部隊，還有曾任德國警隊的波蘭裔警察。這支軍隊先是與烏克蘭反抗軍交戰，後來也被派去對抗德意志國防軍。倘若烏克蘭反抗軍沒有在沃里尼亞進行過族群清洗，恐怕後來也就不會有這支沃里尼亞師。[66]儘管波蘭政府曾經下令不准傷害平民，波蘭的游擊隊在實務上依然會四處燒毀烏克蘭村莊，或是殺害沃里尼亞地區街道上的烏克蘭人。[67]

雖然沃里尼亞的波蘭人全是因為烏克蘭反抗軍的暴行，才會加入德國警隊、蘇聯游擊隊及波蘭救國軍，但在烏克蘭反抗軍眼中這些行徑全都是絕佳的政治宣傳材料。無論是沃里尼亞的波蘭人還是波蘭政府，如今都被打成蘇聯和納粹占領當局的幫兇。這當然不是事實，卻是絕佳的政治宣傳。烏克蘭民族主義組織在一九四三年八月的大會上就曾如此表示：「波蘭帝國主義的領導階層是外國帝國主義的走狗，是民族自由的敵人。它正試圖把波蘭少數族裔犁進屬於烏克蘭的土地，製造波蘭民族和烏克蘭民族的鬥爭，並且還想幫助德國和蘇聯帝國主義消滅烏克蘭民族。」[68]波蘭自衛隊確實曾在一九四三年與蘇聯游擊隊和德國軍隊合力對抗烏克蘭反抗軍，[69]但也僅是出於當地自保需求所採取的地方策略。整體而言，我們實在無法認為波蘭當局和波蘭軍隊有跟納粹或蘇聯「帝國主義」建立合作關係。波蘭救國軍打從創建之初，就一直在對抗德國人。而雖然同盟國曾要求波蘭軍隊跟蘇聯紅軍合作，但這類合作在一九四三年時尚未發生。一九四三年四月，史達林非但沒有與流亡倫敦的波蘭政府合作，還因為蘇聯在卡廷森林屠殺波蘭軍官一事東窗事發，而以此為藉口斷絕了與波蘭的外交關係。烏克蘭反抗軍扣了許多帽子到波蘭人頭上，但烏克蘭民族主義者自己的行徑卻沒有比波蘭人好上多少。好比烏克蘭反抗軍指控波蘭人在協助「消滅」烏克蘭人，但他們自己才是在一九四三年消滅沃里尼亞波蘭平民的罪魁禍首，同一批人馬在一九四二年時還幫助納粹消滅了當地猶太人。烏克蘭反抗軍說波蘭人「通敵」，但他們自己也有由烏克蘭人組成的武裝親衛隊加里西亞師。更別提波蘭總督府轄下的加利西亞，地方行政機關裡幾乎清一色是烏克蘭人：截至一九四四年初，加利西亞地方行政機關裡烏克蘭人與波蘭人的比例是三百四十六比三。[70]這類言論基本上都是某種政治宣傳，目的都是為了煽動人心。而這類政治宣傳之所以有用，也是因為它反映了當時烏克蘭人的歷史經驗。但我們讀歷史，應當要小心區別哪些是發生在特定時空下的個人經驗，哪些又是較為客觀的歷史評判。

典型的政治宣傳，就是利用語言的力量，將某些特殊事件描述得像是舉世皆然，或是一竿子打翻一條船。它們往往藉由籠統的宣稱，讓人能夠輕易連結上自己的個人經驗，而一旦人們對號入座，就會對這些政治宣傳深信不疑。族群清洗產生的其中一個惡果，在於它將某些特定的暴行貼上了特定民族的標籤。那些施行族群清洗的人，藉著民族大義謀殺個人與個性，不僅是在羞辱與激怒倖存之人，將這些倖存者推向民族主義，還讓自己的族群成員淪為民族復仇的靶子。一旦報復開始，雙方的倖存者都會將對方視為侵略者，然後政治宣傳者就可以將雙方呈現成兩個不同的民族。這些宣傳者利用了人們有仇必報的心態，濫用了語言的力量，再灑上民族主義式的詞彙，頓時就讓原本只是一小群人在特定地方的爭執，變成了兩個民族之間的戰爭。這不只是學者眼中的後現代把戲，而是政治上司空見慣的手法，在整個二十世紀的族群清洗歷史中不斷發生。烏克蘭反抗軍也很清楚，自己刻意施加的個人痛苦，跟政治宣傳炮製出來的社會輿論，彼此之間會產生互相增強的效果。[71] 人們在歷經蘇聯和納粹的雙重占領之後，更容易成為政治宣傳的俘虜。一旦這類宣傳大肆傳播，族群清洗就可能會釀成內戰。

內戰

波蘭第二共和治下的波蘭人和烏克蘭人，在沃里尼亞扣下了內戰的板機。烏克蘭人對沃里尼亞地區的族群清洗，招來波蘭人的凶狠報復，而這類復仇舉措又被烏克蘭反抗軍拿去做政治宣傳，讓其得以將族群清洗往南擴展到加利西亞地區。在布格河以西，烏克蘭和波蘭游擊隊爆發激烈的武裝衝突，由於雙方勢均力敵，這場戰役就變得極其血腥。戰前盧布林地區東半部的村莊，都在一九四三年底一個個被雙方夷為廢墟。波蘭農民營游擊隊所採取的暴行，比起烏克蘭反抗軍可說是不遑多讓。且讓我在此詳細引用一位波蘭游擊隊員的證詞：「他們的攻擊有多麼野蠻殘暴，我們的回應就有多麼冷酷無情。每當占領一座烏克蘭人的村落，我們就會先挑出有戰鬥能力的男丁，再將這些人直接處決。我們通常會先讓他們往前跑個四十步左右的距離，再從後方將其射殺。這還是比較人道的方式，部隊中的其他人可不是這樣，他們的報復方式更加恐怖，也沒有人敢對此吭聲。畢竟我可是看過被燒得焦黑的波蘭嬰兒屍體，看起來就像是先被人拿刺刀刺穿後再丟入火中，而我可從來沒見過我們波蘭人這樣幹過。但就算自己人沒有做過這樣的事，我們也犯下過許許多多令人髮指的罪行。」[72] 那些在鄉間殺害烏克蘭人或與烏克蘭反抗軍交戰的游擊隊，並不是只有波蘭農民營。波蘭救國軍也在一九四四年春天以保衛海烏姆地區為由，燒毀了大約二十座烏克蘭村莊。[73] 在一九四三到一九四四年的盧布林和熱舒夫（Rzeszów）地區，波蘭人和烏克蘭人總共殺死了對方五千名左右的居民。[74]

一九四四年一月，烏克蘭反抗軍正式在加利西亞地區展開行動，要將「西烏克蘭」的波蘭人剷除乾淨。烏克蘭反抗軍去年常常在沒有預警的情況下，突襲沃里尼亞地區的波蘭村莊與屠殺村民，這回他們則讓加利西亞地區的波蘭家庭自己選擇是要逃還是要死。在沃里尼亞地區大屠殺之後，以及加利西亞地區大屠殺期間，烏克蘭反抗軍最高指揮部曾對士兵下達這樣的命令：「再次提醒，我們應該先要求波蘭人放棄他們的土地，然後才去清算他們，請勿弄錯順序。」[75] 由於烏克蘭反抗軍在清洗手法上的改變，加上當地波蘭人口本來就比較多，自衛能力也比較好，還曾獲得救國軍支援，使得加利西亞地區的波蘭平民死亡人數減少到僅有二萬五千名左右。儘管如此，烏克蘭反抗軍常對加利西亞發動的攻擊行動依然很有組織，而且同樣殘忍。如同在沃里尼亞一樣，烏克蘭反抗軍常常不留活口，連婦女與孩童都不放過。烏克蘭反抗軍的情治單位在農村四處掃蕩，殺害波蘭家庭和平民。[76] 雙方都遭遇肆無忌憚的族群清洗，烏克蘭反抗軍卻聲稱是波蘭人先開始進行屠殺。由於沃里尼亞當地的波蘭人確實曾經跟德國人合作，波蘭政府也曾命令救國軍跟紅軍協同作戰，烏克蘭反抗軍便有理由將所有波蘭人都視為「史達林和希特勒的間諜」。烏克蘭反抗軍聲稱，烏克蘭民族是被波蘭政府與史達林和希特勒的間諜「從背後捅刀」。[77]

一九四四年三月，勒維夫的烏克蘭警察會把敢在街上遊走的年輕人攔下來，查看德國發給他們的身分證件，一旦看到身分是波蘭人，皆格殺勿論。如今史學界大多認為，當時這些警察之所以這麼做，是為了將這些身分證件據為己有，希望當紅軍占領勒維夫時自己不會因為跟納粹通敵而遭受懲罰。[78] 換句話說，那些跟納粹合作過的烏克蘭人，想要利用這些德國身分證明文件來冒充波蘭人，以避免被蘇聯人報復。無論動機為何，這類謀殺都成了勒維夫城內新的噩夢來源。與此同時，波蘭游擊隊則在勒維夫郊區殺害一百三十名烏克蘭平民。而在勒維夫附近的鄉下地區，烏克蘭反抗軍也繼續有策略地執行清洗，希望城市周圍的土地都只剩下烏克蘭人。烏克蘭反抗軍同時也努力控制連接勒維夫的道路，以阻止波蘭人從西邊增援。到了一九四四年六月，烏克蘭反抗軍已在加利西亞地區的每一個行政區殘殺波蘭居民，同時也跟波蘭游擊隊交戰。當蘇聯紅軍接近加利西亞地區時，波蘭人紛紛從村莊和城鎮裡撤離。隨著紅軍與德軍殊死搏鬥的龐大戰線逐漸向西往烏克蘭境內移動，波蘭救國軍和烏克蘭反抗軍也沿著此一戰線開闢了綿延數百英里的戰場。[79]當紅軍在一九四四年夏天挺進加利西亞地區的時候，烏克蘭人和波蘭人之間正颳起一場腥風血雨的內戰。

世界大戰

對大多數人而言，軍事史就是地方史，所以我們也不難理解某些波蘭人或烏克蘭人為什麼會在敘述這段歷史時，只關注於地方上的敵手，而非外頭持續進逼的紅軍。然而，如果真要瞭解烏克蘭人和波蘭人的內戰，究竟對當地造成什麼樣的影響，我們依然得把這些地方性的衝突放回世界大戰的脈絡底下。當更大的戰爭陰影襲來時，當地人卻已因為互相殘殺而精疲力竭，是以當紅軍兵臨城下，波蘭人和烏克蘭人已經無法團結起來。烏克蘭反抗軍襲擊波蘭百姓，逼得至少兩萬名波蘭人拿起武器殺回去。為了對抗烏克蘭人，波蘭人寧願加入德國警隊和蘇聯游擊隊，或自己組織起自衛隊，或者被救國軍收編為一個師。遠在倫敦的波蘭政府，也不得不把在前線與德軍對戰的波蘭救國軍，轉移去支援這些地方性的衝突。

一九四四年夏天，波蘭人發起了「暴風雨行動」（Operation Tempest），希望靠自己的軍事力量擊敗德國人，並且以代表獨立波蘭的身分迎接紅軍到來。就軍事層面來說，這是一場為了反抗德國統治的起義行動，而在政治上的目的則是要向蘇聯展現波蘭復國的決心。「暴風雨行動」還有另一個目的，就是要確立波蘭在沃里尼亞和加利西亞地區等東部疆域的統治正當性。但也正是在這些地方，波蘭的反德起義首次吃到了蘇聯政治操弄的苦頭。波蘭救國軍轄下的第二十七師「沃里尼亞師」，在歷經了與烏克蘭反抗軍交戰、追擊敗逃的德軍，以及與蘇聯紅軍攜手合作之後，卻在一九四四年三月到七月間被蘇聯內務人民委員部分批縮編解散。一九四四年春天，為了爭奪加利西亞地區和其榮耀之城勒沃夫／勒維夫，波蘭救國軍的第五步兵師和烏蘭第十四騎兵團接連與烏克蘭反抗軍對陣。該年七月二十三到二十七日間，蘇聯紅軍終於在數千名波蘭救國軍的協助下將德軍趕出了這座城市，結果波蘭救國軍卻在七月二十九日之後遭到蘇聯的強力施壓而被迫解散。[80]

波蘭人和烏克蘭人原本想要繼續打到分出勝負為止，不過事與願違，雙方沒能像一次大戰剛結束時那樣，再次於勒沃夫／勒維夫打一場波烏戰爭。波蘭救國軍在該城以東遭蘇聯解散，烏克蘭游擊隊則四處逃散，化整為零。然而，波蘭人和烏克蘭人之間的衝突並沒有因此消解：波蘭救國軍的老兵隨即加入了受蘇聯控制，由齊格蒙特・貝林格（Zygmunt Berling）領導的波蘭軍隊，後來這支軍隊中的加利西亞人和沃里尼亞人繼續與烏克蘭游擊隊作戰，並且將共產波蘭裡的烏克蘭平民驅逐出境。部分來自加利西亞和沃里尼亞的波蘭人，也馬上抓緊機會加入蘇聯內務人民委員部的戰鬥單位，對烏克蘭人展開報復。至於烏克蘭反抗軍，則是一等到前線戰事消停後就立刻重出江湖，繼續對波蘭人施行族群清洗。[81]隨著蘇聯內務人民委員部在當地的力量與日俱增，蘇聯也開始把波蘭人和烏克蘭人的游擊隊視為必須剿滅的「盜匪」。[82]我們會在下一章繼續談到，蘇聯警政單位如何將波蘭人和烏克蘭人的族群清洗制度化，從而結束了波蘭和烏克蘭的內戰。

＊＊＊

都主教安德雷・謝普蒂茨基曾在一次大戰後於國際上努力遊說各國承認西烏克蘭獨立，但他在二次大戰後卻不再對烏克蘭建國抱持希望。他有充分理由相信，俄羅斯人會再次占領西烏克蘭，而且占領將持續數十年。一九四四年十一月一日，謝普蒂茨基在勒維夫過世，舊波立聯邦碩果僅存的傳統政治勢力也隨之凋零。無論是共產波蘭，還是蘇屬烏克蘭，對他所代表的傳統政治勢力都毫無意義。希臘禮天主教會在蘇聯被查禁，史達林還強迫西烏克蘭人民改信俄羅斯東正教，他甚至發起了一個沒有主教參與的傀儡宗教會議，宣布一五九六年的布列斯特聯合教會不再具有正當性。在共產波蘭，希臘禮天主教會不再讓人想到當初創教的波立聯邦，而是被共產波蘭政權視為跟現代烏克蘭民族主義連繫在一塊。或許正是因為如此，無論是在勒維夫還是華沙，時至今日都找不到一條以謝普蒂茨基為名的街道。

第九章 波蘭東南部的族群清洗 1945—1947

在戰間期的波蘭第二共和國，大多數波蘭民族主義者都將境內的斯拉夫少數民族視為可受同化的對象。約瑟夫・畢蘇斯基於一九三五年過世之後，羅曼・德莫夫斯基的統合性民族主義成為了政治和社會輿論主流，而且獲得畢蘇斯基那一派獨裁統治政權的支持（由於成員多為職業軍人和畢蘇斯基的老戰友，因此當時又被人稱為「畢蘇斯基的副官們」）。在德國與蘇聯先後占領波蘭後，就有愈來愈多人支持以極端手段解決民族問題。早在一九四三年烏克蘭人開始大規模屠殺波蘭人以前，就已有部分波蘭民族主義者承襲德莫夫斯基的民族民主黨思想，夢想將所有烏克蘭人逐出波蘭。一九四三年以後，其他派別的政治人物也開始認為，不把加利西亞和沃里尼亞拱手讓給烏克蘭人的唯一做法，就是驅逐當地所有烏克蘭人。這類戰時願景甚至設想了要把戰前波蘭邊界以東的五百萬烏克蘭人驅逐出境，再從蘇聯或獨立的烏克蘭那裡把當地的波蘭人接回來。[1]類似的單一民族願景，也開始出現在那些土地遭占領的東歐人心中。儘管東歐各地的各民族所經歷的苦難遠較波蘭人來得少，但各民族領袖仍舊盤算著該如何把敵對的民族全都趕出自己的土地。例如民主派的捷克政治人物，就正積極尋求同盟國的支持，希望能徹底驅逐境內的德國人和匈牙利人。波蘭政界從極左派到極右派，也都抱持著與捷克斯洛伐克一樣的想法。那些過去擁抱國際主義的波蘭共產黨人，到了二次大戰時也不再強調支持少數民族的權利，低調地刪除了這些政治目標。[2]在波蘭滅國的嚴峻局勢下，波蘭左右派的意見趨於一致；在紅軍入主波蘭的現實環境中，波蘭左右派的代表也在莫斯科合流。

一九四四年八月和十月，史達林在莫斯科接見來自倫敦的波蘭政府代表團，團員包括前民族民主黨主席史丹尼斯瓦夫・格拉布斯基與波蘭總理斯坦尼斯瓦夫・米科瓦伊奇克（Stanislaw Mikolajczyk）。格拉布斯基在一九二一年曾幫助確立波蘭在里加的邊界，又在一九二四年協助擘劃波蘭的民族同化政策，如今當然希望能繼續影響波蘭在一九四四年的政治版圖與政治格局。[3]他在波蘭右派享有崇高的聲望，因此史達林想必不會放過利用他的機會。當然，格拉布斯基其實也是在利用史達林。格拉布斯基當年之所以能在一九二一年的里加談判中勝出，就是因為其答應給予蘇聯的領土，比蘇聯原本要求的還要多。他按照波蘭民族民主黨一直以來的思維，傾向在合理劃定的民族疆界內建立國家，而且相信德國的威脅遠比俄國更大。格拉布斯基認為用這種方式來建立「民族國家」是一件務實之舉，更因此稱呼史達林為「最偉大的務實主義者」，而史達林則稱格拉布斯基是「偉大的煽動家」。[4]一九四四年夏天，蘇聯紅軍已經占領了勒沃夫，格拉布斯基於是在心裡頭盤算，自己應該可以說服史達林，要他在戰後歐洲的領土劃分上讓波蘭成為只屬於波蘭人的土地。結果史達林真的「照辦」，讓波蘭成為「只有波蘭人的波蘭」。究竟格拉布斯基是中了史達林的奸計，還是實現了自己的政治目標，跟我們是站在哪個時代來做出評價有很大的關係。如果站在一九四〇年代晚期的觀點來看，我們或許會傾向於認為史達林魔高一尺，因為波蘭最終還是落入共產黨的統治，共產黨更奪走了波蘭民族主義主張的主導權。但若是從一九八〇年代晚期的觀點出發，我們或許會改變主意，認為是格拉布斯基技勝一籌，因為波蘭作為擁有幾個少數民族的單一民族社會，最終還是獲得了主權。

一九四四年夏天成為重要的轉捩點，波蘭左派終於發現各族共存共榮共榮的理念走不下去，而波蘭的共產主義者也開始願意用波蘭民族主義右派長久以來的觀點來看待民族。最能體現這種轉變的代表人物，就是汪達·瓦西萊夫斯卡（Wanda Wasilewska, 1905-1964）。這名波蘭共產主義者很受史達林的青睞，而她父親正是在一九二一年在里加談判中敗給格拉布斯基的波蘭聯邦主義者暨畢蘇斯基的政治盟友利昂·瓦西萊夫斯基。利昂·瓦西萊夫斯基是波蘭獨立後的第一任外交部長，他支持多民族國家的寬容路線，因而有很高的歷史聲望。而他女兒汪達則是蘇聯紅軍上校，嫁給了蘇聯的外交次長，還在蘇聯強制遷徙波蘭人與烏克蘭人的歷史上扮演重要的角色。史達林認為這是一種「辯證」，雖然他只是因為看到「反蘇」的父親「親蘇」的女兒才這樣稱呼。[5] 但兩人之間的對比更甚於父女或對蘇聯的立場，反映出一九二一到一九四四年這段期間，傳統愛國主義逐漸走下坡，而現代民族主義則逐漸成為主流。一九二一年是民族主義者格拉布斯基勝過了支持聯邦主義的利昂·瓦西萊夫斯基，但到了一九四四年，格拉布斯基的民族主義觀點基本上已經與信奉共產主義的汪達·瓦西萊夫斯卡並無二致。我們幾乎可以說，汪達在一九四四年開創了戰後波蘭共產主義的新路線，揉合了民族民主黨的傳統民族主義思想與共產主義者服膺於蘇聯的傳統觀念。

到了一九四四年，波蘭共產主義者和民族主義者都同意，民族的概念不是取決於菁英族群心中的舊日遺緒，而是取決於當下的人民。波蘭政治理念中所有涉及聯邦、自治和包容多民族的主張，都是源自於預設各民族菁英能在理性思考下組成一個共和制度的政治共同體。這種從舊波立聯邦遺留下來的政治願景，偶爾仍會出現在畢蘇斯基、瓦西萊夫斯基與尤瑟夫斯基等人的主張之中，但即使是在大眾政治較為溫和的戰間期，這類主張也已經失去大眾支持。二次大戰落幕時，民族民主黨那種認為民族認同取決於人民認同的主張早已成為主流。當然，在一九四四年的諸多條件下，這種草根性的民族主義還稱不上是真正的民主。民族性可以讓人民成為國家的主人，也可以讓人民淪為由國家支配的草芥。如果民族的概念取決於人民，那麼當人民認為自己住在其他民族的土地上，或者自己的土地上住了別的民族，此時把各民族遷徙回各自應屬的土地，就成了民族問題最簡單粗暴的解決辦法。

無論是準備要統治全波蘭的共產主義者，還是心心念念要建立民族社會的民族主義者，都同意前述這樣的論調。雖然汪達稱格拉布斯基是個「老糊塗」，但兩人在一九四四到一九四五年所做的事情卻出奇一致。格拉布斯基先是向史達林提議要全面遷移波蘭人和烏克蘭人，汪達就簽署了要求強制驅逐的條約，接著格拉布斯基還幫共產波蘭政府擘劃了一套強制遷徙的實施方案。當汪達從莫斯科協助波蘭人「遣返」波蘭，格拉布斯基則前往勒沃夫，敦促加利西亞的波蘭人接受現實，盡快離開。[6]

事實上，格拉布斯基和汪達兩人對波蘭的政治計劃南轅北轍。格拉布斯基希望波蘭盡可能保留主權，但他後來卻坦承自己的路線失敗，一九四九年長眠於波蘭；汪達則接受波蘭將成為蘇聯附庸國的現實，直至臨終之際都沒有再回到故鄉。兩人之間的重要差異，就此影響了戰後波蘭的政治史。[7] 此處所述波蘭民族史的關鍵在於，當時即將失勢的右派民族主義與即將掌權的左派共產主義，兩者都已經不再爭論什麼才是屬於波蘭人的波蘭。在戰間期的波蘭，左派與右派原本是抱持截然不同的態度在看待少數民族，但至少這兩者主導的政治體制都把少數民族的存在視為理所當然。如今，兩者卻理所當然地認為少數民族不應該存在。早在一九四四年，早在民族問題不再成為問題之前，早在業已施行的民族政策開始獲得正當性之前，波蘭各界就已經達成一項共識，那就是波蘭只能是屬於波蘭人的波蘭。

蘇聯政策下的民族疆界

話說回來，史達林到底對戰後波蘭和烏克蘭採取什麼樣的政策呢？從史達林在二戰戰前、戰時與戰後的決議及聲明文件中可以看出，他已經意識到民族主義者和人民對於特定領土的重視。當時蘇聯正在打一場「偉大的祖國戰爭」。史達林曾告訴格拉布斯基，一次大戰讓波蘭成為「斯拉夫民族」的焦點，二次大戰也會讓烏克蘭獲得同樣的待遇。一九二〇和三〇年代，蘇聯以「西白俄羅斯」和「西烏克蘭」族裔統合為名，不斷宣稱要自波蘭手中討回失土。蘇聯在一九三九年占領了西烏克蘭地區，進而厚顏無恥地宣傳：相同血脈的兄弟終於團聚，古老的烏克蘭土地終於統一，烏克蘭古城勒維夫終於收復……。納粹德國在一九四一年入侵蘇聯後，赫魯雪夫告訴「偉大的烏克蘭人民」，他們若不選擇迎向「一個自由的烏克蘭」，就得困於「希特勒的枷鎖」。[8] 紅軍在一九四四年把德軍趕出烏克蘭，損失的數百萬兵力便徵招烏克蘭裔補充兵取代，前述的民族政治修辭再次出現，而且這回措詞更為強烈。[9] 經過與納粹政權的三年慘烈血戰，見識過所謂的種族優越觀，再看過烏克蘭人和波蘭人在加利西亞和沃里尼亞地區持續多月的衝突，蘇聯開始改變其在烏克蘭的民族政策。[10] 史達林在一九四四年似乎已經認定，沿著一九三九年《德蘇互不侵犯條約》劃定的國家邊界推行族裔同質化的政策，就能更容易統治波蘭和烏克蘭。他可能從赫魯雪夫那裡得知了烏克蘭民族主義組織和烏克蘭反抗軍的規模，進而認為把加利西亞和沃里尼亞地區交給蘇屬烏克蘭，或許就能一併拉攏烏克蘭民族主義陣營。[11] 或許史達林看到了某種機會，既能讓烏克蘭人和波蘭人各取所需，同時又能將他們和蘇聯牢牢綁在一起。波蘭人能建立他們的「民族國家」，烏克蘭人則能拿到他們的「西烏克蘭」，而兩者都會欠史達林一份情。為了蘇聯的利益，史達林希望一勞永逸地解決掉波蘭、烏克蘭和白羅斯之間懸而未決的民族問題。[12]

雖然在倫敦的波蘭流亡政府（和部分波蘭共產黨員）積極想要拿回勒沃夫，但他們從來沒有機會實現這個願望。史達林大概清楚，把勒沃夫交給烏克蘭，會比交給波蘭給他帶來更多好處。[13] 此外，沃里尼亞和加利西亞地區本來就曾在一九三九到一九四一年間被併入蘇屬烏克蘭，而史達林當前最明確的戰爭目標就是要恢復當年的邊界。波蘭將會成為一個領土比戰前稍小的國家，而勒維夫和維爾紐斯將重回蘇聯的懷抱。[14] 西方盟國在一九四三年的德黑蘭會議上允諾史達林，戰後他將能恢復《德蘇互不侵犯條約》劃定的邊界。一九四四年二月，蘇聯紅軍越過戰前的波蘇邊界後不久，英國首相邱吉爾（Winston Churchill）公開承認了蘇聯往西擴張領土的野心。史達林在那年十月就是當著邱吉爾的面，把德黑蘭會議允諾要恢復一九四一年國界一事，告訴了格拉布斯基與波蘭總理米科瓦伊奇克。[15]波蘭總理拒絕接受，但史達林早已用他的方式將新邊界合法化：早在同年七月，史達林和他的傀儡波蘭民族解放委員會（Polish Committee of National Liberation）就已簽訂了祕密協議，要將波蘇邊界向西推移，大致接近於一九三九年瓜分波蘭後的德蘇分界。[16]一九四四年十一月，波蘭流亡政府不得不在勒沃夫問題上妥協。

蘇聯在一九四四年將波蘭領土移轉給自己底下的共和國，這件事本身其實並不新鮮，因為蘇聯老早在一九三九年就做過一次。蘇聯在一九四四年的真正創舉在於，它將不同的民族分門別類，並進行人口大交換。那年九月，蘇聯簽署了一道協議來「疏散」（evacuation）烏克蘭與波蘭境內的人口，「疏散」原本住在西烏克蘭地區的波蘭人和猶太人，以及原本住在共產波蘭的烏克蘭人。[17]當時在波蘭與蘇屬立陶宛及蘇屬白俄羅斯之間也都有類似的人口交換協議。當然，我們必須把這些以「人口遣返」（repatriation）而為時人所知的協議放在當時的慣例與脈絡下來理解。西方盟國理所當然地認為，戰爭結束後勢必伴隨邊界變動，同時也會出現大規模的人口遷徙。史達林也想當然耳地認為，戰爭結束後會有大量德國人被驅逐，且無論這些人是從波蘭或捷克斯洛伐克境內逃離，蘇聯都不會提供人道援助。他曾這麼跟捷克斯洛伐克總理說：「你們怎麼做我都沒意見，只要把他們踢出去就好。」[18]

但要注意的是，史達林其實沒有完全落實族裔單一化的概念。會被驅逐出蘇聯的波蘭人，僅限於住在一九三九年以前屬於波蘭領土上的波蘭人，而且也只有住在波蘭的人會被驅逐到蘇聯境內。倘若史達林真的有意徹底落實族裔單一化，那麼他對戰後蘇聯新衛星國的民族驅逐政策應該會制定得更為全面。畢竟羅馬尼亞、捷克斯洛伐克及匈牙利在一九四四到一九四六年間都有懸而未決的民族問題。（前兩個國家境內都有匈牙利少數民族，而匈牙利在一九三八年身為德國盟友時，也曾從羅馬尼亞和捷克斯洛伐克手中獲得領土。匈牙利希望戰後能夠繼續保有這些土地，同時確保當地的匈牙利人不會淪為別國的少數民族。）這些國家的民主人士和共產黨政客也都曾呼籲史達林，請他協助解決民族問題。若以後見之明來看，史達林只選擇「解決」波蘭和烏克蘭因族群清洗而加劇的民族問題，而不打算在所有地方都打造出單一族裔國家。蘇聯確實強制驅離了在烏克蘭、白羅斯和立陶宛境內的波蘭人，而儘管蘇聯外長莫洛托夫敦促捷克斯洛伐克和匈牙利政府跟進，但蘇聯並沒有強迫後兩國政府比照辦理。好比匈牙利就拒絕移轉匈牙利少數民族，也獲得蘇聯的默認。愈往歐洲以南，史達林就愈沒興趣設計出自己版本的「最終解決方案」來處理民族問題。史達林大致上樂見他的新衛星國都走上單一民族的道路，但他也只願將蘇聯的寶貴資源投注在那些戰爭期間發生過族群清洗的地區。史達林似乎也認為，德國很有可能會在他自己的有生之年再次攻擊蘇聯，所以他才希望能徹底解決所有會阻礙俄羅斯、波蘭和烏克蘭和諧共處的障礙。[19]

一九四四到一九四六年間，史達林想要解決的民族問題大致上可以分為四類：一、史達林希望解決德國問題，而且也預期有人會幫他解決這個問題。這一點他是對的。二、史達林利用蘇聯的資源，解決了立陶宛、白羅斯和烏克蘭境內的波蘭人問題，解決了波蘭境內的烏克蘭人問題，也解決了捷克斯洛伐克境內的烏克蘭人問題。[20]三、史達林期待用強制遷徙的方式，解決羅馬尼亞和斯洛伐克境內的匈牙利人問題，但卻拒絕動用蘇聯軍隊，最後也沒有強迫匈牙利照辦。一如他同樣支持波蘭人和捷克人進行交換人口，後來也沒有真的實施。四、至於保加利亞和南斯拉夫，史達林並沒有提過要推行族裔單一化，反而認為各民族要保持手足情誼，甚至還說未來可以共組歐洲聯邦。整體而言，史達林更傾向於解決一九四一年德國東侵路線上的民族問題。這類民族問題與俄羅斯的距離愈相近，史達林就愈有動機去引用史料、民族刻板印象和民族主義論調來予以解決。

波蘭共產主義者顯然也明白這點，因此他們也是以民族主義論調來向史達林提出訴求。波蘭出身的雅庫布．博曼（Jakub Berman, 1901-1984）在熬過莫斯科戰役之後，成為了波蘭政治局的一員。他認為新邊界的確立及人口交換政策的實施，已經解決了波蘭與烏克蘭之間的民族問題，他還呼籲史達林從立陶宛和白羅斯遣返更多波蘭人，進而建立一個更強大的波蘭國家。[21]從烏克蘭和波蘭的例子能夠看出，史達林那套民族主義說詞已經開始讓人相信，驅逐行動不是一種懲罰，而是一種打造民族的手段。這是一項非常重要的轉變，因為在一九四四年之前，沒有人會說蘇聯的人口驅逐政策是為了要鞏固各民族。[22]史達林也曾經在一九三〇年代以民族為由驅逐了大批蘇聯公民，但這些舉措在當時都被視為是單純的強制遷徙，而不是為了在蘇聯國土上打造民族。[23]史達林也曾在一九三九到一九四一年將原本屬於波蘭的加利西亞和沃里尼亞地區上的大批領導菁英驅逐出境，但這項政策依然被視為是針對獨立的政治和公民社會，或是特定的上層階級，而不是為了全面驅逐每一個波蘭人。紅軍在一九四四年重返加利西亞和沃里尼亞地區之後，史達林開始把整個民族的所有人口「疏散」或「遣返」至「屬於他們的」民族故土，例如把被分類為波蘭人的居民往西送往共產波蘭。一九二〇年代的蘇聯，認為民族是刻印在個人身上的標籤。一九三〇年代的蘇聯，其政策明白昭示著民族身分遠比階級身分更重要。一九四四年以後的蘇聯，則開始認定每個民族都該生活在自己民族的領土上，而且這樣做對蘇聯有利。

要詳述蘇聯民族政策的演變，可能會需要另外一本專書。在蘇聯民族政策的相關爭議與討論中，其中之一就是其他歐洲國家的現代化敘事，是否可以套用在一九二〇年代和一九三〇年代的蘇聯，以及民族政策是否為現代化的一環。[24]從目前的史料來看，答案或許是肯定的，但只有在某種微妙的辯證法底下才會成立。在一九一七年共產革命之前，列寧和史達林所發展的民族理論其實並沒有多麼現代。他們確實反對奧地利馬克思主義學派那套神祕學式的懷舊理論——該派認為應該重視奧地利的多民族共存，並且將民族視為某種個人喜好和地方文化問題。但與此同時，列寧跟史達林也拒絕接受現代的民族觀點，他們不認為民族是政治主權的合法來源。早期布爾什維克認為，民族本質上是政治的，指的是住在同一塊土地上說同一種語言的人，但布爾什維克並不承認現代民族觀點中，民族能夠壟斷政治權力的主張。根據列寧對民族自決的定義，民族主義淪為一種創造多民族國家的工具，[25]而蘇聯可以像一九二〇年代那樣，由某個極為忠誠的特定民族來統治一個多民族國家。蘇聯在一九二〇年代實行的「本土化政策」（korenizatsiia），其實就是蘇聯希望以各地方的民族精神，培養出有利於鞏固蘇聯國家利益的菁英。

只要經過深思熟慮，就會明白這種民族觀一點也不現代，反而非常近似於我們前幾章所討論的近世民族觀。這種觀點理所當然地認為，黨和國家官員可以來自不同的民族，同時又能夠組成像一九二二年創建的蘇聯那樣的單一黨派和單一政治組織。儘管蘇聯鼓勵各民族使用當地語言與編纂成典，俄語仍是蘇聯政治高層使用的主要語言。然而，這種近世的**政治**民族理論，其實還是結合了某種現代的**社會**民族理論。蘇聯並不像波立聯邦或哈布斯堡奧地利等近世國家那樣，既保留各地文化的多樣性，同時也建立一種具有較高政治地位且能讓各地菁英認同的族裔，反而是積極地替統治範圍內的全部人口創造新的族裔身分。蘇聯將領土全境劃分為不同的民族領地，國家中的每一個公民都會獲得一個族裔身分。現代民族主義認為，每一位人民在自己民族的領土上都擁有主權，同時在政治上將這樣簡單的概念推升至國家存亡的高度，藉此來壓縮菁英政敵的支持空間，使其完全無法獲得人民支持。民族主義的菁英政敵之一，就是共產主義。此處便出現了理論上的矛盾。

無論蘇聯政策是否真有助於散播現代民族主義，史達林都在一九三〇年代頒布了各種驅逐政策，還在烏克蘭製造了大饑荒，只因為他深信某些群體會為了自己的民族利益背叛蘇聯政權。[26]只要蘇聯持續像一九三〇年代一樣，只是把人驅逐到蘇聯境內的偏遠地區，那麼這一政策就還算是符合共產主義原本的民族觀點。至少原則上，這種懲罰是為了「糾正認同」——將人放逐到西伯利亞或哈薩克，有時確實能創造出對蘇維埃的身分認同，或至少維繫住這樣的認同於不墜。但蘇聯在一九四四年的民族政策卻是另一回事：將蘇聯公民從蘇聯境內驅逐出去，就是在承認前述做法已經失敗。蘇聯在一九三九年的驅逐流放是強迫人民接受蘇聯公民的身分，但一九四四年之後的驅逐流放卻是徹底放棄了國際主義原則，改成剝奪人民的蘇聯公民身分。[27]到了一九四四年，蘇聯官方的民族政策已經顯示，蘇聯認定人民對政治的忠誠度完全源自於他們的民族認同，就連蘇聯的政策也無法予以撼動。蘇聯政權開始轉向現代的民族觀點，認為外來民族就是造成政治不穩定的原因，而為了解決這個不穩定因子，就必須讓各民族人口生活在各民族的領土上。

蘇聯政策在一九四四年的這項重大改變，讓波蘭得以在同年宣布成為一個只屬於波蘭人的共產主義國家。無論人們怎麼看待史達林政策的起源，國界的推移加上人口轉移，都起了重新界定波蘭共產主義路線的效果。雖這兩項政策都不是由波蘭共產主義者制定，但他們卻參與了政策的成形與執行。驅逐政策是他們掌握政治權力的契機，也是他們首次與波蘭社會打交道。為了掩飾自己奪得政治權力一事，波蘭共產主義者籌組了諸多掩護機構，例如在一九四三年組建了「波蘭愛國者聯盟」，又於一九四四年設立了「波蘭民族解放委員會」。後者替波蘭人簽訂了「疏散」協議，最終成為波蘭的統治機構之一，而前者則繼續留在莫斯科，協助「疏散」當地的波蘭人。[28] 汪達等留在蘇聯的波蘭共產黨員，同樣致力於讓各民族人民盡量生活在該民族的疆界範圍之內。波蘭的共產主義者很快就意識到，他們藉此獲得了過去從未享有過的高度支持。他們甚至開始宣稱，波蘭第二共和國之所以失敗，就是因為內部民族組成太過複雜的關係，為此波蘭需要建立一種民族民主黨在戰間期就曾提過的體制：民族國家。二戰結束之際，波蘭共產主義者隨著紅軍的腳步而掌握了政治權力，建立了某種相當於族裔共產主義的體制。

從人口結構的角度來看，烏克蘭人問題在波蘭推行的族裔單一化政策中並不特別重要，但在政治上卻對波蘭共產主義民族化至關緊要。在這塊劃歸為波蘭領土的土地上，有超過九成的猶太人在猶太大屠殺中遇害。戰爭結束後，波蘭從德國那裡獲得了西部的新領土，也一併接收了當地的德國人。波蘭總書記瓦迪斯瓦夫・哥穆爾卡（Władysław Gomułka, 1905-1982）在一九四五年五月明確表示：「我們必須把這些德國人都掃地出門，因為建立所有國家的各種原則都是以單一民族，而非多個民族為基礎。」[29]若就規模來看，哥穆爾卡口中的德國人驅逐計畫其實比強制遷徙烏克蘭人還要大上許多，但這個計畫是戰後一年才開始執行，而且事先得到同盟國的批准，屬於歐洲整體計畫的一部分。也就是說，烏克蘭與波蘭邊界上發生的波蘭政黨民族化，其實始於一九四四年九月。就是在這段時間，波蘭的政黨開始擁護族裔共產主義，直接參與了人口轉移政策，並且標榜自己代表了波蘭的民族利益。早在波蘭共產黨員與米科瓦伊奇克等非共產黨人士一起在一九四五年六月組織了「民族團結臨時政府」（Temporary Government of National Unity）之前，波蘭共產主義者就已攬下打造單一民族國家的重責大任，並因此獲得了前所未有的支持。

一九四四到一九四六年的「人口遣返」

一九四四到一九四六年間，約有七十八萬名平民以波蘭人或猶太人的身分，從蘇屬烏克蘭被強制遷徙至波蘭。在歷經了一九三九到一九四一年的蘇聯占領，以及一九四三到一九四四年慘遭烏克蘭人施加的族群清洗之後，「蘇聯」和「烏克蘭」這兩個詞在大多數人心中已不具有任何正面意義。[30]遲至一九四四年夏天，許多居住在烏克蘭的波蘭人仍然相信波蘭政府最終會從烏克蘭手中收復失土，甚或獲取更多領土，當地人民更是普遍認為英國與美國有條件就此與蘇聯進行談判。但在歷經蘇聯統治的幾個月之後，多數人便已打消了這份念頭。[31]內務人民委員部的高壓統治，讓人們重新憶起一九三九到一九四一年的記憶；而烏克蘭反抗軍仍舊持續在對波蘭平民發動攻擊。二戰結束之後，那些沒有被登記在蘇屬烏克蘭「遣返」名單上的人，都已被當地的烏克蘭反抗軍清洗。有一說是，內務人民委員部冒充了烏克蘭反抗軍去摧毀波蘭人的聚落；另一說是，內務人民委員部的分隊直接對波蘭人發起「非官方」的攻擊行動。[32]無論實情為何，內務人民委員部和烏克蘭反抗軍共同以非官方的方式，協力「遣返」了原本留在蘇屬烏克蘭的波蘭人。在失去神職人員與主教之後，波蘭社會根本無法繼續在蘇屬烏克蘭維繫下去。民間開始流傳著「誰不回波蘭，誰就等著送去西伯利亞」的說法。[33]波蘭政府也鼓勵留在烏克蘭的波蘭人離開，認為此舉符合波蘭民族的利益。[34]那些希望留下來的波蘭人，最終全被武力驅逐出境。即便是沃里尼亞西部那群最固執己見且奇蹟式倖存下來的不識字波蘭裔農民，這次也都被武力強制驅往波羅的海。值得玩味的是，明明族群清洗計畫是由烏克蘭反抗軍起頭，最終卻是由於蘇聯的強制遷徙政策，才讓西沃里尼亞地區變成了一塊沒有波蘭人居住的地方。蘇聯的遣返政策將所有波蘭人從戰前的波蘭領土驅逐，卻略過了原本在戰前就住在蘇聯的波蘭人。這就導致昔日的波屬沃里尼亞地區（後來變成蘇屬烏克蘭的沃倫和里芙南）如今幾乎見不到半個波蘭人，而原本屬於蘇聯的沃里尼亞地區以東（後來變成日托米爾州〔Zhytomyr〕）反倒成了波蘭人最大的聚居點。

把人遣送回波蘭並不是一趟輕鬆的差事。運輸方式極為簡陋原始，遣送的過程充滿了難堪，對女性來說尤其辛苦。人們得在火車裡待上好幾個星期，沿途不斷有人染疫和死去。[35]波蘭民族解放委員會為了解決相關問題，被迫在一九四四年九月成立了一個「流行病特別委員會」：那些被遣返的人只要一抵達波蘭，馬上就會被殺蟲劑噴灑全身。[36]諷刺的是，不是每一個想去波蘭的人都去得了波蘭，強制遷徙只限於蘇屬烏克蘭從戰後波蘭領土取得的地區。即便這些地區的居民擁有戰前的波蘭公民身分，也不一定「有資格」被遣返回波蘭。因為在二戰前具有波蘭公民身分的，除了波蘭人和猶太人，還有數百萬名東斯拉夫人民，要是這些人全都移居波蘭，就會有違當初政策希望達成的族裔單一化目標。至於誰才符合遣返的資格，全得仰賴蘇聯於一九三九到一九四一年頒發的護照而定。當時所有的蘇聯護照都有族裔分類：其中有些人在一九三九年時希望被視為烏克蘭人，直到一九四四年才想被當成波蘭人遣返，但這時顯然已無濟於事，因為護照上的民族早已「寫錯」。[37]也有少數選擇留在當地的波蘭人，不知何故沒有被強制驅逐，有些人甚至是後來才自稱為烏克蘭人。直到今日還可以看見這些人的後代，只要從伊瓦諾—福蘭基夫斯克（Ivano-Frankivsk）搭個長途巴士，就可能碰上有人憑著彼此母親的波蘭姓氏與鄰座相認；或是在勒維夫電車的座位上有機會聽到有人用波蘭語低聲交談。有時候甚至還能在基輔的咖啡廳裡聽見波蘭發音特有的鼻化元音，才轉頭要辨認時對方就已經改說烏克蘭語了。

至於另一個方向的「遣返」，也就是從波蘭強迫遷徙至蘇屬烏克蘭，面臨的問題就更為複雜。蘇聯國界往西移動，囊括大半戰間期原屬於波蘭的領土。住在這塊新領土上的烏克蘭居民當然不需要遷徙，就自動歸化為蘇屬烏克蘭公民。[38]波蘭劃給蘇聯的領土，占了其戰前領土的百分之四十七，涵蓋了整個沃里尼亞和幾乎整個加利西亞地區。儘管國界向西移動，戰後波蘭的東南部和南部的大片領土上，依舊住著許多說烏克蘭方言及信奉希臘禮天主教和東正教的人民。雖然此區域的盧布林和熱舒夫等地早已有數千名烏克蘭人不幸遭波蘭人殺害，但這一帶更南部的地區和山區則絲毫沒有受到內戰波及。[39]除此之外，仍有部分蘭克人和烏克蘭人住在國家力量難以觸及的偏遠地區，他們自然也從未設想過共產黨統治將會危害他們的利益。這些人在戰前波蘭通常支持左派政黨，且直到一九四五年初都還認為共產主義是一種國際主義，甚至誤以為蘇聯就是某種美好的大俄羅斯。住在貝斯基德山區最西部的蘭克人，基本上相對不受二次大戰的影響，他們因此也沒有理由加入任何現代民族。在變更國界的戰後波蘭，蘭克人大約占波蘭境內說烏克蘭語人口的三分之一。

部分蘭克人在一九四四年年末自願接受「遣返」，從波蘭被遣送回蘇屬烏克蘭，原因似乎在於他們認為蘇聯才是俄羅斯民族的祖國，[40]而他們自認為屬於廣義上的俄羅斯民族大家庭。有些蘭克人大概是以烏克蘭人的身分接受遣返，但許多人到了蘇屬烏克蘭後卻被當地的生活條件嚇了一跳，於是又紛紛逃回波蘭。畢竟在第聶伯羅彼得羅夫斯克州（Dnipropetrovsk）的集體農場工作，與過去在貝斯基德山區放羊的生活景況實在相差太多。許多人在歷經了這兩種截然不同的生活經驗後，才發現自己最喜歡的還是山上的氣候。這類「遣返之後想重回原居地」的人，若非想辦法生出戰前波蘭的身分證明文件，就是索性聲稱自己是波蘭人，盡量在蘇聯取得新的身分文件。由於這些蘭克人的波蘭語說得比從蘇聯遣返的波蘭人還要好，所以這類方式通常還算管用。由於戰前波蘭的身分證明文件上，並沒有清楚標記民族的類別，這點正好給了這些蘭克人選擇自己命運的自由，也給了他們重回波蘭的機會，讓同鄉知道在蘇聯生活是何等的景況。當然，他們的說法全都被蘇聯官員斥為「流言蜚語」。[41]

蘭克人原本在一次大戰後最大的願望，就是與其他喀爾巴阡山脈的斯拉夫民族留在同一個國家；但到了二次大戰之後，蘭克人最大的願望卻變成了留在自己人民居住好幾世紀的土地上。一九四四年，蘇屬烏克蘭的負面消息開始傳開，因此到了隔年年初，大多數蘭克人都已經認為還是留在家鄉比較好。卻也偏偏是在這個時候，共產波蘭政權開始對這一帶的烏克蘭人和蘭克人聚落施加壓力，要求年輕男丁若未登記接受「遣返」，就會遭到逮捕。波蘭的情治單位和軍隊開始攻擊烏克蘭人和蘭克人的村莊。雖然蘭克人和烏克蘭人常常搞不清楚對方是警察還是軍隊，但他們都知道來者一定是波蘭人。由於蘭克人是以烏克蘭人的身分被強制遷徙，波蘭政策在某種程度上就成了烏克蘭化政策。事實上，波蘭的地方官員其實很清楚蘭克人和烏克蘭人的區別，也時常向波蘭政府回報，表明蘭克人對波蘭其實很忠誠，因此不應該被以烏克蘭人的身分遣返。[42]不過更高層級的官員並沒有那麼在乎當地人的看法，像克拉科夫地區的官員就認為，只要把蘭克人當成烏克蘭人驅離，民族問題就會變得簡單很多，有利於「建立單一民族國家」。[43]波蘭共產黨的總書記哥穆爾卡，就跟那些有辦法區分蘭克人與烏克蘭人的地方官員一樣，其實出身自蘭克人的聚落區。負責執行強制遷徙政策的他，於是下令停止強制遷徙蘭克人，[44]但其他人卻無視了這位波蘭總書記的命令。這件事表示強制遷徙蘭克人和烏克蘭人是莫斯科當局的決定，或至少能夠被旁人這樣解讀。

納粹德國投降後，二戰的歐洲戰場總算宣告落幕。但波蘭共產黨的軍隊卻在這之後殺害了四千名左右的蘭克人和烏克蘭平民。波蘭救國軍和其他波蘭游擊隊同樣殺害了數百人，甚至可能高達數千人。[45]波蘭正規軍和波蘭游擊隊本身也不共載天，整個一九四五年全國各地只要出現重大衝突，兩個勢力就一定會彼此互殺，到了一九四六年更是嚴重。對蘭克人或烏克蘭人來說，跟波蘭正規軍與游擊隊交手的經驗，讓他們大概明白未來在共產波蘭的生活會是什麼景況。當自己的村莊被焚毀，那些侵略者究竟是信奉民族主義或共產主義都已不再重要。蘇聯已經失去吸引力，但波蘭共產主義者居然能在民族主義者的幫助下把波蘭變成更加不寬容的國度。正如烏克蘭反抗軍間接協助蘇屬烏克蘭遣返波蘭人，波蘭游擊隊也協助波蘭共產主義者驅逐烏克蘭人和蘭克人。共產波蘭治下的烏克蘭人與蘭克人如今就跟住在蘇屬烏克蘭的波蘭人一樣，不僅受到民族主義者的怨懟，還要面臨共產主義者推行的單一民族化政策。一九四五年一月到八月間，多達二十萬八千名登記為烏克蘭人的平民離開了波蘭。[46]至於那些留下來的人，則寄望能有人來保障他們的安全。

戰後在波蘭的烏克蘭反抗軍

烏克蘭反抗軍自一九四三年開始在沃里尼亞地區施行的族群清洗政策，到了一九四五年已在當地變得司空見慣。那麼烏克蘭反抗軍在這段時間的境況又是如何呢？其所開啟的族群清洗，對它自己有產生什麼樣的影響嗎？波蘇邊界在一九四四年非正式向西推移之後，烏克蘭反抗軍的主力便改在蘇聯治下的西烏克蘭地區與蘇聯政權奮戰，波蘭反而成了反抗軍領袖心目中的次要戰場。

一九四五年初，反抗軍成員斯塔魯赫（Iaroslav Starukh）於新近西移的波蘇邊界內組建了一支反抗軍在波蘭的新指揮部。該組織於同年八月重整完成，此時官方也公布並確立了波蘇邊界的向西推移。到了一九四五年，還待在波蘭的烏克蘭反抗軍人數可能從未超過兩千四百人。[47]這些還待在反抗軍的成員中，只有少數人曾經參與過一九四三到一九四四年在沃里尼亞和加利西亞地區的族群大清洗。在戰後波蘭的領土內，絕大多數烏克蘭士兵都是在一九四四年到一九四六年這段期間才加入反抗軍，而且大多也僅待在居住地附近作戰。[48]愈往波蘭的南部或西部走，烏克蘭民族主義人士就需要愈多時間才能動員當地烏克蘭人加入反抗軍。烏克蘭反抗軍在一九四三年投身盧布林地區的戰事之後，隔年別斯扎迪山區（Bieszczady）才出現烏克蘭反抗軍。至於在貝斯基德山的低地區，一直到納粹德國在一九四五年秋天投降與二戰結束後，當地都尚未出現烏克蘭反抗軍的蹤影。若問起住在那裡的蘭克人為何不加入反抗軍，可能還會被對方嗤之以鼻。

赫魯雪夫在寫給史達林的信中表示，烏克蘭反抗軍的增加，是出於波蘭游擊隊攻擊烏克蘭平民的結果。[49]儘管這也是原因之一，但當地人加入反抗軍的最主要誘因卻是因為不希望被驅逐到蘇聯去。[50]這一帶地區的人民過去並沒有把自己的家園與烏克蘭民族主義相連的概念，直到如今烏克蘭民族主義者承諾能夠協助阻止強迫遷徙，才開始把兩者連在一起，新的意識形態也因應而生。當時烏克蘭民族主義的主力仍是班德拉派，但納粹德國投降之後，梅爾尼克派和班德拉派的分野已不再那麼重要。好比武裝親衛隊加里西亞師的老兵過去曾受梅爾尼克派的支持，並因此遭班德拉派反對，如今加里西亞師則在當地的烏克蘭反抗軍中扮演了重要的角色。[51]烏克蘭反抗軍的相關紀錄也證明了這個發展。例如一九四四年脫離加里西亞師的科普多（Mykola Kopdo），他後來加入烏克蘭反抗軍，最後則在波蘭指揮烏克蘭反抗軍作戰時陣亡。或者是著名的梅爾尼克派支持者卡爾萬斯基（Dmytro Karvans'kyi），他在一九四四年二月從加里西亞師脫離後加入烏克蘭反抗軍，後來也在波蘭指揮某支烏克蘭反抗軍連隊作戰時陣亡。還有波蘭東南部烏克蘭反抗軍四個營長之一的加洛（Mykhailo Hal'o），他也是在一九四四年離開加里西亞師。同樣出身自加里西亞師的老兵還有盧卡舍維奇（Marian Lukashevich），他是烏克蘭反抗軍在波蘭戰略地區中的其中一名軍官。[52]無論當地烏克蘭人是出於什麼動機才加入烏克蘭反抗軍，他們都會在這些軍官底下接受訓練。[53]簡單來說，波蘭共產黨所實施的族群清洗政策，迫使自己治下的烏克蘭人加入前武裝親衛隊軍官所帶領的軍隊。

根據這些背景脈絡，我們就能夠理解一九四五年的烏克蘭反抗軍在波蘭的政治目的。當時反抗軍大多數的行動都是為了阻止強迫遷徙，他們也在招募宣傳時將自己描繪成足以保衛烏克蘭人家園的組織。[54]雖說政治宣傳不能盡信，但這確實解釋了為什麼當地人民會加入反抗軍。波蘭東南部居民較低的死亡人數或也可以間接證實，烏克蘭反抗軍在當地的目標是自保與反抗，而不是進行族群清洗。烏克蘭反抗軍還在一九四四年九月蘇聯將波蘇邊界向西延伸後下令，停止一切「大規模反波行動」，至少在即將變成共產波蘭的邊界內不再攻擊波蘭人。[55]對班德拉派來說，波蘭東南部確實是屬於烏克蘭族裔的土地，但既然波蘭東南部也確定會成為戰後波蘭的一部分，班德拉派在戰略上就缺乏足夠理由來徹底清除這一帶的波蘭人。儘管如此，謀殺平民和清算聚落的行動並沒有消失，只是這類行動後續都改聲稱是在報復來自波蘭人的襲擊。烏克蘭反抗軍指揮官反對將波蘭東南部的烏克蘭人強迫遷徙至蘇屬烏克蘭，並認為蘇聯的「遣返」政策很可能是為了要把烏克蘭人送去蘇聯集中營滅口，乃至於摧毀烏克蘭民族。[56]

烏克蘭反抗軍面臨的主要困境，在於可以拿來證明族裔的「資訊」隨處可見。在實施強制遷徙政策時，波蘭共產黨官員採用德國人當年所核發的身分證明文件，上面皆會清楚標示民族身分為波蘭（P）或烏克蘭（U）。由於德國人的辦事效率有目共睹，所以只要文件上沒有標示為波蘭民族，都一律會被波蘭官員視為烏克蘭人。就算碰到身分不明的狀況，波蘭官員也會接著調閱教堂紀錄，因為他們認定凡不信羅馬天主教者必定是烏克蘭人。烏克蘭反抗軍的游擊隊為了避免烏克蘭人遭受「遣返」，都會想盡辦法燒掉這些地籍文件，抹去這些透露特定地區烏克蘭身分的「資訊」。烏克蘭反抗軍甚至開始炸毀鐵路與火車頭，弄倒綿延百里的電話線桿（剩下沒斷的電話線大概都已遭竊聽），破壞橋樑及刺殺負責「遣返」計畫的波蘭官員。為了防止波蘭人鳩占鵲巢，烏克蘭反抗軍還會燒毀無人居住的烏克蘭村莊。一九四五年九月，烏克蘭反抗軍索性直接攻擊被派到當地協助強迫遷徙作業的波蘭軍隊。[57]

烏克蘭反抗軍的行徑之大膽，讓同時期抱持反共立場的波蘭抵抗組織望塵莫及。波蘭救國軍在一九四五年一月正式解散，因為其領導階層認為在西方盟國承認的國界內繼續與一個名為「波蘭」的共產主義國家纏鬥，並無助於波蘭的國家利益。然而，波蘭救國軍底下的部分單位拒絕接受解散的命令，選擇繼續作戰，並且成立了一個地下反共組織「自由與獨立協會」（Armia Krajowa-

Wolność i Niezawisłość, AK-WiN）。這一地緣政治情勢的改變，也同樣使烏克蘭反抗軍進行組織整頓，同時改變了接下來的戰略。事到如今，烏克蘭與波蘭的游擊隊同樣絕望地發現，繼續攻擊平民只會浪費時間和精力。一九四五年春天，烏克蘭反抗軍和波蘭自由與獨立協會終於達成停戰協議。[58]此時雙方唯一的指望，就是未來會爆發第三次世界大戰，讓美國人與英國人聯手打倒共產黨。

共產波蘭與國內的烏克蘭公民

共產蘇聯的人口交換政策不僅迫使許多烏克蘭人和蘭克人投入烏克蘭反抗軍的懷抱，同時也逼得地方領導階層向新的黨中央喊話。一九四五年七月，一支烏克蘭代表團試圖在華沙公共行政部的某場會議上捍衛烏克蘭人的合法權利。而他們收到的回應，預示了他們接下來的處境。「雖然全體公民一致希望留在原地，但我認為這在未來並不可行。」其中一位代表在部長會議上宣稱，「因為我們已經與蘇聯取得共識，希望以民族文化為基礎來確立國界。而我們如今傾向成為單一民族國家，而非多民族的國家。」[59]此處所謂「民族國家」即是指「單一族裔國家」，而這曾經是二戰前波蘭民族民主黨的政治理念之一。格拉布斯基甚至以此為書名寫了一本著作。[60]至於「多民族國家」一詞，則往往被人與畢蘇斯基的聯邦主義及猶太人自治相連結。從波蘭共產黨政府的代表隨意挪用「民族國家」一詞，可以看出一個他們未說出口的問題：那就是該國當權者對於民族的看法，其實跟很多公民並不一致，也並未被許多說烏克蘭語的人（包括親俄的蘭克人）接受。這些人非常訝異於波蘭民族主義者的想法竟然會跟蘇聯的政策方向相同，並對此深感失望。一位代表波蘭多個地區的蘭克人在一九四五年九月寫信給蘇聯當局，請求當局不要強制遷徙當地居民。這些蘭克人先是表達自己土地未被納入蘇聯領土的惋惜之情，接著話鋒一轉地懇求道：「如果蘇聯不想要我們的土地，那蘇聯大概也不會想要我們。既然我們對國家來說並不重要，那就讓我們留在原地吧。」[61]

但對當時的蘇聯來說，其政策方向正好與蘭克人的期待相反。應蘇聯遣返事務的全權代表波德戈爾內（Nikolai Podgornyi）的要求，波蘭當局奉命於同年九月三日派出三個步兵師將當地剩餘的烏克蘭人驅逐到蘇聯。[62]這些單位有三分之二的士兵是來自沃里尼亞地區的波蘭人，部分人藉此機會為一九四三年的清洗公報私仇。這些波蘭士兵在一九四五年末強制遷徙了大約兩萬三千人，並且殺害了其中數百名烏克蘭平民。這些波蘭部隊的軍官通常來自蘇聯紅軍，也是多次針對烏克蘭平民進行恐怖屠殺的罪魁禍首。這些軍官在波蘭軍中權高位重，即便出身紅軍，卻全部身穿波蘭軍服（他們有一部分是波蘭裔，比如惡名昭彰的布魯托將軍〔Stanislav Pluto〕。更多負責將烏克蘭人驅離波蘭的遣返官員則有著烏克蘭姓氏。）從一九四五年末到一九四六年初，這些波蘭軍隊習慣先任意攻擊某地的烏克蘭反抗軍，摧毀某個村莊，乘烏克蘭反抗軍撤離時殺害一些烏克蘭居民，等烏克蘭反抗軍以報仇為由摧毀波蘭村莊時，波蘭軍隊再殺回去。雙方就這樣不斷重複這個復仇循環。其中一樁著名案例發生在一九四六年一月二十五日，波蘭士兵在布魯托將軍的命令下屠殺了扎瓦德卡・莫羅霍斯卡村（Zawadka Morochowska）的五十六名村民，大多是老幼婦孺。波蘭士兵把人活活燒死，開腸破肚，或用刺刀將居民的面容割得殘缺不全。[63]

一九四六年四月，波蘭當局組建了一支行動代號為「熱舒夫」的作戰兵團，負責將烏克蘭人徹底逐出波蘭。二十五萬名左右被登記為烏克蘭人身分者在該年四月到六月間遭強制遣送回蘇屬烏克蘭。自一九四四年十月到一九四六年六月間，總共有多達四十八萬兩千六百六十一人被以烏克蘭人身分遣返至蘇聯，其中大約三十萬人是被迫離開，十萬人是因為村莊被毀而無家可歸，剩下的人則是自願遷徙。熱舒夫行動中最終導致九百一十名烏克蘭人喪命，但並沒有對當地的烏克蘭反抗軍造成重大打擊。[64]然而，當這起驅逐行動宣告落幕之時，仍有許多人誤以為波蘭人已經完美解決了境內的「烏克蘭問題」。

一九四七年維斯瓦行動的原則

直到一九四七年初，波蘭政府才意識到問題依舊存在。如果真的要有一套烏克蘭問題的「最終解決方案」，波蘭當局將會需要擬定新的政策。此時波蘭已無法仰仗一九四四到一九四六年協助遣返作業的蘇聯軍隊，因為蘇聯內務人民委員部已經開始撤出波蘭，原先用於遣返的基礎建設也一一廢除。一九四六年，波蘭政府仍舊拒絕接受遣返行動已經結束，還是希望盡可能把更多人從蘇聯那裡遣返回波蘭。然而，史達林的耐性已經消耗耗盡。[65]這表示接下來任何的人口交換都屬於「國內事務」，某位曾在遣返計畫中立功的波蘭將軍很快就如此建議。「既然蘇聯不再接收這些人，」副參謀長莫索（Stefan Mossor）於一九四七年二月時提議，「那麼就有必要在我國收復的領土上，以個別家庭為單位重新安置這些人。」所謂「收復的領土」，指的就是波蘭從德國那裡接收的北部和西部地區。[66]相較於用來對付烏克蘭反抗軍，共產波蘭的軍隊在一九四六年反而更常被用來對付波蘭人。一九四六年冬天到一九四七年初，共產黨以軍隊干預了一九四七年一月的波蘭議會大選。在選舉遭受操弄，且同月政府又頒布大赦的情況下，波蘭人已失去任何以武裝反抗政府的手段。隨著共產黨領導的軍隊在一九四七年進行擴編，烏克蘭反抗軍也不得不加大抵抗的力道。

同年三月二十八日，烏克蘭反抗軍刺殺了波蘭國防部副部長卡羅爾・希維爾切夫斯基（Karol Świerczewski）。事後波蘭政治局立刻決定「重新安置住在收復的領土上的烏克蘭人和混血家庭（特別是普魯士北部地區），這些人不准再集結成社群，居地距離邊界也不得少於一百公里。」[67]希維爾切夫斯基將軍遇刺案，讓早就意欲從政治上解決烏克蘭問題的波蘭政府逮到一個動手的絕佳機會。當然，時序很重要，倘若三月沒有發生刺殺案件，我們也就無法肯定波蘭政府會在四月進行報復行動，也無法完全確定蘇聯會對波蘭的報復行動抱持何種態度。我們能確定的是，波蘭的報復計畫一定有事先獲得蘇聯認可，而且肯定與蘇聯的慣例步調一致。在波蘇邊界另一頭的蘇聯當局，此刻正在對烏克蘭反抗軍發動一場極其殘酷的掃蕩，驅逐反抗軍的家族成員。除此之外，蘇聯情報人員還深入參與及策劃了波蘭針對烏克蘭的報復行動「維斯瓦行動」（Operation Vistula）。[68]只不過我們目前尚不清楚蘇聯究竟在行動初期扮演什麼樣的角色。某位深受蘇聯信任的波蘭資深官員試圖警告史達林，試圖以武力重新安置在波蘭境內的烏克蘭人不僅不負責任，而且很可能會失敗。負責強制遣送政策的波蘭副部長，對波蘭政治局倉促之下做成的報復決定深感擔憂，於是漏夜緊急聯繫了他的蘇聯窗口，親自傳達波蘭政治局在沒有與莫斯科協商的情況下匆促做出一項重大決策。[69]

這位副部長當然有可能搞錯，而且可能性還不小，但真相如何我們已無從得知。認為波蘭政策可以在未經莫斯科批准下就頒布未免太過天真，但認為波蘭政府的每項政策背後都有蘇聯經手卻也同樣天真。要理解維斯瓦行動這項政策的起源，我們只要參考一九四七年三月到四月間共同策劃該行動的蘇聯與波蘭官員對這項行動的解釋。例如波蘭參謀本部的中校軍官科索夫斯基（Waclaw Kossowski）就在三月二十九日向波蘭提議，應「徹底消滅還留在波蘭東南部邊界地區的烏克蘭殘餘人口」；科索夫斯基的真實身分其實是蘇聯軍官安置在波蘭參謀本部的間諜。四月十二日，波蘭國家安全委員會接受了這項提議，該委員會正是負責剷除反共組織的中央機關。[70]委員會還批准了公共安全部長拉德凱維奇（Stanislaw Radkiewicz）上呈的一份簡短報告：拉德凱維奇在戰前就是共產主義者，戰爭期間為蘇聯紅軍效力，紅軍進入波蘭時負責國安事務，且直到一九五四年都一直擔任祕密警察的負責人。史達林在波蘭還安插了另一位間諜，那就是波蘭國防部長米哈爾・羅拉－日梅爾斯基元帥（Michał Rola-Żymierski）。日梅爾斯基曾在畢蘇斯基麾下服役，在戰間期官拜將軍，後來卻受控貪汙而遭開除軍籍。他在二戰期間加入了蘇聯資助的波蘭軍隊，並且在史達林的庇蔭下迅速晉升至元帥。

即使一九四七年初再將估計值上修，波蘭的軍事計畫制定者依然認為「烏克蘭的殘餘人口」總數不會超過七萬四千人。然而，波蘭境內其實還有二十萬說烏克蘭語的人口，大約占波蘭人口的千分之八。[71]這個數字之高，預示著強制遷徙將會帶來何等巨大的動盪和苦難；但這數字相較於總人口的比例來說卻又太低，難以想像這些烏克蘭人能夠對波蘭國家造成什麼威脅（更別說其中還有三分之一是蘭克人）。確實有部分烏克蘭人在一九四七年支持烏克蘭反抗軍，而且反抗軍的支持度隨著烏克蘭人被強制驅逐到蘇聯而水漲船高。烏克蘭反抗軍的主要目標，也確實是要建立一個獨立的烏克蘭國家，即使希望渺茫仍願意為此戰鬥。烏民組織和烏克蘭反抗軍領導人的最終目標，確實是想在所有屬於烏克蘭民族文化的領土上建立烏克蘭國家，只是他們如今掩飾了這一目標，並且減少攻擊波蘭軍隊——但顯然烏克蘭反抗軍的利益和波蘭的國家利益存在著根本上的衝突。[72]

然而，波蘭會考慮要強迫遷徙境內的所有烏克蘭人，並不僅是因為與烏克蘭反抗軍之間的衝突。波蘭政治局和參謀本部在一九四七年初就已經認為，將烏克蘭人全部遷離這件事對波蘭來說是絕對有利且必要的，更不用說還能藉機消滅烏克蘭反抗軍的基礎。波蘭軍隊收到兩項任務，第一就是「摧毀烏克蘭反抗軍」，第二則是「將所有烏克蘭籍居民從當地疏散到波蘭西北部的領土，並且盡可能分散地重新安置他們」。[73]波蘭軍官（包含那些向莫斯科報告的軍官）心裡都明白，維斯瓦行動不僅是一場戰鬥，還是強制遷移行動。就算壓制了烏克蘭反抗軍，強制遷移行動依舊會繼續進行，不放過任何一個烏克蘭人。用莫索將軍的話來說，維斯瓦行動最重要的目的就是要「一勞永逸地解決波蘭境內的烏克蘭問題」。[74]強制人口遷移是為了要確保烏克蘭人在波蘭境內無法東山再起。用戰後共產黨從民族主義者那裡繼承的概念來說，戰後的波蘭將成為一個「民族國家」。[75]

就連這項行動的名稱，都透露出這項行動的主旨就是強制人口遷移。這項行動以維斯瓦河為名，該河基本上將當代波蘭一分為二，從克拉科夫流經華沙，再從格但斯克流入波羅的海。這項命名別有用意。民族主義者想像中的單一民族領土與其疆界，就是這些河流在二戰以前與二戰期間所不斷沖刷出來的結果：波蘭民族主義者呼籲將烏克蘭人趕到茲布魯奇河（Zbruch River）以東；烏克蘭民族主義者則要波蘭人趕快滾去桑河（San River）以西。蘇聯的政策事實上也是依據河流作為強制遷徙人口的分界：蘇聯強迫波蘭和蘇屬烏克蘭以布格河為界，迫使超過一百萬波蘭人和烏克蘭人渡河，分別往河的兩邊「疏散」。維斯瓦行動完全符合這樣的傳統，但諷刺的是走向完全相反。維斯瓦河是波蘭盧布林與熱舒夫地區的西部邊界，也是克拉科夫地區的北部邊界，這些地區原本就居住著烏克蘭社群，戰後波蘭也是從這裡把烏克蘭人強制遷徙到其他地方。波蘭民族主義者的目標，始終是想把民族仇敵烏克蘭人從自己的領土驅逐出去，將他們「踢回」維斯瓦河彼岸那些屬於敵人的領土。蘇聯和波蘭共產黨在一九四四到一九四六年間，也確實是在把烏克蘭人往東南方向驅趕，但一九四七年的波蘭政權卻是想將境內的烏克蘭人驅趕至北部和西部地區，希望在從未出現過烏克蘭人的維斯瓦河西北岸將這群人與波蘭人同化。

換句話說，維斯瓦行動就是要讓國內各民族在地理分布上，符合新波蘭國的政治區劃。一九四七年，倖存下來的猶太人紛紛移居海外，留在波蘭的德國人也急著改掉他們原有的籍貫。波蘭政權意圖重新安置「擁有烏克蘭籍的每一個人」，所以就算你是混血家庭，或是從未支持烏克蘭反抗軍的社群，或是根本沒有烏克蘭民族認同的蘭克人、光榮退休的紅軍老兵、在蘇聯受訓的共產黨員，乃至於一九四四到一九四六年曾協助「遣返」烏克蘭同胞的烏克蘭人，全部都得被強制遷徙。如同蘇聯時期的「疏散」行動，定義「你屬於哪個民族」的方式理論上是看血統與宗教，實務上則是看納粹當年發放的身分證明文件在族裔欄位上是否標示著「U」。[76]這項政策的野心規模之大（甚至指明是要遣送「每一個烏克蘭人」），證明了波蘭人心目中的「人民民主」，只能建立在屬於波蘭的「民族國家」之上。

波蘭共產政權藉著打擊烏克蘭人與「解決」波蘭土地上最後的民族問題，聲望水漲船高。自一九四三年波蘭愛國者聯盟成立以來，波蘭共產主義政治宣傳的主要目標，就是獨占「民族」一詞的解釋權：無論是一九四七年一月將烏克蘭反抗軍排除在國家大赦的名單之外，用跟波蘭不一樣的法律起訴烏克蘭游擊隊員，還是在一九四七年夏天實施維斯瓦行動，定義民族的唯一方式都是根據對方的族裔。

一九四七年維斯瓦行動的實際情況

維斯瓦行動的總指揮官就是莫索將軍，他在一九四五年才加入共產黨。莫索一次大戰時曾經服役於畢蘇斯基組建的波蘭軍團，並在戰間期晉升為參謀。他在二次大戰前就曾參與過反烏克蘭的行動，也在一九四六年加入過強制遷徙烏克蘭人的熱舒夫行動。而這一回在維斯瓦行動中，無論是打擊烏克蘭反抗軍的軍事行動，還是以軍隊強制遷徙烏克蘭人的軍事角色，主要策劃者則是奇林斯基（Michał Chiliński）上校和科索夫斯基中校這兩名蘇聯派駐波蘭的代理人。前者擔任這次軍事行動的總參謀，後者則負責領導行動各階段的任務。[77] 維斯瓦行動總計派出了一萬九千三百三十五人，主要來自步兵師和國安單位，大多數之前都有與波蘭地下反共組織對戰過的經驗。維斯瓦行動開始之際，波蘭方的士兵總數遠遠超過了烏克蘭反抗軍，比例差不多是二十比一。[78] 但由於這些人有整整一年都在對抗自己的同胞，甚至是對抗昔日戰友，想必不會有特別高昂的士氣。

莫索將軍、奇林斯基上校與科索夫斯基中校最在意的事，就是這場行動能否摧毀烏克蘭反抗軍。當維斯瓦行動於一九四七年四月底在熱舒夫地區展開時，莫索很快就發現己方士兵的戰鬥表現不如預期。[79] 波蘭指揮官意識到，面對戰鬥意志更堅定且更有經驗的敵軍，不能僅僅採用包圍戰術，而是需要把每一位烏克蘭反抗軍逐一殲滅。這是蘇聯反游擊的慣用戰術——儘管無法正面擊敗烏克蘭反抗軍，因為他們輕易就能化整為零重新組織，但這套打法確實能讓烏克蘭人疲於奔命。熟悉蘇聯反游擊戰術的波蘭人很快就調整出一套作業流程，波蘭軍官開始教育士兵如何利用警犬在森林中追蹤敗退的游擊隊，如何摧毀反抗軍士兵隱匿其中的堅固地堡等等。戰爭變成了狩獵。[80] 烏克蘭反抗軍如果被圍困在地堡，往往也不會棄械投降，而是選擇自殺。這麼做不僅是服從上級命令，更是在避免被活捉後遭到敵方酷刑的折磨。[81]

與此同時，強制遷徙任務也在持續進行。從熱舒夫到盧布林再到克拉科夫，一九四七年四月二十八日後的四個月裡，波蘭軍隊已經遷徙了大約一萬四千六百六十名登記在案的烏克蘭平民，將這些人從波蘭東南部遷往波蘭西部與北部。一九四四到一九四六年間第一輪的疏散和強制遷徙，已經移除了大約七成五還留在波蘭的烏克蘭人，一九四七年的維斯瓦行動又遷徙了剩下的四分之三。[82]相較於前次熱舒夫行動所採用過的遷徙方式，維斯瓦行動的波蘭人在手法上變得更加細緻。如今士兵會在包圍某座村莊時，一併封鎖整個區域，防止烏克蘭反抗軍介入。接著某位軍官或公安部官員就會宣讀一份遷移者名單，名單上頭的烏克蘭居民就要在短短幾個小時內打包完畢，被遣送到下一個地點。試圖逃跑的村民，都會被包圍村莊的軍隊槍殺，實務上男丁只要任意走動就有可能遭到槍斃。曾經有過波蘭士兵射殺了試圖逃離的男丁後，卻在死者口袋裡找到了納粹德國發放的證明文件，上頭註記著代表波蘭人的字母「P」。如果士兵發現某個家庭的男丁不見蹤影，就會對家庭成員酷刑逼供，只為了找出烏克蘭反抗軍的位置。好幾座村莊的村民，得眼睜睜看著波蘭士兵將自己的家園付之一炬。[83]相較於熱舒夫行動，情報單位在維斯瓦行動中扮演起更複雜的角色，因為他們這回不僅要將人口驅逐出境，還得將這些人重新安置到複雜的波蘭境內。各分隊要前往的地點與執行的任務，都得由情報官員來判斷，而他們在軍隊中的同僚會在動身前一刻才收到裝著行動指示的密封信件。

波蘭軍隊和情治官員仰賴當地的波蘭裔和烏克蘭裔居民通風報信，告發自己的鄰居是烏克蘭反抗軍的黨羽。遭舉報的居民不是被司法謀殺，就是被送去集中營。當時的軍事法庭有權審判平民，至少有一百七十五名烏克蘭人遭判處死刑的罪名是與烏克蘭反抗軍勾結。[84]這些判決幾乎都在同一天執行。另外有大約三千九百三十六名烏克蘭人（包括八百二十三名婦女和兒童），則被送往雅沃爾茲諾（Jaworzno）集中營。該集中營是奧斯威辛集中營的戰時附屬機構，裡頭的人們時常遭受刑求，往往還深受斑疹傷寒肆虐之苦，同時缺乏食物與衣物。[85]數十名烏克蘭人在雅沃爾茲諾集中營喪命，包括兩名選擇自我了斷的婦女；另有二十七名烏克蘭人死在遣送途中的火車上，大多是嬰兒和老人。以鎮壓、監禁、判處死刑與實際謀殺的人數來說，維斯瓦行動是波蘭共產政權掌政期間，發動過最大規模的恐怖行動。

一九四七年的強制遷徙行動，擊潰了在波蘭境內的烏克蘭反抗軍。一旦大多數烏克蘭人都遭到強制遷徙，抵抗行動不僅難以為繼，基本上也失去意義。因為多數反抗軍都是為了保護家園而戰，如今家園卻已不復存在。數千名希望繼續對抗共產黨的烏克蘭人，就此失去了在波蘭繼續奮戰的理由。在波蘭軍隊的持續追捕之下，烏克蘭反抗軍潰不成軍。[86]部分反抗軍的游擊隊員接受了重新安置，移居到波蘭西北部，另一部分的反抗軍則試圖穿越封鎖的邊界到捷克斯洛伐克去，其中數百人再從當地轉往西歐與北美。不可思議的是，還是有數百人得以穿越被封鎖的波蘇邊界，加入烏克蘭反抗軍的主力部隊。烏克蘭反抗軍在波蘭境內的潰敗，標誌著新的波蘇邊界逐漸穩固下來，同時也象徵波蘭完成單一民族化，徹底消滅了反波共政權的武裝抵抗。

* * *

我們已在第六章與第七章回顧加利西亞和沃里尼亞地區的歷史基礎及現代所碰上的爭議，第八章與第九章則介紹了這兩個地方在各個時期所經歷的快速轉變，從舊波立聯邦時期（一五六九到一七九五年），到多民族帝國時期（一七九五到一九一八年），再到波蘭短暫的獨立時期（一九一八到一九三九年）。我們也討論了一九三九年九月到一九四七年九月這八年之間，兩地如何歷經納粹德國的占領與敗退、來自蘇聯政權的兩度占領、東歐猶太文明遭受毀滅，以及波蘭人和烏克蘭人互相進行的族群清洗。最終，一條長久存在的新國界將波蘭人和烏克蘭人徹底隔絕開來。維斯瓦行動終結了加利西亞和沃里尼亞的歷史，開啟了西烏克蘭和波蘭東南部的歷史。

維斯瓦行動落幕之際，共產政權在波蘭站穩了腳跟；波蘭達成民族單一化之時，共產主義的勢力也在東歐建立了起來。一九四七年夏天，東歐各國拒絕了馬歇爾計畫，也降下了邱吉爾所謂的「鐵幕」。二戰結束，冷戰開始。民族問題或被解決，被遺忘，或是轉變成別種形式延續下去。烏克蘭反抗軍被驅逐出波蘭後，又繼續在蘇聯境內戰鬥了近十年。曾經犯下沃里尼亞恐怖清洗事件的罪魁禍首，烏克蘭民族主義者雷貝德，在引爆波蘭與烏克蘭之間的血腥內戰後，受到美國情報機構的雇用而離開歐洲。[87] 烏克蘭反抗軍指揮官羅曼·舒赫維奇（Romen Shukheyveh），最後戰死在蘇屬烏克蘭。波蘭這個由共產主義者統治的民族國家，認為自己可以與蘇聯結盟，奠定新的歐洲秩序。我們在接下來兩章將會看到，波蘭這一特別的「東方問題」如何鞏固了波蘭共產黨的權力基礎，加深了波蘭與蘇聯的同盟關係，乃至於促成蘇聯後來的解體。

第十章　共產主義與族群清洗的歷史記憶 1947—1981

一九四五年誕生的波蘭，以及一九三九年被摧毀的波蘭，兩者所覆蓋的領土範圍完全不同。一九三九年的波蘭戰前領土有一半劃給了蘇聯，一九四五年的戰後領土則有三分之一是從德國那裡獲得。波蘭失去了維爾諾和勒沃夫，卻得到了格但斯克和扶羅茨瓦夫（Wroclaw）。戰後的波蘭，是一個幾乎徹底波蘭化的波蘭：大約九十七％的公民自我認同為波蘭人。然而，倘若我們把戰後波蘭的邊界放回戰前歐洲的脈絡來看，就會發現波蘭在戰後的領土曾經是屬於波蘭人、德國人、猶太人和東斯拉夫人（烏克蘭人和蘭克人）這四大族群的家鄉。那些一九四五年才成為波蘭領土的地區，波蘭人在一九三九年時才占了當地人口的五分之三左右。[1]在前面幾章，我們已經看到了這些地區如何從五分之三變成百分之百波蘭人的過程：原來居住在此地的猶太人遭到殺害，德國人遭驅逐出境，烏克蘭人被強制遷徙，同時也有更多波蘭人被蘇聯從東邊「遣返」回來。我們將在這一章，把焦點放在波蘭人和烏克蘭人被強制遷徙後的影響，以便瞭解波蘭重建究竟是以哪些事物遭到摧毀為代價。

族群清洗與社會記憶

在加利西亞（後來成為西烏克蘭）的波蘭人與沃里尼亞（後來成為波蘭東南部）的烏克蘭人遭到清洗之後，百年來兩族群在邊境地區的混居情況就此劃下句點。近世以來，這兩個地區就有著三種主要語言（烏克蘭語、波蘭語及意第緒語）與四種主要宗教（東正教、希臘禮天主教、羅馬天主教及猶太教），[2]結果兩地的猶太人幾乎都死於猶太大屠殺，許多倖存者則在戰後紛紛移居國外。一九四七年後，波蘭人和烏克蘭人雖然繼續生活在這些土地上，卻首次被硬生生的切成兩個截然不同的政治單位，僅能居住在遭到長久阻隔的邊界之後。留在加利西亞的人如今把俄羅斯人視為最主要的少數民族，同時視俄語為代表權力和文化的語言。[3]過去六個世紀以來，來自克拉科夫、華沙和維也納的統治者先後統治加利西亞，如今最新的統治政權則來自莫斯科。

沃里尼亞地區原本住著大量的波蘭人。此地在一九三九年約有三十五萬波蘭人口，到了一九四七年卻僅剩七千人，總計減少了九十八%。同樣的情況也出現在戰後成為蘇屬烏克蘭一部分的加利西亞地區：此地戰前約有一百八十萬波蘭人，戰後僅剩約十五萬人還自視為波蘭人，總共減少了九十二%。邊界變動後，還屬於波蘭這個國家的加利西亞地區只剩下很小一塊，當地在一九三九年原本有約六十萬說烏克蘭語的居民，一九四七年已僅剩下三萬人，減少了九十五%。若將沃里尼亞和加利西亞這兩個地區加起來，兩地猶太人口共有約九十七%遇害於戰爭期間，若僅看沃里尼亞的話這個數字將高達九十八·五%。[4]無論從哪個方面來衡量，都能看出歐洲在大範國內發生了劇烈的人口變動。納粹德國在一九四一到一九四四年推行「最終解決方案」，史達林則在一九四四到一九四六年實施少數民族的「疏散政策」。前者促使烏克蘭與波蘭之間的內戰在一九四三年開打，後者則讓內戰繼續延燒。

在烏克蘭人的記憶中，族群清洗是由「波蘭」政權發動的，而烏克蘭反抗軍則是在幫助他們對抗族群清洗。對戰後仍留在波蘭的烏克蘭人來說，烏克蘭反抗軍的這一印象成了他們的重要身分認同。一九四四到一九四六年間被強制驅離波蘭的烏克蘭人，大多數都移居到了西烏克蘭。對他們而言，烏克蘭反抗軍也是他們保存民族認同的主要方式。[5] 然而，這些重新落腳在蘇屬烏克蘭的烏克蘭人，偶爾還會抱怨他們在波蘭的烏克蘭同胞只在意一九四七年的維斯瓦行動，卻忘記了其他被遣送至蘇聯的烏克蘭人。[6] 這類抱怨說對了一點，那就是「烏克蘭問題」並不只出現在波蘭，或者更精確來說，並不僅限於波蘭和蘇屬烏克蘭底下的西烏克蘭。一九四四到一九四六年之間，總共有十五萬九千兩百四十一名被認定為烏克蘭人的波蘭居民，被送往烏克蘭的中部和東部地區。相較之下，被送到西烏克蘭地區的烏克蘭裔波蘭人則是三十二萬三千八百五十八名，[7] 另外還有十四萬六百六十名烏克蘭裔波蘭人在維斯瓦行動中被重新安置在波蘭境內。若僅就數量上來看，維斯瓦行動所強制遷徙的烏克蘭裔波蘭人，還不到所有遭強制遷徙的烏克蘭裔波蘭人的四分之一。被送去烏克蘭中部與東部的人數，也遠比送去波蘭西部與北部的人數還多。這些人同樣得面臨適應新環境的考驗，而且前者的生活條件比起後者更糟。

留在波蘭的烏克蘭人，一輩子銘記著一九四七年維斯瓦行動的血淚，而那些被強制遷徙的沃里尼亞和加利西亞波蘭人則忘不了一九四三年和一九四四年烏克蘭人發動的大屠殺。再次重申，烏克蘭反抗軍對波蘭公民發動的野蠻大屠殺無疑足以名列這場戰爭中最惡名昭彰的一頁。倖存的波蘭人與其家人幾乎都因此認為，烏克蘭反抗軍是一群殺人犯組織。那些活下來的人散居在戰後波蘭各處，但共產政權並不承認他們的記憶，甚至禁止人們談論落入他國手中的戰前領土。如同昭昭天命構成了美國人的民族認同，大英帝國成為了英國人的驕傲，波蘭對東方所背負的文明使命也曾經是波蘭民族認同的核心——如今這個使命遭遇了大挫敗，這龐大的民族恥辱感也壓到了波蘭倖存者身上。

烏克蘭人與波蘭人的記憶有著很顯著的差異：不僅對事件的描述相互矛盾，對誰是英雄與誰是惡人的看法也莫衷一是。但他們的故事卻都長得很像：都攸關自己既有的生活方式如何遭受破壞，也提到如何被迫開始新生活。若將烏克蘭人和波蘭人筆下的經歷擺在一起，便能看見其中的微妙之處：「任誰也想像不到，這樣一座美好的烏克蘭村落，如此活躍的烏克蘭生活，會在如此短的時間內被人以如此野蠻殘忍的方式從世界上抹去。」「沃里尼亞陷入一片火海，那熊熊烈焰至今仍映在我的腦海裡，揮之不去也忘懷不了。沃里尼亞發生過的種種，將會一輩子烙印在我的記憶之中，直到生命盡頭。」[8]對於一九四三到一九四七年的歷史，至今仍未有共識。究竟是誰先引發衝突，或是誰受害最深，都因為各方對族群、邊界和時代的定義不同而有各自不同的說法。烏克蘭人有理由認為，波蘭游擊隊才是率先襲擊他們土地的人，因為戰後這些地區大半都成為了波蘭領土。波蘭人也有理由認為，烏克蘭民族主義組織班德拉派才是開啟悲劇螺旋的罪魁禍首，因為是他們決定攻擊波蘭村落，而那些波蘭村落的所在地如今都成為西烏克蘭的一部分。烏克蘭人有理由相信，在那些落入波蘭人手中的土地上，被殺害的烏克蘭人遠比波蘭人還多，因為烏克蘭約有一萬一千人喪命，波蘭則為七千人。但波蘭人同樣也有理由相信，在所有爭議領土上有更多波蘭人遇害，總人數高達七萬，而烏克蘭人則大概只有兩萬。[9]

社會記憶與現代民族

波蘭人與烏克蘭人彼此對立的記憶，其實分別對應著波蘭和西烏克蘭盛行的兩套現代民族主義。我們今天把這些記憶連同當事人的實際紀錄與死亡數據擺在一起，並不是試圖要混淆事實。重要的是，藉由讓今天的波蘭人與烏克蘭人重述這些恐怖事件，我們其實能夠清楚看到他們當時原本的民族身分。例如說，來自一九四七年的觀點就會與來自一九三九年的觀點截然不同。那些在一九四〇年代清洗彼此的青少年與成人，有些在一九三〇年代時往往都是會玩在一起的鄰居或朋友。沃里尼亞的波蘭人瓦爾德瑪・洛特尼克（Waldemar Lotnik）就是個典型案例。他在回憶錄中記錄了一九四三年年末那起慘絕人寰的清洗，儘管他也參與其中，「但我大部分的童年時光卻是與烏克蘭人一起度過，我們一起學習讀書寫字，一起在冬日結冰的湖面上溜冰，一起在森林裡與田野間找到俄羅斯人或德國人在一次大戰留下的彈藥碎片……。」[10]雖然他在書中沒有明講，但他當年肯定是說烏克蘭語。

那些曾經有過類似洛特尼克這般經驗的人，其實都是在挑戰某些聲稱民族特質是與生俱來的假說，證明那些針對民族身分的文化定義往往是一派胡言，更提醒我們必須留意戰前與戰後對民族描述的差異。洛特尼克身為波蘭人，說著波蘭人的故事，但他在很多時候之所以能夠倖存，正是因為他的**母語**其實是烏克蘭語及俄羅斯語。他當年要是不會說波蘭語**以外**的語言，他可能就沒辦法將自己的回憶錄命名為「九死一生」。最驚險的一次，是他的「波蘭」東部口音引起一位耳朵靈敏的紅軍軍官注意，差點因此惹上殺身之禍。一九四三年，沃里尼亞地區的不少波蘭小孩之所以有辦法從清洗中逃過一劫，也是因為他們跟烏克蘭小孩玩在一起的時候都說烏克蘭語。倘若有陌生人半路將他們攔下來盤查，他們都有辦法用烏克蘭語唸出禱詞。許多沃里尼亞的烏克蘭家庭為了拯救波蘭孩童，時常教導波蘭孩童背誦烏克蘭語的主禱文。儘管我們已經明白，宗教差異往往被假定為民族差異的象徵，而且教堂確實偶爾能作為民族運動者的庇蔭，但此處的故事卻告訴我們，當地其實直到這個時候，才開始用宗教信仰來判斷其他人群的民族身分。如果所謂的現代性指的是民族認同比宗教認同更重要的時代，那麼沃里尼亞和大部分的加利西亞地區的現代性，便是始於一九四〇年代。

倖存的回憶與紀錄，有助於我們瞭解發生在倖存者身上的故事。然而，出於顯而易見的原因，我們比較難具體述說發生在死難者身上的故事。儘管如此，我們還是能在一九四三年與一九四四年找到足夠多的案例，說明曾有許多人因為被錯認民族身分而喪命。這些案例也證明，即使是民族主義者，要辨認某個人屬於哪個民族也不是一件簡單明瞭的事。當時各方皆以民族之名互相屠殺，而人們時常在這樣的氛圍下因為錯誤判斷而導致更多荒謬的死亡。一九四四年夏天，波蘭人為報復烏克蘭民族，包圍了加利西亞的祖布拉村（Zubrza），準備殺害全村的烏克蘭人。當時村裡其實有五位波蘭人，而他們並不相信這些不知名的襲擊者是波蘭人。這幾位波蘭村民似乎認為，這些武裝的外來者都是烏克蘭反抗軍成員，是為了揪出村裡的波蘭人才冒充波蘭人的身分。結果這五名波蘭人為了求生，都假裝自己是烏克蘭人。他們錯了，這些襲擊者真的都是波蘭人。這五名喬裝成功的波蘭人，就這樣被他們的波蘭同胞誤認為烏克蘭人而全數遇害。生死存亡之際，殺人者與被殺者都沒能認出對方其實是與自己同一民族的同胞。[11]

類似這種渾沌不明的情況，也發生在一九四七年的波蘭東南部。維斯瓦行動中曾經發生過許多意料之外的插曲，其實也在在顯示了要明確區分「波蘭人」與「烏克蘭人」的不切實際。舉例來說，共產波蘭為了將烏克蘭民族主義組織的領導人從藏身處引誘出來，曾在一九四七年五月建立了一支假冒的烏克蘭反抗軍分隊，隊員全都會講烏克蘭語。波蘭人成功安排了一場會面，結果這支波蘭的「烏克蘭反抗軍」卻因為扮演得太過逼真而在前往會面地點的途中遭到己方波蘭情治單位的攻擊。順帶一提，這些波蘭人的喬裝實在太過成功，以至於當真正的烏克蘭反抗軍抵達現場時，也無法分辨出這支假的烏克蘭反抗軍分隊根本不是自己人。另一椿事件發生在一個月後。當時一支真正的烏克蘭反抗軍順利逃出波蘭軍隊的包圍，靠的就是他們高唱一首當時很流行的波蘭革命歌曲。他們一邊唱著歌詞「當民族抄起武器，踏上戰場……」，一邊成功穿越波蘭的防線。這些事蹟聽起來很諷刺，但皆是族群清洗下的產物，同時也代表著族群清洗尚未完成。如果族群清洗得乾淨徹底，也就不會有這麼多的意外插曲。[12]

一九四七年遭波蘭人以維斯瓦行動清洗的烏克蘭人，有時候波蘭語說得其實比一九四三年被烏克蘭人清洗的沃里尼亞波蘭人還要流利。但當這些人在波蘭北部和西部新獲得的領土相遇，人們通常都「知道」誰是波蘭人，誰是烏克蘭人。[13]到了這個時候，比起語言等能透過觀察得知的文化特徵，民族身分的定義往往更來自政治和記憶。這並不是說蘭克人與烏克蘭人就無法被看作是波蘭人，至少有數萬人就成功辦到。真正的問題在於，到了一九四七年，所有人都已經認定民族身分是單一且排外的，因此一個人只能屬於一個民族。即使波蘭東部的波蘭人與被重新安置至波蘭西部的烏克蘭人往往具有很多共通點（至少比起波蘭西部的其他在地人而言），但很明顯並沒有因此出現一個新的「東部」文化。[14]只有在少數極端的情況下，這些波蘭人與烏克蘭人的相似之處才真正起到凝聚作用。一位沃里尼亞的波蘭人回憶，他對烏克蘭裔鄰居唯一的正面回憶，就是某次他的烏克蘭鄰居曾請他過去吃一頓聖誕節晚餐，而這群烏克蘭老兵竟然可以從西伯利亞的古拉格集中營弄來新鮮的魚。在二次大戰前，聖誕節晚餐對波蘭人和烏克蘭人來說都是一年中最重要的場合之一，而雙方鄰居互邀彼此共進晚餐在一九三〇年代其實也是很常見的事。但到了一九四〇年代，雙方對彼此卻已經沒有留下什麼好印象，除非有來自西伯利亞的晚餐。[15]

波蘭的國家制度也強化了這種感受上的差異，支持國民抱持現代的單一波蘭民族認同。戰後的混亂時期及大規模人口流動，更是加深了波蘭人與烏克蘭人不同的概念。當五分之一的人口遭到殺害，四分之一的村莊慘遭摧毀，三分之一的人口被強制遷徙，半數的文化中心（例如勒沃夫與維爾諾）落入外國統治，地方忠誠與地方認同的重要性便大幅下降，而晚近族群清洗的記憶則發揮了比預期中更大的影響。一九四五年後有關這段歷史的詳細研究顯示，波蘭在建立勞工階級的過程中，也在形塑勞工階級的民族主義。[16] 戰爭期間的個人經驗提供國家大量的素材，往往已足夠促成人們擁抱單一民族認同。[17] 持槍者同時也是槍下亡魂，施行族群清洗的人也淪為被清洗的對象，或許這塊土地上最明顯的共通之處，就是人們共享了這樣的歷程。而在共享這樣的經歷後，人們有時會想要記得，有時則想要忘記，他們有時為之悲憤，有時則自認為所應為。或許正是這樣的經驗，讓他們成為了民族。

簡化與民族化

我們能從各區域的族群案例，看到現代的單一民族觀成為共產波蘭的主流。「沃里尼亞人」如今被視為波蘭民族性格最強烈的波蘭人，但他們在一九三九年前根本不認為自己是波蘭人。[18] 同樣的，二次大戰前也沒有人相信如今波蘭境內的「蘭克人」與其子孫，後來會覺得自己屬於烏克蘭民族。如今波蘭境內的烏克蘭人，把民族主義當成主要的政治訴求，這樣的事情在以前也從來沒有發生過。再想想那成千上萬的烏克蘭農民，他們在屠殺沃里尼亞地區波蘭人的過程中獲利；還有成千上萬的烏克蘭裔波蘭人，他們在維斯瓦行動後被驅趕到波蘭的東南部地區。那些今日拒絕承認自己也曾夷平過波蘭村莊的沃里尼亞烏克蘭人，就跟今日搗毀波蘭東南部烏克蘭墓園的波蘭牧師一樣，都是在抹去過往的歷史。

像第七章提到過的多布拉希拉黑次卡村（後簡稱多布拉村），就曾發生過多少無法抹平的傷痛？這個村子六百年來一直安穩過著自己的日子，幾十年來也相對不大在乎現代民族的概念，卻在一九三九到一九四七年間被傷得滿目瘡痍。一九三九到一九四一年間，蘇聯占領當局以「勾結」戰前波蘭政權為由，強制趕走了住在這裡的烏克蘭人。然後是一九四二到一九四三年間，德國殺死了此地大部分的猶太人，再把烏克蘭民族主義者和共產黨人都送進奧斯威辛集中營。到了一九四四到一九四五年，烏克蘭反抗軍又殺死了大量拒絕與他們合作的烏克蘭人，以及可能「勾結」新政權的波蘭人。一九四五年一月六日，波蘭軍隊的某個營在多布拉村找到了烏克蘭反抗軍，結果他們卻在後者撤退後殺掉當地二十六位居民作為報復。半數倖存者在一九四六年受蘇聯強制遷徙，另一半則在一九四七年的維斯瓦行動中被波蘭政權重新安置。八十位村民被關進雅沃爾茲諾集中營，一位婦女甚至在集中營裡分娩。

在很多地方，人們對於誰才是暴力的罪魁禍首莫衷一是，多布拉村也不例外。到底有沒有過一個十四歲男孩，因為拒絕合作而被烏克蘭反抗軍殺害？也可是否曾有過一個十二歲女孩，在聖誕節目睹自己的父親被波蘭軍人奪走性命？對於這樣的事情，各方大概可以永遠爭執下去。實際上，多布拉村並不是到了戰爭期間才變得民族化，該村早在戰前就已經有了民族主義運動，而且村民在歷劫倖存之後，也不是每一個都認為自己只能是烏克蘭人或波蘭人。我們只能說，戰爭讓多布拉人無法再延續近世時期的自我認同，而必須變得愈來愈現代。現代的「民族」一詞已經有了特定定義，戰後的我們已經無法再單純使用這個詞來描繪過去已然失去的現實。如今，無論多布拉村的倖存者怎麼重申，戰爭已經徹底改變了「波蘭人」和「烏克蘭人」這兩個詞的意義；我們拿來描述村民的詞彙，早已不同於他們當年對自己的理解。[19]

多布拉村確實遭逢慘痛的命運，但跟一九四三年沃里尼亞地區那些被滅村的波蘭村落相比，只能說相對充滿詩意。我們在第八章提過格文博奇卡村的故事，提過烏克蘭反抗軍決定大開殺戒，並在倖存的村民心中留下了難以抹滅的傷痛。一九四三年八月二十八日晚上，格文博奇卡村的一名男孩決定在家中的馬廄過夜，隔天清晨醒來時看見五十六歲的父親，在田裡被一群烏克蘭人團團圍住。其中一位烏克蘭人拿起鐮刀砍向他父親的後腦勺，父親立即跪倒在地，身體抽搐著向前倒下，一頭栽進土裡。下一刻，男孩四十三歲的母親發出淒厲的尖叫，試圖衝向丈夫，卻被烏克蘭人喝令停止。另一位烏克蘭人隨即舉槍將她射倒在地，然後另一個烏克蘭人再手持鐮刀上前了結她的性命。同樣是在那天早上，村裡某位女孩從外地回到家中，目睹鄰居的頭顱滾落在地，鄰居的小孩則被烏克蘭人拉住頭髮往柱子撞去，其他村民則慘死在鐮刀跟乾草叉之下。女孩一路小心翼翼地溜回家，結果開門卻看見十一歲的妹妹被活活打死，其他家人更早已變成冰冷冷的屍體。[20] 逃出加利西亞的波蘭人，也帶著與此相似的慘痛記憶。一九四四年四月十二日，烏克蘭反抗軍前往勒維夫南部屠滅胡奇斯科村（Hucisko）。當地一名婦女回到村莊，看見樹上掛了好幾個男人，他們個個皮肉分離，心臟還被從胸腔掏了出來。村內其他男女老少全都倒臥在地，屍體不僅被燒得焦黑，而且都殘缺得令人難以辨認。她後來是靠著那天早上裝在兒子口袋裡的麵包，才得以指認他面目全非的屍體。[21]

我們於是不難理解，為什麼即使那些從沃里尼亞和加利西亞的慘劇中倖免於難的人，有辦法細數彼此的噩夢，但只要這些死難者的名字變成數字，他們的故事變成歷史，這些噩夢就再也無人聽聞。[22]即使當事人永遠不會遺忘這些傷痛，但隨著時間流逝，整個民族也會將其塵封。[23]當你去探問當事人的記憶，你就會得知整個民族所相信的版本裡存在有多少謊言，同時也會理解整個民族為什麼會為了逃避這巨大的苦難，而去編造神話粉飾太平。有些時候，族群清洗的倖存者依稀記得以前的身分認同並沒有那麼壁壘分明；更多時候，族群清洗的倖存者希望說出背後錯綜複雜的故事，但當這些故事流入民族社會，就注定被簡化成最常見也最駭人聽聞的元素。每當人們重新講述或重新書寫這些歷程，就是在一點一滴地侵蝕和精簡原來的故事。波蘭如今還有一座多布拉村，只是早已人事全非；如果格文博奇卡村和胡奇斯科村當年沒有被消滅，今天應該會存在於烏克蘭境內。這些全村盡滅的村莊，有助於民族創造遭受簡化的歷史。

外力的強迫遷移，讓所屬的民族變得比生活的土地更加重要，也讓日後的神話與迷思變得更容易打造。無論是蘇聯或納粹，都是依據一九三九年之後身分證明文件上面的民族類別，來決定要強迫遷移哪些人，但這些文件上的註記卻未必符合現代的民族認同。儘管如此，那些被強迫遷移的人，依然會因為被註記成同一個族裔與被驅趕到同一個地區，因而更相信自己就屬於那個民族。一九四四到一九四六年，波蘭人和烏克蘭人都是被趕到其他「同族人」所居住的陌生土地。一位住在萊姆基尼（Lemkini）的女人，在二戰後被趕到勒維夫城。即使她本來對城市生活相當陌生，後來也會學到該如何在這座城市中的教堂禱告，知道怎麼用烏克蘭語跟當地居民勉強溝通。同樣的，一位住在盧茨克（L'utsk）但卻被趕到格但斯克的男人，雖然這輩子從未見過大海，之後也將開始信仰羅馬天主教，用當地人大部分都能聽懂的波蘭語來展開生活。這些新的生活環境，突顯出語言與宗教等「民族特色」的重要性。光是強迫遷移本身，就讓被強迫遷移的人們之間具備了最基本的共同點，進而打造出最原始的民族主義。

共產主義者與民族主義者所相信的歷史

在維斯瓦行動把波蘭當地的烏克蘭人趕走之後幾年，波蘭考古學家發現了達尼洛王公（Prince Danylo）的石棺。[24]由於石棺的位置相當鄰近波烏國界，靠近雙方具有領土爭議的城市海烏姆（Chelm/Kholm），因此挖掘工作沒有對外公開。達尼洛王公是魯塞尼亞人（也就是烏克蘭人的祖先之一），曾在十三至十四世紀統治加利西亞與沃里尼亞地區的居民，但共產波蘭當局卻希望人民相信過去七百年來從來沒有過「烏克蘭人」在「波蘭」定居。這種想法其實符合蘇聯的意識形態，因為在官方歷史中，蘇聯「源於」中世紀的基輔羅斯，共產波蘭則「源於」中世紀波蘭的皮亞斯特（Piast）王朝。蘇聯對波蘭人和俄羅斯人說，他們的「族裔」早已存在了九百年，應該在政治上被承認為「民族」，生活在「民族」既存的土地。

這種現代民族「源自」中世紀公國與王國的說法，讓共產黨無須處理波蘭文化從十四世紀初至十九世紀末向東擴張五百年的事實，也不用處理存續於一五六九到一七九五年的波立聯邦遺留下來的政治成就。對蘇聯共產黨來說，波立聯邦的政治遺產大多是某種燙手山芋：憲政傳統、代議體制、波蘭人與東斯拉夫人的合作，以及對「民族」這個概念的彈性與政治寬容性。即使是那些反對蘇聯版烏克蘭歷史的烏克蘭人，通常也還是會接受蘇聯所用的修辭形式：忽略波立聯邦遺留下來的影響，相信是烏克蘭人而非俄羅斯人「繼承」了基輔羅斯。當然，波立聯邦也並不像波蘭人以為的那樣，等同於現代的「波蘭」。波立聯邦是近世歐洲最大的國家，由近世歐洲人數最多的公民進行貴族統治。在十九世紀重塑近世民族的過程中，催生出一群現代民族主義者，試圖從遙遠過去挖掘出各自的起源。這種民族主義浪潮，啟迪了二十世紀的共產主義者與反對共產主義的民族主義者。[25]

共產主義者認為民族國家的邊界不會隨時間而變動，這一觀念掩蓋了許多現代歷史上有趣的問題。例如戰間期的加利西亞與沃里尼亞地區，那些說波蘭語和烏克蘭語的農民都曾以錯綜複雜的方式融入對方的文化，但除了專業學者以外，這段歷史現在全都無人聞問。如今大部分的人都以為，這些地方的人自古以來就是（或注定要成為）現在的模樣。如今沃里尼亞和加利西亞地區的東部都一起劃為烏克蘭領土，但無論是烏克蘭人還是波蘭人，都忘了這兩個地區過去予人的印象與現在相比是多麼天差地別。在一九一八年之前，這兩個地區被俄羅斯與奧地利的國界隔開了一百多年，一九一八到一九三九年間則被波蘭的政策分成兩半，之後又在一九三九到一九四一年間分別被蘇聯與納粹占領，最後在一九四一到一九四四年間分別被納粹烏克蘭總督轄區和納粹波蘭總督府統治。然而，如今這兩個地區全都成了「西烏克蘭」的核心地帶。今日加利西亞的烏克蘭人會在勒維夫街頭的哈布斯堡煤氣燈下，唱著烏克蘭民族歌曲《我的沃里尼亞》（My Volhynia），彷彿一切都像空氣那般自然。[26]

近世民族性和現代的民族性之間具有若干差異，其中最重要的就是宗教的新意義。自一五九六年的布列斯特聯合教會到一次大戰結束，希臘禮天主教與東正教在這段期間都是彼此對立。當時俄羅斯帝國和奧地利帝國的政策，導致二十世紀初的加利西亞地區東部大多信仰希臘禮天主教，沃里尼亞地區大多信仰東正教。在一次大戰與二次大戰之間，加利西亞與沃里尼亞的聯合教會創造了機會，讓加利西亞的烏克蘭人能夠把現代民族主義的觀念傳播到沃里尼亞的東正教領土上。這項傳播在一九二〇到一九三〇年代收到初步成果，二戰期間更是大獲成功。到了一九四三年，沃里尼亞的族群清洗不僅清除了波蘭人，也讓希臘禮天主教徒與東正教徒聯手對抗羅馬天主教徒。這段過程也促進了西烏克蘭的誕生，並讓當地人認為自己的烏克蘭人認同，比自己是希臘禮天主教徒或東正教徒更加重要。這段過程終結了近世存在的宗教對立，代之以現代民族之間的對立。

類似的情況也出現在波蘭東南部。無論是近世的波立聯邦，還是近世的波蘭文明，都曾經把希臘禮天主教當成羅馬天主教的夥伴。但當「民族」的概念從近世逐漸轉為現代，這兩種宗教也就逐漸脫鉤。發生在波蘭東南部的族群清洗，不僅是波蘭人清洗烏克蘭人，也是羅馬天主教徒清洗希臘禮天主教徒和東正教徒。無論是希臘禮天主教或東正教，在戰後的波蘭人心中都變成烏克蘭人的宗教。例如一九九〇年代，波蘭城市普熱梅希爾（Przemyśl）的市長就曾宣稱，對他而言烏克蘭文化比愛斯基摩文化更陌生。但只要對普熱梅希爾、波蘭人與烏克蘭人的歷史有所瞭解的人，都會覺得這種說法荒謬至極。因為在以前，普熱梅希爾的居民大多都信仰希臘禮天主教。然而，一九九〇年代的普熱梅希爾市民卻不知道這些，部分市民占領了當地一座教堂，拒絕教宗若望保祿二世把這座教堂還給烏克蘭的希臘禮天主教徒。從占領行動中受益的羅馬天主教嘉爾默羅教會（Carmelite）僧侶，後來更以該教堂的圓頂太過「東方」，破壞了普熱梅希爾的「波蘭」市景為由，將圓頂摧毀。然而，那座教堂的圓頂來自於哈布斯堡時代，其實根本就不是在致敬東方的長方形聖殿（更不用說愛斯基摩人的冰屋了），而是在致敬羅馬的聖彼得大教堂。[27] 宗教的力量再一次敗給了現代民族主義，近世文明傳承下來的共同遺產就這樣在無知人們的行為下遭受掩蓋。

民族歷史成為共產政權的正當性來源

無論是從單一個人、城鎮、地區或宗教，我們都能看到現代的民族觀念如何步步推進。我們可以看看沃伊切赫・賈魯塞斯基（Wojciech Jaruzelski）將軍的例子，賈魯塞斯基家族曾經支持畢蘇斯基那套近世的聯邦主義民族觀。一九四七年，年輕的賈魯塞斯基上尉奉命進行維斯瓦行動，他相信波蘭軍隊守護波蘭國家的方式就是趕走烏克蘭人。當時的環境讓賈魯塞斯基上尉深信，烏克蘭反抗軍全都是納粹。二戰之後的波蘭政權，一直都用這類說詞來替其烏克蘭政策辯護。這種說法不算全錯，因為沃里尼亞地區的烏克蘭反抗軍確實曾經要求那些協助實施納粹「最終解決方案」的前德國警察去殺害波蘭人。位於波蘭境內的烏克蘭反抗軍，也的確吸收了武裝親衛隊和德國治安單位的殘黨，同時也真的學習到德國占領時期的許多手段。除此之外，烏克蘭反抗軍也的確隸屬致力於追求民族純淨的班德拉派。波蘭人確實有理由牢牢記住這一切，但他們卻忘記了烏克蘭反抗軍之所以不斷得逞，正是因為它專門爭取烏克蘭人的權益，而且波蘭境內沒有其他組織能像它一樣幫助烏克蘭人民。波蘭政權把烏克蘭人打成納粹德國的同路人，讓自己有機會用更有利的條件於一九四七年重新打一場二次大戰。但我們也不該忘記，波蘭政權在對抗烏克蘭人時所採用的說詞與政策，本身就很有德國占領時期的影子。指揮維斯瓦行動的莫索將軍甚至說過要為烏克蘭人問題制定出一套「最終解決方案」。維斯瓦行動也確實利用了德國人製造的身分證明文件，乃至於一座德國人興建的集中營。[28]

維斯瓦行動的直接結果，就是共產政權能夠宣稱波蘭是個「單一民族國家」，而它們也確實如此宣稱。雖然這麼說有點過於誇大，但對於信奉共產主義的波蘭人來說，為波蘭人建立屬於波蘭的民族國家是一項有助於統治正當性的偉大成就。[29]波蘭能夠成為「波蘭人的波蘭」，其實是因為波蘭歷經過四項重大轉變：猶太大屠殺、驅逐德國人、蘇聯的「遣返」行動，以及最後針對烏克蘭人的維斯瓦行動。在這四項轉變中，共產主義者幾乎絕口不提猶太人大屠殺，驅逐德國人則變成波蘭人應該效忠蘇聯的理由，而「遣返」行動畢竟是由蘇聯發動，所以就只剩下針對烏克蘭人的最終清洗行動是當地波蘭人自己所為。[30]即使是在一九五六到一九七〇年的哥穆爾卡改革時期，波蘭的共產政權依然把重點放在德國人和烏克蘭人這兩個二戰期間的敵人身上，並成功將兩者拒於門外。到了一九六八年，無論是贊成還是反對哥穆爾卡政權的人，都正式舉起反猶大旗。一九六八年十一月與十二月，波蘭最重要的政治週刊為了紀念獨立五十週年，邀請該國的重要學者撰文評論「典型波蘭人」這些年來的變化。所有受訪者當中，沒有任何一位指出所謂的「典型波蘭人」本質上並不等同於波蘭族裔。當中也只有一個人認為，波蘭為了建立單一族裔的政體曾經犧牲了某些事物。[31]

到了一九七〇年左右，在歷經一整代的共產主義統治之後，整個波蘭社會已經只剩下一種現代的民族主義觀：每個波蘭人都是波蘭公民，都屬於波蘭族裔，而且很有可能是一位羅馬天主教徒。透過普及教育與促進社會階級流動，共產波蘭成功散播了它們對民族的現代概念，效果遠遠勝過戰間期的波蘭第二共和。一個世代以後，各國開始走向和解，於是一九七〇年的波蘭人不再覺得德國是很大的威脅，反而開始擔心起波蘭境內的烏克蘭人。波蘭最明目張膽的反烏克蘭浪潮，就發生在蓋萊克（Edward Gierek）總書記上臺、波蘭正式宣布全國族裔統一的一九七〇年代。[32]

一九八〇與一九八一年，團結工聯（Solidarity）運動的挑戰出現在蓋萊克與繼任者眼前。團結工聯從原本一個獨立的工會，發展為上千萬人參與的大型社運。雖然該運動毫無疑問是一場擁護波蘭的愛國運動，但其領導者卻對烏克蘭抱持著與共產黨截然不同的態度。在言論相對自由的那幾個月，許多支持團結工聯的知識分子都指出，如果烏克蘭沒有獨立，波蘭就不可能獨立。團結工聯接著對多個蘇聯成員國致上問候，並獲得烏克蘭人的重視。但波蘭共產政權卻試圖抹黑團結工聯，聲稱團結工聯打算讓在波蘭的烏克蘭人都擁有跟波蘭人一樣的權利。波蘭共產政權最終在一九八一年十二月頒布戒嚴令，擊垮了團結工聯。賈魯塞斯基將軍這時候當上了波蘭總書記，一手掌握國家的政權與軍權，下令鎮壓自己的國民。在參與了維斯瓦行動的三十四年之後，賈魯塞斯基再次相信，唯有靠自我侵略才能拯救波蘭。[33]這起事件究竟是改變的起點還是終點？現代的波蘭民族只能與烏克蘭為敵嗎？還是有某種方法可以像團結工聯夢想的一樣，既讓波蘭保有自由，又能跟東部的鄰居們友好相處？

第三部

PART THREE

重建波蘭人的家園

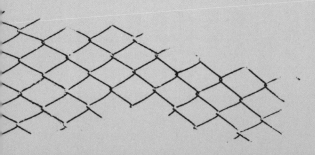

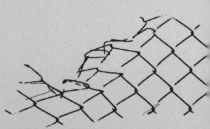

第十一章 愛國的反對派與國家利益 1945—1989

一九八九年東歐劇變之後，團結工聯籌組了一個非共產主義政府，並很快提出了對東政策。一九九一蘇聯解體後，立陶宛與烏克蘭先後獨立，波蘭與這兩國的關係也快速改善。立陶宛的政治人物，開始把西邊鄰居波蘭視為讓自己成功跟歐洲整合的關鍵；烏克蘭總統則前往華沙尋求歷史和解。立陶宛的維爾紐斯爭議，以及烏克蘭的加利西亞及沃里尼亞爭議，今日都已妥善處理完畢，好到幾乎難以察覺爭議曾經存在。正如我們所見，二次大戰與戰後的政治發展，其實打破了波蘭與東邊鄰居的連繫，並且傳播了現代的民族主義。或許，一九四〇年代的戰爭，反而讓這些國家在一九九〇年代得以締結和平？當時的族群清洗，說不定讓這些民族得以在日後和解？

然而，這種說法只對那些沒有經歷後共產主義時期衝突的東北歐國家，站在後見之明的角度來看才有意義。這個地區之所以可以締造和平，並不是因為波蘭延續了某項過去的外交政策，而是因為波蘭制定了新政策，創造了新秩序。[1]波蘭政策的創新之處在於它深刻理解民族主義，並將這股力量導向維持地區穩定的方向。一九八九到一九九一年間，在蘇聯還沒瓦解之時，波蘭的外交政策就已經假定立陶宛、白羅斯與烏克蘭將會成為民族國家。波蘭外交官還加上一條但書：這些國家獨立之後，波蘭要接受蘇聯時代劃分的國界。波蘭不僅預期蘇聯終將解體，同時也在思考蘇聯解體之後該如何維持當地穩定。它採取了一套新的大戰略，這項戰略最早緣起於移民問題，且早在一九八九年前就已經辯論了長達十五年。這套戰略的發起人是耶日．吉德羅伊奇（Jerzy Giedroyc, 1906-2000）與尤琉斯．米羅謝夫斯基（Juliusz Mieroszewski, 1906-1976）兩人，他們根據自己對波蘭民族的理解而提出了這套構想。這套戰略對於現代民族別有一套自己的看法，既考慮了本書前兩部所提到的地區衝突，也帶來了本書第三部所提到的和平，因此值得我們的持續關注。

東邊鄰國對波蘭的國家利益

不曉得是命定還是人為，總之耶日．吉德羅伊奇這號人物捲入了波蘭在戰間期的每一項東方問題。吉德羅伊奇來自一個波蘭立陶宛的古老貴族家庭，他當年出生在明斯克時，明斯克還是俄羅斯帝國某個省分的省會。吉德羅伊奇小時候前往莫斯科讀書，卻碰上了布爾什維克革命，只好返回家鄉。一九一九年，波蘭軍隊與布爾什維克軍隊爭奪帝俄的西北領地（即昔日立陶宛大公國的土地），吉德羅伊奇一家只得離開明斯克，前往華沙。我們已知道後來的發展：雖然聯邦主義者畢蘇斯基的軍隊打贏了戰爭，但民族主義的格拉布斯基奠定了和平。吉德羅伊奇的老家明斯克，就在和平談判中被波蘭代表劃給了布爾什維克俄國。吉德羅伊奇覺得華沙實在了無生機，他在這一點上與許多更早就已前來此地的立陶宛波蘭人所見略同。他大學主修烏克蘭歷史與文學，認識了許多重要的烏克蘭社運人士，[2]人脈遍及烏克蘭政治圈：從希望整合全烏克蘭統合性民族主義的思想家德米托・頓佐夫，到烏克蘭民族民主聯盟的左派人士馬西爾・穆德里（Vasyl' Mudryi）。吉德羅伊奇相當認同當地希臘禮天主教教會的領導者，都主教謝普蒂茨基，於是他以記者與公務員的身分，設法讓當地的羅馬天主教教會改善與謝普蒂茨基的希臘禮天主教教會的關係。吉德羅伊奇還為了整個國家及他個人的政治理想，拜訪了一個位於波蘭東南部的烏克蘭語貧窮民族：胡楚爾人（Hutsuls）。

吉德羅伊奇很討厭民族民主黨的統合性民族主義，他認同畢蘇斯基的看法，希望波蘭能像過去一樣保留各種不同民族。吉德羅伊奇比畢蘇斯基年輕一個世代，這位立陶宛波蘭人對於烏克蘭相當感興趣。他與畢蘇斯基一樣務實，認為最重要的事情莫過於波蘭的存續，同時十分明白波蘭社會的民族主義並不等於波蘭的國家利益。對吉德羅伊奇而言，無論是波蘭人還是其他民族的懷古之情，只有在對國家有幫助時才值得重視。

吉德羅伊奇務實地認為波蘭政府必須盡量滿足少數民族的需求，尤其是兌現之前的承諾，給予加利西亞的烏克蘭人自治權利，否則不滿的少數民族可能就會瓦解波蘭。但要完成這項目標，就需要接觸每一個少數民族，瞭解波蘭政府各自能為他們做些什麼，以及如何讓當地的民族主義者找不到

圖 26：吉德羅伊奇（1906-2000），照片攝於 1940 年代末巴黎。吉德羅伊奇是波蘭的知識分子、大戰略制定者，改變了波蘭政治思想的方向。

脫離波蘭的藉口。戰間期的波蘭，並沒有制定有關東部少數民族的整體政策，但像吉德羅伊奇跟沃倫省省長亨德利克．尤瑟夫斯基等波蘭人依然認真地試圖解決相關問題。

如同我們前幾章所見，二次大戰加劇了波蘭內部的民族衝突，釀成好幾波烏克蘭與波蘭之間的大規模血腥清洗。二戰結束之後，大量人民被趕出家園，波蘭也失去了勒沃夫跟維爾諾這兩座重要城市。吉德羅伊奇在二戰期間始終關注東部問題，也一直與其他民族的代表保持友好聯繫，甚至包括烏克蘭民族主義者。他曾在波蘭流亡政府的重要將領安德爾斯將軍麾下服役，之後來到巴黎，創辦了一所文學院，並出版了一九四七到一九八九年間波蘭流亡人士最重要的雜誌：《文化》（*Kultura*）。在這四十年中，吉德羅伊奇很可能是全波蘭最有影響力的知識分子。由於他對待移民的方式與眾不同，所以在家鄉享有巨大的影響力。他也試圖從法國影響共產波蘭的國內政治，而不是試圖在外國創造另一個波蘭——光是後面這點，就讓他跟大部分波蘭流亡者想要在倫敦保存戰間期波蘭政治體制的想法大異其趣。很多流亡倫敦的波蘭人都因為懷念第二共和的舊日榮光，因而無法批判舊秩序，進而不願意放棄那些被蘇聯奪走的領土。[3] 但對於吉德羅伊奇而言，未來波蘭如果要重新獨立，就不可能還是戰間期的那個舊波蘭，而且如果要重新獨立，準備工作必須現在就開始。他知道二次大戰並沒有解決波蘭的東部問題，所以努力打造一個平臺，讓波蘭在未來重獲主權之後能夠找到新的解方。他很少自己寫文章，而是用編輯方針讓《文化》雜誌成為波蘭日後對東政策的指引。[4]

《文化》雜誌認為，重獲獨立的波蘭應該要沿用二戰後的波蘭東部國界。這種想法如今聽起來合情合理，但當時波蘭人未必能夠接受，在東歐的流亡者中也不常見。因為波蘭在二戰後的東部國界，最早是源自於一九三九年的納粹與蘇聯的《德蘇互不侵犯條約》，並於一九四五年獲同盟國的《雅爾達密約》確立。在波蘭人眼中，這是二十世紀嚴重的外交背叛。但吉德羅伊奇提出與眾不同的看法，他並不認為這些土地是割讓給蘇聯，而是認為這些有爭議的領土能夠讓其他與波蘭對等的民族使用。雖然紅軍的勝利和史達林的意志，把勒沃夫的名字變成了勒維夫（L'viv/Lvov），維爾諾的名字變成了維爾紐斯（Vilnius/Vil'nius），但《文化》仍舊認為前者應該劃歸蘇屬烏克蘭，後者劃歸蘇屬立陶宛，最後當然是烏克蘭人和立陶宛人的城市。[5]

現實主義與浪漫主義

一九七三及一九七四年，吉德羅伊奇最緊密的政治夥伴尤琉斯・米羅謝夫斯基，為未來波蘭獨立提出了東方大戰略的理論基礎。最重要的考量依然是未來波蘭的國家利益，所以最好不要去逆轉二戰帶來的某些領土改變。吉德羅伊奇不斷表示，波蘭無意挑戰目前的國界劃分；米羅謝夫斯基則進一步主張，波蘭有意主動維持既有的領土現狀。米羅謝夫斯基提議，立陶宛、白羅斯與烏克蘭民族都應該在蘇屬共和國境內各自茁壯，即便這意味著波蘭會失去一九四五年劃分給前述國家的領土。他還建議，波蘭未來獲得主權之後，應該支持立陶宛、白羅斯與烏克蘭民族國家的獨立。這些外交政策提案，都預設了波蘭即將成為主權國家，並且必須跟這些獨立的東邊鄰居打交道。米羅謝夫斯基是少數預測正確的政治學者之一，他在文章中預言了東歐與蘇聯將迎來二十世紀的民族獨立之春。[6]

這種想法在一九七〇年代初期似乎過於浪漫。畢竟蘇聯是核武大國，看來很可能贏得冷戰，波蘭則是蘇聯的衛星國，一九六八和一九七〇年的政治反抗都被蘇聯給輕鬆鎮壓；而立陶宛、白羅斯和烏克蘭都是蘇聯的加盟共和國，政治異議人士數量較少且飽受騷擾。更不用說蘇聯還把自己強大的常規戰力大量部署在這些爭議地區。然而，蘇聯的最終瓦解卻也清楚顯示，國際關係的**現實**不僅包含對當前既有局勢的認識，也涵蓋對局勢可能推移與開展方向的覺察，更意味著明白個人能夠藉由國家把局勢導向自己理念所認同的方向。確實，用**現實主義**來分析國際關係時必須務實，但也得瞭解人們究竟想要用務實手段達成什麼目的，否則只會自相矛盾。畢竟手段是否現實，取決於能否有效達成目的，但這些目標尚未存在於既有的現實之中，還無法直接從既有世界中推導出來，只能來自於個人對理想世界的想像。換言之，若是心中沒有理想，利益就沒有現實意義。

也就是說，某些乍看之下過於理想的觀點，其實可能相當現實。米羅謝夫斯基不僅正確預測了蘇聯的命運，也正確預言了波蘭必須在獨立之前就制定好對東政策。他相當瞭解手段與目的之間的關係，所以在為未來的波蘭出謀劃策時，不會陷入過去那種理想與現實的二元對立。他不以立陶宛、白羅斯、烏克蘭跟波蘭民族過去的恩怨情仇來思考該如何對待這三個地區，而是思考該怎麼做才能讓波蘭獨立之後的東部國境安全無虞。米羅謝夫斯基想像了未來的地緣政治處境，認為無論是獨立後的俄羅斯或波蘭的帝國式民族主義，都會威脅未來波蘭的存續。萬一波蘭獨立，進而在烏克蘭、白羅斯、立陶宛問題上與俄羅斯發生衝突，只會強化有害的波蘭與俄羅斯民族主義。米羅謝夫斯基之所以支持立陶宛、白羅斯和烏克蘭三國獨立，並不是因為他站在這三個民族的利益，而是為了防止波蘭東部疆界再生嫌隙，讓波蘭與俄羅斯的民族主義無以為繼。米羅謝夫斯基注意到，立陶宛、白羅斯和烏克蘭成為蘇聯的加盟共和國，已經普遍讓人們把立陶宛、白羅斯和烏克蘭視為獨立的政治單位，替這項策略打下了基礎。米羅謝夫斯基認為，這項事實能夠說服波蘭人相信，這些蘇聯共和國跟獨立國家之間已只有一步之遙。當然，把前述三個蘇聯加盟共和國類比波蘭這個衛星國，確實有點牽強，但蘇聯的組織結構卻讓這項類比得以成立。既然當時立陶宛、白羅斯和烏克蘭這三個蘇聯共和國及俄羅斯與波蘭的疆界，都已經清楚畫在地圖之上，未來就只要主張各自獨立的民族國家保留這些疆界就好。[7]

米羅謝夫斯基承認俄羅斯的重要性，也對蘇聯的組織結構有清楚的理解，更因此認為「烏克蘭、立陶宛、白羅斯」三國是未來波蘭主權高枕無憂的關鍵。只要「烏立白」三國獨立之後能夠各自成長茁壯，波蘭就不會再像過去一樣跟俄羅斯直接衝突。所以讓這三國存活下去，反而對波蘭比較有利。米羅謝夫斯基甚至還認為，拿回之前的東部領土其實對波蘭沒有好處，而且光是提出這類主張就會疏遠烏克蘭、立陶宛和白羅斯年輕一代的民族菁英。他在一九七〇年代初就已主張，波蘭人不僅應該放棄收復東部失土，還應該支持烏克蘭、立陶宛與白羅斯民族獨立建國。米羅謝夫斯基明白，這項觀點不僅基於現實利益，還能讓波蘭的外交政策產生道德意義。身為現實主義者的他認為這項道德意義能讓更多波蘭人支持他的提議。

波蘭傳統思想和《文化》雜誌的轉型計畫

《文化》雜誌要面對的第一個課題，就是波蘭昔日的**聯邦主義**。吉德羅伊奇出生於明斯克，米羅謝夫斯基小時候住在加利西亞，因此《文化》雜誌提出的對東戰略會帶著畢蘇斯基及更早的密茨凱維奇所抱持的近世菁英愛國色彩，其實也不足為奇。吉德羅伊奇從小就崇拜畢蘇斯基，米羅謝夫斯基則認為密茨凱維奇比當時的波蘭人更瞭解自由的真諦。儘管如此，兩人在分析國際關係時都捨棄了近世的觀點，而是採用現代觀點把民族國家視為最小的單位。密茨凱維奇眷戀著過去波立聯邦那種迥異於現代認知的民族觀念，畢蘇斯基則總想建立一個由波蘭上層文化主導的聯邦。吉德羅伊奇與米羅謝夫斯基捨棄這套近世傳統，認為波蘭人得要成為現代世界的現代民族國家。米羅謝夫斯基認為，波蘭拿回主權後將成為民族國家，而烏克蘭、立陶宛和白羅斯也將成為民族國家。他很討厭人們懷念過去的波立聯邦，倒不是因為他個人無法認同這種思想，而是基於現實考量。他知道這種懷念看在烏克蘭、立陶宛與白羅斯的愛國者眼中就是帝國主義。他明白若要使人們不再把烏克蘭、立陶宛和白羅斯視為妝點波蘭國家傳統的文化陪襯，而是當成與波蘭平等的民族，就必須把波立聯邦的遺緒視為隱憂。

本書前面曾經討論過，立陶宛民族主義就是打著波立聯邦會毒害立陶宛文化的旗號起家，而烏克蘭民族主義也把反抗波立聯邦當成某種美好的政治理想。波蘭人自己則是用現代民族的觀點來看待近世的波立聯邦，認為東部領土自古以來都是自己不可分割的一部分。[8] 這些理解其實都錯得離譜，離譜到無論提出多少學術理論都無法彌合它們之間的裂痕。然而，只要能接受政治上的多民族主義，就能從截然不同的民族角度解讀同一段歷史。這就是米羅謝夫斯基的目標。在他看來，無論是密茨凱維奇的詩作，還是畢蘇斯基的聯邦主義，顯然都隱藏著對立陶宛、烏克蘭與白羅斯**人民**處境的同情，而這樣的同情能夠轉化為對立陶宛、烏克蘭與白羅斯**民族**的尊重。在波蘭聯邦主義者還認為波蘭在東方具有文化優越性的時候，米羅謝夫斯基就已經張開雙臂擁抱立陶宛、烏克蘭與白羅斯的民族菁英。儘管波蘭人在政治上尚且無法接受歷史上立陶宛、烏克蘭與白羅斯都是由波蘭這個古老民族分出去的年輕民族，但如果將焦點放在現在，就能夠主張波蘭、立陶宛、烏克蘭與白羅斯這四個民族如今都有權獨立建國。這就是《文化》雜誌的思想轉型大業，即改進聯邦主義。未來波蘭能否跟東邊鄰居順利合作，取決於波蘭如何看待這些鄰居。若要與這些鄰居交好，就得放下收復失土與文明啟迪的野心，拋棄過去的聯邦主義，將這些鄰居真正當成國家來看待。過去的聯邦主義是用近世的觀點來思考民族性，《文化》雜誌則試圖在這種觀點中注入現代性。

《文化》雜誌要處理的第二個問題，就是**民族主義**。把波蘭當成現代大眾民族不是什麼創舉，當年的民族民主黨甚至以此作為創黨願景。同樣的，希望波蘭人放棄東部領土也沒什麼新意，民族民主黨的格拉布斯基就是根據這套邏輯，才會在一九二一年跟布爾什維克簽訂的《里加和約》中，放棄了明斯克、卡緬涅茨—波多斯基與別爾季切夫三座城市，也才會在一九四四年跟史達林談判後要求波蘭人撤出勒沃夫。民族民主黨以為，只要把東部領土讓給俄羅斯，就可以換取俄羅斯菁英的好感。該黨確實讓波蘭政治圈開始用現代民族概念思考，卻以為在華沙與莫斯科之間只有俄羅斯與波蘭這兩個民族，進而只把烏克蘭人、立陶宛人與白羅斯人視為人口統計數字，甚至忽略其存在。在民族民主黨的觀點看來，波蘭菁英只要跟俄羅斯菁英協商就好，不需要考慮中間其他民族的意見。他們帶著明顯的民族歧視，認為烏克蘭人、白羅斯人與立陶宛人永遠不可能獨立建國。他們只想照顧波蘭人的民族利益，甚至把這種觀點稱為現實主義。我們今天已能看見他們這種傳統政治觀的局限，看見這些自詡為「現代波蘭民族」的人，如何把「現代性」跟「波蘭性」（Polishness）綁在一塊。

共產波蘭政權後來收編了這種民族主義，在一九四五年後聲稱當時與蘇聯的領土協議符合波蘭人的利益。米羅謝夫斯基在一九七〇年代的大戰略確實也認為波蘭應該延續當時的國界，因為這些東部領土已經不再屬於波蘭。但比起戰間期的民族民主黨或二戰後的波蘭共產政權，他的觀點其實有三項創新之處。最明顯的一點，就是他認為波蘭會重獲主權，而蘇聯將會瓦解。其次，民族民主黨放棄東部領土是為了討好俄羅斯，波蘭共產政權放棄領土是為了迎合蘇聯，但米羅謝夫斯基主張放棄這些領土卻是為了住在上面的烏克蘭人、立陶宛人與白羅斯人。最後，他還認為俄羅斯政治菁英的態度並非一成不變，而是會受到波蘭政策的影響，而最有效的影響辦法，就是不要按照俄羅斯人的步調行事。無論俄羅斯是否放棄波蘭東部領土的宣稱權，獨立後的波蘭領導人最好都要主動宣布放棄這些領土，並支持位於波俄兩國之間的民族獨立建國。這樣做不僅能保障波蘭的安全，也能表達出對俄羅斯民族的尊重。

《文化》雜誌融合了畢蘇斯基的聯邦主義與德莫夫斯基的民族主義，變成一種相當現實的波蘭對東政策，支持東歐的共產成員國以國家身分進入當代國際體系。它像畢蘇斯基那樣，浪漫地主張立陶宛、白羅斯和烏克蘭應該獨立，卻又讓這些國家的誕生為波蘭帶來現實利益。它像德莫夫斯基那樣採取現實主義，卻也同時反對像他一樣以立陶宛人、白羅斯人與烏克蘭人的利益為代價向莫斯科當局妥協。它沿襲了史達林與盟軍在《雅爾達密約》與《波茲坦宣言》建立的戰後秩序，認為以民族為基準所劃下的國界符合自身利益且能夠長久維繫。吉德羅伊奇與米羅謝夫斯基憑藉自身的智慧，正確預測了共產政權即將倒臺，並利用既有的國界設想出一套波蘭未來需要的全新大戰略。他們不僅推導出重要的理論，勾勒出大戰略的整體輪廓，還讓人們有理由予以支持。最重要的是，他們在政治上成功說服了波蘭人，讓許多日後會扮演重要角色的波蘭人在一九八九年東歐劇變之前，就視他們的對東政策為理所當然的未來方向。

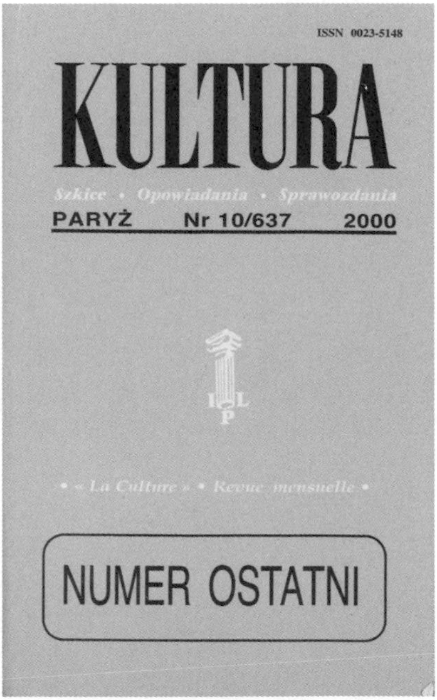

圖 27：《文化》最後一期，2000 年 10 月號。正如吉德羅伊奇生前承諾的一樣，這個月刊在他有生之年維持發行，直到他去世為止。

波蘭政治與《文化》雜誌的轉型計畫

在波蘭戰後移民眼中，《文化》雜誌其實是某種異端邪說。絕大多數逃到西歐的波蘭人，都認為波蘭應該收復勒沃夫和維爾諾。在一九八九年以前，流亡倫敦的波蘭政府也始終聲稱，波蘭應該重新談判東部國界。這種理想主義的觀點，認為波蘭先是被《德蘇互不侵犯條約》瓜分，被二戰摧殘，被盟軍再次於《雅爾達密約》出賣，然後又被共產黨壓迫數十年，所以理當在未來討回公道。除此之外，某些自稱現實主義者的知識分子也反對《文化》雜誌的觀點，例如戰後波蘭最具聲望的作家斯泰凡・奇謝萊夫斯基（Stefan Kisielewski, 1911-1991）。這些反對者未必帶著奪回失土的往日情懷，但仍舊認為波蘭需要擔心的東方國家只有俄羅斯，為了保障波蘭的利益，獨立之後最好跟俄羅斯談判而無須考量烏克蘭、白羅斯和立陶宛的意見。與倫敦那些主張討回失土的理想主義者不同，這群現實主義者願意「遷就」——他們知道二戰後的國際局勢已不同以往，所以希望讓那些已經逐漸接受現狀變化的波蘭人支持他們的現實主張。《文化》雜誌在這方面跟這群現實主義者很像，兩者都是以波蘭利益為依歸，所以只要建立起討論平臺，雙方就可以進行理性辯論。[9]

辯論真的發生了，甚至早在共產波蘭時期就已經開始。共產波蘭時期的特色之一，就是政治反對派對社會產生了巨大影響，特別是在一九七〇與一九八〇年代。當時的東歐各國中，只有波蘭的政治反對派拓出了某種空間，讓人得以將公共討論延伸到共產改革、經濟衰退與歷史不義等傳統討論之外。波蘭反對派的影響包括四個面向：首先，這樣的辯論空間長久累積能夠真正推動進步。第二，其影響範圍可以觸及數萬人，甚至在團結工聯時期拓展到上百萬人。第三，即使是彼此競爭的團體也能夠加入討論。最後，這些討論讓大量民眾得以在生活中不斷抱持異議，不斷思考未來波蘭奪回主權之後自己生活的各個層面能夠如何改變。[10]諸如波格丹・波魯賽維奇（Bogdan Borusewicz, 1949- ）、雅傑克・庫隆（Jacek Kuroń, 1934-2004）與亞當・米奇尼克（Adam Michnik, 1946- ）等人，都是在一九七〇年代就已關注對東政策，也都是在一九八〇到一九八一年的團結工聯時期聲名鵲起，最終在一九八九年波蘭民主化之後扮演重要的角色。這些人不同於蘇聯治下那些著名的政治異議人士，他們是政治反對派，代表背後為數更多的民眾。

早在一九七〇年代，米羅謝夫斯基就已深深影響著波蘭反對派。一九七六年，波蘭獨立聯盟（Polskie Porozumienie Niepodległościowe）這個政治反對派組織所發表的宣言裡，就採納了《文化》雜誌的對東政策。另一個反對派組織勞工防衛委員會（Komitet Obrony Robotników, KOR）也自一九七七年起撥出很多心力討論東邊的鄰國，甚至在其中一份公報中發表與烏克蘭和解的公開信。到了一九八〇年，《文化》雜誌的東方戰略已經成為波蘭反對派知識分子的共識，而這群人日後都會成為團結工聯的要角。[11]雖然《文化》雜誌誕生於巴黎，卻能夠與波蘭境內的重要政治、宗教與學術潮流調和。該雜誌打從一開始就主張波蘭要維持目前的國界，而這項說法也呼應了共產波蘭政府自己的官方說法，進而得以在共產波蘭治下傳播。當時某些與世俗知識分子往來密切的羅馬天主教主教跟神父，例如主教嘉祿・沃蒂瓦（Karol Wojtyla，即一九七八年後的教宗若望保祿二世）就不斷告訴聽眾，波蘭對於東部地區過去的許多衝突負有責任，因此應該要跟東邊鄰國和解。

一九七二年，揚．傑亞神父（Father Jan Zieja）對立陶宛人、白羅斯人和烏克蘭人表示：「我們原諒你們，也祈求你們的原諒。」[12]與此同時，經過官方審查（合法）的波蘭歷史學界也突破共產主義的學術限制，開始研究起烏克蘭，那些未經審查（非法）的歷史著作更是直接質疑共產主義政策的正當性，同時抨擊波蘭昔日向東部擴張的行為。[13]

一九八〇和一九八一年的團結工聯運動，匯集了一千萬名成員，其中三分之一還是共產黨員。這場大型社會運動提供了一個重要機會，讓《文化》雜誌所主張的對東政策，從之前的菁英族群擴散到整個波蘭社會，成為民族解放計畫的一部分。這場運動也讓很多人開始發現，波蘭反對派及整個波蘭社會，其實跟東邊鄰國的反對運動有許多共通之處。波蘭現代史上頭一遭，終於有足夠多的波蘭人開始把東邊鄰國當成與自己平等的民族。這種新思維出現在團結工聯刊物的重要文章中，出現在雅傑克．庫隆等工聯領導人的聲明裡，最終也出現在團結工聯一九八一年代表大會的一項決議中。團結工聯做了一件在當時看來極為不可思議，結合了大膽、愚蠢與肆無忌憚的行為：發表了《給東歐勞動人民的一封信》，而且對象不是蘇聯的無產階級，而是蘇聯內部的各個民族。當然，團結工聯這種自由討論所引起的迴響，往往根據東邊鄰國的不同而有不同的結果。比如說比較少波蘭人談論該怎麼對待白羅斯，而立陶宛則是比烏克蘭更能引起波蘭人的同情——微妙的是，烏克蘭的政治反對派其實比立陶宛更喜歡波蘭團結工聯的模式，[14]許多重要的烏克蘭思想家與社運人士都在一九八〇年的團結工聯身上，看到一九七〇年代《文化》雜誌中所提倡的波蘭新模式。[15]

一九八一年十二月，賈魯塞斯基將軍通過戒嚴令鎮壓團結工聯之後，反對派的刊物裡出現了更多文章去討論波蘭與立陶宛、白羅斯和烏克蘭之間的關係。某些圈子認為，政府能夠成功鎮壓團結工聯，就表示波蘭人必須跟東邊與南邊的鄰居攜手並進，才有足夠的力量。愛國心最堅定不移的「獨立波蘭邦聯」（Konfederacja Polski Niepodleglej, KPN），就直接把東邊鄰居當成跟波蘭平等的國家看待。一九八七年，自由與和平運動（Wolność i Pokój）的年輕激進派發表一項聲明譴責維斯瓦行動，並要求波蘭社會接納烏克蘭人。其他地下組織也開始以承認現有國界為基礎，跟立陶宛、烏克蘭兩地的政治反對派與流亡團體對話。在整個一九八〇年代，人們願意花上更長的時間，更深入地討論米羅謝夫斯基的觀點。到了一九八九年，與東邊鄰國建立良好關係已經成為許多政治反對派認真考慮的選項，即便是在那些不大思考這個問題的人心中也成為政治正確的觀點。在《文化》雜誌、歷史修正主義、地下出版品與團結工聯的影響下，波蘭社會確實開始認同不該奪回過去失土，同時支持東邊鄰國獨立。一項一九七〇年代才出現的政治理念，到了一九八〇年代已經成為新的政治傳統。[16]

民族主義者、社會主義者與《文化》雜誌的轉型計畫

吉德羅伊奇與米羅謝夫斯基這兩位左派人士，相信可以在波蘭完全奪回主權之前，就從內部改良共產主義。他們提出的對東政策，在許多後馬克思主義的知識分子眼中也深具吸引力，獲得了吉德羅伊奇非常尊敬的亞當・米奇尼克等人的支持。米奇尼克不僅是團結工聯的領導人物，一九八九

年之後還是波蘭最重要報紙《選舉日報》（*Gazeta Wyborcza*）的總編輯。《文化》雜誌的觀點已然成為波蘭的主流意見，不僅吸引了米奇尼克這樣的後馬克思主義者，還吸引了那些支持波蘭愛國主義與民族主義的反對派人士。大部分波蘭右派在一九七〇年代都經過《文化》雜誌的洗禮，並在一九八〇年代看過團結工聯的抗爭，理所當然地認為東邊鄰國獨立對波蘭比較有利。科斯切瓦－佐巴茲（Grzegorz Kostrzewa-Zorbas, 1958- ）就是個好例子，他雖然是右派的反對派，卻用力地傳播這份左派《文化》雜誌提出的許多理念。他在一九八五到一九八九年間編輯地下雜誌《新聯盟》（*New Coalition*），宣揚未來的東歐應該要讓每個民族國家在自由的狀態下彼此合作。除此之外，他也在團結工聯的少數民族事務委員會工作，並在一九八九年起草的備忘錄中規劃波蘭第一階段的對東政策。佐巴茲跟米奇尼克這兩人在其他方面幾乎毫無共識，但各自都投注了心力，成為讓波蘭人瞭解應該對立陶宛、白羅斯和烏克蘭友好，並且讓波蘭實施相關外交政策的關鍵。

一九七〇到一九八〇年代最激進的世俗波蘭愛國者，全都是獨立波蘭邦聯的成員。他們在一九七〇年代大多數反對派都認為不會有用的時候，就提出要直接爭取獨立。獨立波蘭邦聯的領導人萊謝克．莫祖斯基（Leszek Moczulski, 1930- ）認為東部鄰居的愛國精神就跟他的愛國精神一樣重要，而且認定立陶宛、白羅斯與烏克蘭獨立之後，某一天會跟波蘭共組波羅的海－黑海聯邦。這項預測最值得注意之處，反而是他相當尊重東邊鄰國。雖然莫祖斯基把自己的形象打造成畢蘇斯基那樣的聯邦主義者，但他提到立陶宛、白羅斯與烏克蘭時都把它們視為與波蘭同樣平等的民族。莫祖斯基認為，波蘭不應該以過去的波立聯邦為藉口重拾帝國霸權，反而應該藉此跟其他現代民族國家締結同盟。畢蘇斯基認為可以用波蘭文化吸引東邊鄰國的菁英階級，但莫祖斯基知道這些菁英一直對波蘭帶有懼意。雖然莫祖斯基一九八九年後在議會的發言以令人捉摸不透聞名，但他卻始終堅持著對烏克蘭、白羅斯與立陶宛的善意。[17]

一九八〇年代，羅馬天主教的媒體也為波蘭與東邊鄰國（尤其是與烏克蘭）的和解做出許多貢獻。[18]我們之後就會提到，許多羅馬天主教人士在一九八九年後都開始處理烏克蘭之前清洗波蘭人的問題，並試圖讓波蘭的少數民族政策跟東邊鄰國的相應政策彼此「互惠」。這些人即使在波蘭右派中也算是少數，他們的主張往往也得不到羅馬天主教高層的認同。不過整體來說，波蘭籍的教宗若望保祿二世非常關心波蘭的東邊鄰國。雖然教宗並不總是在波蘭享有政治影響力，但依然能夠影響波蘭境內羅馬天主教對待東邊鄰國的態度。此後波蘭右派內就不再敵視東邊鄰國的政治勢力。只要考慮到波蘭的羅馬天主教在戰間期還跟民族民主黨站在一起，這樣的改變實在不能說不大。

一九八九年的東歐劇變之後，破壞東歐穩定的民族主義者已不再來自世俗愛國者或基督宗教的民族主義人士，而是那些想要保住自己地位的前共產黨員。[19]在整個一九九〇年代，東歐國家大部分暴力衝突（乃至於所有暴力衝突），都是由曾在共產政權擔任要職的政治領袖所煽動。克羅埃西亞、波士尼亞、科索沃、喬治亞、摩爾多瓦與車臣所爆發的戰爭，以及在這些地區選舉中操弄的民族對立，都是如此。[20]但波蘭沒有走上這條道路。波蘭共產主義者在一九四七年對烏克蘭人進行的族群清洗，解決了波蘭境內最後一項重大民族問題。所以在後共產時代，波蘭國內已經沒有任何少數民族能被民族主義者包裝成國家社稷的威脅或代罪羔羊。另外一項原因是，波蘭反對派在一九七〇到一九八〇年代享有的浩大聲勢，使得波蘭共產政權不僅特別允許少數附隨組織進行民主選舉，還培養出一批靜待改革時機的年輕菁英，以便未來能夠取代賈魯塞斯基那個世代的領導班子。與此同時，許多年輕的共產黨員也開始閱讀那些反對派手中的地下出版品，例如《文化》雜誌。那些討論烏克蘭的文章，吸引了年輕有為且深具政治野心的亞歷山大・克瓦希涅夫斯基（Aleksander Kwaśniewski, 1954-），讓他開始思考波蘭與東部鄰居的關係。[21]

一九八九年六月，團結工聯勝選，同年八月上臺執政。波蘭共產黨在下臺之後接受了改革組織的挑戰。在政黨轉型之際，領導權力也來到年輕一代的領導人克瓦希涅夫斯基手中。一九九〇年一月，波蘭共產黨不僅更換領導班子，甚至變更了黨綱與名字，[22]之後更在克瓦希涅夫斯基的領導之下於一九九三年重新拿下國會多數席次。一九九五年，克瓦希涅夫斯基當選波蘭總統，並於二〇〇〇年連任成功。克瓦希涅夫斯基等人在後共產時代競選和制定黨綱時都不訴諸於民族主義，這點不僅有別於一九八九年之前的波蘭共產主義老路，也和其他東歐國家，尤其是南斯拉夫和俄羅斯的後共產政黨相當不同。波蘭共產主義者過去執政時一直對烏克蘭抱有敵意，克瓦希涅夫斯基等後共產時期的黨員卻出於務實考量而對烏克蘭表示友好。克瓦希涅夫斯基在一九九五年當上總統之後，波蘭政府甚至開始跟烏克蘭共同彌補過去的傷痕。參與這些轉變的人，顯然都受到《文化》雜誌的影響。克瓦希涅夫斯基就跟吉德羅伊奇保持聯繫，還曾經前往巴黎向他致意。

* * *

《文化》的成功關鍵在於影響了團結工聯。波蘭共產黨為了跟團結工聯競爭，而在一九八〇年代展開轉型，轉型成社會主義。到了一九九〇年代，這些社會主義者因此延續了團結工聯執政時期的外交政策。到了波蘭的社會主義者再次掌權時，面對的已是相對友善的德國。相較之下，一九八九年上臺的團結工聯政府所碰上的局勢要嚴峻許多：當時波蘭雖然受益於對東邊鄰國的友善對東政策，卻得要面對西邊鄰國德國在統一後的不友善政策。

第十二章　民族國家正常化

1989—1991

波蘭在二次大戰期間有五分之一的公民死於戰火。戰後波蘭根據同盟國在《波茲坦宣言》的計畫，接收了廣大的德國領土，驅逐了數以百萬的德國人。一九五〇年代，對於德國可能想奪回失土的擔憂，促成波蘭支持共產政權與結盟蘇聯。一九六〇年代，波蘭主教向德國主教遞出和解的橄欖枝，卻遭波蘭政府譴責為叛國。一九七〇年，西德與波蘭簽訂了《華沙條約》，波蘭公眾對德國的觀感有了些許改善，但波蘭人依舊相信德國人只是在等待奪回失土的機會。波蘭人之所以這麼戒慎恐懼，是因為當時的西德政府在法律上並無權代表未來統一的德國，再加上那些被波蘭驅逐的西德人組成遊說團體，長期施壓政府要奪回失土。這些人主導著西德基督教社會聯盟（Christlich-Soziale Union, CSU）的走向，而該聯盟還跟西德總理柯爾（Helmut Kohl）帶領的基督教民主聯盟（Christlich Demokratische Union, CDU）是姊妹黨。波蘭在一九八九年八月重獲國家主權，在接下來的一年多裡，相較於擔心蘇聯的反應，波蘭領導人與波蘭民眾反而更擔憂德國統一。[1]

一九八九年，波蘭國內的政治變革一步步推進，許多進展都是在波蘭共產主義者的認可下進行，有些甚至就連蘇聯總書記戈巴契夫（Mikhail Gorbachev, 1931-2022）都睜一隻眼閉一隻眼。戈巴契夫在一九八八年十二月的聯合國談話裡，就已經暗示蘇聯的東歐衛星國可以自行選擇國內的政治路線。受到一九八八年八月波蘭大規模罷工的影響，波蘭共產黨也已經開始討論應該要與團結工聯的領導人華勒沙（Lech Wałęsa, 1943- ）舉行圓桌會談。一九八九年二月，波蘭的共產政權相信了戈巴契夫的說法，同意與團結工聯這個非法工會的代表展開談判。雙方於該年四月達成共識，團結工聯自此合法化，雙方也同意要在同年六月舉行議會選舉。這其實是一場不公平的選舉，因為波蘭共產政權事先替自己設定了保障席次，確保共產主義者及其盟友能保有眾議院的多數席次。結果團結工聯在普選中獲得壓倒性勝利，拿下了所有眾議院釋出的有限席次，並在參議院的一百個席次中囊括了九十九席。雙方都對團結工聯在選舉中大獲全勝大感意外。這場選舉的結果也讓波蘭人民認為，波蘭共產黨已經不具備統治的正當性。

一九八九年八月，共產黨組建政府失敗之後，眾議院選出了馬佐維斯基（Tadeusz Mazowiecki, 1927-2013）這位羅馬天主教的資深反對派人士成為新任總理。這是自從鐵幕降臨以來，東歐第一個非共產黨政府，也為後來的東德、匈牙利、捷克斯洛伐克與保加利亞立下了仿效的模範。如果我們回顧波蘭民主化的整段過程，就會發現每一起事件多少都促成了讓人意想不到的結果：先是戈巴契夫在聯合國的談話，於是波蘭朝野展開圓桌會談。接著波蘭舉辦了一場被操縱的選舉，團結工聯卻依然在選舉中大勝。然後波蘭共產政權走向終結，而幾乎全東歐的共產政權也都跟著走向終結。最終，一九八九年這一系列發生在蘇聯東歐衛星國的變革，意外強化了蘇屬立陶宛與蘇屬烏克蘭的民族主義運動，進而加速了蘇聯的瓦解。事實上，正是共產主義在東歐倒臺一事，讓蘇聯治下的各個加盟共和國開始相信未來有可能走向獨立。一九八九到一九九一年是一段微妙的黎明時刻，短時間內出現了太多劇烈變化，以至於很難清楚記得這段時期發生的事件細節。為了理解這段歷史，我們必須記得東歐各國陸續重拾主權的時間點，其實比蘇聯瓦解還早了兩年多；而且當時有好長的一段時間，重獲主權的波蘭與蘇聯在政策上其實起到了相互影響的效果。一九八九年，戈巴契夫本可以公開反對波蘭重獲主權，但他卻在十一月柏林圍牆倒塌之後告訴馬佐維斯基：「這聽來或許有些奇怪，但我祝你順利。」[2]

德國加入歐洲

與戈巴契夫這番友善的談話相比，西德對波蘭的反應卻相當具有威脅性。團結工聯於一九八九年六月贏得大選時，西德財政部長魏格爾（Theo Waigel）就曾出來質疑波蘭西部國界的合法性。馬佐維斯基在該年八月成立非共產政府之後，德國總理柯爾便接著宣布國際社會必須重新正視德國的領土問題。同年十一月，柯爾飛抵華沙，試圖緩解波蘭人的恐懼，只可惜他挑錯了訪問時機。儘管柯爾私下保證他會盡快承認德國與波蘭的國界，但他卻因為選舉考量的緣故而不敢在公開場合重申這一點。正當柯爾在華沙的拉齊維烏宮（Radziwill Palace，日後的波蘭總統府）進行晚宴之時，他卻突然收到了柏林圍牆倒塌的消息。華勒沙、馬佐維斯基與眾議員葛萊米克（Bronislaw Geremek）原本正試圖向柯爾解釋為什麼波蘭人那麼害怕德國統一，結果他卻選擇中斷談話並立刻飛回柏林，隨後推出「迅速完成兩德統一」的政策。

柯爾的兩德統一政策稱之為「十點計畫」，但這項計畫中並沒有提到領土疆界的問題。這就產生了兩項隱憂：首先是德國統一後很可能會聲討二戰後被波蘭拿走的領土，其次是德國統一後將面臨與戰間期歐洲一樣的困境，也就是東西兩邊的國界受到不同的外交規則所規範。在波蘭人的記憶中，一次大戰後的各種和平條約只確定了德國與法國之間的西部國界，卻沒有解決德國與波蘭之間的東部國界問題。二次大戰後，雙方也同樣沒有這類和平解決國界問題的正式協議，而且未來就算有這樣的協議，西德也為自己保留了東部疆界的最終決定權。柏林圍牆倒塌後，波蘭人自然非常希望德國與波蘭雙方能夠共同承認目前既有的國界。波蘭人擔心德國與蘇聯會再次簽訂疆界協議，將東歐劃進彼此的勢力範圍，進而讓波蘭更難以擺脫蘇聯掌控。[3]

一九八九年十一月到一九〇〇年十一月的這一年間，東德與西德的政治討論全都圍繞著統一大業，而波蘭的外交政策則處心積慮地想將德國國界的問題留在德國國內。法國總統密特朗（François Mitterrand）與英國首相柴契爾夫人（Margaret Thatcher）都反對兩德統一，但波蘭官方反倒沒有試圖延緩兩德統一，而是希望讓兩德統一能夠促使德國與波蘭之間的疆界問題塵埃落定。可惜波蘭政府手上的籌碼實在太少。儘管波蘭軍隊在二戰時曾與同盟國並肩作戰，但波蘭卻在一九四四年後遭蘇聯占領，在戰後決定歐洲未來的《雅爾達密約》與《波茲坦宣言》上也無足輕重。由於兩德統一在當時被視為最後一場未竟的戰後協議，所以這場統一大業便是由東西德共同安排，並且獲得四個戰時同盟國（英國、法國、蘇聯與美國）的同意。無論波蘭再怎麼抗議，一九九〇年二月各方開始進行「二加四」談判時，依舊沒有邀請波蘭共同參與。

站在波蘭的立場，自然會希望波蘭與德國的疆界問題能夠在兩德統一前就獲得保障。但對德國來說，疆界問題的談判應該留待兩德統一後才開始進行。德國總理柯爾更在一九九〇年三月提議，除非波蘭同意保護境內的德國少數族裔，同時承諾未來不會向德國要求戰爭賠款，否則德國不會確認目前的疆界。對波蘭來說，自己不僅在戰爭中蒙受巨大損失，還被西德排除在和平協議談判之外，現在這項要求簡直欺人太甚。就連西德的西方盟友，也不支持柯爾總理的這項提議。一九九〇年春，波蘭總理馬佐維斯基甚至明確表示，在波蘭與德國立法確認彼此的疆界之前，不希望蘇聯軍隊撤離波蘭。波蘭政府甚至建議蘇軍繼續留在未來統一的德國東部——蘇聯一度支持這項建議，但戈巴契夫很快就被說服撤兵。這顯示波蘭與蘇聯之間的利益並非總是一致。一九九〇年二月，波蘭外交部長斯庫比謝夫斯基（Krzysztof Skubiszewski）對德國明確表示，波蘭不希望看到統一的德國成為中立國，意味著不希望它成為北大西洋公約組織成員。蘇聯原本也反對統一的德國加入北約，直到一九九〇年七月柯爾與戈巴契夫在高加索地區會面後才轉變態度。

局勢在一九九〇年七月變得更加明朗。美國的介入與德國的經濟實力，都讓兩德不僅是邁向統一，更讓它可能在統一後加入北約組織。波蘭政府的立場也因此變得單純起來：當時西德外交部長根舍（HansDietrich Genscher）正利用蘇聯來阻止波蘭參與談判，所以此時波蘭已無理由再向蘇聯示好，反倒讓美國理解疆界問題還顯得更有意義。美國人隨後提出了與柯爾「十點計畫」大不相同的「九項保證」，其中一項就是支持德國與波蘭維持既有疆界。在美國眼中，如今的東德與波蘭疆界，就是未來德國統一後與波蘭的疆界。在美國的協助下，波蘭外交部長斯庫比謝夫斯基得以參與一九九〇年七月十七日舉行的「二加四」第三輪談判。雖然斯庫比謝夫斯基在談判中屈於弱勢，美國國務卿貝克（James Baker）則很強勢，但雙方立場大致相同。他們都認為兩德勢必統一，但德國統一後必須解決二戰遺留下來的疆界問題，而且這個全新的德國必須融入歐洲與北約的體系。一九九〇年九月，「二加四」條約的第一條規定於莫斯科簽署，確立了東西德目前的東西疆界將成為德國統一後的最終疆界。該年十月三日，兩德正式統一。十一月十四日，波蘭與德國外長簽署了波德疆界條約。[4] 雖然波蘭沒能成功在兩德統一前簽下疆界條約，但最終成功讓統一後的德國願意無條件承認現有疆界。

東方與西方

隔天，一九九〇年十一月十五日，蘇聯和波蘭代表團首次會面，共同商討蘇聯軍隊撤出波蘭的計畫。一九九〇年下半，政治局勢的重心由西向東轉移。波蘭與統一德國的關係迅速改善，與蘇聯的關係卻急速惡化。一方面，一旦波蘭西部疆界合法確立之後，德國就可能成為「歐洲」的一分子。但另一方面，隨著波蘭與蘇聯的利益分歧加深，以及戈巴契夫政權的垮臺，蘇聯即將變成「俄羅斯」。[5] 當西德變成一個更大的國家時，波蘭反而比較不擔心德國，但當蘇聯變成一個更小的國家後，波蘭反倒害怕起俄羅斯。隨著波蘭東邊鄰國開始成為波蘭外交的重心，這種轉變就愈加明顯。

一九九一年一月，波蘭代表團飛往莫斯科商討撤軍問題，卻遭到駐波蘇軍指揮官杜比寧（Viktor Dubinin）將軍的長篇大論款待。杜比寧將軍宣稱：「過去曾打敗德國且戰無不勝的偉大蘇聯軍團，會在自認適當的時間，以自認適當的方式，凱旋離開波蘭。若有人對此有異議，我軍將無法保證波蘭人民的安危。」一面對誇誇其談的蘇聯將軍，波蘭政府訴諸於法律戰。波蘭外交官向瞠目結舌的蘇聯代表指出，雙方當時在一九五五年成立華沙公約組織時，*公約中並沒有規定蘇聯軍隊要駐紮在波蘭領土上。在雙方各抒己見，或者說各自表達世界觀之後，波蘭代表拖著疲憊的身軀返回華沙，途中預計停靠立陶宛首都維爾紐斯幫飛機加油。正當快飛抵維爾紐斯時，波蘭代表卻被告知飛機必須直接飛回華沙。眾人從機窗往下一看，發現腳下的維爾紐斯城此刻正燃燒著熊熊火光：蘇聯特種部隊正向該市發動攻擊。[6]

就在波蘭一方面與俄羅斯交涉撤軍事宜時，另一方面也在努力改善與蘇聯底下各個共和國及各國反共民族運動的關係。相較於西德直到最後都把莫斯科當成其東方政策（Ostpolitik）的首選合作夥伴，波蘭則在最一開始就選擇直接與東邊鄰國交好。這件事清楚說明了波蘭對東的外交政策除了考慮傳統的權力平衡，同時也受到其他因素影響。正如前一章所述，波蘭有自己的一套外交大戰

* 譯註：西元一九五五年由前蘇聯、波蘭、東德、匈牙利、保加利亞、阿爾巴尼亞、捷克與羅馬尼亞八國在波蘭首都華沙締結的友好合作互助條約。條約中規定各締結國間對被攻擊的國家應加以援助，以保障歐洲地區的安全。該條約於一九九一年隨著華沙公約組織的解散而宣告結束。

略。波蘭官方也繼續與戈巴契夫維持良好關係，相信戈巴契夫支持蘇聯衛星國走向民主化的承諾，同時也準備好走出自己的路。即便波蘭尚未將蘇聯軍隊踢出波蘭領土，卻已經開始以蘇聯即將瓦解為前提實行政策，假設自己有辦法超前部屬，提前重塑與俄羅斯、立陶宛、白羅斯與烏克蘭人之間的歷史分歧。

即便此時波蘭把外交重心全放在東邊鄰國，但波蘭過去與德國協調的經驗，也深深影響了波蘭對東邊鄰國的政策。波蘭對立陶宛、白羅斯與烏克蘭的立場，在很多面向上其實都跟德國對波蘭的立場很像：跟德國一樣，二戰後的波蘭也失去了東部領土，又有數百萬計的難民及其後代以波蘭為家定居了下來，同時波蘭也覺得有必要保護這些東部失土中的波蘭裔少數民族。當然，波蘭在二戰期間並非侵略者而是受害者，但對波蘭東部的老鄰居立陶宛和烏克蘭來說，波蘭就是維爾紐斯和勒維夫的侵略者。由於大部分波蘭人在一九九〇年代初依然擔心德國將會來奪回失土，所以今日波蘭人應該能夠將心比心，說服自己對東邊鄰國採取降低緊張的和平政策。也就是說，波蘭對東邊鄰國的要求，不應該比波蘭願意還給德國的還多，這正是波蘭外交部長斯庫比謝夫斯基回應國內批評聲浪的方式。德國人對收復失土的主張抱持毫不遮掩的公開態度，也有助於波蘭外交部維持這樣的說法。與此同時，德國外交官也很常拿波蘭對待立陶宛境內波蘭裔的方式為例，來決定自己該如何處理波蘭少數族裔的政策。曾經有過一個案例，是德國人根據一份波蘭對立陶宛境內波蘭裔處境的意見報告書，來主張住在波蘭境內的德國裔公民應該要擁有更多的權利。[7]

歷史洪流總是遺忘斯庫比謝夫斯基這樣的外交官，儘管他的每一步努力幾乎都獲得成功——他先是與德國談判，再與東邊鄰國談判，最終為波蘭帶來了和平。當然，他並不是兩德和平統一的推手，因為當時在西歐普遍關切與美國介入的狀態下，幾乎可以確定德國勢必會以某種大家都能接受的方式統一。也就是說，波蘭的對德政策為何影響並不大，所以最多只能說斯庫比謝夫斯基設定了一個很具體的目標，並且耐著性子一步一步地實踐這項目標。儘管如此，我們依舊能從斯庫比謝夫斯基與西德打交道的經驗裡，看出他的優點如何有助於波蘭與東邊鄰國改善關係，並且為作風傳統的團結工聯與波蘭民主政府注入新的刺激。斯庫比謝夫斯基是國際法教授，曾寫過一本關於波蘭西部邊界的著作，他不僅在賈魯塞斯基與華勒沙這兩任總統任期間負責外交政策，他的政策更獲得任內所有總理的支持，其重要性可見一斑。相較於波蘭在一次大戰後的對東政策，主要是由國會代表在里加與布爾什維克外交官談判的結果來決定，波蘭在一九八九年後的對東政策，如今已是完全掌握在專家手中。

一次大戰後，波蘭的菁英階層在對東政策上出現了意見分歧：一些人希望建立聯邦，另一些人則希望只併吞那些可以被同化進波蘭民族國家的地區。幸運的是，如今的斯庫比謝夫斯基並沒有遇到這種分歧。昔日的反對派團結工聯如今成為執政黨，他們也早已認同了《文化》雜誌倡議的對東政策，認為為了波蘭利益著想，波蘭不應該再去更動東部國界，反而要支持立陶宛、白羅斯與烏克蘭獨立，而且波蘭的愛國者也應該要平等對待立陶宛、白羅斯與烏克蘭的愛國者。雖然斯庫比謝夫斯基還借鏡了其他人的想法，但在大戰略跟政治思想上，他同意吉德羅伊奇和米羅謝夫斯基的基本假設：最具價值的是波蘭國家而非波蘭民族，而且得要放眼未來而不是執著於過去。[8] 相較於「民族利益」（national interest），斯庫比謝夫斯基更喜歡使用「國家利益」（state interest）這個詞，而他引用歷史是為了釐清國家的利益，而非訴諸民族的渴望。「國家利益就是我們國家存在的目的」是他的口頭禪，而他也常掛在嘴邊的另外一句話則是：「歐洲正在轉變。歷史不是也不該是理解今日現實的最重要關鍵，歷史也無法決定現實如何成形。」[9]

在《文化》雜誌倡議的對東政策之上，斯庫比謝夫斯基另外新增了兩項重要概念，其中之一就是「歐洲」。斯庫比謝夫斯基相當欣賞歐洲的理念，認為歐洲的體制有很強大的吸引力，即便是各自在巴黎與倫敦住過大半輩子的吉德羅伊奇與米羅謝夫斯基都沒有注意到這一點。隨著波蘭與統一德國的關係迅速改善，斯庫比謝夫斯基不再擔心德國會想來收回失土，因此轉而主張波蘭若想要加入西方體制，就必須先解決對東政策的問題。他也發現波蘭可以利用國際法，一方面保持當前的模糊態度，另一方面又能以國際法為起點解決過去遺留下來的民族問題。《文化》雜誌原本的倡議並沒有提到這一點，這是斯庫比謝夫斯基所貢獻的第二項概念。

斯庫比謝夫斯基還有另外三項貢獻，比較偏向做事態度的層面。第一是他堅忍不拔的風格，這是斯庫比謝夫斯基在一九八九年以前就磨練出來的特質，有助於他在擔任外長期間穩當地朝著自己的最終目標邁進。耐心雖然是優秀外交官的一貫特質，但在當時共產主義治下的東歐要培養出這樣的優點並不容易。[10] 第二是他有辦法獨力完成艱困的工作：從共產政權接手而來的外交部百廢待舉，缺乏相應資源，甚至時常得在搭乘商務班機時自己撰寫演講稿。第三是他懂得看人，會選擇合適的人來共事。比如說他讓耶日·馬卡爾奇克（Jerzy Makarczyk）負責歐洲的區域政策，很快就在對波蘭攸關重大的歷史時刻取得了不錯的成績。除此之外，斯庫比謝夫斯基也很快就把國際事務專家暨團結工聯運動人士佐巴茲拉入決策圈，後者曾提出波蘭對東政策應該採取「雙軌政策」（two-track）。在斯庫比謝夫斯基的領導下，外交部總共新聘了三百名工作人員。[11]政府能否找到合適的人才，能否適才適所，這些乍看之下只是某種行政瑣事，但其實往往是攸關後共產時期東歐政治成敗的關鍵。特別是波蘭即將運用「雙軌政策」這類需要高度細緻操作的政策，人才的延攬跟配置就更顯重要。

雙軌政策

波蘭所謂的對東「雙軌政策」，第一條軌道是指與位於莫斯科的蘇聯中央政府進行聯繫，第二條軌道則是與蘇聯治下的各歐洲加盟共和國進行聯繫，特別是俄羅斯、立陶宛、白羅斯與烏克蘭。斯庫比謝夫斯基相信蘇聯很快就會瓦解，認為波蘭只要按照蘇聯內部的局勢變化來調整政策即可。當前波蘭之所以保持與莫斯科當局的關係，是為了獲取戈巴契夫的支持並設法讓蘇聯軍隊撤出波蘭。但蘇聯並非波蘭政策的重心，蘇聯底下的各個共和國才是，甚至包括俄羅斯聯邦。波蘭為了與各地建立國與國關係而一步步做準備，例如以半官方的方式確認邊界，外交聯繫正常化，同時發布一系列確立敦親睦鄰原則的外交聲明。波蘭把蘇聯治下的各個共和國都視為完全的國際法主體，無論在道德上和法律上都應該予以平等對待。斯庫比謝夫斯基甚至在拜訪蘇聯前就說道：「在許多方面，我們與各個共和國的關係，就像我們與完全獨立的主權國家的關係一樣。」當時全世界只有波蘭有系統地跟蘇聯各個加盟國交往。[12]

在蘇聯的加盟共和國中，立陶宛是個特別的例子。立陶宛在法律上並沒有併入蘇聯，且早在蘇聯解體前就於一九九〇年三月正式宣布獨立——當時這項獨立主張還惹惱了立陶宛境內的大量波蘭裔，認為波蘭應該把立陶宛搶回來。結果波蘭卻是繼冰島之後第二個正式承認立陶宛獨立的國家，這件事發生在一九九一年八月。事實上，早在立陶宛獨立的前兩年，斯庫比謝夫斯基就曾建議應依據國際法讓立陶宛實現獨立的渴望。[13]一九八九到一九九一年期間，立陶宛境內的波蘭少數民族代表要求自治權，這點嚴重打亂了波蘭政府的原定計畫，迫使波蘭政府與這類主張保持距離。佐巴茲在一九八九年十月的備忘錄中主張，波蘭官方唯一的合作夥伴是立陶宛的反對派民族主義團體「薩尤季斯」（Sajūdis），此刻波蘭不應該做出任何行為，讓立陶宛人誤以為波蘭想要奪回立陶宛。佐巴茲早在波蘭與德國簽署邊界協議的**前一年**，就認為相較於波蘭擔憂德國，立陶宛**更有理由**害怕波蘭。[14]斯庫比謝夫斯基於是一再向立陶宛重申，波蘭不會向立陶宛或其他東邊鄰國要求收回失土；他還告誡那些主張修改領土現狀的人，這類主張很有可能引發血腥的戰爭，還會給德國藉口要求收回波蘭西部的領土。[15]

儘管立陶宛的狀況相當特殊，我們依然可以從中看出一項重點：波蘭的雙軌政策把對話的另一方視為民族國家。要明白這件事情的重要性，只要看看那個時期的其他東歐國家：當時匈牙利總理安托（József Antall）高調宣稱自己這個總理是為了留在其他國家的匈牙利裔人口謀取福利，而塞爾維亞總統米洛塞維奇（Slobodan Milošević）也利用塞爾維亞裔人口在科索沃的困境來奪取權力，只有波蘭當局把立陶宛當成平等的民族國家，希望用國際法和道德標準來解決該國波蘭裔人口的問題。比較波蘭、匈牙利與塞爾維亞的案例，並不是在牽強附會。匈牙利在一九二〇年的《特利安農條約》（Treaty of Trianon）失去了三分之二的領土，一九八九年時還有整整二百萬名匈牙利人住在鄰國。波蘭雖然在一九四五年從德國手中拿到一些西部領土當補償，卻失去了接近一半的國土，失去全國四大城市中的兩座，而且一九八九年時也有一百萬以上的波蘭人住在東邊鄰國，大部分都住在從立陶宛到白羅斯這一條與波蘭東北部國界接壤的狹長邊境。[16]全蘇聯境內的波蘭人，有一半都居住在距離立陶宛首都維爾紐斯兩百英里以內的地方——如果你圍繞著維爾紐斯周圍畫出一大塊區域，裡面大部分的居民大概都會說自己是波蘭人。然而，波蘭卻走上了一條與匈牙利及南斯拉夫都截然不同的道路，允許鄰國用自己的方式來對待當地的波蘭裔人口。一九九〇到一九九一年的立陶宛在法律上還不算是獨立國家，而且境內的波蘭裔人口還明確提出了自治要求，結果波蘭卻選擇不附和波蘭同胞的主張，而是跟立陶宛政府交涉。這項選擇更能明顯看出波蘭所採取的大戰略，即認為組成世界的最小政治單位並非民族，而是民族國家。

第三條軌道

波蘭與蘇聯治下其他加盟共和國的「第二條軌道」接觸模式，其實具有堅實的法律基礎。這些共和國都是根據蘇聯憲法所建立的法律實體，戈巴契夫也鼓勵各個共和國自治。斯庫比謝夫斯基將各個共和國的居民都視為不同的「民族」，其實符合蘇聯一貫的做法。蘇聯在理論上是一個多民族國家，以不同的民族來劃分及命名不同的領土範圍，同時各地居民必須在護照上登記自己屬於哪個民族。然而，從列寧到戈巴契夫，蘇聯的民族政策並沒有設想過各個共和國各自獨立的可能性。事實上，波蘭的對東政策還有半官方的「第三條軌道」：那就是波蘭原本的反對派（如今已成為執政黨）與烏克蘭、立陶宛民族運動者（正積極謀求獨立與摧毀蘇聯）所建立的直接聯繫。由於這第三條軌道的接觸途徑並非官方，因此在法律基礎上較為薄弱，但卻使波蘭政府在一九八九年與一九九〇年得以支持各國的民族主義反對派，同時也讓斯庫比謝夫斯基為一九九〇年十月訪問「蘇聯、俄羅斯、烏克蘭與白羅斯」做好準備（至少根據官方公報的說法是如此）。第三條軌道替第二條軌道打下了重要基礎，特別是在一九八九年秋天到一九九〇年秋天之間，因為當時斯庫比謝夫斯基還忙著處理與德國的關係，無暇以國與國的方式接觸蘇聯治下的加盟共和國。此時以接觸各國民族主義反對派為主的民間接觸，就成了最有效的外交管道。

第三條軌道的外交成效又以烏克蘭最佳，在俄羅斯、白羅斯或立陶宛則沒有這麼良好的效果。波蘭反對派與俄羅斯的異議分子之間的關係相當疏遠，聯繫也斷斷續續，而且後者從未轉型成希望「脫離」蘇聯的民族主義組織。白羅斯雖然狀況不盡相同，但結果也類似，因而難以維繫與波蘭的交流管道。白羅斯的民族運動規模很小，也只關注歷史與象徵性議題，而波蘭在這部分能夠著墨與施力的空間並不多。至於立陶宛，許多團結工聯的資深前輩確實很想跟立陶宛的反對派團體「薩尤季斯」打好關係，但後者卻對波蘭有所顧忌，認為波蘭人始終在覬覦他們的國家與首都維爾紐斯。[17]當時波蘭一系列對立陶宛表示友善的行為，往往被立陶宛民族運動者解讀為是在把立陶宛當作「小弟」；當時波蘭對自己文化所展露的自信，也被立陶宛民族運動者誤解為波蘭收回失土地的詭計。這些立陶宛民族運動者長期將波蘭文化視為立陶宛民族的最大威脅，直到一九九一年之後才終於轉向，開始承認雙方在政治上具有合作的價值。

相較之下，烏克蘭當地的民族主義組織「烏克蘭人民運動」（Rukh）就相當樂意與團結工聯對話。[18]烏克蘭的民族運動相當活躍，獨立呼聲也相當高漲，卻也明白自己很需要盟友支持。在蘇屬烏克蘭的俄羅斯化政策「成功」地推波助瀾下，組織烏克蘭人民運動的西烏克蘭愛國主義者開始認為，烏克蘭民族面臨的最大威脅並非波蘭，而是俄羅斯。[19]當蘇聯統治讓立陶宛的愛國主義人士將波蘭視為立陶宛民族的敵人時，一九七〇年代目睹民族文化在蘇聯治下逐漸凋零的烏克蘭愛國者則開始思考誰才是最大的敵人。相較於立陶宛境內的波蘭裔人口，烏克蘭境內的波蘭裔人口在比例上來說要小上許多（即便總數或許差不多）。當充滿敵意的波蘭裔團體在立陶宛首都維爾紐斯附近要求自治，遠離烏克蘭首都基輔的西烏克蘭波蘭裔人口則支持烏克蘭的民族運動。居住在立陶宛的波蘭裔很少被立陶宛文化同化，反觀烏克蘭的波蘭裔則往往會講烏克蘭語。前述種種因素都讓烏克蘭的反對派比立陶宛人更容易接受《文化》雜誌與團結工聯的理念，也更願意將波蘭視為值得效法的榜樣。[20]

這一點從波蘭外交的第三條軌道就可見一斑。波蘭於一九八九年八月獲得完全主權，這讓烏克蘭對這個西邊鄰國欽佩不已。一九八九年九月，烏克蘭人民運動的組織成立大會上，團結工聯還特地派出黨內資深前輩米奇尼克代表參加。當天凌晨兩點，米奇尼克站在講臺上，對著擠得水洩不通的大禮堂高聲祝賀：「恭喜你們在此時此刻迎來了民族復興，你們已經為此承受了無數的審判、牢獄與苦難，犧牲了無數性命。團結工聯與你們站在一起，波蘭也與你們站在一起。願命運善待你們，願上帝賜予你們力量。自由、民主與正義的烏克蘭萬歲！」他的這番發言，連同團結工聯旗與波蘭國旗，都受到了現場的熱烈歡迎，[21]同時也開啟了波蘭對東政策的第三條軌道，讓烏克蘭民族主義者看見了結交西方盟友的可能性，也降低了反波蘭思潮對烏克蘭民族主義政治的影響。一九八九年和一九九〇年，烏克蘭反對派領袖多次與主導波蘭政策的團結工聯運動人士會面，並且對獨立的波蘭與蘇屬烏克蘭該採取什麼官方行動大致達成了共識。這也正是為什麼斯庫比謝夫斯基於一九九〇年十月出訪蘇聯各國時，會在烏克蘭獲得最廣泛的認可。這次出訪是「雙軌政策」的核心體現，但它的成功卻是奠基於第三條軌道的基礎之上。[22]

訪問基輔

一九九〇年十月，波蘭外長斯庫比謝夫斯基與烏克蘭外長茲連科（Anatolii Zlenko）在基輔簽署了一份「國對國」宣言，承諾彼此互不侵犯，接受現有邊界，以及保障雙方境內的少數民族權益。兩人共同強調，波蘭跟烏克蘭會「像主權國家一樣」彼此相待。當時波蘭代表團的隨團翻譯不是俄語而是烏克蘭語，這項做法亦深受外界肯定。從此刻起，波蘭與烏克蘭已準備好以國際公認的主權國家建立正式外交關係。換句話說，它們已準備迎向烏克蘭的獨立，以及蘇聯的終結。[23]一九九一年八月的莫斯科政變失敗之後，波蘭與烏克蘭互設了常駐代表，波蘭還簽署一份聲明，表達願意與烏克蘭簽署國家條約（此舉是為了回應美國總統老布希〔George H.W. Bush〕在一九九一年八月一日呼籲烏克蘭繼續留在蘇聯）。一九九一年十二月，烏克蘭通過獨立公投，宣告正式獨立，波蘭也是第一個正式承認烏克蘭的國家。波蘭政府與斯庫比謝夫斯基已經從先前的「第三條軌道」中學習到，波蘭官方這樣的表態有其必要。波蘭政府承認烏克蘭獨立的動作之迅速，超出烏克蘭愛國主義者的預料，蘇聯外交部長謝瓦納茲（Eduard Shevardnadze）還為此召見波蘭駐莫斯科大使，就連美國也表示反對。波蘭這項外交上的大動作，也為波蘭與烏克蘭未來令人意想不到的友善關係奠定了基礎。[24]

波蘭的政策間接支持了烏克蘭的公民理念，這個理念讓烏克蘭能夠和平地實現獨立，也讓蘇聯和平地解散。有鑑於烏克蘭的多民族歷史，境內俄羅斯裔少數民族人口眾多，以及受到蘇聯歷史的影響深遠，部分西烏克蘭的政治運動者試圖推動一套根植於公民與領土的烏克蘭民族觀。這項做法讓「民族獨立」變成一種政治理念，得以在一九九〇年到一九九一年這段期間的烏克蘭傳播開來。因應面臨狀況的不同，可以用文化、經濟或在地菁英利益的呼籲來支持這個理念。烏克蘭民族運動是在一九八九年和一九九〇年逐漸成形，當時尚未形成對公民思想的明確共識，更多是仰賴波蘭對烏克蘭民族主義者的支持，以及波蘭對既有邊界的背書。相較於西德領導人不願意公開承諾維護與主權國家波蘭之間的既有邊界，波蘭的第一個民主政府卻無條件地向尚未擁有主權的烏克蘭提供了保證。與美國和其他西方大國相比，波蘭的政策在面對蘇聯加盟共和國時更加堅定也更加自信，在邊界這個基本問題上也比它強大的西方鄰居要來得慷慨。正是因為團結工聯在一九八九年八月上臺，以及米奇尼克等人在一九八九年九月拜訪了烏克蘭，所以現在東歐國家相對沒有反波蘭的情緒。如果波蘭選擇用敵對的態度來處理對烏克蘭的政策，可能會惹惱部分西烏克蘭的政治運動者，使他們不再從事根植於公民精神的民族建構計畫，反而去推動對基輔菁英與人數眾多的俄語烏克蘭人都沒有吸引力的民族主義。如果波蘭像匈牙利與羅馬尼亞那樣，主張以和平手段改變邊界，也可能會分散西烏克蘭政治運動者的精力。波蘭實際上則是採取懷柔的手段，讓烏克蘭人民運動得以繼續維持中間派的路線，吸引更多人支持，並且在全國辯論中取勝，從而成為蘇聯解體的推力之一。烏克蘭人民運動以公民運動的方式處理民族議題，最終讓一九九一年十二月的獨立公投獲得壓倒性的同意票數。

烏克蘭人民運動之所以如此成功，最大功臣是西烏克蘭人及某些烏克蘭共產主義者的政治手腕。一九九〇年與一九九一年，烏克蘭的民族運動者都嗅到了變革之風，但只有烏克蘭共產主義者選擇調整船帆，以恰到好處的角度迂迴地迎風向前。有賴於烏克蘭人民運動和烏克蘭最高蘇維埃主席克拉夫朱克（Leonid Kravchuk, 1934-2022）的攜手合作，才讓烏克蘭這艘船得以順利地靠岸。克拉夫朱克以圓滑的態度支持「國家主權」，讓西烏克蘭人確信他們的觀點有辦法在整個烏克蘭實現；與此同時，克拉夫朱克展現出的政治才能，讓其他烏克蘭人都認為烏克蘭獨立是一件很自然且有利於烏克蘭的事。克拉夫朱克曾任烏克蘭共產黨書記，曾在一九八〇年代奉命對抗烏克蘭的民族主義。他自己本人是土生土長的沃里尼亞人，很早就意識到烏克蘭民族主義的抬頭，所以有辦法在不引發民族衝突的情況下利用愛國主義。[25] 若是波蘭沒有高調地向烏克蘭示好，保守的共產主義者大概會把波蘭拿來當作烏克蘭無法獨立的有力藉口，聲稱烏克蘭需要莫斯科的支持才有辦法對抗波蘭。如此一來，克拉夫朱克可能就無法順利拉攏支持獨立的菁英分子與烏克蘭東部及中部選民，共同來支持烏克蘭獨立，就連競選總統候選人資格也可能會跟著失敗（公投與總統大選都在一九九一年十二月的同一天舉行）。[26]

無論是外交政策還是國內政治，烏克蘭如今都可以用更開闊的方式重新形塑。拜波蘭採取的政策之賜，烏克蘭在現代史上首次把蘇聯當作民族的唯一敵人。跟波蘭人（乃至於德國人）一樣，烏克蘭自古都很害怕自己會遭到強鄰包圍。從一六六七年在安德魯索沃（Andrusovo）被瓜分，到一九二一年在里加被瓜分，波蘭與俄羅斯之間的和談似乎總是以犧牲烏克蘭為代價。一九九〇年秋天發生的兩件外交奇蹟，分別是德國人以減少波蘭人恐懼的方式順利統一，而波蘭人也以降低烏克蘭人恐懼的方式讓烏克蘭人獨立。波蘭搶在與德國修好之前，就率先對烏克蘭開放，這項政策不僅相當大膽，而且有證據顯示是波蘭事先就策劃好的。早在德波邊界條約簽署**之前**，斯庫比謝夫斯基就造訪了基輔，消除了烏克蘭對邊境問題的疑慮。波蘭的對東政策消解了烏克蘭自古以來擔心被強鄰包圍的困境，從而削弱了烏克蘭極左派的論述，讓烏克蘭右派的力量重占上風。這對烏克蘭獨立的政治談判來說相當有利，也有助於蘇聯和平解體。當時戈巴契夫與葉爾欽在莫斯科的權力鬥爭正鬧得沸沸揚揚，相較之下烏克蘭與波蘭之間的邊界約定雖然沒有那麼廣為人知，對於促使蘇聯解體來說卻是同等重要。

訪問莫斯科

波蘭外長斯庫比謝夫斯基於一九九〇年十月訪問莫斯科，僅獲得了為時短暫的外交成果。斯庫比謝夫斯基對俄羅斯的關注並不亞於對蘇聯當局的關注，甚至費盡心力地把「蘇聯日」和「俄羅斯聯邦日」區分開來。他與俄羅斯當局簽署的宣言，是俄羅斯聯邦第一次與蘇聯以外的國家簽訂官方文件。[27]波蘭與蘇聯當時也正在處理兩方面的協商，一是波蘭重新成為主權國家的新條約，另一是將蘇聯軍隊撤出波蘭的協議。一九九〇年十二月，波蘭把蘇聯撤軍跟蘇聯從德國過境的權利綁在一起進行包裹談判。雙方主要的爭議在於蘇波之間的「安全條款」，該條款禁止波蘭加入蘇聯以外的聯盟，禁止波蘭與蘇聯以外的外國情報機構合作，也禁止波蘭讓蘇聯紅軍以外的外國軍隊在波蘭領土駐紮。在雙方的談判之下，過境的爭議順利解決，安全條款也順利撤銷。一九九一年十二月，波蘭與蘇聯共同草擬了一份條約，商定蘇聯軍隊撤離波蘭的日期。[28]結果這份條約未及落實，蘇聯就已在當月底解散了。

繼承蘇聯地位的國家，就是俄羅斯聯邦。波蘭原本因認真對待俄羅斯聯邦而得到的友好回應，轉瞬就毫無用武之地，因為蘇聯解體之後，每個人都得更認真地重新評估與俄羅斯的關係。由於俄羅斯聯邦並沒有自己的共產黨，所以波蘭沒辦法像在烏克蘭那樣，在俄羅斯找到「民族共產主義者」來當協商的夥伴，也無法像在立陶宛那樣，讓人出來領導民族運動，更別說把波蘭視為朝野關係及民主轉型的模範。俄羅斯民族主義者的路線跟其他東歐國家並不相同，也幾乎沒有俄羅斯民族主義者會把蘇聯解體視為建立自己民族的好時機。[29] 俄羅斯異議分子也不認為波蘭有什麼值得借鑑的地方，所以兩國的反對派之間並沒有建立友好交流的傳統。也因此，波蘭對東政策的第二條及第三條軌道，幾乎無法有助於波蘭與新俄羅斯之間的關係。

但在另一方面，與莫斯科權力中心打交道的「第一條軌道」卻獲得了成功，因為波蘭已經就國家條約與蘇聯撤軍跟蘇聯中央達成協議。一九九二年五月，波蘭很快就找到機會與俄羅斯聯邦簽署兩項新的條約。這次談判以更快的速度重複前一輪談判的所有步驟：俄羅斯先是誇耀自身的軍事力量，俄羅斯外交部再祭出「安全條款」，最後雙方還是談成了接近波蘭立場的協議。同年十月，最後一批俄羅斯軍隊撤離波蘭。[30] 雖然波蘭跟俄羅斯之間的關係前景黯淡，但一九九〇年與一九九一年的雙軌政策依舊奠定了雙方關係的法律基礎，累積了政治動能也創造了談判先例，所以雙方才得以在一九九二年迅速解決懸而未決的爭議。這一次的爭議能夠迅速解決，對雙方來說都至關重要，因為接下來俄羅斯與波蘭的關係只會每況愈下。

訪問明斯克

相較於對基輔與莫斯科的訪問，斯庫比謝夫斯基在一九九〇年十月對明斯克的訪問可以說是徹底失敗。這位波蘭外長此行原本是為了與即將成為民族國家的白羅斯建立雙邊關係，結果卻捲入了涉及多邊關係的歷史爭議。當時蘇聯總書記戈巴契夫正在對立陶宛施壓，要求立陶宛撤回獨立宣言，同時把蘇屬白俄羅斯當作有助於談判的籌碼與傀儡。我們已知白羅斯人、波蘭人與立陶宛人自古以來都爭相占有維爾尼亞／維爾諾／維爾紐斯這座天命之城，因此便不難看出蘇聯在打什麼樣的主意。蘇屬立陶宛原本就是在史達林的二戰政策之下，才能拿回首都維爾紐斯。當立陶宛於一九九〇年三月十日宣布獨立，戈巴契夫就威脅說要把維爾紐斯交給別人，而立陶宛人也認真看待這項威脅。白俄羅斯共產黨亦支持蘇聯中央的這種操弄手段，白俄羅斯政治局就接著在一九九〇年三月二十九日與戈巴契夫會面之後，宣布只要立陶宛一獨立，白俄羅斯就將主張對維爾尼亞的所有權。[31]

雖然白羅斯官方希望奪回失土，跟蘇聯政策同聲出氣，但它也意外呼應了一項深受白羅斯民族主義知識分子歡迎的歷史詮釋：白羅斯從未參與那些將波蘭領土劃給立陶宛的任何協議，因此在蘇聯正在進行經濟改革而自顧不暇的狀況下，白羅斯不再需要顧忌當年那些協議。這種希望奪回失土的思潮，和白羅斯人的自我認知相呼應，他們一直期待立陶宛大公國再次復國，而維爾尼亞將會成為他們的首都。這些希望重建大公國的白羅斯倡議者總是想起十九世紀的維爾尼亞，那裡是白羅斯民族主義的搖籃，在戰間期還是許多政治前輩的故鄉。他們認為白羅斯獨立之時，就是立陶宛大公國復國之日，而維爾尼亞也會再度「回歸」白羅斯。一九八九年，白羅斯人民陣線曾在立陶宛反對派組織「薩尤季斯」的邀請下於維爾尼亞召開成立大會，結果他們卻在大會上公然宣稱首都維爾尼亞屬於白羅斯，得罪主辦的立陶宛人。隔年夏天，白羅斯反對派中的重要人士向立陶宛民族運動者提議共組聯邦，立陶宛人不意外地對此興致缺缺。[32]

一九九〇年十月，波蘭外長訪問明斯克，意外引發了一場關於歷史的激烈爭論。白俄羅斯共產黨當局告訴斯庫比謝夫斯基，白羅斯並沒有參與戰後的條約簽訂，因此當然也無權簽署確認一九四五年邊境的條約。即便波蘭是唯一一個有興趣支持白羅斯獨立的主權國家，當時的白羅斯反對派卻依然深陷於過去的歷史恐懼。白羅斯的愛國者頻頻抱怨波蘭對其境內的白羅斯人採取「恐怖統治」（這項指控其實是無中生有），他們認為波蘭境內仍有某些「族群上」屬於白羅斯人的領土，並因此提議雙方以和平方式來調整領土，以符合當前的「族群現況」。與此同時，白羅斯愛國者也擔心波蘭會主張對白羅斯領土的所有權，畢竟史達林當初曾在二戰結束時將部分波蘭領土劃給了蘇屬白俄羅斯（雖然維爾紐斯被蘇屬立陶宛拿去，但一九四五年蘇屬白俄羅斯卻從波蘭那裡接收了更多土地）。白羅斯民族主義者大都認為，那些生活在立陶宛的波蘭人其實是白羅斯人，因此必須讓他們重拾自己真正的民族認同——最快也最理想的方式就是重新恢復立陶宛大公國。如此一來，這個新國家就將涵蓋所有白羅斯、立陶宛及部分波蘭的領土。[33]

立陶宛大公國的理想自然是一個政治神話，但這個神話歷久不衰，而且比起白羅斯鄰國的現代民族主義更加沒有內在矛盾。白羅斯民族主義者自認繼承了一項優良的傳統，該傳統源自於立陶宛大公國的滅亡，一度被浪漫主義詩人密茨凱維奇以詩歌的方式延續，最終因聯邦主義所體現的近世民族觀失敗而步向終結，於是這種傳統便在各地逐漸消逝。在波蘭，這項傳統於一九二一年後碰壁，因為當時畢蘇斯基未能獲取重建聯邦所需的領土，多數大眾也支持更簡單的波蘭民族主義。在戰間期波蘭治下的白羅斯人也不買單這項傳統，因為當時在維爾尼亞的白羅斯倡議者均遭到波蘭政策阻撓與排擠。這項傳統在一九三九年與一九四五年也未能成功，因為白俄羅斯共產黨人無法讓蘇屬白俄羅斯獲得維爾尼亞。我們也將看到，這項傳統在一九九〇年之後的白羅斯也無法實現，因為鄰國拒絕了共組聯邦的提議，白羅斯選民對既有的菁英聯邦主義思想也絲毫不感興趣。

現代的白羅斯民族並未立刻誕生，它得等到蘇聯權力逐漸削弱，且其過往對白羅斯種種的背信棄義逐漸曝光於世後才逐漸成形。在庫洛帕蒂（Kuropaty）這個地方，白羅斯人民陣線的領導人澤農・帕茲尼亞克（Zenon Pazniak, 1944- ）發現了一座萬人塚，原來蘇聯內務人民委員部於一九三七到一九四一年間在當地處決了至少十萬名白羅斯平民。一九八八年，白羅斯當局展開庫洛帕蒂萬人塚的挖掘工作，開啟了白羅斯民族主義的奠基時刻。白羅斯的民族主義者將來還要花上很長一段時間，才有辦法跨越這段如此艱困且充滿痛苦的歷史。他們得等到那個時候，才會從復興大公國的失敗嘗試中記取教訓，重新轉換成現代的民族主義，同時認知到即使國境形狀不如其意，一個現代民族國家依舊可以正常運作。在此之前，波蘭的對東政策不僅給予白羅斯人適應的時間，還立下了一個榜樣。斯庫比謝夫斯基堅持認為邊界調整不在討論範圍之內，並且認為應該先規範好既有的領土再討論歷史問題。波蘭的政策支持白羅斯建立現代民族國家，白羅斯在當時卻少有人支持這項想法。蘇屬白俄羅斯由保守派政黨當政，是懷舊的愛國主義反對派大本營，與波蘭雙軌政策想要影響的「準民族國家」相去甚遠。白俄羅斯共產黨當局的政策，只是乍看之下迎合了那些民族主義反對派菁英的想法，事實上卻是在戈巴契夫的推動下執行，而非來自民意施壓的結果。在一九九〇年時，白羅斯的民族主義運動對白羅斯或蘇聯的政策都還沒有任何影響力。波蘭外交官結束一九九〇年十月的明斯克訪問後，都認為白羅斯執政黨只是莫斯科當局的棋子，絲毫沒有認真看待國內的民族主義。後續歷史的發展更加應證這一想法。直到一九九一年八月莫斯科政變失敗，以及一九九一年九月立陶宛獨立並獲得普遍承認，蘇屬白俄羅斯才終於放棄了向波蘭要回領土的歷史主張，並且同意波蘭最初提議的聯合聲明。這份簽訂於一九九一年十月的聯合聲明，就成了獨立後的白羅斯共和國參與國際政治的首次嘗試。[34]

波蘭裔立陶宛人？

與白羅斯正好相反，一九九〇年的立陶宛擁有極為活躍的民族主義反對派，這些反對派組織也擁有相當高的民間支持度。立陶宛民族主義組織「薩尤季斯」尤其受到人民的廣泛支持，不僅左右立陶宛的政治發展，主宰立陶宛國民議會，後來還是由他們來宣布國家獨立。新上任的立陶宛領導人對於領土問題抱持明確的態度，認為獨立後的立陶宛擁有蘇屬立陶宛領土的主權。本書先前已經提過，維爾紐斯與其周邊領土在戰間期並不屬於立陶宛，是直到二戰後史達林才將原本波蘭的東北部劃分給蘇屬立陶宛與白羅斯這兩個加盟共和國，並把維爾紐斯作為賞給立陶宛的獎勵。一九四四到一九四六年，大多數波蘭人離開了維爾諾，但即便如此，併入蘇屬立陶宛的維爾紐斯及周邊的沙爾奇寧凱（Šalčininkai）區域，在那之後依然是以波蘭裔人口為主（根據蘇聯在一九八九年的人口普查資料，波蘭裔在這兩地分別占了六十三．八％及七十九．八％）。波蘭裔人口在劃分給白羅斯的領土上也占多數。事實上，蘇聯境內有超過五成的波蘭裔人口都擠在立陶宛與白羅斯這兩個小共和國邊緣那大概三萬平方公里的小小區域，而蘇聯的總面積可是達兩千兩百二十七萬兩千平方公里。也就是說，前蘇聯境內有超過一半的波蘭裔人口都住在只占全蘇聯千分之一的領土之上。這些領土在二戰前屬於波蘭，都位於敏感的邊界地區，更不用說立陶宛首都距離白羅斯只有四十公里。

蘇聯的政策，讓蘇屬立陶宛與蘇屬白俄羅斯境內各自形成了獨特的波蘭少數民族聚落。蘇屬白俄羅斯的波蘭人，完全隱沒在當地白羅斯人及移民過來的俄羅斯人之間。當地政府禁止波蘭人上波蘭學校，所以這些波蘭人只能學習代表社會進步的俄語，而非波蘭語或白羅斯語。[35]一九九〇年代，白羅斯可能只有十分之一的波蘭裔還會在家裡說波蘭語。與此同時，蘇屬立陶宛的波蘭裔人口處境卻截然不同。蘇屬立陶宛並沒有關閉波蘭學校，而是允許波蘭人自由選擇學習波蘭語、俄語或立陶宛語。對在地的波蘭裔來說，立陶宛語相對難學，而俄語則是蘇聯當權者的語言，因此他們往往會優先捨棄立陶宛語的學校。這種波羅的海語系和斯拉夫語系的語言分歧，具體體現在立陶宛的中學教育與大學教育之中，並因此變得根深蒂固，加深兩個群體之間的社會隔閡，最終孕育出兩群截然不同的政治菁英。[36]雖然蘇屬立陶宛在政治場合中還是會使用立陶宛語，但該國會說立陶宛語的波蘭人到了一九八九年時已不到六分之一。[37]

在蘇屬白俄羅斯，戰後的俄羅斯化政策相當成功，當地因此沒有強大的民族主義聲浪。對當地的波蘭裔來說，自身族群最大的威脅並非對波蘭裔較為友善的白羅斯民族主義，反而是政府的俄化政策，[38]波蘭裔甚至比該國主體民族的白羅斯人更加不願意加入共產黨。所以在莫斯科當局眼中，蘇屬白俄羅斯裡面最不值得信任的正是波蘭人，當局也因此選擇在二戰後試圖將其同化。蘇屬立陶宛則是另一種狀況。這裡的民族主義聲勢浩大，俄羅斯化的效果不彰。對當地的波蘭裔而言，立陶宛民族主義比俄羅斯化政策更可怕。波蘭人都記得一九三九到一九四〇年間立陶宛如何統治，也記得立陶宛官員在一九四一到一九四四年德國占領時期的嘴臉，以及一九四五年後立陶宛政府是如何在蘇聯允許的範圍下，試圖將波蘭人的家園立陶宛化。對立陶宛的波蘭裔人口來說，立陶宛人是入侵家園的外來者，比俄羅斯人更討厭。[39]所以在蘇屬立陶宛，波蘭人比立陶宛人更願意加入共產黨。這就導致在莫斯科當局看來，白羅斯的波蘭人比白羅斯人更**不可信**，而立陶宛的波蘭人則比立陶宛人**更可信**。但這並不是因為蘇屬立陶宛的波蘭人接受了共產主義，只能代表他們在兩個外族之間選了一個來投靠。而波蘭人的投靠，後來就變成蘇聯政權拿來對抗立陶宛人的武器。

立陶宛的民族倡議與蘇聯當局的刻意設計，再加上些許的偶發因素，都讓蘇屬立陶宛的立陶宛人與波蘭人之間的嫌隙，在一九八〇年代末到一九九〇年代間逐漸化為對立。立陶宛民族主義者掌權後，就把國內的波蘭裔稱為「遭波蘭化的立陶宛人」，聲稱只要立陶宛完全獨立，這些人就會

「恢復」自己原本的立陶宛民族特質。雪上加霜的是，立陶宛的語言法還規定，非政府機關都必須使用立陶宛語，這就惹惱了那些原本對立陶宛獨立抱持中立態度的波蘭裔。波蘭裔愈來愈難維持自己的波蘭姓氏，許多人因此相信這個國家已經把「波蘭性」視為大敵。該國的土地改革政策更是讓這些波蘭人擔心，那些用戰間期波蘭文件來聲稱自己擁有房地產的人，會因此遭到立陶宛社會歧視。到了一九九〇年，立陶宛民族運動已經變得像是當地波蘭人所想的一樣，是在逼波蘭人變成立陶宛人，或者直接滾出國門。[40]立陶宛人曾在一九四〇年的維爾紐斯讓那些政治上原本認同立陶宛的外族人待不下去，結果到了一九九〇年狀況又再度重演。

一九九〇年三月，立陶宛宣布獨立，而蘇聯中央政府動員當地的波蘭人進行杯葛。蘇聯對立陶宛實施經濟制裁，卻贈送物資給立陶宛境內那些以波蘭裔為主的地區。隨著莫斯科當局威脅要分割立陶宛，在地波蘭人的組織與那些以波蘭裔為主的地區便紛紛宣布自治。許多當地波蘭人的領導者，甚至就像立陶宛人懷疑的一樣真的跟蘇聯的ＫＧＢ有所勾結。[41]自治之所以備受當地波蘭裔的歡迎，部分是因為波蘭人真心害怕立陶宛民族主義，部分也是因為當地的波蘭菁英提出了一套淺顯易懂且深入人心的族裔民族主義：直接訴諸血緣，訴諸人們的羅馬天主教信仰，宣稱最優秀的波蘭人都留在自己的家園，而這些家園目前就位於立陶宛。原本在一九三九年時就已經沒什麼人相信波蘭與立陶宛可以重建聯邦，而在歷經了二次大戰、蘇聯對民族進行分類與強制遷徙及立陶宛民族主義運動後，重建聯邦的機會更是被永遠地掃入歷史的垃圾桶。

立陶宛大公國的昔日理想不僅在立陶宛被淡忘，也幾乎不復存於華沙的波蘭人心中，因為如今民族已變成根據語言來定義。波蘭共產黨聲稱自己是中世紀皮雅斯特王朝的繼承者，可以名正言順地統治波蘭，至於原本屬於波立聯邦的東部領土，在歷史上則都是俄羅斯人的家園。但即便是共產主義的政治敵手，也選擇利用這套歷史錯誤的政治修辭。《文化》雜誌與一九八九年之前的政治反對派，往往也不去澄清波蘭歷史其實也包括波立聯邦，而是用同樣的話術照樣造句，以波蘭歷史為典範來解讀立陶宛人、白羅斯人與烏克蘭人等各自民族的歷史。這些異議人士創造出一套在政治上非常兼容並蓄的多民族主義（儘管可能違反歷史事實），承認其他現代民族都跟波蘭民族一樣自古以來就存在。他們希望藉此讓大眾相信，既然波蘭人理所當然要擁有自己的民族國家，那麼也應該基於同樣理由支持隔壁的其他民族獨立建國。這種把立陶宛民族國家說成是復興舊日大公國的現代民族主義，不僅在維爾紐斯大行其道，在華沙也相當受歡迎。當這樣的論述成為主流，二十世紀那些雙方爭奪維爾諾主權的往事，就變成了某種歷史誤解而已，同時也讓部分波蘭人希望奪回立陶宛領土的說法顯得自我矛盾且缺乏正當性。我們已經在前幾章區分過傳統與歷史，說明有時候唯有遺忘傳統才能打造出自己的歷史。[42]民族和解也是一樣的道理：若想要跟其他民族和解，就得先把對方也視為民族，以相同的形式平等相待，而各民族必須接受其他民族也有自己的民族歷史。

若認為主流族裔的民族才能正當統治國家，或把民族國家當成歷史演變的單位，就不容易理解一個人來自某個民族卻生活在其他國家時所面臨的處境。身在波蘭的波蘭人就是在這樣的思維下，把住在立陶宛的波蘭人視為落伍的鄉巴佬，或是容易被蘇聯操縱的傻瓜。負責制定波蘭對東政策的愛國主義者佐巴茲，就曾把在立陶宛爭取自治的波蘭人稱為「具有波蘭血統的蘇聯人」。[43]被自己的民族排除在外，大概莫過於此吧！佐巴茲這篇文章是他在進入外交部之前所寫，而該文出現的一個月後，他就在寫給波蘭議會的第一份備忘錄中提議要採取雙軌政策。當時波蘭團結農會（Rural Solidarity）的代表寫了一封公開信給立陶宛的波蘭裔農民，宣稱支持蘇聯實在太過可恥。就連波蘭的大報也對立陶宛爭取自治的波蘭人不友善，諷刺他們是否也認為俄羅斯的太平洋海岸線屬於波蘭。[44]外交部長斯庫比謝夫斯基和總統華勒沙都則曾明確反對立陶宛的波蘭人爭取領土自治，認為他們應該要把自己當成未來立陶宛民族國家的公民。[45]儘管當時存在如此眾多的分歧，不過波蘭人跟立陶宛人其實都是用同樣的方式思考歷史：他們都聲稱繼承自先前的國家，並把這些國家的歷史調整成符合當代需求的版本。波蘭人與立陶宛人在思想上瓜分了舊日的波立聯邦，立陶宛說自己繼承了從中世紀沿襲下來的立陶宛大公國，波蘭則說自己源自於中世紀的皮亞斯特王朝。波蘭人錯把過去的波立聯邦跟現在的波蘭畫上等號，立陶宛人也同樣錯誤宣稱立陶宛文明終結於波立聯邦時期。由於波蘭對東政策的基礎，就是希望東方鄰居成為獨立的民族國家，而波蘭最重視的就是立陶宛的建國使命。這點大致說明了為什麼波蘭跟立陶宛的關係最初明明充滿危機，到了一九九〇年代末卻已經變得相當要好。

一九九一年一月

一九九〇年代初期，現代史的許多遺緒依然沒有從這塊土地消失。在立陶宛民族運動者眼中，立陶宛依舊危機四伏，國內的「波蘭」少數民族跟隔壁的「波蘭」國家關係實在太過緊密，而這樣的困境也無法在短時間內克服。這些立陶宛愛國者過去沒有跟團結工聯或新一代的波蘭菁英打過交道，誤以為所有波蘭人的想法都跟立陶宛的波蘭裔一樣，也以為剛獨立的波蘭會支持立陶宛境內的波蘭裔，甚至會跟莫斯科的俄羅斯帝國主義者一起打擊立陶宛。

一九九一年一月，蘇聯特種部隊占領了位於維爾紐斯的立陶宛電視臺大樓，造成十三人死亡，數百人受傷。此時人們關注的焦點，很自然就落在蘇聯當局、立陶宛愛國者、立陶宛的波蘭裔及波蘭政府這四方之間的態度差異上。蘇聯官員想要分割立陶宛，認為該把維爾紐斯與其周邊地區劃給蘇屬白俄羅斯及立陶宛境內的波蘭裔。[46]立陶宛愛國者堅持立陶宛獨立，並且呼籲國內的少數族裔跟他們一起支持這項倡議。立陶宛議會提出了獨立公投，高達八十六%的選民參加投票，其中九〇%投下贊成。議會也同時承諾將為國內的波蘭少數族裔建立一個行政區，但立陶宛的波蘭裔對此並不滿意，這項承諾也從未落實。隨著立陶宛危機延燒，那些來自波蘭人為主地區的民選領導人，以及波蘭裔立陶宛人聯合（Union of Poles in Lithuania）的領袖，共同向立陶宛政府提出了領土自治的要求。一九九一年五月，立陶宛的地方波蘭裔官員通過至今為止野心最大的領土自治方案：「維爾諾—波蘭民族領土政府」。該政府的最高權力機關是當地議會，領土完全由當地議會管理，設有地方旗幟與地方軍隊，當地居民則同時擁有三種公民身分：他們既是立陶宛人與維爾諾人，也是波蘭人或蘇聯人。這項自治方案實際上宛如一份獨立宣言。[47]

波蘭政府選擇公開譴責暴力，同時跟立陶宛的波蘭裔保持距離，並且在不正式外交承認獨立的前提下以最強力措辭支持立陶宛獨立。波蘭參眾兩院發表聯合聲明，以歷史為由明確主張波蘭與立陶宛都有權獨立。[48]波蘭政府召回駐莫斯科大使，並要求召開歐洲安全與合作組織會議，討論莫斯科襲擊立陶宛的問題，同時邀請立陶宛代表出席。[49]一九九一年二月的民調顯示，波蘭有九〇%的公民支持立陶宛獨立，數字跟立陶宛在同一個月舉行獨立公投的贊成票比例完全一樣。[50]國內至少有一萬五千名波蘭人上街抗議莫斯科使用武力，華沙到處飄滿立陶宛國旗，蘇聯大使館門口與附近更是旗山旗海。來自全國各地的波蘭人，紛紛在卡車上裝滿醫療用品跟食物運到維爾紐斯。[51]那些已經當上波蘭議員的團結工聯老將，前往維爾紐斯表達波蘭的同情與支持，並受到被圍困在議會大樓的立陶宛議員歡迎。波蘭第一大報《選舉日報》的編輯亞當．米奇尼克也前往維爾紐斯，高喊「自由的立陶宛萬歲！」波蘭最受歡迎的政治人物雅傑克．庫隆則在維爾紐斯的立陶宛議會表示，只要有需要，就算要死也會一路待下去。[52]那些支持的話語並不是空話，因為確實沒有人能預知接下來的發展，立陶宛政府甚至已經擬定了在華沙建立流亡政府的方案。這項艱鉅的任務由立陶宛外交部長紹達爾加斯（Algirdas Saudargas, 1948- ）負責，他的勇氣在波蘭議會贏得了滿堂的掌聲。[53]

＊　＊　＊

一九九〇與一九九一年，波蘭與立陶宛的關係遠比波蘭與俄羅斯、白羅斯或烏克蘭都更加緊密。但波蘭在這段時間並沒有跟立陶宛簽署任何形式的國家宣言，也沒有跟立陶宛針對境內的波蘭裔問題達成協議。他們沒能用法律來訂定兩國的政治關係，致使後來釀成重大危機。但在其他方面，波蘭的雙軌外交政策有助於波蘭官方正視鄰國自古以來的恐懼，瞭解鄰國為何認為現代波蘭依然帶有帝國主義的影子。[54]

一九九一年底，波蘭的東邊鄰國全部獨立之後，與立陶宛之間的爭議就成了波蘭處理的第一要務。自從蘇聯解體之後，維爾紐斯長久以來的主權爭端也成為立陶宛外交事務的首要問題。事實顯示，波蘭在立陶宛危機期間所表達的支持，其實只達到立陶宛愛國者所期待的最低門檻，遠不足以讓立陶宛對波蘭從此放心。除此之外，由於立陶宛所恐懼的對象正是波蘭文化本身，因此華沙當局無論提出多少政治倡議都不可能讓立陶宛安心。立陶宛的重要官員即便獲得波蘭的政治支持，依然持續提及波蘭的「民族主義」與「帝國主義」，或是談論波蘭可能的軍事入侵，乃至於會跟俄羅斯聯手瓜分立陶宛。立陶宛的外交政策依舊主張波蘭必須糾正歷史的錯誤，真誠地與現在的立陶宛交往。一九九二與一九九三年，立陶宛人要求波蘭為一九二〇年「占領」維爾紐斯的事件道歉，卻遭到波蘭拒絕。與此同時，當波蘭要求立陶宛保障境內少數波蘭裔的政治權利，立陶宛卻說這是波蘭在進行內政干預。

可見波蘭雖然推出對東雙軌政策，雖然把東邊鄰居當成平等的民族國家來往，效果依然有其上限。因為東邊鄰居一旦真正成為民族國家，這項政策就立刻過時了。既然已是平等的民族國家，就必須以平等的方式彼此尊重，平等地看待彼此所相信的民族歷史——無論喜不喜歡，都必須讓所有民族國家以各自的方式決定自己的內政。因此，若要解決歷史爭議與國內少數民族的問題，就必須找到另一種參照標準，不能再像波蘭在一九九〇到一九九一年的對東政策那樣，僅仰賴各民族有權作為主權獨立國家的基礎。一九九二年初，波蘭外長斯庫比謝夫斯基首次提出雙方應以「歐洲標準」來解決問題。之前的雙軌政策放大了東邊鄰居的能力，從而使這些民族獨立建國。如今的「歐洲標準」則刻意把歐洲的法律規範形容得清楚具體，好讓前蘇聯國家更容易瞭解與採納。換句話說，當這些鄰居還是蘇聯成員國時，波蘭把它們當成民族國家來對待；當它們脫離蘇聯而成為民族國家後，波蘭則把它們視為歐洲的一分子來對待。只有當波蘭不再認為自己是過去民族傳統的繼承者，而是今日歐洲不可或缺的一部分，這樣的政策才得以發揮效力。

第十三章　歐洲標準與波蘭利益　1992—1993

密茨凱維奇在《塔德伍施先生》其中一章「狩獵與外交」的開頭寫道，立陶宛美麗的比亞沃維耶扎原始林（Białowieża），是古代大公們的獵場。一九九一年十二月八日，白羅斯元首斯坦尼斯拉夫・舒什克維奇（Stanislau Shushkevich）、俄羅斯總統葉爾欽與烏克蘭總統克拉夫朱克這三個蘇聯創始成員國的領導人，就在白羅斯境內的別洛韋日森林（Belovezha）的獵人小屋中定下協議，結束了蘇聯六十九年的歷史，宣布蘇聯不再是國際法的主體。蘇聯解體後，前波立聯邦的領土上出現了數個民族國家：俄羅斯聯邦、烏克蘭共和國、白羅斯共和國和立陶宛共和國，都與波蘭共和國一起成為了新的東歐國家。這時候，像比亞沃維耶扎／別洛韋日這種跟前述五個國家都有關係的地方，會變成什麼樣子？此前堅決捍衛邊境的波蘭，又將如何面對蘇聯這個東邊鄰國的解體？

波蘭一九八九到一九九一年的雙軌政策，在幾乎沒有人認為蘇聯會解體的時候，就與其他蘇聯成員國進行國與國之間的交流，看似過於理想，實則相當務實。一九九二到一九九三年波蘭推出的新政策「歐洲標準」也是如此，它在幾乎沒有任何跡象顯示西方的歐洲體制會擴張的時候，就利用西方制度來吸引盟友。歐盟在一九九三年曾經反對向東擴張，北約的態度則比較曖昧，不過當時的北約成員國也都沒有明確表態要向東擴張。即使在這樣的國際環境下，波蘭依然認為西方體制會擴及東歐，而事實證明的確如此，波蘭在成功預測蘇聯解體之後再次預測成功。波蘭透過雙軌政策促成東歐民族國家的誕生，接著又用歐洲標準促進了這些國家彼此之間的關係。

以歐洲之名

要瞭解歐洲標準政策的起因，就得先思考波蘭在東部問題上關注的利益為何。首先，對波蘭來說最重要的事情，就是不能讓東邊鄰國的問題妨礙它融入西方。後團結工聯時代的波蘭政府在一九九二到一九九三年的第一要務，就是加入歐盟與北約。[1]外交部長斯庫比謝夫斯基相當清楚，如果波蘭與東邊鄰國的問題無法解決，就會有人以此為由反對波蘭加入，所以他設法在最短的時間內跟這些鄰居交好。波蘭的第二個利益，是守護立陶宛、白羅斯與烏克蘭民族國家的存續，使它們成為防範俄羅斯帝國主義再次西進的最佳屏障。至於第三個利益，則是保護在前蘇聯境內的波蘭少數民族，這些波蘭裔大多位於立陶宛、白羅斯與烏克蘭。東邊鄰國境內的波蘭裔問題，曾經一度成為波蘭國內政治的話題焦點；但對外交政策而言，這個問題的重要性一直都比不上讓波蘭重返歐洲，以及讓東邊鄰國獲得獨立。但無論是重返歐洲、聯合東邊鄰國，還是保護波蘭少數民族，都可以透過跟立陶宛、白羅斯與烏克蘭簽訂國際條約來實現。與這三國的條約，是奠基於一九九〇到一九九一年在雙軌政策時期跟其他蘇聯共和國簽訂的聯合聲明，其中也包括了波蘭外交官所謂的「歐洲標準」。

所謂的「歐洲標準」，是指維護每個民族國家的領土完整，以及保障少數民族的文化權利。波蘭不對東部鄰國提出任何領土主張，同時希望這些東邊鄰國放棄對波蘭的領土主張。波蘭會盡力保護生活在其他民族國家境內的波蘭裔權利，同時反對這些境外波蘭裔追求自治。同樣地，波蘭也會確保國內的少數民族擁有相同的權利，但反對他們提出任何對領土的要求。這些原則同樣適用於條約談判，波蘭不能把承認東邊鄰國與既有國界當成籌碼，跟國內的少數民族談條件，剝奪他們的權利。相較於西德在收回失土的議題上反覆再三，波蘭在第一時間就無條件承認了既有國界。

人們很快就發現，這條路徑具備三種意義。首先，這個政策要處理的是各個國家與各國境內的公民，而非各個民族與各民族的成員。正如斯庫比謝夫斯基所言，「所謂的少數民族權利，並不是某種特殊權利，而是指少數民族成員所享有的人權與基本自由。國家有義務用這些權利與自由，保障少數民族與其他公民的地位完全平等。國內每一位公民無論屬於什麼族群，國家都是一視同仁。」[2]其次，這個政策根據的是國際法，而非根據各民族對於歷史的解讀。斯庫比謝夫斯基明確表示：「無論是當下的現實，還是我們對當下的看法，都不是被歷史所決定的，也不應該由歷史來決定。」[3]歐洲標準政策不處理那些以少數民族被迫害、邊界劃分不佳為由試圖破例的請求，而是希望各國依據既有的國界，當下簽訂全面的條約。第三，這項政策是要主動融入歐洲，在歐洲還沒出手干預，甚至還沒發現東歐的各種衝突之前，就設法先行化解這些衝突，並在其他方案成形之前，搶先一步將歐洲標準引入東歐。[4]這項政策的重點是「鼓勵東部的每個鄰國在獨立之後，一同加入我們多年來遵循的這些歐洲標準或模式」。最重要的一項「歐洲標準」，就是「少數民族權利」。[5]

波蘭在引進歐洲規範的同時，也是在界定新的規範。嚴格來說，當時歐盟並沒有明定各國應該保障國內少數民族的哪些權利。南斯拉夫內戰於一九九一年夏天爆發之後，歐盟機構便對想要加入的國家提出愈來愈明確的目標，但這些規範性的目標，並不是根據歐盟既有成員國普遍接受的標準而定。其中要求保障少數民族權利的部分特別有爭議，因為歐盟主要成員國的憲法，對少數民族都不大友善。斯庫比謝夫斯基援引一九九〇年歐洲安全與合作組織會議上簽署的哥本哈根會議文件（Document of the Copenhagen Meeting of the CSCE），將該文件視為一九九一年德國與波蘭簽訂條約保障少數民族權利之「標準」的來源。一九九〇年代早期的歐洲，少數民族權利的問題總是引起激烈辯論，斯庫比謝夫斯基嘗試從中找出一個明確的立場。於是波蘭在這項政策中提出了兩個構想：用少數民族的自我認同來定義何謂少數民族，以及明確區分少數民族的文化權利與領土權利。這套概念是波蘭在跟德國談判時提出來的，當時波蘭屈於弱勢；後來波蘭繼續將這套觀用在與東邊鄰國的談判之中，這時的波蘭則是具有優勢的一方。波蘭在訴諸各國普遍認同的「歐洲標準」的同時，實際上也是在鞏固那些標準。包括波蘭欲保障各國領土完整在內的種種立場，勢必獲得西方鄰國的認可。歐盟各國與歐盟機構確實對國界變動持保留態度，儘管當時出現過兩德統一的情況、西德在統一之前對波蘭國界的主張、愛爾蘭那部對失土念念不忘的憲法、西班牙與英國及愛爾蘭境內那些親歐政黨的領土擴張計畫，以及英國與西班牙關於直布羅陀的爭議，在在都讓人懷疑歐洲各國處理國界問題時是否具有一套明確「標準」。但至少，歐洲各國在二戰結束後便停止爭奪領土，也愈來愈希望東歐能夠維持穩定，尤其在一九九一年六月南斯拉夫內戰爆發之後更是如此。這時候一個東歐國家若想加入歐洲的行列，最好的方法的確是遵循斯庫比謝夫斯基的思路，避免引起領土爭議。

「歐洲標準」政策的里程碑，是波蘭與全歐洲最重要的國家簽訂了兩項重要協議：分別是一九九〇年十一月的《德波邊界條約》，以及一九九一年六月的《德波睦鄰友好合作條約》（Treaty of Good Neighbourship）。[6]斯庫比謝夫斯基向東邊鄰國保證，波蘭不會跟東邊鄰國提出任何它自己也不希望德國向波蘭提出的要求。他在重申《德波邊界條約》時更是明確表示，波蘭不會要求東邊鄰國讓出領土。波蘭的政策基本上是把境內的少數德國裔都當成波蘭公民來對待，所以如果它要求東邊鄰國給予境內少數波蘭裔更優惠的待遇，道理上就會顯得站不住腳。波蘭駐立陶宛大使就曾回憶說，他在決定如何處理當地波蘭裔投訴的時候，「都會先捫心自問：如果我是波蘭官員，碰到駐波蘭的德國代表提出相同的投訴，我會如何回應。」[7]德國政策也釋出了同樣的善意。大體來說，「歐洲」這個概念在波蘭對東政策中的意義，相當接近於它在當代德國對波蘭政策中的意義。兩者都以成為歐洲未來的一分子為號召，阻止二十世紀的民族衝突再次發生。在兩國的政策中，「歐洲」都提供了足以服人的理念和說法，使得參與的國家願意達成和解。[8]

歐洲標準真的是一套「標準」嗎？

「歐洲標準」的理念，預設了通往歐洲的路上有著明確的路標，可以看到哪些路線必須走，哪些必須避開，而波蘭是擁有地圖的可靠嚮導，彷彿是在鼓勵著東邊鄰國跟上腳步：如果你們跟我們一樣遵循歐洲標準，對其他東部鄰國抱持與波蘭一樣的立場，你們就可以跟我們一樣，在未來成為歐洲的一分子。這種說法相當有效，因為波蘭鄰國的政治圈都希望自己的國家能重返歐洲，也認為波蘭已經走在前面。當然，波蘭承認既有國界、要求鄰國保障國內少數民族文化權益的做法，對東邊鄰國也十分有吸引力，條約草案的迅速成形亦加快了談判流程。乍看之下，這些行動都只是以正常合理的方式在回應當時的國際局勢，但只要比較波蘭的對東政策與同時期其他東歐國家外交政策的差異，就能看出「歐洲標準」的存在有多麼特別。

一、歐洲標準政策將少數民族的權利當成其他國家給予公民的文化權利。這種權利可以列入國際條約，而且一旦歐洲標準被寫入國際協議之中，就允許了外部仲裁的適時介入。如此一來便不會像當時幾乎所有東歐國家那樣，陷入國際之間以牙還牙的悲劇之中。

二、歐洲標準政策強調，少數民族的命運是每個國家的內政問題，反觀尚未加入歐洲的其他地區都選擇挑戰鄰國的主權。匈牙利在一九九〇年聲稱，斯洛伐克、羅馬尼亞、南斯拉夫與烏克蘭境內的匈牙利人都屬於其政治社群的一部分。俄羅斯則以強勢的言詞替「鄰家」的俄語人士代言，藉此威嚇鄰國。代表塞爾維亞人的南斯拉夫激進主義者，總共引發了四次戰爭，其中兩次迫使北約出兵干預，最後造成一百多萬人流離失所，數萬人死亡。

三、基於與第二點類似的概念，歐洲標準政策也阻止各國以修改國界的方式處理少數民族問題。匈牙利、羅馬尼亞與白羅斯最初都認為可以和平修改國界，俄羅斯則是曾經支持武裝占領摩爾多瓦的部分領土。葉爾欽早先就曾暗示俄國與烏克蘭的邊界尚未確定，俄羅斯聯邦議會在一九九〇年代中期也曾認為，烏克蘭必須把克里米亞還給俄羅斯。歐洲標準與前述觀點完全不同。與波蘭提議的方向差異最大的正是南斯拉夫，該國為了更動國界直接動用武力。

四、歐洲標準政策設法在歐洲機構發現潛在問題**之前**，就開始遵循歐洲的規範。匈牙利和羅馬尼亞不是這樣，一九九〇年代中期這兩國一直按兵不動，直到歐洲安全與合作組織一九九五年在巴黎會議中施壓以後，才開始解決兩者之間的爭端。南斯拉夫也不是這樣，它一直與歐洲唱反調，甚至擊退了北約一九九〇年代中後期的干預。俄羅斯則根本無視於西方機構的看法，在車臣發動了兩場殘酷至極的戰爭，時不時就介入高加索地區的情勢，還占領了摩爾多瓦的部分領土。

五、歐洲標準政策設法將歷史排除在外交的過程之外。在一九九〇年代，一三八九年的科索沃戰役已經廣為外人所知，卻很少人瞭解一三八六年的波蘭與立陶宛王室聯盟。一九九〇年代的南斯拉夫內戰，讓社會大眾得知克羅埃西亞人在一九四〇年代曾對塞爾維亞人進行過族群清洗；但一九四〇年代波蘭人與烏克蘭人之間規模與野蠻程度不相上下的清洗事件，卻只存在於專家的研究裡。

在思想上，波蘭的做法跟俄羅斯截然不同。俄羅斯認為自己和烏克蘭、白羅斯都是基輔羅斯的

「後繼者」，所以這兩個地區都是流落在外的「俄羅斯」土地，但根據目前為止的資料，這種說法毫無歷史依據。現代白羅斯與烏克蘭的領土，都來自基輔羅斯解體之後的立陶宛大公國（一二八九到一七九五年）和波立聯邦（一五六九到一七九五年），這些領土數百年來在立陶宛大公國和波立聯邦都稱為「羅斯」。莫斯科大公國與俄羅斯沙皇國（一七二一年後改稱俄羅斯帝國，一九二二年後稱為蘇聯）的確逐漸囊括羅斯的領土，但直到基輔羅斯亡國的四百年後，也就是一六六七年，莫斯科才拿下基輔，更是在基輔羅斯滅亡七百年後的一九三九年，莫斯科才終於統治勒維夫。維爾紐斯和弗拉基米爾－沃倫斯基（Volodomyr Volyns'kyi）這兩座中世紀羅斯使用的斯拉夫官方語言的主要起源地，在戰間期都仍是波蘭的土地，但前者現在是立陶宛的首都，後者現在則是烏克蘭西部的城市。如果要把歷史的「後繼者」當成外交領土主張的依據，那麼波蘭外交官就跟俄羅斯外交官一樣有資格以自己與各地所曾具有的「家族關係」作為領土宣稱的依據，但波蘭選擇避開這種根基於政治信仰的偽歷史論述，視東邊鄰國為與其地位相同的民族國家。

前述五點，就是歐洲標準要避開的陷阱。要理解平等來往的價值何在，只要回想一下本書從第一章到第十章走過的歷史旅程：我們看到波蘭人就跟俄羅斯人、匈牙利人和塞爾維亞人一樣，與鄰居之間有著複雜難解的歷史，並在二十世紀經歷了奪回失土的公開行動、與鄰國正式開戰與大規模的族群清洗等事件。這些過去的戰火與惡行，在東部鄰國的菁英階級和波蘭人民心中都還歷歷在目；而波蘭的東邊鄰國在一九九一年成功獨立時，前波蘇邊界兩邊的領導人、外交官與人民，也確實再度提起了這些歷史恩怨。蘇聯解體後，原本受其統治的土地突然掀起一波新的民族主義聲浪：

立陶宛高唱著充滿爭議的祖國神話，烏克蘭則因處境艱難而躁動不安。在這樣棘手的局勢下，波蘭卻毅然決然提出了歐洲標準的政策。我們必須記得波蘭當年面臨了何等的外交抉擇與困難，即使這項政策在今日已證明是大獲成功。

烏克蘭的挑戰

每個波蘭人與烏克蘭西部的人，想必都還記得一九四〇年代的大規模族群清洗。無論是烏克蘭游擊隊大肆殘殺波蘭平民，還是波蘭共產政權強迫烏克蘭人大搬遷，這些恐怖的記憶都讓兩國人民彼此猜疑，也成了波蘭對東政策必須處理的問題。來自烏克蘭的波蘭人，以及位於波蘭的烏克蘭裔，都會將這些事情說成自己的版本，並且否認對方的版本。煽動者會拿著照片說著族群清洗的恐怖故事，指控其中一方為兇手，並把另一方說成無辜的百姓。波蘭的民調顯示，波蘭人對烏克蘭人的恐懼，比對俄羅斯人與德國人都要高。普熱梅希爾這座城市，在一九四〇年代曾發生血腥的波烏內戰，一群波蘭人違抗波蘭籍教宗的意願，主張自己擁有某座前烏克蘭教堂的所有權。到了一九九一年，當烏克蘭反抗軍開始在西烏克蘭招募夥伴，波蘭司法部長就認為應該要把該組織在沃里尼亞犯下的族群清洗罪行，像史達林主義者的罪行一樣，以反人類罪起訴。[9] 此舉自然招致烏克蘭民族主義者的反對，因為烏克蘭反抗軍是他們的驕傲，而且他們比較熟悉的也是史達林主義，而不是波蘭人。與此同時，波蘭境內的烏克蘭裔也開始對他們一九四七年被迫遷徙一事爭取法律補償，其中一項要求，就是當前的波蘭民主政府必須為一九四七年共產政權實施的維斯瓦行動道歉。這項主張也獲得烏克蘭境內的民族主義者支持。

其實波蘭參議院在一九九〇年六月就已經為此道歉。波蘭代表還認為，烏克蘭議會在一九九〇年十月的回應中，竟然沒有為一九四三年在沃里尼亞的罪行道歉，實在令人失望。[10]但這種推論有個問題：重獲主權的波蘭為前波共政權的罪行道歉其實比較容易，而要剛獨立的烏克蘭為一支游擊隊的罪行道歉本來就比較困難。烏克蘭議會的回應，會讓人覺得波烏兩國之前遭受的苦難都是史達林的錯，所以那些對烏克蘭反抗軍記憶猶新的波蘭人當然不能接受。烏克蘭人則懷疑為何波蘭的眾議院沒有跟著一起道歉，但該院在一九九〇年時還沒有完全民主化，並掌握在那些不願意批評一九四〇年代政策的前共產黨議員手中。更麻煩的是，當時波蘭總統賈魯塞斯基甚至還參與過維斯瓦行動！於是到了一九九二年，烏克蘭開始用外交方式處理波蘭對維斯瓦行動的道歉問題。[11]

波蘭的歐洲標準政策，正是在前述這些窘境中成功發揮效果。該政策之所以有效，不是因為它試圖解決歷史爭議，而是因為它認為，在解決歷史問題之前，應該先尋求法律的解決機制。為什麼政治人物會想要用法律來處理這些棘手的歷史歧見？烏克蘭的民族主義者通常都來自戰間期的波蘭領土，通常看過或聽說過烏波兩國在二戰時期發生的種種衝突，有些人甚至是烏民組織成員或烏克蘭反抗軍士兵的後代。我們曾在前一章提過，這些民族主義者都跟一九八〇年代波蘭的團結工聯，以及一九八九年後重獲新生的波蘭有所聯繫，所以他們願意「先獲得法律共識，再處理歷史歧見」。這些記得一九四〇年代血腥事件的西烏克蘭人，都將新生的波蘭當成邁入歐洲未來的道路。[12]一九八九到一九九一年參與波蘭非官方的第三條軌道的烏克蘭人裡面，有人後來當上了烏克蘭議會外交事務委員會的主席，有人後來成為駐波蘭大使，有好幾個人在烏克蘭獨立後變成第一任總統的顧問，有人後來當上勒維夫市長。還有「烏克蘭人民運動」最初的兩位領導人，例如伊凡．德拉奇（Ivan Drach），他在烏克蘭獨立前是「烏克蘭人民運動」這個組織的領袖，獨立後負責處理海外烏克蘭裔政策。他曾在烏克蘭獨立前夕說道：「我們想走波蘭的路。我們知道想要走入歐洲就必須跟隨波蘭，這可能就是我們跟立陶宛不一樣的地方。」後來當上烏克蘭議會外交事務委員會主席的德米特羅．帕弗里寇（Dmytro Pavlychko），也是在烏克蘭剛獨立時就向他的民族主義同志們保證說，波蘭已經改變了，「現在開始是一個全新的時代。」[13]

波蘭和烏克蘭在一九九二年五月簽訂的條約，既沒有要求雙方要對一九四〇年代的事件意見一致，也沒有促成這樣的共識。這讓烏克蘭議會展開一場關於維斯瓦行動的激辯，最終在一九九二年七月十九日，也就是一九三九年蘇聯入侵波蘭的紀念日，同意了該條約。帕弗里寇在辯論最後說道，如果讓過去的衝突阻礙當下的國際關係，只會顯得烏克蘭的「政治文化很不入流」。[14]不過在那之後，究竟誰該為一九四〇年代的族群清洗事件道歉的問題，依然層出不窮：例如一九九三年一月，波蘭總理漢娜．蘇霍茨卡（Hanna Suchocka, 1946-）訪問基輔時表示：「總理先生，我沒有說波蘭政府會譴責維斯瓦行動，我是說波蘭政府會客觀地解釋維斯瓦行動。我也希望總理先生您以同樣的方式，處理沃里尼亞波蘭人在西烏克蘭曾經遭遇的事件。」同年二月，烏克蘭議會外交事務委員會主席前往克拉科夫時表示，「我們永遠不會相信蘇聯歷史學家那套汙衊烏克蘭反抗軍的謊言。」烏克蘭大使某次拜訪普熱梅希爾時則說道：「你不能把維斯瓦行動跟發生在沃里尼亞的事件，當成同一個層次的事情。」[15]最後這個例子清楚顯示，歷史辯論經常可以讓我們看出不同觀點差異多大。波蘭人可以同意烏克蘭大使的說法，因為他們相信「發生在沃里尼亞的事件」遠比維斯瓦行動嚴重許多。在道歉問題上，西烏克蘭人及烏克蘭人民運動的成員出於擔心他們位於波蘭的同胞，希望波蘭政府為一九四七年強迫烏克蘭人遷徙的政策道歉，甚至多次擔心勒維夫會再次成為波蘭人的城市；烏克蘭的活躍政治人士則認為，當下的國家安全比過去的歷史問題更重要，因此相當感謝波蘭支持烏克蘭獨立，並且希望烏克蘭與波蘭簽訂條約之後可以更快重返歐洲。[16]烏克蘭總統克拉夫朱克也相信波蘭可以讓烏克蘭重返歐洲，所以他在一九九二年五月的條約中，讓波蘭變成了一個比俄羅斯更重要的合作夥伴。波蘭總統華勒沙則是以更幽微的說法表示，該條約對「第三方」而言相當重要。[17]

這讓華沙、基輔與莫斯科三者之間的關係發生了根本的改變。華沙當局透過支持烏克蘭獨立和承認波烏既有國界，向外界表達波蘭是一股讓東歐區域維持現狀的勢力，而且不會為了少數民族問題去干涉烏克蘭的事務。俄羅斯的做法則完全相反，葉爾欽甚至表示可能要重新劃定俄烏邊界，俄羅斯的政治菁英也相當擔心住在「鄰家」的俄羅斯人會遭受委屈。在烏屬克里米亞半島的俄羅斯人也希望與俄羅斯合併之後，俄羅斯聯邦議會很快就會宣布克里米亞的塞凡堡市（Sevastopol）屬於俄羅斯。在俄烏兩國剛獨立的一九九二年，俄羅斯對烏克蘭的官方態度就發生了變化。俄羅斯政治人物不大習慣把烏克蘭當成一個獨立政治實體，他們因此感到困惑，並拒絕認真看待烏克蘭的獨立。[18]

一九九二年底，克拉夫朱克決定與波蘭結盟，對抗俄羅斯在東歐的優勢。烏克蘭繼承了很多前蘇聯的核武，當時是全球第三大核武國家，僅次於美國和俄羅斯，可以運用這些武器提供核保護傘。一九九三年春天，烏克蘭提出了《波羅的海－黑海條約》（Baltic-to-Black Sea Pact），其核心就是烏克蘭和波蘭的夥伴關係。這個長久以來一直受到烏克蘭民族主義者青睞的想法，不僅是為了抗衡俄羅斯的力量，也是因為當時烏克蘭並不想向俄羅斯俯首稱臣，但是距離成為歐洲的一分子還需要數十年的時間，所以烏克蘭設法在這之間找到一個可以平衡的立足點。這次的結盟訴諸烏波兩國過去同屬波立聯邦的經驗，畢竟以前的波立聯邦，就是一個位於西歐與俄羅斯之間的大國。[19]

不過正如此前所述，波蘭對過去的波立聯邦沒有興趣，而是希望把每個外交對象都當成民族國家來平等交往。此外，俄羅斯的挑釁回應可能會威脅到波蘭的國家安全，與烏克蘭建立制度性連結也可能會妨礙波蘭重返歐洲。波蘭的政策對烏克蘭相當友好，但遠遠少於烏克蘭總統克拉夫朱克心中理想的程度。波蘭的確曾對西方國家解釋過，為何烏克蘭的獨立對於穩定歐洲局勢如此重要，以及烏克蘭為何不願意把前蘇聯的核武交給俄羅斯。一九九三年四月，波蘭總統華勒沙與外交部長斯庫比謝夫斯基，就在拜訪美國總統柯林頓時提起了這些議題，但波蘭在支持烏克蘭獨立、讓西方國家瞭解烏克蘭利益的同時，也希望烏克蘭裁減核武。波蘭同意與烏克蘭進行軍事合作，只要合作的目標不直接針對俄羅斯。雖然俄羅斯聯邦議會聲稱烏克蘭領土屬於俄羅斯時，波蘭外長斯庫比謝夫斯基明確發言譴責，然而在當時的俄烏爭端中，波蘭並沒有偏向任何一邊。[20]

在一九九〇年代初，波蘭與烏克蘭的能源都仰賴俄羅斯，也因此同樣受到俄羅斯的牽制。倘若俄烏發生衝突，波蘭的天然氣可能會連帶斷炊，波蘭財政部長就曾表示自己對此「感到驚恐」。一九九三年八月，波蘭甚至同意幫忙俄羅斯打造一條繞過烏克蘭的管線，把天然氣輸送到西歐。大約在同一時間，波蘭當局以間諜罪逮捕了一名烏克蘭安全局的少校，葉爾欽則是暫時同意北約東擴，這些都讓烏克蘭開始擔心俄羅斯與波蘭的聯繫。[21]到了一九九三年底，波烏兩國發現，兩國友誼的最大瓶頸並非兩國之間的邊界，而是他們與俄羅斯的利害關係並不一致。綜觀兩國歷史，這其實是一項驚人的巨大轉折，因為波蘭與烏克蘭不再像過去那樣以戰爭來解決歷史問題，而是以達成基本協議的全新方式，處理雙方共同面對的東歐地緣政治問題。

白羅斯的挑戰

波蘭在一九八九年後，繞過了一九四〇年代加利西亞與沃里尼亞慘劇的阻礙，成功和烏克蘭建立了良好關係；同樣的，儘管維爾紐斯／維爾尼亞／維爾諾的爭議再起，波蘭一九八九年後對白羅斯的政策仍卓有成效。白羅斯的外交政策在一九九一與一九九二年充滿分歧，當時外交部長要求立陶宛歸還領土，國會議長卻撤回相關要求。一小群白羅斯民族主義者支持外交部長彼得・克勞尚卡（Petr Krauchanka）的觀點，認為那些位於立陶宛的波蘭裔其實是白羅斯人，而一九四五年的蘇屬白俄羅斯沒有將維爾尼亞劃進領土範圍完全是個錯誤，既然現在白羅斯已經獨立，就該盡快把它拿回來。[22]一九九二年的白羅斯民族主義者因為國家獨立而得意洋洋，但其實在社會上並沒有獲得多少支持，本身也沒什麼政治經驗。國會議長舒什克維奇是個例外，熱愛白羅斯的他，認為對國家最有利的策略，就是承認既有的國界，然後讓歐洲體制接受白羅斯。所以他向立陶宛人保證不會索回維爾尼亞，同時把跟波蘭交好當成重返歐洲最可行的道路。[23]

最讓舒什克維奇不滿的地方，是白羅斯農民被羅馬天主教會波蘭化的問題。白羅斯的波蘭神父用波蘭語佈道，還在教堂裡掛波蘭的符碼。[24]白羅斯有一千萬人口，其中五分之一信仰羅馬天主教，這個宗教在白羅斯一直以來都被認為是「波蘭信仰」，但歷史上最重要的白羅斯政治人士大部分都出身於羅馬天主教家庭。所以白羅斯面臨的問題是，如何讓白羅斯的羅馬天主教徒相信自己不是波蘭人，也不只是「在這裡長大」的人，而是白羅斯人。自從天主教改革以來，白羅斯的羅馬天主教神父就一直很有影響力，而在白羅斯獨立之後，國內的羅馬天主教教徒究竟認為自己是白羅斯人還是波蘭人，就變得相當重要。一九九二年初，教宗若望保祿二世出面約束白羅斯境內的波蘭裔神父。[25]考慮到這件事居然驚動了梵蒂岡，就足以顯示白羅斯人最擔心的問題並不是少數族裔本身，而是會受宗教影響的民族認同。雖然波蘭大約有二十一萬五千名白羅斯裔，白羅斯大約有四十一萬七千名波蘭裔，但真正的問題不是這些少數民族會不會組成政治團體，或者會不會提出麻煩的要求；而是到了未來的某個時間點，羅馬天主教徒的自我認同為何。當時的白羅斯人及使用白羅斯語的人，都和舒什克維奇所想的一樣，正在經歷本書第一與第二部所討論過的問題，也就是如何從近世政治轉型為現代政治。[26]

至於白羅斯愛國者擔心的其他問題，則可以用世俗的方式解決。波蘭在一九九一年十月與白羅斯共同簽署的國際聲明，讓白羅斯人不再那麼擔心波蘭未來會想討回失土，也表示白羅斯不會再向波蘭聲稱具體領土的所有權。與此同時，立陶宛的行動也軟化了白羅斯討回失土的立場。立陶宛的歷史學家聯合白羅斯的同業，共同討論誰才是立陶宛大公國的繼承者，並在討論中逐漸得出結論：現代的白羅斯和立陶宛國家，兩者都是大公國的繼承者。也就是說，在立陶宛人的協助之下，白羅斯人對過去大公國的理解從更貼近歷史事實的版本（幅員廣大、包含好幾個民族且國界模糊），變成了更接近現代國家的想像（面積小、單一民族且領土適中）。如果白羅斯不希望變成現代國際體系中的麻煩製造者，白羅斯人的民族神話就必須遠離近世的真實。白羅斯的民族主義者仍舊認為自己是立陶宛大公國的子孫，卻不再認為白羅斯必須擴大國界，奪回維爾尼亞。[27]

白羅斯一九九二年剛獨立時，波蘭的對東政策向白羅斯提出了一紙條約，讓它可以獲得一個重要的友善鄰國、確定既有的國界，條約上頭也包含了處理少數民族問題的明確原則。白羅斯的所有重要勢力都接受了這些提議，包括願意與時俱進的外交部長克拉夫強卡（Piatro Krauchenka）、立場堅定不移的議長舒什克維奇，以及身為共產黨員的總理維亞切斯拉夫・克比奇（Viacheslau Kiebich, 1936-2020）。波蘭總理揚・歐中斯基（Jan Olszewski, 1930-2019）在一九九二年四月簽署該條約時表示：「我們兩國之間的關係可以成為附近其他國家的典範。」[28] 這句話舉重若輕。波蘭與白羅斯在蘇聯解體後不久便快速確立國界，其實對整個地區都很重要。這向明斯克當局傳達了一套規範，亦即民族國家是建立在既定的國界內，而且不會失去任何現有的領土；同時也表示無論白羅斯以任何方式向立陶宛討回領土，波蘭都不會支持。這句話也是在向立陶宛人保證，波蘭無意奪回原本對他們來說意義非凡，卻在一九三九年失去的東北部領地。最重要的是，它讓俄羅斯人知道，無論想用任何方式奪回失土，都得不到西方的協助。華沙當局在一九九二年中，正式確定了百分之九十三的東部國界：五月確認了與俄羅斯接壤的二百零六公里，以及與烏克蘭接壤的四百二十八公里，六月確認了與白羅斯接壤的六百零五公里，只剩下與立陶宛接壤的九十一公里尚未完成確認。波蘭透過這次行動明確表示自身無意東擴，一連串與烏克蘭和白羅斯快速簽訂條約的過程，也實現了《文化》雜誌的對東策略。

斯庫比謝夫斯基對《文化》雜誌大戰略的主要貢獻，就是用「歐洲標準」讓東邊鄰國接受波蘭訂下的規則。舒什克維奇在一九九二年六月的華沙與波蘭簽訂的那份條約，讓波蘭成為白羅斯重返歐洲路上的重要夥伴，同時也同意白波兩國的少數民族問題最好使用歐洲標準來處理。在那之後，白羅斯在華沙，而非在莫斯科，設立了第一座大使館。[29]在接下來的十八個月，波蘭為舒什克維奇及其他持相同看法的白羅斯人打開了一扇通往西方的窗口，讓白羅斯加入歐洲機構，啟動他們與其他歐洲國家的軍事合作。這時的波蘭官員其實明白，支持民族國家地位和協助重返歐洲，對白羅斯的吸引力並沒有那麼大；同時也聽到了舒什克維奇逐漸失勢，白羅斯開始親俄的消息，但波蘭總理蘇霍茨卡在一九九二年十一月訪問明斯克時，依然直接表示：「波蘭對白羅斯的獨立相當有興趣，希望能夠成為白羅斯與歐洲之間的橋樑。」[30]這點或許不大明智，但波蘭選擇堅持一直以來的立場。一九九一年八月蘇聯政變的失敗，讓白羅斯的民族主義者影響力明顯增加，身為保守派的白羅斯共產黨為了不要被莫斯科的改革派搶走位子，終於願意讓共和國宣布獨立。白羅斯的激進派賦予這個新獨立的國家民族主義的形式，卻掌控不了國家機器，也無法獲得人民的支持。更糟的是，他們大概只有三十個月解決獨立之後的各種艱鉅任務。結果，白羅斯人用民主的方式擱置了白羅斯的民族問題。一九九四年全民直選出來的總統亞歷山大．盧卡申科（Aleksandr Lukashenka），選擇結束與波蘭的成功合作關係，同時開始回復舊日的蘇聯式獨裁。幸好波蘭的歐洲標準已在合作機會消失之前，為波蘭與白羅斯之間的友好關係奠定了法律框架。

立陶宛的挑戰

維爾紐斯所引起的歷史糾紛中，又以與立陶宛相關的最為劇烈。本書在第三到五章中曾經說明，立陶宛在一九二〇到一九三八年間，是如何因為波蘭占領了維爾諾而始終與波蘭處於戰爭狀態；而史達林在一九三九年把該城市劃給立陶宛之後，波蘭政府是何等憤怒，同時波蘭又是如何在一九四四到一九四六年間失去了維爾諾；以及這座城市是如何在蘇聯統治之下，逐漸變成立陶宛的維爾紐斯。我們也在前幾章提過，一九八〇年代末到一九九〇年代初，維爾紐斯地區是多方勢力的必爭之地：包括立陶宛的民族主義運動、位於立陶宛的少數波蘭裔、蘇聯中央政府與蘇屬白俄羅斯。在曾經爭奪過這座城市所有權的勢力中，只有波蘭宣布放棄這塊前朝失去的土地。一九九一年八月十九日的莫斯科政變，則讓莫斯科當局無法再操弄這塊地區，也讓明斯克當局改變了立場，最初的五位競爭者一下子再減少了兩位。然而這場政變也讓立陶宛的少數波蘭裔、波蘭政府，以及立陶宛民族運動之間的緊張關係升至最高點。

立陶宛的少數波蘭裔裡面，有幾位領導人認為一九九一年八月的政變代表舊蘇聯勢力正在復辟，於是計劃著要藉機報復立陶宛。[31]但他們沒有得到波蘭政府的支持。一九九一年八月二十六日，波蘭政府正式承認立陶宛獨立。同年九月四日，立陶宛政府解散了數個以波蘭裔為主的地方政府。九月十四日，立陶宛與波蘭的代表在某項聯合宣言的內容上再次談判失敗。波蘭政府堅持，立陶宛必須允許境內的波蘭裔投票選出新的地方政府，藉此取代之前親蘇聯的菁英；立陶宛當局則想保留一些權利，讓立陶宛官僚能夠一直統治維爾紐斯與其周邊的沙爾奇寧凱地區。立陶宛政府允許那些立陶宛人為主的地區，選出自己的地方政府，但只有維爾紐斯和沙爾奇寧凱地區，必須由中央指派的行政官員統治。立陶宛最有權勢的政治人物、議會議長藍斯柏吉斯甚至認為波蘭政府的要求是「試圖擴張領土的民族主義」。[32]

這讓斯庫比謝夫斯基陷入兩難的局面。他是在立陶宛承諾要讓維爾紐斯與沙爾奇寧凱地區自己選出地方政府之後，才到維爾紐斯簽署友好宣言，結果抵達當地準備要簽署宣言的時候，卻被立陶宛右派及立陶宛的少數波蘭裔同時砲轟。一些立陶宛國會議員認為，這項聯合宣言沒有譴責波蘭在一九二〇年對維爾紐斯的武力占領，根本就是在「合理化過去的侵略」。[33]這項例子充分顯示，民族主義政黨一旦對某個歷史事件做出政治宣稱，經常會讓立場相反的政黨做出無法預期的反應。波蘭人都知道，波蘭之所以失去維爾諾，都是因為一九三九年的《德蘇互不侵犯條約》，所有被牽連的人都認同該條約是一種侵略，就連立陶宛人也不例外。若有人真想反對「合理化過去的侵略」，就得先質疑《德蘇互不侵犯條約》劃出的每一條國界，但這麼做反倒是在暗示維爾紐斯在法律上是波蘭的領土。立陶宛右派為了譴責波蘭，搬出「一九二〇年的事件」，同時也打開了潘朵拉的盒子，讓他們必須面對「一九三九年的事件」。於是激進的立陶宛波蘭裔便主張，斯庫比謝夫斯基對二次大戰的事情完全避而不談，根本是「跪著爬來維爾諾」；[34]甚至有人說波蘭政府「願意犧牲立陶宛波蘭裔的權利，只為了討好立陶宛政府」。[35]

為了不讓歷史爭論擴及波蘭國內，斯庫比謝夫斯基呼籲立陶宛代表放眼未來，不要執著於過去。他重申波蘭不會提出領土主張，也不會再有澤利戈夫斯基將軍這種人出現。[36]他直接提及一九二〇年武裝占領維爾諾的波蘭將軍，就是為了表達自己理解立陶宛人擔心歷史事件重演，並且願意平息這種焦慮。但即便如此，立陶宛依然要求波蘭為一九二〇年的事件正式道歉。這項要求讓波蘭難以接受，主要有四個原因：首先，波蘭人普遍反對用外交手段重新調整歷史疆界；其次，他們認為這種對歷史事件的詮釋方式帶有偏見；第三，戰間期的文件是否合法，將影響立陶宛的波蘭裔能不能繼續保有財產；最後也最重要的是，當一個國家正式承認過去的國界不合法，其他國家就有可能用類似的理由要求改變國界，這會讓波蘭與好幾個鄰國都陷入危險。舉例來說，如果波蘭承認它在戰間期對維爾諾的領土主張並不合法，俄羅斯與白羅斯就會更有理由反對現在的立陶宛獨立。對立陶宛人來說，只要波蘭人承認維爾紐斯從來不屬於波蘭，該城市就自然而然屬於立陶宛，但俄羅斯人和白羅斯人可不這麼認為。

如果只是指出立陶宛人對一九二〇年事件的描述違反了歷史事實，這對我們的啟發畢竟有限。一九二〇年的維爾紐斯完全不是立陶宛民族的城市，而是被排除在立陶宛之外，卻也讓戰間期的立陶宛成為一個擁有小部分少數民族的民族國家。無論是一九三九年的立陶宛，還是一九四五年的蘇屬立陶宛，能拿到維爾紐斯都得要感謝史達林。在猶太人與波蘭人這兩個維爾紐斯原本的主要族群被消滅與驅逐之後，大概到一九八〇年，該城才在蘇聯的統治下成為立陶宛人的城市。（密茨凱維奇在詩歌裡提到的波納爾森林，是維爾紐斯神話的起源地，也是一九四一年死於非命的維爾紐斯猶太人最後的安息之地。）只要將這些深層複雜的轉變視作維爾紐斯的「回歸」，立陶宛民族主義者就可以說維爾紐斯自古以來就是立陶宛人的城市。民族在成為民族之後，會開始建構自己的歷史並摧毀過去的傳統。歷史學者若想明白過去的歷史事件究竟是如何發生，就只能自己把碎片重新拼湊起來。這才是更具有啟發性的觀點。要求波蘭為一九二〇年的事件道歉，本身就自相矛盾，因為在一九九〇年代，無論是波蘭還是立陶宛都已經不記得當時發生什麼事。一九二〇年的立陶宛民族運動人士非常清楚，維爾紐斯當時幾乎沒有立陶宛人，他們是因為歷史與政治原因，才主張維爾紐斯屬於立陶宛。人民則是在接受了戰間期及蘇屬立陶宛的教育政策，才「得知」一九二〇年被波蘭占領的維爾紐斯「其實」是一座立陶宛民族的城市。同樣的，畢蘇斯基跟澤利戈夫斯基將軍在一九二〇年吞併維爾諾的時候，他們的身分既不是波蘭的民族主義者，也不是立陶宛的敵人，而是波蘭化的立陶宛人。他們的行動並不是基於民族國家的「族裔」觀念，而是想像過去的立陶宛大公國可以用聯邦的方式重新復活。七十年後，人們忘記了這兩人的身分，忘記了他們的動機，被波蘭關於民族勝利與失敗的歷史大敘事給模糊了焦點。無論是立陶宛還是波蘭，認為民族就是以族裔來定義的想法逐漸在一九二〇到一九九二年間成為了主流。

到了一九九〇年代立陶宛與波蘭獨立，雙方再度自由地討論起維爾紐斯問題，結果每個人都從「一個民族，一個國家」這種現代國家的假設出發進行推論。然而，這種假設至少可以導出兩種不同的結論。其一是像斯庫比謝夫斯基採取的路徑一樣，試圖讓這些國家之間的關係，符合二十世紀後期以國際法與歐洲國際合作框架修正後的西伐利亞國際體系；但是對那些相信「一個民族，一個國家」的現代民族主義原則的人來說，這表示國家可以強迫其他國家的人接受自己的歷史詮釋。若在討論政治時開始談論某一個民族的歷史，只會讓鄰近的民族也以類似的民族史觀看待自己的歷史。立陶宛外交政策的目標，就是希望波蘭人能夠捨棄自己對於一九二〇年事件的解讀，改接受立陶宛版本的詮釋——前者不符合歷史事實，後者更是錯得離譜。波蘭外長斯庫比謝夫斯基拒絕這樣的路線，他一直認為所謂的民族國家，是指未來的國家，而非過去的民族，並且為波蘭的東邊鄰國描繪了一幅加入歐洲的未來願景。這個方法終究獲得了成功，但不只是因為斯庫比謝夫斯基的努力，歐洲本身也幫了一把。

加入北約

一九九三年八月二十四日晚上，醉醺醺的葉爾欽發布書面聲明，宣布波蘭加入北約不會損害俄羅斯聯邦的利益。雖然他隔天似乎有點後悔，甚至後來在莫斯科改口，但這還是讓各國開始討論北約東擴的問題。某些立陶宛政治人物很快就注意到，波蘭一旦加入北約，立陶宛就會變成北約跟俄羅斯兩大勢力之間的緩衝小國，而且因為俄羅斯軍隊這時候已經撤出立陶宛，立陶宛也發現自己在聯盟策略上有更多操作空間。加入北約的選項改變了立陶宛政治菁英的態度，讓他們不再堅持要求波蘭為歷史問題道歉。那些從一九九二年十一月開始執政、曾為共產主義者的立陶宛社會主義人士，雖然反對北約東擴，但仍支持與波蘭和解。他們的領袖阿爾吉達・布拉札斯卡斯總統（Algirdas Brazauskas, 1932-2010），更鼓吹立陶宛要跟俄羅斯與西方維持同等距離。在野的民族主義政黨則是支持北約東擴，但反對與波蘭重修舊好。一九九三年十月，立陶宛右派以北約問題向持社會主義的總統施壓，要求社會主義政府將國內的少數波蘭裔重新納入直接管理，並強迫波蘭為一九二〇年的事件道歉。當一九九三年十一月的爭論持續升溫，部分民族主義政治人物終於開始發現，這兩項目標其實很難同時實現。一九九三年十二月十三日，極端民族主義者弗拉基米爾・吉里諾夫斯基（Vladimir Zhirinovskii）在俄羅斯的議會選舉中大勝，正好讓立陶宛人注意到，國際政治既關乎國家存亡，也關乎聲譽。該月二十九日，立陶宛議會建議政府申請加入北約。隔年一月四日，布拉札斯卡斯總統提出了加入北約的申請。[37]

即便當時的俄羅斯對立陶宛造成威脅，且北約對立陶宛張開雙臂歡迎，但立陶宛的民族主義者在波蘭問題上依然沒有達成共識。早在一九九一年之前，烏克蘭的民族運動者就已經跨過了自己心中的那道門檻，承認應該把波蘭當成朋友而非敵人；然而到了一九九三年末，立陶宛的民族運動者的內心卻還在糾結。就連之前民族主義組織「薩尤季斯」的代表人物也各持己見，例如藍斯柏吉斯直到一九九三年底才願意放下澤利戈夫斯基將軍過去作為的爭議，與波蘭簽訂條約。但「薩尤季斯」中的第二號人物羅慕爾達斯．奧左拉斯（Romualdas Ozolas, 1939-2015）卻不這麼認為，他與一九九三年的保守黨領袖藍斯柏吉斯一樣，即使國際環境改變，依然反對跟波蘭簽約。這位人道主義學者在一九九〇年擔任「薩尤季斯」的黨報主編，同時還是立陶宛共產黨中央委員會的委員。立陶宛獨立後，他特別關注國內的波蘭少數民族問題，藉此成為全國最受歡迎的政治人物之一。當立陶宛與波蘭簽署了一份條約，裡頭隻字不提澤利戈夫斯基將軍的歷史問題，奧左拉斯就宣稱波蘭是在「矮化」立陶宛的主權，因此立陶宛簽訂這種條約是一項「戰略錯誤」。[38]

立陶宛的民族主義者成了轉變的關鍵，這些跟波蘭打過交道的人，開始從策略的角度思考問題。他們雖然在一九九一年的時候堅定不移地懷疑波蘭，卻在一九九三年改變了態度，更逐漸支持與波蘭合作的提議。一個特別關鍵的例子就是奧德流斯．布凱維丘斯（Audrius Butkevičius），他長年不斷思考該怎麼保障立陶宛的存續：在立陶宛民族運動的非暴力抗爭中擔任協商者時思考過，在未獲國際承認的立陶宛擔任國防部長時思考過，在立陶宛獨立之後續任國防部長時也思考過。布凱維丘斯最初以典型的立陶宛人觀點看待一九二〇年的事件，早期擔任公職時也曾認為波蘭威脅著立陶宛的安全。一九九一年十一月，當蘇聯仍有三萬五千名軍隊駐紮於立陶宛，他卻聲稱波蘭是「立陶宛國家安全的最大威脅」。但是與波蘭和北約交涉的經驗改變了他的想法。一九九三年七月，布凱維丘斯接受波蘭贈送的武器，稱許波蘭做出了「最能讓人信任的行為」。[39]到了該年八月底，立陶宛開始辯論是否加入北約的問題時，布凱維丘斯更是建議立陶宛跟隨波蘭的腳步，申請加入北約。在大部分右派在野黨與社會輿論挺北約反波蘭、且大部分左派執政者挺波蘭反北約的時候，他直接表明自己既支持波蘭，又想加入北約。

布凱維丘斯的意見最終勝出。一旦該立場成為共識，條約談判中所有的困難很快就迎刃而解。布拉札斯卡斯總統等左派領導人，在一九九四年四月的條約簽署儀式上再次提到立陶宛對戰前歷史的詮釋，平息了藍斯柏吉斯與右派人士的不滿。這些領導人看似同意他們的歷史詮釋，實則試圖巧妙地抽換掉它的含意，連帶提及未來的歷史學家可能會用新的視角來思考這個問題，且歐洲各國在二戰後紛紛為過去的事件和解，更說弱小民族的內部紛爭往往會吸引其他強權見縫插針，釀成歷史悲劇。[40]這番論調顯示立陶宛已經全面改弦易張，同時也影響了國家此後的決策。這是有史以來第一次，獨立的立陶宛將國家未來的利益看得比民族過去的利益更重要。立陶宛能這麼快就走到這一步，除了因為波蘭政策在應對立陶宛民族主義上保持耐心，波蘭的對東政策有幸獲得歐洲機構的加持也是一大助力。一九九四年十月，波蘭議會以兩百九十五票贊成，零票反對的結果，通過了波蘭與立陶宛的友好關係及合作條約；同一天稍晚，立陶宛議會也以九十一票贊成，十九票反對，八票棄權的結果，通過了這項條約。

波蘭的挑戰

波蘭議會如此一致的投票結果非常驚人。一直以來，議會內的左派與右派都很關心立陶宛境內波蘭少數民族的命運。儘管波蘭後來不再要求立陶宛給予波蘭裔特殊待遇，承認蘇聯時期創造的東部國界，同時放棄所有關於維爾諾的權利；立陶宛卻始終以不按常理的外交政策對待波蘭。然而，波蘭議會仍以兩百九十五比〇的票數，一致通過與立陶宛的友好條約，更在通過後出現全場起立鼓掌的場面。這一結果證明了波蘭議會以政治考量為優先，放下了對舊日榮光的留念，並將懷舊之情轉化為對現代立陶宛的支持。這一切都被包含在《文化》雜誌當初所勾勒的宏大藍圖裡，並在斯庫比謝夫斯基手中變成了現實。

斯庫比謝夫斯基是在中間偏右的政府擔任外交部長，而在一九八九到一九九三年間的四年任期裡，他只輸過一次議題相對無關緊要的議會投票。斯庫比謝夫斯基先後歷經了三次全國級選戰，並在四任聯合政府中任職，但這樣的描述都還遠遠不足以傳達當年他所處的政治環境究竟有多麼不穩定；從這個角度看，波蘭竟然能夠隔絕國內政治對外交政策的影響，更是不可思議。[41]在烏克蘭、立陶宛與白羅斯議會還在爭辯要不要跟波蘭重歸於好的時候，波蘭就已經決定堅持推動雙軌政策與歐洲標準，整個議會裡沒有任何顯著的反對聲音。但波蘭人其實跟烏克蘭人、立陶宛人與白羅斯人一樣沒有忘記歷史，波蘭最害怕的鄰國仍是烏克蘭，波蘭的小學生也都還熟記著《塔德伍施先生》全詩的第一行「立陶宛！我的祖國！」[42]

波蘭之所以將對東政策與國內政治分開處理，是因為他們發現國家的利益並不等於民族的記憶。即使團結工聯運動在一九九〇年代分裂成好幾個敵對政黨，他們依然像一九八〇年代一樣，知道波蘭跟東邊鄰國之間有著唇亡齒寒的關係。[43]在一九八九到一九九三年間，所有從團結工聯分裂出來且參與過執政的中間偏右政黨，都抱持這項觀念。唯一的例外只有在一九九一年獲得八·七%選票，參與執政直到一九九三年的基督民族聯盟（Christian-National Union）。曾經質疑過斯庫比謝夫斯基對東政策的人，全都是這個黨出身的部長和議員。該黨的政治人物認為波蘭跟東邊鄰國的關係應該保持「互惠」：例如在波蘭人看來，鄰國對待波蘭裔的方式比波蘭對待國內少數民族的方式更差，所以波蘭可以要求這些鄰國給予波蘭裔特殊待遇；而除非烏克蘭政府為烏克蘭反抗軍在一九四〇年的行為道歉，否則波蘭不應該繼續與烏克蘭交好。[44]這些主張顯然都違反了「歐洲標準」的原則。[45]

當時波蘭議會辯論的重點集中在：一、波蘭應該把烏克蘭、白羅斯與立陶宛視為與自己平起平坐的民族國家。二、讓這些國家獨立對波蘭有利。三、未來的利益比歷史的歧見更重要。四、波蘭應該為過去的事件道歉，同時要求鄰國為他們曾經的作為道歉。在辯論過程中，波蘭右派基本上都支持讓東邊鄰國獨立，而認為波蘭應該要求鄰國給予波蘭裔特殊待遇的次數，少到用一隻手就數得出來（主要是那些祖先來自波蘭東部失土的議員的個人經驗）。[46]雖然眾議院制定少數民族法律的速度很慢，但當時全波蘭最受歡迎的政治人物雅傑克·庫隆，仍以非正式的方式爭取少數民族的利益。[47]必要的時候，外交部長斯庫比謝夫斯基也可以把對東政策與少數民族政策，說成是波蘭對西政策自然而然衍伸出來的產物。若有波蘭議員要求政府更積極地保障國外波蘭裔權益，斯庫比謝夫斯基就會直接指責這些議員沒弄清楚「歐洲標準」。當時政治光譜上大部分的人都希望波蘭加入歐盟組織，一九九二到一九九三年出身自團結工聯的部長們也是如此，所以這種論點非常有效。[48]

斯庫比謝夫斯基任內總共獲得五位總理與兩位總統（賈魯塞斯基與華勒沙）的支持。賈魯塞斯基在一九四七年曾經協助政府強制遷徙烏克蘭人，也是一九八一年實施戒嚴令的共產黨將領。他在一九九〇年十二月之前都是波蘭總統，任內對外交政策保持中立，為一九八九年後的波蘭民主做出重大貢獻。華勒沙則是團結工聯的領導人，在斯庫比謝夫斯基任內後期擔任總統。雖然華勒沙提議成立「第二個北約」，與莫斯科的接觸也沒有收得預期的效果，打亂了斯庫比謝夫斯基的外交規畫，但這位總統從未為了謀求自己的政治利益而提出任何可能破壞斯庫比謝夫斯基政策的民族問題。華勒沙盡量讓烏克蘭問題不要影響到波蘭的選舉，甚至在一九八九年的國會大選中，無懼於地方共產主義人士挑起的民族議題，繼續支持烏克蘭裔候選人。在訪問立陶宛、白羅斯與烏克蘭時，華勒沙總統都強調波蘭不會要求這些國家歸還領土，並向當地的波蘭裔呼籲，希望他們能把自己視為居住國家的公民。[49]這在當時實屬難得，因為其他歐洲後共產國家的總統，往往用國界問題與少數民族問題鞏固自己的權力，最惡名昭彰的例子莫過於南斯拉夫與俄羅斯。

雖然斯庫比謝夫斯基不是魅力型的政治人物，也沒有成為任何主流媒體的關注目標，但他的對東政策還是得到媒體的一定支持。團結工聯在一九八九年為了競選而創立的《選舉日報》，後來成為波蘭最受歡迎的報紙，該報總編輯米奇尼克就是一名深受《文化》雜誌影響的知識分子，也是吉德羅伊奇的政治盟友，支持烏克蘭與立陶宛民族運動。這位波蘭媒體大老提倡社會的妥協與寬恕，儘管這種立場經常不被接受，但他依然運用自己的報紙，示範了政策辯論應有的高度。除了媒體，波蘭的羅馬天主教也同樣支持對東政策。他們不像塞爾維亞東正教會那樣呼籲信徒為領土而戰，而是採取更和平的路線。雖然不可否認的是，羅馬天主教教區在整個一九九〇年代摧毀了波蘭東南部僅存的烏克蘭社區，還有好幾位受歡迎的神父都在佈道中傳播反猶與仇外思想，但無論是官方教會階層還是信徒心中的想法，波蘭教會最終的領袖都是本名嘉祿．沃蒂瓦的波蘭籍教宗若望保祿二世。跟米奇尼克一樣，若望保祿二世從一九七〇年代以來長期促進波蘭與東方鄰居的和解。身為教宗的他總是傳遞著愛與包容的訊息，雖然人們經常忽視，他依然耐著性子不斷重申。若望保祿二世是第一位斯拉夫教宗，也是第一位用立陶宛語、白羅斯語、俄語與烏克蘭語（當然還有波蘭語）佈道的教宗，樹立起難以效仿卻深得人心的崇高典範。

* * *

斯庫比謝夫斯基的任期在一九九三年末結束時，原先只是波蘭菁英集體共識的對東大戰略，已經成為波蘭社會上的常識。波蘭人認知到，波蘭民族曾經失去領土是一回事，但波蘭當下的國家利益則是另一回事。[50]波蘭的正確政策，讓社會上大部分的人即使會懷念過去的立陶宛祖國、擔心烏克蘭的邊境，仍十分清楚波蘭家園的安全才是最重要的事情。波蘭社會能夠凝聚出這樣的共識，顯示波蘭已成功把自己打造成一個非常特別的現代民族。這個民族最在乎的不是擴張波蘭勢力、不是傳播波蘭文化、也不是恢復波蘭往日的榮光，而是如何在既定的國界之內，維持民族國家的穩固地位。

尾聲　重返歐洲

波蘭完成了一系列內部改革，跟德國修復了關係，並且準備好藉著自身的地理位置與對東政策，進一步融入歐洲及北約體系。一九九四年一月，北約出現了第一個願意接受新成員的明確徵兆：美國總統柯林頓拜訪捷克首都布拉格。果不其然，到了當年秋天，柯林頓政府就開始規劃北約東擴。十二月在德國埃森舉行的歐盟高峰會上，歐盟更將此事公開提出討論。這兩件事都清楚顯示，當時北約東擴的第一批目標就包括波蘭。西方國家對波蘭的全新印象，也影響了東邊鄰國的看法。波蘭在一九八九到一九九一年間承認東邊鄰國時，所有鄰國都對波蘭抱持很高的興趣。波蘭在一九九二到一九九三年推出歐洲標準時，部分鄰國明顯比其他鄰國感興趣。各國立場的落差，到了一九九四年變得更加明顯：當時波蘭希望東邊鄰國能夠加入歐洲。立陶宛與烏克蘭等或多或少懷抱歐洲願景的民族國家反應相對正面，而白羅斯與俄羅斯等對歐洲願景較不抱持期待的鄰居則興趣缺缺。考慮到當時波蘭與其他境外勢力對這四個國家的影響已經愈來愈小，因此這些國家的態度差異，反映的其實是各國國內政治作用的結果。[1]

一九八〇年代末到一九九〇年代初，是歐洲歷史上的一段特殊時期。當時波蘭的外交官與知識分子，都相信波蘭的解放與發展模式適用於周邊鄰國。波蘭確實是國家主權問題上的好榜樣，但在政治、經濟與文化轉型面向上，波蘭的例子就未必值得鄰國參照。[2]一九九四到一九九七年間的後共產波蘭政府，並沒有妥善處理這些轉型問題，也因此影響了一九九七年後上臺的團結工聯政府在這方面的成績。[3]一九九四年之後，波蘭開始根據處理西方國家關係的方式來制定對東政策，卻在與俄羅斯關係上碰到了特別艱鉅的挑戰。

俄羅斯與白羅斯

波蘭人對俄羅斯的形象，因為一九九三年發生的事件而大幅轉變。俄羅斯總統葉爾欽原本已在該年八月默許波蘭加入北約，卻在九月時改變了主意。到了十月，他的軍隊甚至攻占了俄羅斯國會。這讓波蘭的後共產社會主義者相當擔心，當時他們剛贏得民主選舉，即將成為國會多數。十二月，民族主義者吉里諾夫斯基領導的自由民主黨在俄羅斯的國會大選中獲勝。吉里諾夫斯基素以反波蘭言論聞名，「北約的婊子」這個廣為流傳的波蘭蔑稱據說就是他的發明。這種人拿下俄羅斯國會，波蘭人自然如坐針氈。一九九四年一月的波蘭民調中，認為俄羅斯對波蘭構成軍事威脅的比例高達七成，達到一九八九年以來的新高，更是首次顯著高過了相信烏克蘭構成軍事威脅的比例。[4]

葉爾欽時代的俄羅斯其實沒有制定波蘭政策，只有在抹黑北約時才會說波蘭為虎作倀。在北約無視俄國反對而決定東擴之前，莫斯科當局根本沒把華沙放在眼裡。一九九八年四月三十日，美國參議院提議北約東擴，俄羅斯的態度開始轉變，開始跟波蘭修好關係。一九九八年，莫斯科以相當禮遇的方式，迎接了波蘭外長葛萊米克與總統克瓦希涅夫斯基。[5]二〇〇〇年，俄羅斯外長首度訪問華沙。二〇〇二年，葉爾欽的繼任者普丁訪問波蘭。俄羅斯當局做出這些轉變並不困難，因為該國對北約東擴的態度基本上只需要考慮政治菁英而不需要處理民意。北約東擴甚至沒有改變俄羅斯民眾對美國的好感，[6]波蘭加入北約一事也沒有引起俄國選民太大的敵意。一九九〇年代末的俄羅斯人還把波蘭列入東歐最穩定的國家，甚至有高達五十六％的俄羅斯人認為，應該邀請波蘭來調解俄羅斯聯邦內部的族裔衝突。[7]可見波蘭的對東政策及內政問題處理得相當成功，在俄羅斯人民心中留下了好印象。

與俄羅斯政府一道，一九九四年後的白羅斯政府也拒絕了波蘭提議的歐洲願景。原本比較傾向與波蘭合作的白羅斯愛國者舒什克維奇黯然下臺，但其實早在他擔任白羅斯議長期間，大部分政策就已經改由身為共產黨員的總理克比奇在制定。當時白羅斯最流行的報紙就叫做《蘇維埃白俄羅斯報》（*Soviet Belorussia*），當地的KGB不僅延續過去KGB的行事作風，就連名字也沒有改掉。[8]一九九四年七月，該國舉行總統大選，舒什克維奇、克比奇及民族主義運動者帕茲尼亞克，全都敗在以反貪腐起家的年輕政治素人盧卡申科之下。「素人」盧卡申科的選票能夠輾壓克比奇、舒什克維奇與帕茲尼亞克，是因為白羅斯人希望擺脫既有的共產黨制度。這正是民主政治的展現。

然而，盧卡申科卻在上任後摧毀了這個新生國家的民主制度和民族象徵。一九九五年四月，他將民族主義派議員趕出國會，慫恿其他議員批准與俄羅斯締約，邀請俄軍來幫忙保護白羅斯與波蘭之間的邊境。一九九五年五月，他以全民公投的方式，將俄語列入白羅斯的官方語言，並且刪除國徽上的白羅斯民族標誌。他的保鑣移除了總統官邸裡代表白羅斯的顏色，再將國旗撕成碎片，當成紀念品送人。一九九六年十一月，盧卡申科以另一次公民投票的方式奪取原屬於立法與司法機構的權力。這些公投的進行過程荒腔走板，引發波蘭、立陶宛與烏克蘭的聯合抗議。但公投結果卻反映出大部分白羅斯民眾想要召喚某種蘇聯式的新秩序。盧卡申科在國內推動的俄羅斯化，並沒有讓他變成俄羅斯人，卻嚴重阻礙了白羅斯愛國者的本土理想。他第一次當選總統時，小學一年級的學生共有八〇%使用白羅斯語，三年後這數字驟降至七%。[9]到了九〇年代末期，首都明斯克只剩下一所學校還在使用白羅斯語。

盧卡申科總統洗白了史達林時期的恐怖大清洗，禁用了蘇聯解體之後編纂的新教科書，撕毀了白羅斯企業與西方的投資合約，而且「唾棄國際貨幣基金組織」。他宣稱「白羅斯的價值觀跟西方毫無交集」，因此「我不會帶領人民走向那個文明世界」。他把白羅斯的愛國者稱為「法西斯」，指控他們會「闖進你家，強姦你妻女」。他把政敵關進大牢，然後讓這些人一個個消失。[10]他還以「東正教無神論者」的名義，把其他宗教斥為「西方入侵」，就連全國擁有五分之一人口（也就是兩百萬人）信仰的羅馬天主教也不例外——波蘭在他眼裡當然就成了傳統天主教的打手與北約的馬前卒。他聲稱波蘭的團結工聯與美國的中情局正在明斯克策劃政變，並且保證自己絕對不會讓住有波蘭少數民族的西白羅斯西部領土淪為第二個南斯拉夫。為此，斯拉夫民族必須跟俄羅斯結盟，共同抵抗波蘭的侵略。[11]盧卡申科在外交政策上採取親俄路線，希望能夠從與俄羅斯的同盟中盡量為自己爭取利益。

對此，波蘭決定繞過白羅斯官方，直接與民間社會進行交流。白羅斯民族運動原本在一九九〇年代初抱持反波蘭的態度，卻在不斷受挫的九〇年代末轉而支持波蘭。波蘭的成功案例使這些白羅斯的愛國反對派開始思考，該如何拯救自己眼前的民族國家，而非讓過去歷史中的舊國家在當下還魂。團結工聯在一九九七年奪回波蘭政權之後，華沙當局一直與這些白羅斯反對派密切接觸，同時試圖避免白羅斯官方陷入被歐洲孤立的處境。這跟一九八一到一九九一年的「雙軌政策」如出一轍，只是這次對象從整個蘇聯縮小到白羅斯。波蘭還低調地推出非官方的第三條軌道，例如透過老一輩的團結工聯政治人物或數十個新成立的非政府組織來與白羅斯進行民間交流。白羅斯的愛國者原本對這種做法保有戒心，但到了一九九〇年代末已經相當歡迎。[12] 當然，這些舉措是否有助於鞏固白羅斯民族，則是另一個問題。

波蘭與白羅斯

雖然大部分白羅斯人不接受現代的民族概念，但並不表示這種概念未來在政治上沒有被接受的可能。即使俄語在白羅斯相當普遍，而且被列入官方語言，但白羅斯人終究不是俄羅斯人。根據一九八九年的蘇聯人口普查，蘇屬白俄羅斯的成年居民有七十八%認為自己是白羅斯人，十三%認為自己是俄羅斯人，四%認為自己是波蘭人。盧卡申科政權在一九九九年的普查結果則顯示，自稱白羅斯人的比例高達八十一%，自稱俄羅斯人的比例反而降到十一%，自認為是波蘭人的比例則維持不變。[13]但這並不是因為白羅斯國民強化了民族認同，而是因為他們很難接受現代那種「言文一致」與「一個民族，一個國家，一種語言」的概念。我們先前已提過白羅斯民族政治的某些局限。自從十九世紀以來，白羅斯的民族運動者就認為自己繼承了立陶宛大公國的語言、文化傳統及核心領土。但也正如我們所見，大公國的傳統早就已經被立陶宛民族運動、波蘭民族運動、俄羅斯帝國與蘇聯先後搞得面目全非。改變最小的立陶宛大公國政治遺產，或許就在於如今的白羅斯這塊土地。問題在於，白羅斯民族運動的基礎如此薄弱，是否能夠吸引到人民的支持。

民族主義總是強調歷史的延續性。但民族主義實際上卻需要先將近世的政治傳統進行大幅度的調整，才能讓大眾理解並希望成為這一新政治共同體的一員。民族主義者總是說，現代民族都傳承自過去的某些族裔，但白羅斯的例子卻告訴我們，要讓「族裔」與「現代民族」等概念有意義，就得採取政治行動重塑政治傳統。如果我們認同前述的「族裔」說，就得承認為白羅斯人是立陶宛大公國的「主流族裔」。因為在一七九五年，大公國的大部分國民都是使用我們當今所稱的白羅斯語，甚至到了一八九五年帝俄時期的五個白羅斯省分與一九九五年的白羅斯共和國時也是如此，但這個「族裔」卻從未成為現代民族政治的載體。當代立陶宛與波蘭民族主義者的例子已經顯示，民族意識可以改變立陶宛大公國的政治遺緒。他們繼承了立陶宛的名字，民族觀念卻與過去的大公國大相逕庭，真切證實了現代的民族主義就是記憶與遺忘的混合體。白羅斯的民族主義者在一九九〇年代末不再試圖「復興」近世傳統，轉而試圖讓白羅斯成為現代的民族國家。這當然會讓近世立陶宛代代相傳下來的傳統更加分崩離析，但卻能讓這塊傳承自近世立陶宛的土地，繼波蘭與立陶宛之後，在未來誕生出第三個現代民族主義：現代的白羅斯民族主義。

政治行動要獲得成功，就需要適當的制度環境、社會環境和文化環境。一九九〇年代的白羅斯民族主義者宣稱，白羅斯「失去」了十六世紀立陶宛大公國的獨立主權、十八世紀的書面斯拉夫語、十九世紀的聯合教會、密茨凱維奇的詩作與十世紀的維爾尼亞市，甚至還失去了「立陶宛」這個名字。這一切宣稱都屬於時代錯置。如果我們接受歷史的偶然，不再把民族視為從古至今的延續，改將各種變化視為「運氣」而非「失去」，才會明白許多重要歷史事件其實都不是民族主義者或當地人就能夠掌控。我們也就能理解，雖然白羅斯「失去」的這些東西，確實都讓白羅斯更難以凝聚現代的民族思想與民族運動，也更難成為現代民族國家，但弔詭的是，白羅斯最大的「損失」其實是它並沒有享受到分裂帶來的好處，而白羅斯民族主義者對此絕口不提。

民族史觀總是把領土的分裂，說成是民族的分裂，但新國界的出現，很多時候反而有利於民族主義。領土的分裂確實可能讓帝國有機可乘，讓某一個民族運動去對抗另一個民族運動，但也可能意外地讓民族運動蓬勃發展。領土的分裂讓被劃入不同帝國的民族主義者可以共享理念。民族主義者可以複製同一個帝國境內其他民族運動的戰術，再將這些知識與境外的同一民族分享。正如本書先前所述，十九世紀的立陶宛與烏克蘭遭到鄰近帝國瓜分之後，各地移民不斷交流，開始偷渡書籍，期盼再次統一。當代的白羅斯，在十九世紀全都屬於俄羅斯帝國的一部分，在二十世紀也只有戰間期曾遭波蘭與蘇聯瓜分，分裂時間僅有二十年。雖然史達林消滅了白羅斯的知識分子，波蘭則關閉了所有白羅斯語的學校，白羅斯人的許多民族成就卻都得拜這段瓜分期間所賜。

現代民族的條件包括使書面語與口說語保持一致，而要在東歐做到這件事，就得讓農民受教育與改變知識分子的定位。同時能夠達成這兩項目標的地點，就是城市，最好是一座不斷成長的民族首都。波蘭在一九二〇年戰勝蘇俄，把白羅斯人朝思暮想的首都維爾尼亞變成了波蘭轄下的維爾諾。到了一九四五年，史達林又把這座城市送給蘇屬立陶宛，變成了立陶宛人的維爾紐斯。總之，最後白羅斯的首都落腳明斯克。這座城市對白羅斯民族的意義，自古以來都沒有維爾尼亞那麼重要。一九二一年波蘭不願將其納入領土，因而劃給了蘇聯。在蘇聯治下，明斯克成了白羅斯唯一一座比較大的城市，二戰之後還成為俄羅斯化的基地。白羅斯民族主義者非常懷念維爾尼亞這種中等規模的城市，因為民族復興的實驗場通常都是這類城市，而不是明斯克這種缺乏「文化底蘊」的首都。除此之外，現代民族總是預設世界是由許多民族所組成，每個民族都有自己的名字與自己的精緻文化。但本書在第一部就曾介紹過，「立陶宛人」原本是近世的政治名詞，是到了現代才成為族裔名詞，於是浪漫主義詩人密茨凱維奇也跟著變成了現代波蘭詩人與（某種程度上）立陶宛民族主義詩人。密茨凱維奇也被一九九〇年代的盧卡申科政權曖昧地視為白羅斯名人來紀念，一如過去他被蘇聯捧成俄羅斯文豪普希金（Alexander Pushkin）與勞苦大眾的朋友。現代民族主義正是在這樣「張冠李戴」的環境中出現。密茨凱維奇既是今日華沙人眼中的波蘭人，也是維爾紐斯人眼中的立陶宛人，如果哪天也成為明斯克人眼中的白羅斯人，我們或許才算是見證了現代白羅斯民族主義的誕生。

事實上，那些催生出現代民族的歷史事件，都是由特定制度環境養成的菁英所發起。白羅斯也是因此才面臨民族復興的最大障礙：史達林在一九三〇年代的大清洗，以及二戰期間的戰火侵襲，兩件事皆使得白羅斯菁英受到了嚴重摧殘。白羅斯大部分的知識分子都在一九三〇年代末期遭史達林謀殺，那些一九四一年住在蘇屬白俄羅斯的人，到了一九四五年已有四分之一全都命喪黃泉。德國人摧毀了明斯克，摧毀了明斯克的大學與多所學院。這座城市到了俄羅斯化時期才重建，並在戰後快速變成一座俄語遍布的白羅斯首都。除了俄羅斯化，一九四五年還發生了另外一件影響白羅斯民族的事件，那就是蘇屬白俄羅斯在戰後兼併了原屬於波蘭的部分領土。[14] 白羅斯領土因此往西擴張，吸納了極大量政治經歷各異的族群，以及大量與波立聯邦傳統體制有所連繫的人口。比如聯合教會，它源於一五九六年的波立聯邦，後來在戰間期的波蘭重建。原本蘇屬白俄羅斯是沒有聯合教會的，直到一九四五年白羅斯領土西擴之後，新領土上數以千計的聯合教會信徒因此成了蘇聯公民。這讓人不禁想起一百年前的過去，許多在一八八〇年代到一九九〇年代投身白羅斯民族運動者都具有羅馬天主教的背景，而一九八〇年代到一九九〇年代的民族運動者也大量出身自這些前波蘭領土。例如白羅斯人民陣線領袖帕茲尼亞克的祖父，就是在戰間期波蘭轄下的維爾諾活躍的白羅斯政治人物，而他也與當時大量的白羅斯人一樣，都在庫洛帕蒂等地遭到蘇聯大清洗謀殺。帕茲尼亞克承繼了過去白羅斯菁英的民族主義傳統，但在蘇聯學校畢業的白羅斯民眾眼中，像他這樣的民族主義者卻是異類。[15]

此處我們可以仔細比較蘇屬立陶宛與蘇屬白俄羅斯歷史經驗的差異。蘇聯在戰後的政策，讓立陶宛族裔的人能夠建立立陶宛民族，卻也同時剝奪白羅斯人的類似機會。二戰結束不久，戰間期即屬於立陶宛共產黨的立陶宛人就接管了蘇屬立陶宛，並在維爾紐斯設立一所立陶宛語大學。反觀同一時期的白俄羅斯共產黨卻開始俄羅斯化，而白羅斯人在二戰期間所遭受的苦難，全都淪為蘇屬白俄羅斯撰寫官方歷史的材料。到了一九七〇年，當立陶宛把對自身歷史的現代敘事完全寫進課本時，白羅斯民族的歷史卻從白羅斯的課本中消失。一九八〇年，當維爾紐斯的學校大部分都使用立陶宛語授課時，明斯克的學校卻沒有任何一間說白羅斯語。直到一九八〇年代末的戈巴契夫時期，白羅斯人才因為挖掘到一批被蘇聯內務人民委員部謀殺的白羅斯人遺骸而開始進行民族運動。相較之下，立陶宛社會始終熟悉自己族裔的歷史遭遇。在白羅斯，只有少數受過教育的菁英，知道白羅斯是如何從過去立陶宛大公國演變而來的歷史。至於立陶宛的版本，則是大部分的立陶宛人都朗朗上口。[16]

現代白羅斯民族主義如果真的降生，它很可能會採用打造神話的方式，聲稱白羅斯人是立陶宛大公國的子孫。民族主義必須重新詮釋這個古老的民族概念，才有辦法解釋絕大部分白羅斯人所乘載的東正教與蘇聯時期記憶。就像把密茨凱維奇當成白羅斯民族詩人一樣，這種新舊融合重組能夠象徵白羅斯已經擁抱現代的民族概念。許多針對白羅斯社會的調查顯示，擁抱現代民族主義已是白羅斯的長期趨勢，可見這樣的未來確實可能發生。如果歷史偶然可以妨礙民族建立，自然也可以協助民族誕生。蘇屬白俄羅斯在一九二二年還只是小小一塊，卻出於歷史的偶然而在一九二三、一九二四、一九二六與一九三九年陸續擴張國界。當白羅斯獨立，這塊廣袤連貫的土地都已成為它的疆域。一九九一年蘇聯瓦解時，白羅斯已經滿足主權國家所需的大部分條件。從很多面向來看，一九九〇年代的白羅斯政府一度運作得比烏克蘭與俄羅斯政府還要順利。雖然盧卡申科是個異乎尋常的獨裁者，視白羅斯人的愛國主義為眼中釘，總是說要帶領國家與俄羅斯走向統一，但他終究還是守住了白羅斯的主權。經過這麼多年之後，終於有白羅斯的孩子在自己的國家裡長大成人，終於有白羅斯的旅客拿著自己的護照走出國門，而白羅斯的民族主義者也終於可以開始思考如何讓這個新興民族重掌整個國家。更不用說獨立後的立陶宛、波蘭與烏克蘭全都支持白羅斯建國，這也開啟了歷史的先例。只要俄羅斯不大力出手干預，白羅斯就有可能成為一個新興民族。

立陶宛、波蘭與歐洲

一九九〇年代，立陶宛人開始把波蘭視為一個現代國家，而非過去那個在民族復興時代讓人奮不顧身想要加入的美好文明。這正是波蘭對東政策成功的代價：讓波蘭文化這個近世東歐大部分民族眼中的最高成就，以及東歐文明在十九世紀的巔峰，不再對其他東歐人有著致命的吸引力。事實上，這也是現代波蘭民族主義注定要面對的難題。波蘭文明的歷史吸引力，正在於其菁英特質，是以波蘭現代民族主義者讓「波蘭性」變成一種由俗民構成的民族主義，就摧毀了波蘭對外國人的魅力。波蘭文化能夠吸引鄰國的菁英階層，也能夠吸引國內的農民與工人，但兩者必須擇一。一九九〇年代初的對東政策讓波蘭避免了國際危機，但也讓波蘭不再享有長久以來的對外吸引力。

立陶宛與波蘭的政治關係，在兩國於一九九四年簽訂友好關係條約之後大幅改善。立陶宛不再堅持波蘭要為一九二〇年代奪走維爾紐斯道歉，波立兩國也在戰略上達成共識。無論是立陶宛的左派或右派，或是該國歷屆政府與領導人，全都視波蘭為立陶宛重返歐洲的途徑。立陶宛與波蘭在國會、政府與總統的支持下，共同建立了聯合委員會，以制度性的方式，解決立陶宛境內少數波蘭族裔的種種問題。在雙方商討的過程中，波蘭方總是援引之前提出的歐洲標準，並指出波蘭有助於立陶宛融入歐洲。當時波立兩國都已申請加入歐盟，而兩國也試圖預先解決加入之後可能產生的問題。不過，當波蘭被列入歐盟第一波談判加入的國家名單時，名單當中並沒有立陶宛。波蘭的「歐洲」優勢到了一九九五與一九九七年間更加明顯，因為北約東擴的第一波名單再次包含波蘭而不包含立陶宛。一九九八年某份報紙的標題清楚呈現了波蘭所擁有的優勢：〈北約與簽證跟妻子何干？〉[17]這篇文章寫道，由於立陶宛語與波蘭語的陰性後綴不同，在立陶宛的波蘭人希望能在護照等官方文件上也出現波蘭語的陰性後綴。這份請求遭到立陶宛政府拒絕，結果波蘭政府便利用與北約及歐盟關係密切的這份「歐洲」優勢來向立陶宛政府施壓。

波蘭提出的要求，其實沒有超出一九九四年兩國友好關係條約所規範的文化權利。波蘭官員同時也強調，這些位於立陶宛境內的波蘭族裔無疑都是立陶宛公民。由於立陶宛非常希望加入北約與歐盟，而且受到波蘭在國際社會中的大力支持，所以波蘭為立陶宛境內的波蘭族裔爭取權利之事幾乎沒有引起立陶宛人的不滿。[18]早在一九九六年，立陶宛總統布拉札斯卡斯就宣稱立陶宛與波蘭的關係已經進入現代歷史上最緊密的時期。立陶宛右派重新掌權之後，也大幅改變了先前在一九九〇年代初對待波蘭的立場，於是過去曾經主導政策要求波蘭道歉的外交部長，如今改口說波蘭是「立陶宛最重要的戰略夥伴」。[19]到了一九九〇年代末，立陶宛最重要的民族主義者維陶塔斯・藍斯柏吉斯本人，更是把一五六九年與波蘭締結的《盧布林聯合》視為「兩國務實交往」的正面實例。[20]我們先前曾經提過，立陶宛的民族主義者曾在一八八〇到一九九〇年代間把《盧布林聯合》視為立陶宛的亡國墓碑。藍斯柏吉斯這位大人物的全新詮釋，代表著立陶宛如今對自己的身分認同更加穩固，不再像過去那樣把波蘭視為敵國，轉而以現實利益的角度視其為鄰國來相處。現代政治家守護民族國家體制的角度，最終勝過了現代民族主義者顛覆傳統菁英文化的任務。

烏克蘭、波蘭與歐洲

波蘭與烏克蘭之間的和解，處理得極為成功。到了一九九〇年代中期，烏克蘭境內已經幾乎不見反對波蘭的民意。當然，因為波蘭與西烏克蘭之間的歷史緣故，大部分波蘭人都對烏克蘭抱持強烈意見，但除此之外，烏克蘭中部、東部與南部的大多人卻從來都不曾真正敵視波蘭。烏克蘭的面積約略與法國相當，擁有五千萬人口，整個二十世紀都在慘痛苦難中載浮載沉。我們曾在第八章至第十章看到，當年可怕的民族衝突如何在西烏克蘭人心中留下重大傷痛，但其他將近八成的烏克蘭人卻對這段歷史沒有什麼印象。畢竟比起一九三三年的大饑荒及犧牲大量軍民的二次大戰，一九四〇年代族群清洗的規模實在小很多。不過，基輔的菁英仍舊在波蘭的對東政策下對其萌生好感，就連西烏克蘭民族主義者的態度也因此大幅翻轉。雖然西烏克蘭民族主義者的人數不多，無法長期主導政策走向，但依然足以影響跟他們直接相關的政策。烏克蘭的右派，甚至大部分的極右派，很快就開始相信波蘭可以協助烏克蘭邁向獨立。[21]

然而，波蘭在一九九三及一九九四年的態度卻相當令烏克蘭人失望，至少在烏克蘭總統克拉夫朱克與他的幕僚們眼中。當時後共產時期的波蘭政府（一九九三到一九九七年），尚未確定自己要優先處理俄羅斯還是烏克蘭問題，因此還不能算是烏克蘭的盟友。一九九四年，庫茲馬（Leonid Kuchma）在總統大選擊敗克拉夫朱克之後，大部分人都認為烏克蘭會遠離波蘭，投向俄羅斯。結果，庫茲馬卻在他第一個任期內（一九九四到一九九九年），繼續推行與西方融合的外交政策。由於烏克蘭人相當嚮往歐盟，同時又很不想加入北約，庫茲馬政權先是大張旗鼓地推動與歐盟相關的政策，然後低調處理與北約相關的政策。[22]在權力從克拉夫朱克轉移到庫茲馬的這段期間，美國的烏克蘭政策也正進行大幅轉變。一九九四年一月，美、烏、俄三方聲明要求烏克蘭把所有核武移轉給俄羅斯，消除了美國支持烏克蘭的最大阻礙。支持烏克蘭建國一事，從此列入了美國外交政策。

與此同時，北約也在一九九四年一月正式通過「和平夥伴關係計畫」，希望能安撫有意加入北約的東歐國家，以及那些反對北約東擴的莫斯科人士。該計畫並沒有延緩北約東擴的相關爭議，卻有助於波蘭的對東政策爭取到西方國家的好感。波蘭在北約和平夥伴關係計畫允許的範圍內，向烏克蘭提供軍事合作，成為烏克蘭周邊唯一這麼做的鄰國。波烏雙方最激進的一項合作，便是「烏波聯合維和營」。該營於一九九五年提案，一九九七年成軍，二〇〇〇年由北約派遣至科索沃參與維和行動。一九九六年六月，烏克蘭總統庫茲馬首次遞出橄欖枝，有條件支持波蘭加入北約。他在訪問華沙時宣布：「我們認為北約不是某種防禦聯盟，而是一種能團結民主國家的集體安全機制。」他也同時強調「北約東擴不會對烏克蘭造成威脅」。[23]隨後，波蘭希望北約像對俄羅斯的做法一樣，也與烏克蘭簽署一份特殊憲章。一九九七年七月九日，北約與烏克蘭正式簽署《特殊夥伴關係憲章》，[24]隔天造訪波蘭華沙的美國總統柯林頓，向熱烈歡呼的群眾祝賀波蘭即將加入北約。

在波蘭總統克瓦希涅夫斯基與烏克蘭總統庫茲馬的共同主導下，兩國於一九九五年正式進行歷史大和解。最重大的外交成就是一九九七年五月雙方在基輔簽署和解宣言。該宣言列出兩個民族過去各自做過的錯事，包括維斯瓦行動及沃里尼亞大清洗，並表示兩國必須原諒彼此。[25]此後克瓦希涅夫斯基與庫茲馬總統都會定期在具有重要意義的歷史地點會面，象徵兩人希望解開兩國糾結交纏的歷史過節。他們在勒維夫的墓園向一九一八到一九一九年對抗西烏克蘭共和國的波蘭士兵獻花，在雅沃爾茲諾為一九四〇年代關在此地集中營的烏克蘭人紀念碑剪綵，也在哈爾基夫幫普世教會的墓園破土，以紀念那些在史達林的命令下喪命的波蘭軍官。他們還為一九一九到一九二〇年間的烏克蘭人民共和國將士立碑，紀念這些為抵抗布爾什維克俄國侵略，守護烏克蘭與波蘭獨立而死的士兵。

不是所有烏克蘭人都認同這種和解之舉，畢竟波蘭與烏克蘭兩國已有很好的關係。但這些人卻忘記了，西烏克蘭與波蘭人之間的歷史心結，可能會妨礙兩國的友誼。也有部分波蘭人認為和解勉強不來，兩國總統的會面無法真正改變民間輿論。[26]但這些人也忘記了，即便這種說法有其道理，一九九〇年代初期的歷史經驗卻證明直接聚焦歷史爭議也可能會弄巧成拙。如果波蘭或烏克蘭用立陶宛不斷重提一九二〇年代歷史的那種方式，繼續強調一九四〇年代的歷史悲劇，波烏協議勢必延宕數年——但這幾年卻是波蘭與烏克蘭彼此強化主權與安全的關鍵時刻。這兩國在一九九一到一九九二年的經驗說明，雙方對於一九四〇年代彼此進行族群清洗的看法無法快速獲得共識，但依然可以在對歷史問題抱有歧見的狀態下建立關係。事實上，正是因為這兩國在一九九〇年代初都不再刻意提起維斯瓦行動與沃里尼亞的族群清洗，兩位總統才能在堅實法律協議與和諧政治關係的基礎上，於一九九〇年代末解決這些問題。一九九〇到一九九四年，波蘭人與烏克蘭人已經同意為了守護國家安全的共同利益，「把歷史留給歷史學家來處理」，是以在接下來的五年，在這兩國彼此承認與解決國界及少數民族問題後，再重回歷史討論，便能進一步加深兩國的和解。

自一九九六年起，波烏兩國的總統會面變得特別頻繁，每次會面皆異常嚴肅與隆重。這些會面都是在告誡兩國國內的政治人物，不要利用歷史爭議來搏取政治利益。[27]在這段時期，每一個小動作背後都意義萬千。當克瓦希涅夫斯基總統說自己花太多時間去見庫茲馬，頻繁到妻子讓開始嫉妒，他其實是在對波蘭人說，雖然他妻子的家人在沃里尼亞遭烏克蘭反抗軍殺害，但如今波烏兩國的和解並沒有忘記這些往事。同樣的，當他提起自己的烏克蘭政策得到岳父認可，他也是在間接表示自己其實是在承接上一代承受的苦難，並設法讓下一代能夠安居樂業。[28]（不過也因此，後來克瓦希涅夫斯基總統在哈爾基夫喝醉的新聞，也讓社會大眾對他這番努力的印象大打折扣。）波烏兩國的歷史和解，勢必長路漫漫。根據一九九五年的民調，波蘭人願意理解德國人處境的比例，從一九九三年的二十三%上升到一九九六年的四十三%；但願意理解烏克蘭人處境的比例，卻只從十二%上升到十六%。[29]雅傑克・庫隆曾在一九九七年這麼描述波烏兩國的社會菁英：「若你請一位普通的波蘭知識分子與一位普通的德國知識分子，一起找出某個兩人都能接受的兩國歷史版本，他們可以找得出來。即便過程中會有一些歧見，但雙方還是可以達成基本共識。但若換成一位普通的波蘭知識分子跟一位普通的烏克蘭知識分子，兩者口中的歷史就會直接衝突，完全沒有調和的可能。」[30]波蘭與烏克蘭對歷史的看法確實衝突，但真的到完全無法調和的地步嗎？我們將會在一九九九年看見，無論是字面上還是實際上，調和都是可能的。

波烏兩國對歷史的主要歧見，在於一九四〇年代的一連串族群清洗。正如我們之前談過，這些事件大幅影響了波蘭人與西烏克蘭人心中的現代民族觀。畢竟，烏克蘭民族主義者發動的族群清洗，促使波蘭救國軍在一九四三年成立了武裝親衛隊沃里尼亞師。位於波蘭境內的烏克蘭人，則是在一九四七年遭波蘭共產政權強制遷移。在戰爭與族群清洗的殘害之下，位於沃里尼亞的波蘭人及位於波蘭的烏克蘭人，都變成了民族最單一化的群體。來自沃里尼亞師的老兵，在一九九〇年代的波蘭組成了最致力於保存一九四三年沃里尼亞大屠殺記憶的非政府組織之一；烏克蘭人成立的「烏克蘭人在波蘭聯盟」，則把組織焦點放在幫助一九四七年失去家園的烏克蘭人爭取賠償。我們同時看見為族群清洗的受害者集體發聲的倡議組織，也有為族群清洗執行者個別承受的苦難而奔走的組織。這兩群人對於那段歷史的觀點，對正義的要求，以及對政治的期待，即使委婉地說，也是完全相反。[31]

人們或許因此很難想像，這兩群人會有志一同地去請一群歷史學家，協助實現「把歷史留給歷史學家處理」的波蘭對東政策——但波蘭救國軍將士國際聯盟（World Union of Home Army Soldiers）和烏克蘭人在波蘭聯盟卻真的這麼做了。他們決定找來歷史學家，疏理歷史上最難解決的族群清洗事件。而且雙方招募而來的歷史學家，都來自一些立場強硬的機構：例如波蘭軍事史研究所，該機構位於華沙，也就是波蘭軍隊在一九四五到一九四七年實施族群清洗的地方；另一個則是沃里尼亞州立大學，位於盧茨克，那裡是烏克蘭暴動者一九四三年進行族群清洗的中心地帶。這兩個非政府組織與兩所國立高等院校，共同規劃了一系列烏波關係研討會，讓雙方觀點在學術殿堂對壘。研討會要求波蘭與烏克蘭的學者各自對每個主題發表相應論文，並將雙方的論文並列刊出，以供讀者比較。在每場主題研討結束時，雙方歷史學家都會共同發表聯合聲明，以兩種語言列出彼此的共識與歧見。[32]儘管波烏雙方最後還是有許多難以達成共識之處，雙方也都有人不滿意合作的形式，但最終發表的論文無論數量還是品質，都超越了雙方學者自行發表所能達到的成果。烏克蘭歷史學家開始用另一種視野看待一九四三到一九四四年的往事，波蘭歷史學家也開始以新的觀點檢視一九四五到一九四七年的過去。

民族在歐洲

歷史書寫是人類心力的結晶，經常帶有書寫者各自的民族動機。歷史書寫若要成為歷史研究，就必須另外開闢一條不受民族動機綁架的蹊徑。波蘭與烏克蘭合編歷史，預示著在歐洲的某些地方，密涅瓦的貓頭鷹*即將展翅飛翔，歷史書寫也將要邁向全新的方向。或許我們可以設想，波蘭等民族在一九八九年後的歐洲看見了怎樣的未來，並且審慎預測波蘭東邊鄰國的人們將會如何看待二十一世紀的歐洲。

波蘭在一九八九到一九九一年的對東政策，跟西歐各國幾乎沒有任何關係。這項政策源自於一個剛重獲主權的民族國家，該國的決策者與外交官為了守護自己的國家利益，願意協助其他前蘇聯境內民族建立新的民族國家。到了一九九二與一九九三年，波蘭的對東政策與西歐依舊沒有太大關係。當時波蘭的外交官之所以向東方鄰國提出「歐洲標準」，一是為了預防任何有損於波蘭在西方國家眼中形象的問題出現，二是為了提高波蘭在東歐的地位，三則是為了讓波蘭有理由協助那些位於鄰國境內的波蘭人爭取權益。一九九四年之後，波蘭有望加入某些歐洲體系，這點多少有助於波蘭強化自己對東政策的影響力。當時波蘭被視為會比立陶宛或烏克蘭都更早被整合進歐洲體系，這一成功經驗也讓立陶宛與烏克蘭菁英對波蘭抱持更高度的興趣。一九九九年三月，波蘭正式加入北約。雖然此舉讓人擔心北約東擴的問題，因而引發了許多激烈辯論，但無論是對波蘭或其東邊的鄰國，更重要的目標其實是加入歐盟。

共產主義的反對者與後共產時期的國家改革者時常高喊的「重返歐洲」，其實是一種頗為矛盾的修辭。共產主義降臨前的東歐，到了一九八九年早已不復存在。除了那些最不知變通的懷舊人士

* 編註：在羅馬神話中，密涅瓦的貓頭鷹正是博學、知識與智慧的象徵。

以外，東歐人其實都明白自己無法再回到二次大戰之前的那個時代。東歐人在一九八九年後高喊「重返歐洲」，其實並不是真的想要重返過去，而是想在彼此共享歐洲文化的信仰下縱身一躍，加入那些在戰後獲致成功的西歐國家。然而，自從一九五七年的《羅馬條約》以來，歐洲的體制性整合早就累積了幾十年的規矩與習慣，一九八九年才民主化的東歐國家很難一夕趕上。一九八九到一九九九年間，歐盟本身也發生了巨大的轉變。在波蘭等東歐國家努力證明自己有資格加入歐盟時，歐盟早已轉變成一個具有明確疆界且使用相同貨幣的政治經濟共同體。儘管如此，波蘭還是希望能在二〇〇四年躋身下一波加入歐盟的名單，屆時立陶宛應該也會一起加入。但在波立兩國東邊的白羅斯、烏克蘭與俄羅斯三國，大概在二〇四〇年之前都不可能加入歐盟。這也表示在未來幾十年內，波蘭與立陶宛就會是歐盟的東部邊界。[33]

一九九〇年代初期，歐盟似乎正在快速東擴與繼續推動共同貨幣之間猶豫不決。結果歐盟東擴耗時太久，共同貨幣便早了一步出現。與此同時，歐盟的政治結構還發生了另一項重大變革。正當波蘭等東歐國家在一九九〇年代改造重生時，歐盟也在一邊拆除內部成員國之間人民自由移動的高牆，一邊在外部築起一道嚴密的歐盟邊界。歐盟隨後實施了申根體制（Schengen regime），成員國人民因此能在歐盟內部自由移動，歐盟的警力也轉往歐盟與非歐盟國家的交界處集中：二〇〇一年發生九一一恐怖攻擊事件之後，申根體制變得更加穩固。然而，這中間其實暗藏了一個警訊。我們在本書前兩部已經看見，民族重建及各民族之間的和解，相當仰賴知識菁英彼此的連繫。本書第三部也同樣使我們明白，這類知識菁英的連繫是《文化》雜誌制定大戰略的關鍵，也是波蘭、立陶宛、白羅斯與烏克蘭這四個民族彼此和解的關鍵，更是蘇聯和平解體的關鍵。這點之所以重要，就在於歐盟東擴其實將導致東歐各國的知識菁英更難進入波蘭。因為波蘭一旦加入歐盟，俄羅斯、白羅斯與烏克蘭人就會發現自己與「歐洲」之間的連結受到阻隔，無論是在實際物理上還是在象徵意義上。[34]一九九〇年代，每年都有八百萬俄羅斯公民以合法或非法的手段來到波蘭。波蘭一旦入歐，這些道路便將全數關閉。無論東歐各國是否以波蘭為榜樣，都勢必因此陷入沮喪甚或屈辱的境地。除此之外，波蘭與白羅斯之間一旦出現一堵高牆，盧卡申科這類獨裁政權的氣焰只會更加囂張。盧卡申科原本在國內唯一需要妥協的對象，就是白羅斯的商人。大部分的白羅斯商人在一九九〇年代都跟波蘭有著某種聯繫，因此有更多機會接觸自由貿易與民主制度。[35]波蘭的大門一旦關上，白羅斯商人就會失去市場，而他們一旦無法踏進波蘭，白羅斯的民主之路就不再有戲可唱。

一九九七年，烏克蘭與波蘭對彼此開放免簽入境。烏克蘭人有機會生活在一個公共體制與自由市場皆能運作順利的斯拉夫大國，這肯定能讓烏克蘭人學到很多經驗，進而讓烏克蘭更能在社會支持之下步向改革。[36]烏克蘭的國家建構是二十一世紀歐洲長治久安的基礎，但烏克蘭目前還存在很多結構性缺陷，例如行政與經濟有待改革，法治基礎也很薄弱。所以烏克蘭與波蘭的交流對整個歐洲都非常重要，而這正是波蘭外交部長葛萊米克一九九七年正式訪問基輔時所明確傳達的訊息（他在那之後也首次造訪了布魯塞爾）。[37]歐盟曾在一九九〇年代末、二〇〇〇年及二〇〇一年向波蘭政府施壓，要求波蘭取消對烏克蘭的免簽政策，但波蘭都拒絕了，辯稱等未來加入歐盟後自然會履行義務。這也顯示後團結工聯時代的波蘭政府與克瓦希涅夫斯基總統，依舊堅守著原本對東政策的親烏方向，遠遠超過歐盟其他成員國及波蘭所能接受的程度。[38]但波蘭一旦加入歐盟，它與烏克蘭之間的特殊關係自然也得劃下句點。近世波蘭曾與東邊鄰國在盧布林與布列斯特這兩座城市，組織成一個強大的政治宗教聯邦。如今盧布林依然位於波蘭境內，布列斯特則劃進了東方鄰國的領土範圍內。未來當波蘭邊境成為歐盟邊境時，歐盟是否也能替東邊鄰國帶來機會與美好願景？

烏克蘭總統庫茲馬曾經希望，波蘭於一九九〇年代在波烏邊境建立的崗哨，有一天會像法國與德國邊境的崗哨一樣成為歷史遺跡。[39]或許這個夢想有一天能夠實現，但在當下，這些崗哨代表波蘭加入歐盟的承諾。波蘭加入歐盟之後，歐盟的邊界就會從波蘭與德國之間的奧德河（Oder），向東移動到波蘭與烏克蘭、白羅斯之間的布格河。即使波蘭能夠推遲歐盟的建議與標準，但終究得在加入歐盟前證明自己的國家體制能夠有效控制邊界。國家邊界必須要劃分清楚並且有效守衛，否則遲早會名存實亡，因此波蘭勢必得在加入歐盟之前，證明自己有能力確實把守邊境。波蘭想要「重返歐洲」，這不僅是它們的對西政策，也是其對東政策的最終結果。一九九〇年代的波蘭，無疑是一個擁有明確利益與目標的主權民族國家：波蘭既支持東邊鄰國獨立建國，也協助傳播歐洲的標準與影響力，更在歐洲東北部建立且推廣一種特定的民族國家，以證明自己有資格加入歐盟。什麼樣特定的民族國家呢？波蘭一旦加入歐盟，勢必就會跟歐盟內的其他民族國家一樣，讓渡出部分原本屬於國家的主權。

本書開場時所選擇的歷史時刻，其實與今天相當類似。若按今日標準來看，當時的華沙與維爾紐斯就是在一五六九年的《盧布林聯合》中讓渡了部分主權，共同建立起近世的波蘭立陶宛聯邦。

該聯邦無論在領土、野心與對歐洲的意義上，都比今日波蘭與立陶宛這兩個以它為名的小民族國家要大得多。波立聯邦的公民，相信自己打造了世界上最優秀的政治秩序，他們的共和體制實踐了民主、公民權利、宗教自由與憲政秩序等當代人視為歐洲文明巔峰的理念，同時也傳承甚至創造了當今烏克蘭、白羅斯及俄羅斯的語言、宗教與神話。但波立聯邦最主要的魅力，其實並非來自於任何一種特定制度，而是它的政治理念。這也是為什麼在波立聯邦崩解之後，它的魅力仍舊延續了一個多世紀。同樣的情況，也發生在後現代主義的歐盟身上。歐盟的吸引力既非其既有法規，亦非法律制度與施行慣習，而是來自歐盟的處世智慧、聲譽與文明。歐盟本身是菁英運作下的產物，藉由一套複雜體制來實現那些值得追求的政治理想。隨著波蘭與立陶宛加入歐盟，歐洲對民族的理想便有機會吸引白羅斯、烏克蘭與俄羅斯等國家。因此，歐盟東擴是一項明智且崇高的政策，它或許不是東歐問題的最終解方，而是向人們探問歐洲的東部邊界究竟該劃在何方。

致謝

我坐在圖書館窗邊的閱覽室，開始寫下這本書的導論。寫著寫著，耳邊響起熟悉的鳥鳴，一聲又一聲。我轉過頭，一隻褐矢嘲鶇站在窗臺上，透過玻璃看著我。嘲鶇都是善於模仿的鳥類，眼前這隻也會個幾首。牠唱了一首又一首，融合森林與海洋的曲調，把每首歌從頭到尾唱了兩遍。這隻鳥就站在觸手可及之處，但當我提筆想寫下牠的歌，牠卻深深鞠了個躬，就此飛走。

我現在也要深深鞠一個躬。這本書從牛津開始，一直到耶魯寫完為止，深深受到許多人的幫助，特別是 Timothy Garton Ash 與 Thomas W. Simons Jr.。本書的發想來自 Leszek Kolakowski 與 Isaiah Berlin，而我最初會想寫一本連結歷史、神話與政策的作品，也是受到 Stephen Peter Rosen 與 Richard Smoke 的鼓勵。許多年來，Roman Szporluk、Andrzej Walicki 與 Piotr Wandycz 始終給我寶貴的評論。我要感謝 Stephen Burant、Jeremy King、Eric Lohr、Stuart Rachels、Oxana Shevel 與 Kieran Williams 等諸位朋友和同事讀完整份草稿，以及 Andrzej Paczkowski、Mary Elise Sarotte、Milada Anna Vachudová 與 Tomas Venclova 看完本書大半內容後所給予的建設性批評。對於特定章節的討論，我也要感謝 Chris Boyer、David Brandenberger、Kate Brown、Peter Holquist、Yaroslav Isaievich、Victor Hugo Lane、Terry Martin、Grzegorz Motyka、Richard Turits、Nerijus Udrenas、

Theodore Weeks、Rafal Wnuk與Larry Wolff，還有Laura Belin、Audrey Helfant Budding、Michael Flier、Yaroslav Hrytsak、Katarzyna Jesień、Joshua Katz、Edward Keenan與Mark Kramer等人幫我處理了許多特定的難題。Keith Darden、Wladyslaw Filar、Chris Hann、Ihor Il'iushyn、Jeffrey Kopstein、Grzegorz Kostrzewa-Zorbas、Dmitry Koublitsky、Leszek Jesień、Michael MacQueen、Pawel Świeboda與Jason Wittenberg則給了我許多意見與參考資料，Jeffrey Burds和Jagoda Hernik Spalińska更是慷慨地提供了他們的研究結果。Peter Andreas、Aaron Belkin、John Czaplicka、Norman Davies、Volodymyr Dibrova、已故的Jerzy Giedroyc、Jerzy Jedlicki、Tony Judt、Charles Maier、Sean Pollack、Antony Polonsky、Peter Potichnyj與Veljko Vujačić等人都給了我很棒的研究方向建議。

我也從研討會學生Serhyi Bilenky、Steven Seegel、Anna Sluz與Steven Swerdlow給我的回應中受益良多。聽眾的反應讓我的觀點大幅精進，能夠向志同道合的朋友分享這些主題是我的福氣。本書在哈佛大學舉辦了十二場研討會，在維也納人文科學研究院也辦了三場，另有一場在牛津大學萬靈學院、兩場在牛津大學聖安東尼學院與兩場在維吉尼亞大學，我要感謝參加研討會的每一位成員。我也要感謝在波蘭國家科學院歷史研究所、中歐大學、科羅拉多大學波爾德分校、喬治城大學、麻省理工學院、北卡羅來納大學教堂山分校、史丹佛大學與耶魯大學聽我授課的各位，以及所有前往華沙歐洲學院（Kolegium Europejskie）、基輔東西學院（EastWest Institute）、基希涅夫歐洲大西洋中心（Euro-Atlantic Center）、華府威爾遜國際學者中心（Wilson Center）參加政策討論的朋友。我還要感謝 International Union of Home Army Soldiers 與 Union of Ukrainians in Poland 讓我旁聽倫貝托夫區波蘭軍事學院舉行的波烏會議，許多人親切地受訪，豐富了本書的註解。感謝 Jonathan Brent、Larisa Heimert 與 Margaret Otzel 負責製作本書，Gavin Lewis 精心編輯。本書在正確性與詮釋方向上若有任何缺憾，都是我本人的責任。

如果沒有哈佛大學懷德納圖書館和耶魯大學斯特林紀念圖書館的開放書區，本書就不可能以讀者如今所見到的模樣誕生。本書中所收錄的插圖，則分別來自下列機構的慷慨協助：圖15、16、17、18、19與25是由哈佛大學烏克蘭研究所（Ukrainian Research Institute）及哈佛大學的圖書館藏協助提供，其中圖19的照片出自 Stephania Halychyn 檔案，其他則出自 Bohdan Krawciw 的檔案。在此感謝 Robert De Lossa、Daria Yurchuk 與 Ksenya Kiebuzinski 幫忙翻拍這些照片。圖10、11、12、20、21、23與24則是由華府的猶太大屠殺遇難者紀念館提供，其中圖10、20與24出自意第緒科學院的猶太人研究，圖23出自波蘭軍隊博物館（Muzeum Wojska Polskiego），圖10出自立陶宛國家中央檔案局（Lithuanian Central State Archives），圖12則出自攝影師 George Kaddish 的手筆。感謝將照片提供給前述機構的每一個人，感謝這些機構開放館藏供人使用。圖3、4、5、9與14都是美國攝影師 Louise Arner Boyd 的作品，感謝紐約的美國地理學協會（American Geographical Society）協助提供。維爾紐斯在戰間期的照片，分別來自 Jerzy Hoppen（圖6）以及 Edmund Zdanowski、Boleslawa Zdanowska（圖7、8），感謝華沙國家博物館（Muzeum Narodowe）授權使用。圖26翻拍自 Jerzy Giedroyc 與 Krzysztof Pomian 合寫的著作 *Autobiografia na cztery r,ece*, Warsaw: Czytelnik,

1996，感謝巴黎扎勒斯基研究所（Instytut Literacki）授權使用。圖1是Frantsysk Skaryna的木雕作品，由Liavon Tsimafeevich Barazna翻拍，也感謝Jan Zaprudnik與Adam Maldzis幫忙解釋相關問題。圖13是《奧斯特羅聖經》，得感謝烏克蘭車尼希夫歷史博物館（Chernihiv Museum of History）授權我拍攝。本書的地圖則要感謝Topaz Maps的Jonathan Wyss進行繪製。

我在牛津、巴黎、維也納與布拉格構思本書，並在華沙、維爾紐斯、明斯克、基輔與勒維夫進行研究，同時也沿著波蘭、立陶宛、白羅斯與烏克蘭等四個國家的邊界作調查。本書最後寫於劍橋與麻州，最終完成於康乃狄克州的紐黑文。本書的研究資金要感謝國際研究與交流委員會（International Research and Exchange Board）、維也納人文科學研究所（Institut für die Wissenschaften vom Menschen）、美國學術團體協會（American Council of Learned Societies）、歐林策略研究中心（Olin Institute for Strategic Studies）與哈佛大學國際與地區研究學院（Harvard Academy for International and Area Studies）。我在哈佛大學的那段期間，歐琳策略研究中心與哈佛大學國際與地區研究學院皆由薩謬爾·杭亭頓（Samuel Huntington）所策劃，他的氣度讓我在那三年學習成果豐碩。Chet Haskell、Beth Hastie與Ira Kukin在哈佛學院的著作也讓我獲益許多。哈佛大學歐盟研究中心（EU Center of Harvard University）、麻省理工與梅隆大學對強迫移民的共同研究計畫（MIT-Mellon Project on Forced Migration）與哈佛大學烏克蘭研究所分別補貼了我一些費用。本書得以完成，跨越地區的旅行功不可沒，我也要感謝各地朋友的慷慨接待，尤其是基輔的Larysa Shevel與Serhyi Shevel、華沙的Agnieszka與Andrzej Waśkiewicz。

除了旅行，我還在各地的公共空間閱讀與寫作，不斷修改拙作。感謝劍橋的潘普洛納咖啡廳（Cafés Pamplona）、維也納的博物館咖啡廳（Café Museum）、布拉格的斯拉維亞咖啡廳（Café Slavia）、華沙的新世界咖啡廳（Nowy Świat）、巴黎的聖米歇爾咖啡廳（Au St. Michel，雖然現在應該已經關店），深夜裡一杯懷舊的黑咖啡永遠讓人暖心。

Wyborcza, 4 February 1998, 6; 5 February 1998, 1.

35 *Minsk News*, 3-9 February 1998, 3; 10-16 March 1998, 1; *Gazeta Wyborcza,* 11 March 1998, 7.

36 Den' (Kyiv), 2 February 1999, 7; Yaroslav Hrytsak, "National Identities in Post-Soviet Ukraine," in Zvi Gitelman, et al・, eds., *Cultures and Nations of Central and Eastern Europe,* Cambridge, Mass.: Ukrainian Research Institute, 200, 274.

37 *Gazeta Wyborcza*, 15-16 November 1997, 6.烏克蘭外長鮑里斯・塔拉修克（Borys Tarasiuk）把歐盟的邊界比作新的「鐵幕」，雖然有點言過其實，不過他確實讓人開始注意，歐盟政策為歐盟的東邊鄰居和歐洲本身帶來的影響。1999年3月29日，塔拉修克前往華沙，出席「波蘭與烏克蘭歐洲一體化常設會議」（Permanent Polish-Ukrainian Conference on the European Integration）的成立大會。

38 *Gazeta Wyborcza*, 28 April 1998, 7; Macieja Falkowska, *Społeczeństwo polskie wobec wschodniej polityki wizowej, gospodarczej, i kulturalnej,* Warsaw: CBOS, February 1995, 19-31。

39 Vysokyi zamok (L'viv), 9-16 January 1999, 1.

o stosunku Ukraińców do Polaków," *Wi̡ez˙*, 473 (1993), 15-32; Olga Iwaniak, "Zamoz˙niejsi kuzyni," *Rzeczpospolita,* 22 May 1997, 6。

22 與Anton Buteiko的訪談內容，1999年3月9日，麻州劍橋；*Polityka i kul'tura* (Kyiv), 10-16 December 1999, 10.

23 *Holos Ukrainy (Kyiv)*, 29 June 1996, 1.

24 Kultura, 586-587 (1996), 153-157; Antoni Kamiński and Jerzy Kozakiewicz, *Stosunki polsko-ukraińskie,* Warsaw: Instytut Spraw Dublicznych, 1997; Wladislaw Gill and Norbert Gill, *Stusunki Polski z Ukraina̡,* Toruń: Marszalek, 1994, 33; *Rocznik Polskiej Polityki Zagranicznej 1995,* 123; *Rocznik Polskiej Polityki Zagranicznej 1996,* 136; Rzeczpospolita, 26 March 1997, 7.

25 文本見 *Rzeczpospolita,* 22 May 1997, 6; in English in Tadeusz Piotrowski, ed., *Genocide and Rescue in Wołyn,* Jefferson, N.C.: McFarland, 2000, 255-256.亦可參閱 Den' (Kyiv), 24 May 1997, 4; *Nashe Slovo* (Warsaw), 14 April 1996, 2。

26 Anatolii Martsynovs'kyi, "Prymyrennia davno prymyrenykh," *Holos Ukrainy* (Kyiv), 22 May 1997, 7；Iuri Andrukhovych的論文也值得參考。德國人克勞斯．巴赫曼（Klaus Bachmann）以波蘭文撰寫的評論文章，非常引人入勝。見*Polska kaczka-europejski staw,* Warsaw: CSM, 1999, 106 及全書各處。

27 烏克蘭議會的重要性較小，而且議會關係永遠比不上立陶宛與波蘭之間的程度。與Borys Andresiuk的訪談內容，2000年9月25日，麻州劍橋。

28 與Aleksander Kwaśniewski的訪談內容，1999年3月17日，波蘭華沙。

29 Wlodzimierz Derczyński and Robert Draczyk, "Stosunek Polaków do innych narodowości," Warsaw: CBOS, August 1996, 29.

30 *Gazeta Wyborcza,* 13-14 September 1997, 12-13.

31 見 Chris Hann, "Postsocialist Nationalism," *Slavic Review,* 57, 4 (1998), 840-863; *Polityka* (Warsaw), 14 December 1996, 87; *OMRI Daily Digest,* 10 October 1996.

32 波蘭語版本的前面七卷為*Trudne pytania,* Warsaw: Karta, 1998-2000; in Ukrainian as *Ukraina-Pol'shcha: Vazhki pytannia*。我曾參加1999年的第六次會議，及2000年的第八次會議。

33 Peter Andreas and Timothy Snyder, eds., *The Wall Around the West,* Lanham, Md.: Rowman and Littlefield, 2000.

34 相關的歐盟文件：Treaty of Amsterdam, Conference of the Representatives of the Governments of the Member States, Brussels, 23 September 1997; on German concerns: *Gazeta*

mieszkańców Litwy i Bialorusi," 574.

14 施波爾魯克的某個研究主題，可參*Russia, Ukraine, and the Breakup of the Soviet Union* (Stanford, Calif., 2000)的第四章和第九章。

15 有戰爭期間的傷亡：Marceli Kosman, *Historia Białorusi,* Wroclaw: Ossolineum, 1979, 350; Piotr Eberhardt, *Mi̧edzy Rosja̧ a Niemcami,* Warsaw: PWN, 1996, 185。有關新東西聯合教會，Siarhej Ablamiejka, "Problem statystyki parafii neounickich na terenie Zachodniej Bialorusi," in Jan Sergiusz Gajek and Stanislow Nabywaniec, eds., *Unia Brzeska z perspektiwy czterech stuleci,* Lublin: KUL, 1998, 213. 關於都市化，Chauncy Harris, *Cities of the Soviet Union,* Chicago: McNally, 1970, 322.關於帕茲尼亞克，參Jan Zaprudnik, *Belarus,* Boulder, Colo.: Westview, 1993, 168; also Wlodzimierz Pawluczuk, "Bialoruśi sprawa polska," *Kultura,* 634 (2000), 112-13.

16 Steven Guthier, "The Belorussians: National Identification and Assimilation," *Soviet Studies,* 29, 2 (1977), 281; Nicholas Vakar, *Belorussia,* Cambridge, Mass.: Harvard University Press, 1956, 216-219; David Marples, *Belarus,* London: Macmillan, 1996, 30-31; Zaprudnik, *Belarus,* 107; Lilia Diamieszka, "Takie ksia̧z˙ki powinny być trzymane w wyja̧tkowo dobrze zamkniȩtych szafach," in *Inna Białoruś,* Warsaw: CSM, 1999, 29.

17 *Gazeta Wyborcza,* 28 April 1998, 4.亦可參閱"Polska polityka zagraniczna w 1996 roku," Polish Ministry of Foreign Affairs, 1997; Jożef Oleksy, "Toast at the Official Dinner Given in his Honour by Mr. Adolfas Slezivicius," 16 September 1995; *Gazeta Wyborcza,* 28 January 1998, 2, 5。

18 少數民族組織要求領土自治的聲音，始終被華沙當局置若罔聞，而且在維爾紐斯也稱不上有什麼影響力。Wanda Marcinkiewicz, "Kronika litewska 1997," *Lithuania,* 26-27 (1998), 234.

19 *Rzeczpospolita,* 12 April 1996, 6; 15 January 1996, 6; *OMRI Daily Digest,* 7 January 1997.

20 2000年11月14日，於哈佛大學的演講。

21 有關右派的想法，*Ukrains'ka Respub'likans'ka Partia,* Kyiv: Fond Demokratii, 1996; *Narodnyi Ruch Ukrainy,* Kyiv: Fond Demokratii, 1996; *Ukraina: Stanovlennia Demokratii,* Kyiv: Ahentsvo Ukraina, 1997, 292; *Ukrains'ka Natsional'na Asambleia,* Kyiv: Ahentsvo Ukraina, 1998, 23.關於烏克蘭人的整體狀況，可比較Wiktor Neboz˙enko, "Ukraińska opinia publiczna o polityce zagranicznej," *Polska w Europie,* 15 (July-August 1994), 159，以及 Evhen Golovakha和Ilko Kucheriv, "NATO and Public Opinion in Ukraine," *Political Portrait of Ukraine,* 8 (1997), 63。分析請見 Jaroslaw Hrycak, "Jeszcze raz

Domestic Determinants of East European Foreign Policies," Doctoral dissertation, University of Oxford, 1997。

2 Klaus Bachmann, "Nasza i wasza wolność," *Rzeczpospolita,* 6 January 2001.

3 波蘭外長奧萊喬夫斯基，曾試圖在1994年與東邊鄰國重新建立關係，但遭到時任總理帕夫拉克（Waldemar Pawlak）的拒絕。

4 *Gazeta Wyborcza*, 3 January 1994, 2.

5 同上，6 March 1998, 3; 15 March 1998, 6; 1 July 1998, 1; *Segodnia,* 30 June 1998, 2; *Kommersant Daily,* 30 June 1998, 2; *Russkii Telegraf,* 30 June 1998。有關北約東擴的結果，Stephen Burant, *Problems of Post-Communism,* 48, 2 (2001), 25-41.

6 民調資料來自Yuri Levada, "After the Thaw," *Wilson Quarterly,* 55, 2, (2001), 78。

7 *Gazeta Wyborcza*, 26 June 1998, 1.

8 Ustina Markus, "Belarus: You Can't Go Home Again?" *Current History,* 113, 585 (1994), 337-341.

9 *Minsk News*, 2 November 1997, 1.

10 話語引述來自：(IMF) Marek Karp, *Gazeta Wyborcza,* 26-27 July 1997, 16-17 *Rzeczpospolita,* 2 January 1997, 6; (wives) *Rzeczpospolita,* 6 August 1996, 23.亦可參閱*Gazeta Wyborcza,* 17 August 1995, 9; *Minsk News,* 22 December 1997, 3; *Gazeta Wyborcza,* 18 July 1997, 12; Siarhej Ausiannik and Alena Stralkowa, "Bialoruś," in *Europa Środkowo-wschodnia,* Warsaw: ISP PAN, 2000, 27。以及David Marples, *Belarus,* Amsterdam: Harwood, 1999, 90-91.

11 M. Koszelew, "Polacy w oczach Bialorusinów," *Dzieje Najnowsze,* 27, 2 (1995), 81-93; Natalla Piatrowicz, "Katolicyzm na Bialorusi," *Wi˛eź,* 467 (1997), 81-92; Ryszard Radzik, "Ruski i Pan-asymetria stereotypu," *Europa Środkowo-wschodnia,* 63-80; Uladzimier Padhol, "W oczach 'sowka,'" ibid., 53-62; *Minsk News,* 17-23 March 1998, 3.白羅斯人確實將波蘭視為資本主義西方國家的一分子。Marek Śliwiński and Valerijus Cˇekmonas, "Świadomość narodowa mieszkańców Litwy i Bialorusi," *Przegla˛d Wschodni,* 4, 3 (1997), 572.

12 與Stanislau Shushkevich的訪談內容，1996年12月8日；"Chronicle, March 1995-February 1997," Polish Ministry of Foreign Affairs; *Minsk News,* 10-16 February 1998, 1; *Gazeta Wyborcza,* 6 February 1998, 8; *Głos znad Niemna* (Hrodna), 16-22 January 1995, 1.

13 *Itogi perepisi naseleniia Respubliki Belarus 1999 goda,* Minsk: Ministerstvo Statistiki, 2000。大約15%持「白羅斯護照」的受訪者，稱自己是俄羅斯人，但也有10%持「俄羅斯護照」的受訪者，說自己是白羅斯人。Śliwiński and Cˇekmonas, "Świadomość narodowa

23。亦可參閱 Marek Skórka, "Wspólne sa˛siedztwo czy nie chciani intruzi?" *Wi˛eź,* 473 (1998), 70-81。

43 當時的事態，甚至讓其中一個右派激進工會「戰鬥團結」（Solidarność Walcza˛ca）帶著一本親烏克蘭的指南走入國際政治，其中一個目標就是為維斯瓦行動向烏克蘭道歉。*Stosunki PolskoUkraińskie 1917-1947,* Warsaw: Perturbancii, 1990。

44 Jacek Raciborski, *Polskie wybory,* Warsaw: Scholar, 1997, 42; *Kultura,* 520-521 (1991), 145; *Gazeta Wyborcza,* 9 September 1991, 1; *Rocznik Polskiej Polityki Zagranicznej 1992,* 20; Prizel, "Warsaw's Ostpolitik," in Prizel and Michta, *Polish Foreign Policy Reconsidered,* 112; *Rzeczpospolita,* 15 January 1994, 22; *Gazeta Wyborcza,* 11 January 1994, 3.

45 另一個少數的重大例外，是波蘭參議院資助了某個名叫「波蘭社群」（Polish Community）的組織。這群波蘭人違背了斯庫比謝夫斯基的政策，向那些聲稱自己代表立陶宛波蘭人的組織提供物質援助，無論這些組織的政治目標為何。這群波蘭人認為，維護外國波蘭人的利益，比跟東方鄰國維繫良好關係更重要。與Agnieszka Panecka的訪談內容，1998年2月27日，華沙；Andrzej Stelmachowski, "O debacie," *Wspólnota Polska,* 58 (April 1997), 39。亦可參閱Widacki, "Stosunki polsko-litewskie" and Natalla Piatrowicz, "Katolicyzm na Bialorusi," *Wi˛eź,* 467 (1997), 83。

46 這個判斷是奠基在，1989-1994年議會的紀錄。有關右派的想法，參*Sprawozdanie Stenograficzne* (51), 14 February 1991, 15-54; (14), 8 May 1992, 152-199; (31), 13 October 1994, 108-114。

47 後來，為感念他的付出，烏克蘭授予他智者雅羅斯拉夫王子勳章（Order of Prince Yaroslav the Wise）。*Polityka i kul'tura* (Kyiv), 10-16 September 1999, 38-39.

48 他在參議院的會議上說道，「有件事可能很多政治人物都忘掉了，如果波蘭沒有跟東方鄰國建立起規範性、良好且友善的關係，就不能算是西方的合作夥伴。」Skubiszewski, *Polityka zagraniczna,* 247.

49 Lech Wale˛sa, "List do wyborców," 27 April 1989; *Literaturna Ukraina* (Kyiv), 3 June 1993, 1; 27 May 1993, 2; *Lithuania,* 11-12 (1994), 140-141; Moscow *Itar-Tass,* 29 June 1993, in *FBIS-SOV,* 30 June 1993, 64; *Kultura,* 550-551 (1993), 106-113.

50 "Security for Europe Project Final Report," 15; and Kloskowska, *Kultury narodowe u korzeni,* 386.

尾聲　重返歐洲

1 有關東歐的國內政治，以及歐盟的影響力：Milada Anna Vachudová, "The Systemic and

polskolitewskie," 50。

32 *Gazeta Wyborcza*, 14-15 September 1991, 1; 16 September, 17; 藍斯柏吉斯的話引用自24 September 1991, 6。這兩人確實在藍斯柏吉斯於華沙轉機的時候，私下會面過。

33 Tass World Service, 12 January 1992, *SWB/SU,* 14 January 1992; PAP, 14 January 1992, S*WB/SU,* 16 January 1992.

34 Warsaw PAP, 15 January 1992, in *FBIS-EEU,* 22 January 1992, 20.

35 Timothy Snyder, "National Myths and International Relations: Poland and Lithuania, 1989-1994," *East European Politics and Societies,* 9, 2 (1995) 326-331；該句話引自 Widacki, "Stosunki polsko-litewskie," 52。

36 Skubiszewski, *Polityka zagraniczna,* 191-193.

37 Vilnius Radio, 3 September 1993, in *FBIS-SOV,* 8 September 1993, 105; *Rzeczpospolita,* 16-17 October 1993, 9; Tallinn BNS, 21 October 1993, in *FBIS-SOV,* 22, October 1993, 88; *Dokumentation Ostmitteleuropa,* 20, 1-2 (April 1994), 116-119.

38 *Gazeta Wyborcza*, 27 April 1994, 1。他對波蘭文化的歷史觀點，參 Barbara Christophe, *Staat versus Identität,* Cologne: Wissenschaft und Politik, 1997, 234-236。

39 引用自Warsaw *Słowo Powszechne, FBIS-SOV,* 27 November 1991, 36; RFE Daily Report, 27 July 1993。亦可參閱 Audrius Butkevicius, "The Baltic Region," *NATO Review,* 41, 1 (1993), 7-11。1994年，「加入北約」變成立陶宛國家政策之後，布凱維丘斯對北約擴張的看法似乎改變了。在接下來十年裡，他對立陶宛國家利益的看法變得不那麼明確。當時他被人指控在擔任議員的時候收賄，而他指控藍斯柏吉斯為KGB工作。在這裡提及個人的名字，不是為了要造神，而是為了描述國內政治戰略的決策。

40 Snyder, "National Myths," 334。簽署儀式在斯庫比謝夫斯基的任期結束之後舉行。之所以有辦法促成這次的簽約，有賴華勒沙的助手Andrzej Zakrzewski與波蘭代表團團長Iwo Byczewski進行的特別任務。至今，這依然算是1989-1993年間達成的成就之一。

41 Louisa Vinton, "Domestic Politics and Foreign Policy, 1989-1993," in Ilya Prizel and Andrew Michta, eds., *Polish Foreign Policy Reconsidered,* New York: St. Martin's, 1995, 24; *Rocznik Polskiej Polityki Zagranicznej 1993-1994,* 18.

42 波蘭社會對烏克蘭和烏克蘭人的看法：Grzegorz Babiński, *Pogranicze polsko-ukraińskie,* Cracow: Nomos, 1997, 166-168; Andrzej Zie˛ba, "Ukraińcy w oczach Polaków," in Teresa Walas, ed., *Narody i stereotypy,* Cracow: Mie˛dzynarodowe Centrum Kultury, 1995, 97-98; Antonina Kloskowska, *Kultury narodowe u korzeni,* Warsaw: PWN, 1996, 196; Warsaw PAP, 14 February 1992, in *FBIS-EEU,* 18 February 1992, 31; *Z˙ ycie Warszawy*, 1 August 1992,

源政策比烏克蘭的能源政策，更有利於烏克蘭，但這個狀態在2001年很難維持下去。在本書付印之時，這些議題都沒有被解決，而且在接下來的幾十年都會成為歐洲安全的重點。對天然氣斷炊的擔憂：*RFE Daily Report,* 3 April 1992; 有關烏克蘭能源問題和外交政策，參 Arkady Toritsin, "Political Economy and Foreign Policy in Post-Soviet Successor States," Doctoral dissertation, Rutgers University, 1999。"Anti-Ukrainian act": Stephen Burant, "Poland's Eastern Policy, 1990-1995," *Problems of Post-Communism,* 43, 2 (1996), 52.Major Lysenko: Burant, "Ukraine and East Central Europe," 55。

22 關於克勞尚卡：*Gazeta Wyborcza,* 28 July 1997, 16; Jacek Gorzkowski, "Litwa," in Marek Beylin, ed., *Europa Środkowo-Wschodnia 1992,* Warsaw: ISP, 1993, 252; *Kultura,* 535 (1992), 102-106; 關於知識分子：參 Stephen Burant, "Belarus and the Belarusian Irredenta in Lithuania," *Nationalities Papers,* 25, 4 (1995), 646-647。

23 有關舒什克維奇：Siergiej Owsiannik and Jelena Strielkowa, *Władza i społeczeństwo,* Warsaw: Presspublica, 1998, 64-96; on Lithuania: Gorzkowski, "Litwa," 253。

24 Tadeusz Gawin, *Ojcowizna,* Hrodna: Fundacja Pomocy Szkolom Polskim, 1993, 127-128; Stanislaw Bieleń, "Kierunki polityki wschodniej III Rzeczypospolitej," in *Patrza˛c na wschód,* Warsaw: Centrum Badań Wschodnich, 1997, 35; "Polska-Ukraina-Bialorus," 140; Thomas Szayna, "Ethnic Poles in Lithuania and Belarus," Rand Report, August 1993, 42.

25 藉由重新劃定教區的邊界，讓邊界能夠符合當代白羅斯的狀況；並且挑選對白羅斯問題更敏銳的大主教。

26 早期關於少數民族問題的討論，例如：*Narodnaia gazeta* (Minsk), 4 January 1992, 1; 12 February 1992, 1. 1992年，波蘭國內白羅斯少數民族的人數資料，來自Piotr Eberhardt, *Mi˛edzy Rosja˛ i Niemcami,* Warsaw: PWN, 1996, 131。白羅斯境內的波蘭少數民族人數，則是根據1989年蘇聯人口普查，和1999年白羅斯的人口普查結果。

27 Kathleen Mihailisko, "Security Issues in Ukraine and Belarus," in Regina Owen Carp, ed., *Central and Eastern Europe,* Oxford: Oxford University Press, 1993, 229-230; Burant, "Belarusian Irredenta," 645-648.

28 Warsaw PAP, 24 April 1992, in *FBIS-EEU,* 28 April 1992, 15.

29 Burant, "International Relations," 407; *Rocznik Polskiej Polityki Zagranicznej 1992,* 147.

30 話語引自Tadeusz Kosobudzki, "Stracone szansy," *Kultura,* 560 (1994), 20；亦可參閱Warsaw PAP, 19 November 1992, in *FBIS-EEU,* 19 November 1992, 16; RFE Daily Report, 23 November 1992。

31 與Czeslaw Okińczyc的訪談內容，1994年4月7日，維爾紐斯；Widacki, "Stosunki

1990s, Cambridge: Cambridge University Press, 1997, 85。但亦可參閱 *Kultura,* 542 (1992), 119-122。關於波蘭害怕鄰居的資料引用如下。

10 波蘭道歉和烏克蘭的回應，參Czech, *Ukraińcy w Polsce,* 130-131。

11 *Rocznik Polskiej Polityki Zagranicznej 1992,* 140.

12 德米特羅·帕弗里寇的評論，*Holos Ukrainy* (Kyiv), 13 February 1992, 5；與Ivan Drach的訪談內容，1997年5月27日，基輔。

13 引述來自Burant, "International Relations in a Regional Context: Poland and its Eastern Neighbors," *Europe-Asia Studies,* 45, 3 (1993), 410。

14 "Shosta sesiia Verkhovnoi Rady Ukrainy, 12 sklykannia," *Biuletyn* 5, 1992, 36-56.

15 Hanna Suchocka, Dmytro Pavlychko, Hennadii Udovenko cited after, respectively: Wladyslaw Gill and Norbert Gill, *Stusunki Polski z Ukraina,* Toruń: Marszalek, 1994, 28; *Kultura,* 547 (1993), 92-93; *Z˙ ycie Przemyskie,* 17 March 1993, 1, 3.亦可參閱 *Holos Ukrainy* (Kyiv), 14 January 1993, 2.

16 1992年12月4日「烏克蘭人民運動」大會的決議 "Kontseptsiia Derzhavotvorennia v Ukraini"；還有*Literaturna Ukraina,* 17 December 1992； *Kultura* 528 (1991), 80-81。

17 *Holos Ukrainy* (Kyiv), 20 May 1992, 1-2; Warsaw Radio Warszawa Network, 18 May 1992, in *FBIS-EEU,* 19 May 1992, 8; *Izvestia,* 19 May 1992, 5, in *Current Digest of the PostSoviet Press,* 49, 20 (1992), 24-25; Bohdan Osadczuk, "Od Belwederu do Kamieńca Podolskiego," *Kultura,* 538-539 (1992), 140.

18 相關聲明舉例可參考*A Russia That We…,* Kyiv: UCIPR, 1993。

19 "To strengthen Regional Security in Central and Eastern Europe," Ukrainian Embassy in Warsaw, 22 April 1993; [Dmytro Pavlychko], "Oświadczenie," *Kultura,* 537 (1992), 90-91.亦可參閱 Ivan Drach, *Polityka,* Kyiv: Ukraina, 1997, 197; Larrabee, *East European Security,* 19, 108-109; Antoni Kamiński and Jerzy Kozakiewicz, *Stosunki polsko-ukraińskie* Warsaw: Instytat Spraw Publicznych, 1997, 30-31; Wilson, *Ukrainian Nationalism,* 177。

20 對協議的反應，參Stephen Burant, "Ukraine and East Central Europe," in Lubomyr Hajda, ed., *Ukraine and the World,* Cambridge, Mass.: Harvard University Press, 1998, 42.波蘭對烏克蘭政策的解釋：*Kultura,* 568-569 (1995), 41; Skubiszewski, *Polityka zagraniczna,* 282。所謂「沒有偏向任何一邊」：Jan de Weydenthal, "Economic Issues Dominate Poland's Eastern Policy," *RFE/RL Research Report,* 2, 10 (5 March 1993), 24; Warsaw TVP, 13 January 1993, in *FBIS-EEU,* 14 January 1993, 28; *RFE Daily Report,* 4 February 1993。

21 為了支持烏克蘭，後來華沙修改了它的立場，違背了與莫斯科的協議。2000年波蘭的能

53 同上，12-13 January 1991, 1; 14 January 1991, 3.

54 Compare F. Stephen Larrabee, *East European Security after the Cold War,* Santa Monica, Calif: RAND, 1993, 11-12.

第十三章 歐洲標準與波蘭利益（1992-1993）

1 1993年以前，歐盟（EU）被稱作歐洲共同體（European Communities）。為了避免混淆，我全書都使用歐盟（EU）。1992年之後，波蘭才清楚表明希望加入北約，兩位波蘭總理揚·歐申斯基與漢娜·蘇霍茨卡，一直都比斯庫比謝夫斯基更常談論此事。最早在1991年，波蘭與西方夥伴就開始聊到波蘭加入北約的事情。

2 Krzysztof Skubiszewski, *Polityka zagraniczna i odzyskanie niepodleg łosci,* Warsaw: Interpress, 1997, 205.

3 同上，頁29。

4 有關政策的基本聲明，參*Sprawozdanie Stenograficzne* (14), 8 May 1992, 152-159; Skubiszewski, *Polityka zagraniczna,* 274, 282, 299-308。亦可參考波蘭大使從1992到1997年間的觀點，Jan Widacki, "Stosunki polsko-litewskie," *Kultura,* 602 (1997), 46; Zˇilvinas Norkunas, "Steering the Middle Course," *Lithuania in the World,* 4, 2 (1996), 18-23；以及下一任外交部長奧萊喬夫斯基（Andrzej Olechowski）的演說，Andrzej Olechowski: *Sprawozdanie Stenograficzne* (20), 12 May 1994, 27。

5 "Polska-Ukraina-Bialorus," *Polska w Europie,* 12 (1993), 111-112.

6 後者清楚地提及了，1990年哥本哈根會議文件中針對少數民族權利的內容。Vertrag zwischen der Bundesrepublik Deutschland und der Republik Polen über gute Nachbarschaft und freundschaftliche Zusammenarbeit, 17 June 1991, article 20, available at www.auswaertiges-amt.de.

7 Polityka (Warsaw), 3 February 1996, 40.亦可參閱 Skubiszewski, *Polityka zagraniczna,* 126, 206; Miroslaw Czech, *Ukraińcy w Polsce,* Warsaw: Zwia̧zek Ukraińców w Polsce, 1993, 278。

8 Hans-Dietrich Genscher, *Rebuilding a House Divided,* New York: Broadway Books, 1998, 525; Helmut Kohl, *Ich wollte Deutschlands Einheit,* Berlin: Ullstein, 1996, 446-447。關於1991年德國與波蘭條約中，提到的「歐洲」概念，Dieter Bingen, *Die Polenpolitik der Bonner Republik von Adenauer bis Kohl,* Baden-Baden: Nomos, 1998, 292-306.大致參考了Timothy Garton Ash, *In Europe's Name,* New York: Random House, 1994。

9 Czech, *Ukraińcy w Polsce,* 34; Andrew Wilson, *Ukrainian Nationalism in the*

40 Senn, *Lithuania Awakening,* 99; Vesna Popovski, *National Minorities and Citizenship Rights in Lithuania,* Houndmills: Palgrove, 2000, 132-133; Piotr Lossowski, "The Polish Minority in Lithuania," *Polish Quarterly of International Affairs,* 1, 1-2 (1992), 83; *Kultura,* 499 (1989), 106-112; Chajewski, "Polityka polska wobec Litwy," 96; *Gazeta Wyborcza,* 27 September 1989, 6.

41 Widacki, "Stosunki polsko-litewskie," 41-44; *Gazeta Wyborcza,* 5 October 1990, 6.

42 法國哲學家埃赫內斯特・勒南（Ernest Renan）如是說：「遺忘，甚至遺忘所犯下的歷史錯誤，對創造民族來說至關重要。」 *Qu'est-ce qu'une nation?*Paris: Calmann-Levy, 1882.But see Benedict Anderson, *Imagined Communities,* rev.ed., London: Verso, 1991, 199-201。

43 Grzegorz Kostrzewa, "Stare i nowe," *Gazeta Wyborcza,* 22 September 1989, 6.

44 信件參 *Gazeta Wyborcza,* 15-17 September 1989, 2.Vladivostok mockery 同上，8-10 September 1989, 1。亦可參閱同上，11 September 1989, 6; 5 June 1990, 6。

45 〈關於立陶宛共和國波蘭少數民族需求的備忘錄〉（Aide Mémoire w sprawie potrzeb mniejszości polskiej w Republice Litewskiej），波蘭外交部，1990年11月26日。爭取領土自治的運動，之所以沒有受到西方太多關注，用羅傑斯・布魯貝克的術語來說，是因為該運動缺乏「民族化的外部祖國」（nationalizing external homeland）來支持其領土訴求。*Nationalism Reframed,* Cambridge: Cambridge University Press, 1994.關於爭取自治的人士的發言，參 *Nasza Gazeta* (Vilnius), 22 October 1989, 3; 22 October 1989, 1; 8 November 1989, 1, 3; 4 December 1989, 2; 8 April 1990, 1-2; 23 April 1990, 2; 13 May 1990, 1; 3 June 1990, 2; 15 October 1990, 2。

46 Senn, *Gorbachev's Failure,* 145；另可參閱註釋31引用的資料。

47 Gazeta Wyborcza, 23 May 1991, 7; 18 January 1992, 1; *Rzeczpospolita,* 11-12 April 1992, 7; Chajewski, "Polityka polska wobec Litwy," 102.

48 Sprawozdanie Stenograficzne (49), 11 January 1991, 111.

49 Timothy Snyder, "National Myths and International Relations: Poland and Lithuania, 1989-1994," *East European Politics and Societies,* 9, 2 (1995), 318-319; *Gazeta Wyborcza,* 14 January 1991, 3.

50 *RFE Daily Report,* 20 February 1992.

51 *Gazeta Wyborcza,* 12-13 January 1991, 1; 15 January 1991, 1; 21 January 1991, 11.

52 同上，14 January 1991, 1; 15 January 1991, 1; 18 January 1991, 3; Leszek Jesień, personal communication, 9 April 2000.

30 Wojciech Roszkowski, "Polska," in Marek Beylin, ed., *Europa środkowo-wschodnia* 1992, Warsaw: ISP, 1993, 273；有關1992年5月的那兩項條約，參 Kostrzewa-Zorbas, "Russian Troop Withdrawal," 132。

31 *Kultura,* 512 (1990), 87-88; Stephen Burant, "Belarus and the Belarusian Irredenta in Lithuania," *Nationalities Papers,* 25, 4 (1995), 645; Alfred Erich Senn, *Gorbachev's Failure in Lithuania,* New York: St. Martin's, 1995, 73, 115.

32 有關1989年的事，見Algimantas Prazauskas, "The Influence of Ethnicity on the Foreign Policy of the Western Littoral States," in Roman Szporluk, ed., *National Identity and Ethnicity in Russia and the New States of Eurasia,* Armonk, N.Y.: M.E. Sharpe, 1994, 165.有關1990年的事，見*Kultura,* 517 (1990), 120。

33 有關1990年的訪問：與Jacek Czaputowicz的訪談內容，1997年9月9日；Skubiszewski, *Polityka zagraniczna,* 272; Tadeusz Gawin, *Ojcowizna,* Hrodna: Fundacja Pomocy Szkolom Polskim, 1993, 65; *Gazeta Wyborcza,* 16 October 1990, 1; 18 October 1990, 6; 22 November 1990, 6; *Kultura,* 519 (1990), 102-106; ibid., 560 (1994), 19。關於領土和少數民族："Interview with Vintsuk Vyachorka," *Uncaptive Minds,* fall 1991, 39-49; *Kultura,* 505 (1989), 106-107; *RFE/RL Research Report,* 1, 37 (18 September 1992), 41-45。

34 Gazeta Wyborcza, 4 September 1991, 6; *Kultura,* 560 (1994), 19; Moscow Interfax in English, 10 October 1991, in *FBIS-SOV,* 11 October 1991, 63; Moscow *Tass* in English, 11 October 1991, ibid., 17 October 1991, 76; *Le Monde,* 8-9 March 1992, in *FIBS-EEU,* 10 April 1992, 25-28; Jan Zaprudnik, *Belarus,* Boulder, Colo.: Westview, 1993, 216.

35 Zdzislaw Winnicki, "Polacy na Bialorusi," in Jacek Pietraś and Andrzej Czarnocki, eds., *Polityka narodowościowa państw Europy Środkowowschodniej,* Lublin: IEWS, 1993, 199.

36 Juozis Lakis, "Ethnic Minorities in the Postcommunist Transformation of Lithuania," *International Sociology,* 10, 2 (1995), 179-180. 1953年，有27000名學生在波蘭語學校上學，或在非波蘭語學校學習波蘭語。到了1987年，人數降到10133人。Grzegorz Blaszczyk, "Polacy na Litwie," *Przegląd Wschodni,* 1, 1 (1991), 156.

37 Eberhardt, "Przemiany narodowościowe na Litwie," 478.

38 Thomas Szayna, "Ethnic Poles in Lithuania and Belarus," Rand Report, August 1993, 35.

39 Jacek Kuśmierz, "Między 'wschodem' a 'zachodem,'" *Przegląd Wschodni,* 1, 3 (1991), 512-513; Lech Mróz, "Problemy etniczne w Litwie wschodniej," ibid., 496; Szayna, "Ethnic Poles in Lithuania and Belarus," vii.

21 米奇尼克的話引自Miroslaw Czech, *Ukraińcy w Polsce,* Warsaw: Zwiąҁzek Ukraińców w Polsce, 1993, 16; 來自Roman Solchanyk的回應，見*Ukraine: From Chernobyl to Sovereignty,* New York: St. Martin's Press, 1992, 59；謝謝德拉赫（Ivan Drach）、施波爾魯克、和 Roman Szporluk和克萊墨與我討論米奇尼克的演講。

22 與Jerzy Kozakiewicz的訪談內容，1997年3月4日，華沙；Iurii Zaitsev, "Pol's'ka opozytsiia 1970-80 rokiv pro zasady ukrains'ko-pols'koho prozuminnia," in Iurii Zaitsev, ed., *Deportatsii ukraintsiv ta poliakiv,* L'viv: NAN Ukrainy, 1998, 56-63; Antoni Kamiński and Jerzy Kozakiewicz, *Stosunki polsko-ukraińskie,* Warsaw: Instytut Spraw Publicznych, 1997, 20; Czech, *Ukraińcy w Polsce,* 18 22; Gazeta Wyborcza, 8 May 1990, 6.

23 與Jacek Czaputowicz的訪談內容，1997年9月9日，華沙；Stephen Burant, "International Relations in a Regional Context: Poland and its Eastern Neighbors," *EuropeAsia Studies,* 45, 3 (1993), 409; *Gazeta Wyborcza,* 18 October 1990, 6.

24 與Jerzy Kozakiewicz的訪談內容，1997年3月4日，華沙；Skubiszewski, *Polityka zagraniczna,* 273-274; *Sprawozdanie Stenograficzne* (14), 8 May 1992, 196; Jan de Weydenthal, "Polish-Ukrainian Rapprochement," *RFE/RL Research Report,* 28 February 1992, 26; Czech, *Ukraińcy w Polse,* 47; Kamiński and Kozakiewicz, *Stosunki polsko-ukraińskie,* 21-22; *Nashe Slovo* (Warsaw), 13 December 1992, 1-2.

25 Andrew Wilson, *Ukrainian Nationalism in the 1990s,* Cambridge: Cambridge University Press, 1997.

26 Alexander Motyl and Bohdan Kravchenko, "Ukraine," in Ian Bremmer and Ray Taras, eds., *New States New Politics,* Cambridge: Cambridge University Press, 1997, 235-249; Roman Szporluk, "Reflections on Ukraine after 1994," *Harriman Review,* 7, 7-9 (1994), 1-10; Wiktor Neboz˙enko, "Ukraińska opinia publiczna o polityce zagranicznej," *Polska w Europie,* 15 (1994), 149-162.

27 波蘭也獲得了俄羅斯聯邦的保證：俄羅斯不會把德國人安置在波羅的海加里寧格勒州。這個地方是蘇聯在二戰後，從德國那裡拿走的領土。Skubiszewski, *Polityka zagraniczna,* 272-273.

28 Kostrzewa-Zorbas, "Russian Troop Withdrawal," 121-125; *Rocznik Polskiej Polityki Zagranicznej 1991,* 80-81; *Rocznik Polskiej Polityki Zagranicznej 1992,* 189; Dudek, *Pierwsze lata III Rzeczypospolitej,* 255.

29 Yitzhak Brudny, *Reinventing Russia,* Cambridge, Mass.: Harvard University Press, 2000, 262 及全書各處。

經歷，讓雙方都可以接受他成為外交部部長。

11 有關斯庫比謝夫斯基，*Polityka* (Warsaw), 27 October 1990。關於後勤，參*Gazeta Wyborcza*, 9-10 June 1990；communication from Krzysztof Skubiszewski, 7 December 2000, 10.

12 匈牙利與蘇聯烏克蘭的交往政策是例外。因為匈牙利很擔心在烏克蘭境內的僑民。斯庫比謝夫斯基的話引自：*Polityka zagraniczna,* 74.斯庫比謝夫斯基對政策的描述：*Sprawozdanie Stenograficzne* (51), 14 February 1991, 22; *Polityka zagraniczna,* 271；以及下個註腳的資料。雙軌政策備忘錄：Grzegorz Kostrzewa-Zorbas, "Tezy do polskiej polityki wschodniej u progu lat dziewie̜ dziesia̜ tych," 22 March 1990。關於備忘錄與政策的關係：Communication from Grzegorz Kostrzewa-Zorbas, 27 February 1998.亦可參閱 Geremek, *Rok 1989,* 338; *Gazeta Wyborcza,* 13-14 January 1990, 5-6; *Rzeczpospolita,* 14 January 1994, 22。

13 *Sprawozdanie Stenograficzne* (28), 26 April 1990, 15; and 65, 27 June 1991, 20.

14 Grzegorz Kostrzewa-Zorbas, "Stosunki polsko-litewskie," 1989年10月23日，該文呈送給波蘭參議院的外交事務委員會，以及華沙公民議員會議（submitted to Obywatelski Klub Parlamentarny）。

15 Skubiszewski, *Polityka zagraniczna,* 71, 96.批評見 Adam Chajewski, "Politykapolska wobec Litwy w latach 1989-1994," Arcana, 1, 7, (1996), 97。

16 Timothy Snyder, "The Poles," in Charles King and Neil Melvin, eds., *Nations Abroad,* Boulder, Colo.: Westview Press, 1998, 186-187.

17 有關與「薩尤季斯」的接觸，參Chajewski, "Polityka polska wobec Litwy," 95; Jan Widacki, "Stosunki polsko-litewskie," *Kultura,* 602 (1997), 46; "Materialy okra̜ glego stolu litewskopol skiego," *Lithuania,* 9-10 (1993-1994), 16; Jerzy Marek Nowakowski, "Polska-Litwa, *Polska w Europie,* 2 (1990), 64。

18 「Rukh」和「Sa̜ju¯dis」都是「運動」（movement）的意思，前者是烏克蘭語，後者是立陶宛語，照字面譯出來沒什麼太大意義，也不夠精準。

19 Myroslav Shkandrij, "Literary Politics and Literary Debates in Ukraine 1971-1981," in Bohdan Krawchenko, ed., *Ukraine after Shelest,* Edmonton: CIUS, 1983, 55-68; Roman Solchanyk, "Politics and the National Question in the Post-Shelest Period," ibid., 14-17.

20 *Kultura,* 436-437 (1984), 143-145; Taras Kuzio, "The Polish Opposition and the Ukrainian Question," *Journal of Ukrainian Studies,* 12, 2 (1987), 48; Stephen Burant, "Poland's Eastern Policy, 1990-1995," *Problems of Post-Communism,* 43, 2 (1996), 48-57; "Informacja o zaloz˙eniach i dotychczasowej dzialalności Instytutu Polsko-Ukraińskiego," 1997.

3 有關柯爾訪問華沙，Horst Telchik, *329 Tage,* Berlin: Siedler, 1991, 13-15; Helmut Kohl, *Ich wollte Deutschlands Einheit,* Berlin: Ullstein, 1996, 125-127; Bronislaw Geremek, *Rok 1989,* Warsaw: Plejada, 1990, 327; Philip Zelikow and Condoleezza Rice, *Germany Unified and Europe Transformed,* Cambridge, Mass.: Harvard University Press, 1995, 102。魏格爾的評論引自Krzysztof Skubiszewski, *Polityka zagraniczna i odzyskanie niepodległości,* Warsaw: Interpress, 1997, 16 n. 1。

4 Timothy Garton Ash, *In Europe's Name,* New York: Random House, 1994, 230, 353-354; Zelikow and Rice, *Germany Unified,* 132-133, 220-221; Telchik, *329 Tage,* 132, 184, 296-297; *Gazeta Wyborcza,* 8 February 1990, 7; 9 February 1990, 7; 22 February 1990, 1; 2 March 1990, 1; 15 March 1990, 1; Krzysztof Skubiszewski, "Poland and the North Atlantic Alliance 1989-1990," in Jörn Ipsen, ed., *Recht-Staat-Gemeinwohl,* Cologne: Heymann, 2001; Skubiszewski, *Polityka zagraniczna,* 29-34; *Sprawozdanie Stenograficzne,* (28), 26 April 1990, 8-10.

5 Wlodzimierz Derczyński and Robert Draczyk, *Stosunek Polaków do innych narodowości,* Warsaw: CBOS, August 1996, 29.

6 關於談判的啟動，參 Antoni Dudek, *Pierwsze lata III Rzeczypospolitej 1989-1995,* Cracow: Geo, 1997, 70; Grzegorz Kostrzewa-Zorbas, "The Russian Troop Withdrawal from Poland," in Allan Goodman, ed., *The Diplomatic Record, 1992-1993,* Boulder, Colo.: Westview Press, 1995, 122-123.關於維爾紐斯大火，參Grzegorz Kostrzewa-Zorbas, "Imperium kontratukuje," in Jacek Kurski and Piotr Semka, interviewers, *Lewy czerwcowy,* Warsaw: Editions Spotkania, 1993, 159-162。

7 波蘭人對德國人的恐懼，參"Security for Europe Project Final Report," Providence, R.I.: CFPD, 1993, 15。1992年5月的調查，*Z˙ycie Warszawy,* 1 August 1992, 23。Hupka's query in Skubiszewski, *Polityka zagraniczna,* 75. 關於德國外交官，同上，頁140。

8 Communication from Krzysztof Skubiszewski, 7 December 2000, 8-9. This is clear in Skubiszewski, *Polityka zagraniczna,* 379-395.亦可參閱Ilya Prizel, "Warsaw's Ostpolitik," in Ilya Prizel and Andrew Michta, eds., *Polish Foreign Policy Reconsidered,* New York: St. Martin's, 1995, 96-98.

9 分別引自：*Sprawozdanie Stenograficzne* (14), 8 May 1992, 193; Skubiszewski, *Polityka zagraniczna,* 29。

10 1968年，斯庫比謝夫斯基就曾批評波蘭參與入侵捷克斯洛伐克的行動，以及波蘭政權的反猶政策；1980年，他加入了團結工聯。然而1986-1989年間，他加入了賈魯塞斯基將軍的諮詢委員會。賈魯塞斯基擔任波蘭總統的任期直到1990年。所以斯庫比謝夫斯基的要文件，參[Zdzislaw Najder et al・], "Polska-Ukraina," internal position paper, Polskie Porozumienie Niepodleglościowe, November 1981。其他一般性資料參：Krzysztof Labe˛dź, *Spory wokół zagadnień programowych w publikacjach opozycji politycznej w Polsce,* Cracow: Ksie˛garnia Akademicka, 1997, 181-187; Jerzy Pomianowski, *Ruski miesia˛c z hakiem,* Wroclaw: Wydawnictwo Dolnośla˛skie, 1997, 47; Józef Darski, "Kronika bialoruska," *Kultura,* 471 (1986), 96; Jan Widacki, "Stosunki polsko-litewskie, *Kultura,* 602 (1997), 37-38。

17 Antoni Dudek and Maciej Gawlikowski, *Leszek Moczulski bez wahania,* Cracow: Krakowski Instytut Wydawniczy, 1993, 268; *Z˙ ycie Przemyskie,* 29 April 1992, 1, 3; *Sprawozdanie Stenograficzne z 25 posiedzienia Sejmu Rzeczypospolitej,* 6 July 1994, 13-14 (hereafter session (25) in parentheses); 同上，(31), 13 October 1994, 113。

18 Stefan Kozak, "Polsko-Ukraińskie dylematy i dialogi," *Polska w Europe,* 10 (January 1993), 47.

19 Milada Vachudová and Timothy Snyder, "Are Transitions Transitory?" *East European Politics and Societies,* 9, 1 (1997), 1-35.

20 這裡的方向，與東歐和中歐之前的模式相反。戰間期最著名的法西斯者和民族主義者，之前相信的都是社會主義。後共產時期最著名的法西斯者和民族主義者，過去則都相信共產主義。

21 與克瓦希涅夫斯基的訪談內容，1999年5月17日，波蘭華沙；與吉德羅伊奇的訪談內容，1998年11月7日，法國邁松拉菲特，以及 *Gazeta Wyborcza,* 3-4 January 1998, 10。

22 Anna Grzymala-Busse, "The Regeneration of Communist Parties in East Central Europe after 1989," Doctoral dissertation, Harvard University, 1999.

第十二章　民族國家正常化（1989-1991）

1 德意志聯邦共和國的法律立場，參1. For the legal stance of the Federal Republic of Germany, *Documentation Relating to the Federal Government's Policy of Détente,* Bonn: Press Office of the FRG, 1974, 16, 27.關於被驅逐的西德領袖，參Herbert Hupka, *Unruhiges Gewissen,* Vienna: Langen Müller, 1994, 433ff.; Herbert Czaja, *Unterwegs zum kleinsten Deutschland?*Frankfurt am Main: Josef Knecht, 1996, 753ff.波蘭民意調查引用如下。

2 引述出自*Gazeta Wyborcza,* 27 November 1989, 1。亦可參閱*Rocznik Polskiej Polityki Zagranicznej 1991,* 80。參考Jacques Lévesque, *The Enigma of 1989,* Berkeley: University of California Press, 1997, 110-119。

Princeton University Press, 1995。關於團結工聯，參Timothy Garton Ash, *The Polish Revolution,* London: Penguin, 1999; Roman Laba, *The Roots of Solidarity,* Princeton, N.J.: Princeton University Press, 1991; Jan Kubik, *The Power of Symbols against the Symbols of Power,* University Park: University of Pennsylvania Press, 1994; Michael Bernhard, "Reinterpreting Solidarity," *Studies in Comparative Communism,* 24, 3 (1991), 313-330; David Mason, "Solidarity as a New Social Movement," *Political Science Quarterly,* 101, 1 (1989), 41-58。

11 關於「波蘭獨立聯盟」的計畫和「勞工防衛委員會」的出版刊物，參Friszke, *Opozycja,* 423, 491-493。關於公開信，參Jan Lózef Lipski, *KOR,* Berkeley: University of California Press, 1985, 387。另參Antoni Kamiński and Jerzy Kozakiewicz, *Stosunki Polsko-Ukraińskie,* Warsaw: ISP PAN, 1997, 5; Ilya Prizel, "The Influence of Ethnicity on Foreign Policy," in Roman Szporluk, eds., *National Identity and Ethnicity in Russia and the New States of Eurasia,* Armonk, N.Y.: M.E. Sharpe, 1994, 108; *Polityka* (Warsaw), 7 March 1998, 42。

12 Jacek Kurón, *Wiara i wina,* London: Aneks, 1989, 347-349.

13 關於經過官方審查（合法的）編年史，參I.T. Lisevych, "Ukrains'ko-pols'ke kulturne spivrobitnytstvo v 70-kh rokakh," *Mizhnarodni zv'iazky Ukrainy,* 4 (1993), 58-68; L.O. Zashkil'niak, "Ukraina i ukrains'ko-pols'ki vidnosyny u pisliavoiennii pols'kii istoriohrafii," 同上，145-156。未經審查（非法的）重要文本，參Kazimierz Podlaski [Bohdan Skaradziński], "Bialorusini-Litwini-Ukraińcy: Nasi wrogowie czy bracia?" and Tadeusz Olszański, "Notatnik bieszczadzki."

14 有關團結工聯時期的烏克蘭問題，參Iurii Zaitsev, "Pol's'ka opozytsiia 1970-80 rokiv pro zasady ukrains'ko-pols'koho porozuminnia," in Iurii Slivka, eds., *Deportatsii ukraintsiv ta poliakiv,* L'viv: NAN Ukrainy, 1998, 54; Taras Kuzio, "The Polish Opposition and the Ukrainian Question," *Journal of Ukrainian Studies,* 12, 2 (1987), 51; Friszke, *Opozycja,* 321; Miroslaw Czech, *Ukraińcy w Polsce,* Warsaw: Zwia˛zek Ukraińców w Polsce, 1993, 269; Garton Ash, *Polish Revolution,* 133。

15 參下列人士的回憶紀錄：Bohdan Osadczuk, Iaroslav Hrytsak, Myroslav Popovych, Ivan Dziuba, Mykola Zhulyns'kyi, Miroslaw Czech, and Roman Szporluk in *Nashe Slovo* (Warsaw), 8 October 2000。

16 有關「獨立波蘭邦聯」的資料如下。「自由與和平運動」的宣言，參*Stosunki PolskoUkraińskie 1917-1947,* Warsaw: Perturbancii, 1990, 122-123。探討這類問題的出版物，包含*Karta, Znak, Spotkania, Obóz, Mi˛edzymorze,* and *Nowa Koalicja*。相關重

持著收復失土的期盼。至於吉德羅伊奇的出生地明斯克，則在1921年的里加會議上，被波蘭民族主義人士無條件贈予給布爾什維克俄羅斯。這或許也影響了他對波蘭民族主義者，在1994年之後爭取勒沃夫和維爾諾的態度。

4 該經歷引自Jerzy Giedroyc, *Autobiografia na cztery r˛ece,* Warsaw: Czytelnik, 1996；以及與吉德羅伊奇的訪談內容，1998年11月7日，法國邁松拉菲特（Maisons-Laffitte）。有關他的影響力，參Andrzej Friszke, *Opozycja polityczna w PRL,* London: Aneks, 1994, 242，和下文引用的《文化》雜誌的論述。

5 1950年代，因為擔憂蘇聯的勢力，所以出現了一個建立中歐聯邦的計畫。不過在1968年，蘇聯入侵捷克斯洛伐克之後，《文化》開始重視共產主義失敗以及蘇聯瓦解後的歐洲地緣政治。Janusz Korek, *Paradoksy paryskiej Kultury,* Stockholm: Almqvist & Wiksell, 1998, 93-96; Marek Suszko, "*Kultura* and European Unification, 1948-1953," *Polish Review,* 45, 2 (2000), 183-195.

6 接下來的段落參考自 Juliusz Mieroszewski, "Polska 'Ostpolitik,'" and "Rosyjski 'Kompleks Polski' i ULB," in *Materiały do refleksji i zadumy,* Paris; Instytut Literacki, 1976, 110-122, 175-186。另可參"ABC polityki Kultury," in Zdzislaw Kudelski, *Spotkania z paryska˛ Kultura˛,* Warsaw: Pomost 1995, 131-144; Krzysztof Kopczyński, *Przed przystankiem niepodległości,* Warsaw: Wie˛z˙, 1990, 11; and Rafal Habielski, "Realizm, wizje, i sny romantyków," in Juliusz Mieroszewski, *Finał klasycznej Europy,* Lublin: Wydawnictwo Uniwersytetu Marii Curie-Sklodowskiej, esp. 50.Compare Adam Bromke, *Idealism vs. Realism,* Cambridge, Mass.: Harvard University Press, 1967.

7 大約在同一時期，烏克蘭裔歷史學家羅曼．施波爾魯克（Roman Szporluk）也在關注同個問題，見1971、1973和1975年的三篇文章。這三篇文章後來重新出版，收錄在以下著作的前三章：*Russia, Ukraine, and the Breakup of the Soviet Union,* Stanford, Calif: Hoover University Press, 2000。

8 Timothy Snyder, "The Polish-Lithuanian Commonwealth since 1989: National Narratives in Relations among Belarus, Lithuania, Poland, and Ukraine," *Nationalism and Ethnic Politics,* 4, 3 (1998), 1-24.

9 關於現實主義者的想法，參Stanislaw Bieleń, "Kierunki polityki wschodniej III Rzeczypospolitej," in *Patrza˛c na wschód,* Warsaw: Centrum Badań Wschodnich, 1997, 12。關於流亡政府的想法，參*Radio Free Europe Report,* 7 September 1990。

10 有關團結工聯之前的時期，參Friszke, *Opozycja;* Andrzej Paczkowski, *Pół wieku dziejów Polski,* Warsaw: PWN, 1996; Grzegorz Ekiert, *The State against Society,* Princeton, N.J.:

Mironowicz, *Białorusini w Polsce, 1944-1949,* Warsaw: PWN, 1993, 146-151; Andrzej Paczkowski, *Od sfałszowanego zwycįestwa do prawdziwej kl̨eski,* Cracow: Wydawnictwo Literackie, 1999, 224。

31 這項名為「Przemiany Polaków」的調查，分別在政治週刊《Polityka》1968年11月9日、11月16日、11月23日、11月30日、12月7日、12月14日上刊登了三十則回覆。Tadeusz Kotarbiński是唯一一位提到，多元會帶來好處。Józef Chalabiński則是唯一一位提及猶太人的人，表達的語句是「更別說是猶太人了」。值得一提的是，有一些受訪者認為，像一個「波蘭社會」或一個「波蘭類型」這樣的概念，是在戰後才有意義，這跟我本書的論點是一致的。

32 Miroslaw Czech, *Ukraińcy w Polsce,* Warsaw: Zwia̧zek Ukraińców w Polsce, 1993, 12, 269; Stefan Zabrowarny, "Polityka narodowościowa polskich wladz komunistycznych w kwestii ukraińskiej," in Jacek Pietraś and Andrzej Czarnocki, eds., *Polityka narodowościowa państw Europy Środkowowschodniej,* Lublin: IEWS, 1993, 147; Boris Bej, "Ukraińcy w Polsce," *Kultura,* 429 (1983), 123-126.另參Marcin Król, "Komentarz,"*Nowa Respublica,* 54 (1993), 39。

33 Manfred Berger, *Jaruzelski,* Düsseldorf: EconVerlag, 1990, 245-248; Timothy Garton Ash, *The Polish Revolution: Solidarity,* London: Penguin, 1999, 356-363.Jaruzelski's account is *Stan wojenny dlaczego,* Warsaw: BGW, 1992.

第十一章　愛國的反對派與國家利益（1945-1989）

1 1989年觀察人士對波蘭與其東邊鄰居的關係並不樂觀，參 Daniel Nelson, "Europe's Unstable East," *Foreign Policy,* 82, 1991, 137-158; John Mearsheimer, "Back to the Future," *International Security,* 15, 1 (1990), 5-56; Andrew Michta, *East Central Europe after the Warsaw Pact,* Westport, Conn.: Greenwood Press, 1992, 82; Józef Lewandowski, "Miȩdzy Sanem a Zbruczem," *Kultura* 519 (1990), 128-134; Józef Darski, *Ukraina,* Warsaw: Sorograf, 1993, 69; Yaroslav Bilinsky, "Basic Factors in the Foreign Policy of Ukraine," in S. Frederick Starr, eds., *The Legacy of History in Russia and the New States of Eurasia,* Armonk, N.Y.: M. E. Sharpe, 1994, 174, 186。

2 從一些小地方可以看出，1920年波蘭與烏克蘭建立了聯盟，例如當年在華沙大學有開烏克蘭歷史的講座，華沙也有烏克蘭研究學會。這個學會出版了《塔德伍施先生》第一本烏克蘭譯本，譯者是馬克西姆・雷利斯基（Maksym Ryl's'kyi）。

3 許多流亡倫敦的人，都出身於後來割讓給蘇聯的東部領土，他們出於個人的情感，總抱

polnische Vertriebene, Göttingen: Vandenhoeck & Ruprecht, 1998。

18 Jan Ke˛sik, "Województwo wolyńskie 1921-1939 w świetle liczb i faktów," *Przegla˛d Wschodni,* 4, 1 (1997), 107-108.

19 Jan Popiel, "Rozmowy przeprowadzone w Dobrej w czerwcu-lipcu 1997," 1997; Correspondence from Jan Popiel, November 1999; *1947: Propam'iatna Knyha,* 184-194; *Dzieje Konfliktów,* Vol.3, 249-250; Motyka, *Tak było w Bieszczadach,* 328.另參Babiński, *Pogranicze polsko-ukraińskie,* 101; Krzysztof Ślusarek, *Drobna szlachta w Ga-licji,* Cracow: Ksie˛garnia Akademicka, 1994, 161。

20 Respectively: *Śladami ludobojstwa,* 351; and II/2451/4, AWKW.

21 II/1758j, AWKW; *Śladami ludobojstwa,* 473-475.

22 例子參 II/737; II/1362/kw; II/17, AWKW。許多波蘭人也有提過烏克蘭人曾救了他們，相關敘述可參第八章。

23 諮詢Anna Strońska, *Dopóki milczy Ukraina,* Warsaw: Trio, 1998。

24 Taras Kuzio, *Ukraine,* London: Routledge, 1998, 111。更廣泛的說明，諮詢P.N. Barford, *The Early Slavs,* Ithaca, N.Y.: Cornell University Press, 2001, 278ff。

25 關於波蘭人和蘇聯對烏克蘭歷史的態度，參 Stephen Velychenko, *Shaping Identity in Eastern Europe and Russia,* New York: St. Martin's, 1993; Andrew Wilson, *The Ukrainians,* New Haven, Conn.: Yale University Press, 2000。

26 這是我個人在1999年7月和2000年6月勒維夫碰到的經驗。有一首關於沃里尼亞的波蘭歌曲，也有相似的歌詞，記錄了1943年逃走的波蘭人的回憶。

27 The Eskimo remark: Babiński, *Pogranicze polsko-ukraińskie,* 109. 聖女大德蘭／聖施洗者聖約翰的故事參"Postsocialist Nationalism," *Slavic Review,* 57, 4 (1998), 840-863。支持「保護波蘭教堂」的委員會，其領導人的觀點，參*Pogranicze* (Przemyśl), 24-28 (1991)。

28 Przesiedlenie ludności polskiej, 27.

29 Krystyna Kersten, "Forced Migration and the Transformation of Polish Society in the Postwar Period," in Philipp Ther and Ana Siljak, eds., *Ethnic Cleansing in East Central Europe, 1944-1948,* Boulder, Colo.: Rowman and Littlefield, 2001, 75–87.

30 關於民族純淨和共產主義合法化，參Jan Gross, "A Tangled Web," in István Deák, Jan Gross, and Tony Judt, eds., *The Politics of Retribution in Europe,* Princeton: Princeton University Press, 2000, 107-114; Lukasz Hoirszowicz, "The Jewish Issue in Post-War Communist Politics," in Abramsky et al •, *The Jews in Poland,* 199-208; Feliks Tych, *Długi cień Zagłady,* Warsaw: Z˙ ydowski Instytut Historyczny, 1999, 74; Eugeniusz

以來，在這片廣大的領土上，身為猶太人基本上就是必死無疑。因為猶太人往往長得不一樣，說話有獨特的口音，幾乎不懂基督教的儀式，既沒做過農場的勞力活，也不曾在荒野中生活，很少使用武器的經驗。他們的衣著還常常很引人注意。猶太男丁都會接受割禮。

11 Agnieszka Cieślowska, *Prasa okupanowego Lwowa,* Warsaw: Neriton, 1997, 163-164.

12 這些事件引用自 Gregorz Motyka, *Tak było w Bieszczadach,* Warsaw: Volumen, 1999, 456, 435 respectively.

13 從烏克蘭人的回憶中，這樣的狀況屢見不鮮。例如可參閱 II/2196/p, AWKW。

14 就跟美國南部的白人和黑人遷徙至工業化的北部狀況一樣，儘管在文化上有很明顯的相似性，內心卻強烈地想要否認，而且這種相似性還被其他身分認同的吸引力削弱。比較 Wlodzimierz Odojewski, *Oksana,* Warsaw: Twój Styl, 1999, and William Faulkner, *The Sound and the Fury,* New York: Jonathan Cape, 1929。

15 這段軼事引用自 Grzegorz Motyka and Rafal Wnuk, *Pany i rezuny,* Warsaw: Volumen, 1997, 8。由於西方教派和東方教派的聖誕節不在同一天，前者在12月25日，後者在1月7日，所以有辦法聖誕夜的時候邀請彼此共進晚餐。有關聖誕夜晚餐在東部的「波蘭」文化中，具有重要意義，參見 Wlodzimierz Odojewski, *Zasypie wszystko, zawieje . . .* Paris: Instytut Literacki, 1973。這部小說寫的是戰爭期間波蘭人與烏克蘭人之間的關係，非常值得翻譯引進。這本書可以讓我們看到，一般衝突中個人如何做出選擇，有助於我們作分析。不過其最大的缺點在於，它低估了烏克蘭民族主義的吸引力。這本書在共產波蘭被列為禁書。

16 相關證據參Padraic Kenney的社會歷史著作：*Rebuilding Poland: Workers and Communists, 1945-1950,* Ithaca, N.Y.: Cornell University Press, 1997。

17 Andrzej Zie˛ba, "Ukraińcy w oczach Polaków," in Teresa Walas, ed., *Narody i stereotypy,* Cracow: Mie˛dzynarodowe Centrum Kultury, 1995, 95-104。關於國家政策，參Danuta Sosnowska, "Stereotypy Ukrainy i Ukraińca w literaturze polskiej," in ibid., 125-131; and Józef Lewandowski, "Polish Historical Writing on Polish-Ukrainian Relations During World War Two," in Peter Potichnyj, ed., *Poland and Ukraine,* Toronto: CIUS, 1980, 231-246。另參John Basarab, "Postwar Writings in Poland on Polish-Ukrainian Relations," ibid. See also John Basarab, "Postwar Writings in Poland on Polish-Ukrainian Relations," ibid., 249; Roman Szporluk, "The Role of the Press in Polish-Ukrainian Relations," ibid., 223; Babiński, *Pogranicze polsko-ukraińskie,* 163; Stefan Kozak, "PolskoUkraińskie dylematy i dialogi," *Polska w Europie,* 10 (1993), 46。不同的研究框架，參Philipp Ther, *Deutsche und*

第十章　共產主義與清洗的記憶（1947-1981）

1 Piotr Eberhardt, *Mi˛edzy Rosja˛ a Niemcami,* Warsaw: PWN, 1996, 109, 127.

2 當地人也說德語、羅姆語（Romani）和捷克語。納粹政權也殺害了大多數的吉普賽人。戰爭結束之際，沃里尼亞和加利西亞大半的德國人不是逃走，就是被驅逐出境。許多捷克人被殺害，約五萬三千名倖存者移居他處。有關戰間期的德國人聚落，參Hans-Jörgen Seraphim, *Rodungssiedler,* Berlin: Paul Parey, 1938。戰後的西烏克蘭接納了喀爾巴阡山下的魯塞尼亞居民，布科維納（Bukovina）部分地區的人民。前者之前屬於捷克斯洛伐克，後者之前屬於羅馬尼亞。

3 Volodymyr Kubiiovych, *Natsional'nyi sklad naselennia Radianskoi Ukrainy v svitli soviets'kykh perepisiv,* Paris, 1962, 5-9.

4 最後兩個數字是根據以下資料估計出來的：*Holocaust of Volhynian Jews,* Jerusalem: Yad Vashem, 1990, 357– 358; Dieter Pohl, *Nationsozialistische Judenverfolgung in Ostgalizien,* Munich: Oldenbourg, 1996, 385-387；以及Piotr Eberhardt, *Polska ludność kresowa,* Warsaw: PWN, 1998, 214。其他數據則根據前兩章引用的資料，以及1959年開始的蘇聯人口普查。沃里尼亞猶太人在蘇聯占領時期並沒有被強制遷走，這大概是其戰死人數這麼高的其中一個原因。Spector估計大約有五百人（28）。

5 參閱波蘭學者Grzegorz Babiński的人類學研究 *Pogranicze polsko-ukraińskie,* Cracow: Nomos, 1997, 114；社會學家Antonina Kloskowska的調查分析 *Kultury narodowe u korzeni,* Warsaw: PWN, 1996, 188-189；另也可參閱政治學者John Armstrong的評估 *Ukrainian Nationalism,* Englewood, N.J.: Ukrainian Academic Press, 219。

6 對話出自1999年7月25日，波蘭村莊Zdynia舉行的蘭克人大會（Lemkovska Vatra〔Lemko Congress〕）。

7 資料來自*Teczka specjalna J. W. Stalina,* 544。另見*Deportatsii,* 22-23。

8 II/2110, AWKW; *1947: Propam'iatna Knyha,* 69.

9 根據前述引用的數字所估算出來的數值。另見華沙的非政府組織的計算，收錄在*Polska-Ukraina: Trudne pytania,* vol.8, Warsaw: Karta, 2000, 159, and that of Grzegorz Motyka, "Co ma Wisla do Wolynia," *Gazeta Wyborcza,* 23 March 2001。

10 Lotnik, *Nine Lives,* London: Serif, 1999, 14。這部作品在結構上偏向回憶錄，從書中可以清楚看到，若要是猶太人碰到這種情況，根本無法逃得掉。Michael Skakun, *On Burning Ground,* New York: St. Martin's, 1999。一位名叫斯卡昆（Joseph Skakun）的猶太人是個特殊案例。他先是冒充波蘭韃靼人，成功逃到德國當勞工，後來又冒充立陶宛人加入了武裝親衛隊。但像這樣假冒各種身分的故事，也讓人看出猶太人面對的巨大困境。長久

81 Motyka, *Tak było w Bieszczadach,* 368, 376-377。在Misylo記錄的507位士兵死亡名單中，有35人被列為自殺，占總人數的6.9%。*Povstans'ki mohyly,* 29-218.

82 大約三到五萬名烏克蘭人和蘭克人逃離了強制遷徙：有些人是靠賄賂軍官，有些人躲在波蘭人家裡，或者聲稱自己是波蘭人；大約有一千人成功說服地方當局保護他們（Bodaky, Blechnarka, Wysowa）。(Conversations in Lemkowszczyzna, 23-25 July 1999)。有時候，負責遣返行動的領導人會酌情決定是否違反命令，允許異族通婚的夫妻、紅軍老兵和受雇於鐵路和礦場的烏克蘭人繼續留在當地。

83 1947: Propam'iatna Knyha, 15, 73, 79, 142-143; *Nashe Slovo* (Warsaw), 3 March 1996,3; 10 March 1996, 3; Leszek Wolosiuk, "Historia jednej fotografii," in Wlodzimierz Mokry, *Problemy Ukraińców w Polsce po wysiedleńczej akcji"Wisła" 1947 roku,* Cracow: Szwajpolt fiol, 1997, 403-414.

84 超過35人在雅沃爾茲諾集中營被判處死刑。根據某項估計，1944-1956年間2810起死刑中，有573名受刑者為烏克蘭人。這個數字相當高，因為其實烏克蘭人占總人口不到1%。*Akcja 'Wisła,'* 30.Misylo蒐集的相關文件，參*UPA v svitli pols'kykh dokumentiv*。有關1947年前被處決的烏克蘭人，參Maria Turlejska, *Te pokolenia z˙ałobami czarne,* London: Aneks, 1989, 331-337。因強制遷徙死亡的582位烏克蘭人，名單參*Repatriacja,* Vol. 2, 352-394。

85 烏克蘭囚犯在雅沃爾茲諾集中營裡受到的待遇，波蘭檢察官有做過一份報告，再版於*Nashe Slovo* (Warsaw), 28 January 1996, 1, 3。另可參Mokry, *Problemy Ukraińców w Polsce,* 76-82; *1947: Propam'iatna Knyha,* 49-50, 92-93; Jan Popiel, ed., "Rozmowy przeprowadzone w Dobrej," unpublished, 1997；以及一位從西伯利亞歸鄉的波蘭婦女的回憶錄，因被指控曾庇護一名烏克蘭反抗軍士兵不受紅軍侵害，而被關押：II/53, AWKW.

86 烏克蘭反抗軍在波蘭的行動於1947年9月17日終止，當時的烏民組織指揮官斯塔魯赫在其碉堡中喪命。後來烏克蘭反抗軍指揮官奧尼什凱維奇（Myroslav Onyshkevich）便解散了他的士兵。1947年年末，為擊敗選擇繼續戰鬥的游擊隊，三支小型的行動小組成立。接下來幾年，軍隊繼續重新安置那些逃跑的烏克蘭人或漏網之魚。1947-1952年間，大約有十五萬名烏克蘭人被強制遷徙。

87 有關在蘇屬烏克蘭的烏克蘭反抗軍，參 Grzegorz Motyka, "Bieszczadzkie sotnie UPA na Ukrainie 1947-1948," *Nashe Slovo* (Warsaw), 6 February 2000, 3; Burds, "Agentura," 89-130; Peter Potichnyj, "Pacification of Ukraine: Soviet Counterinsurgency," 1999; *Desiat' buremnykh lit;* D.M. Stickles, eds., *The Beria Affair,* New York: Nova Science, 1992, 54 and 104。關於雷貝德，參Christopher Simpson, *Blowback,* New York: Weidenfeld and Simpson, 1988, 163-171。

d'une victoire," in Stéphane Courtois, eds., *Le livre noir du communisme,* Paris: Robert Laffont, 1997, 254, 264.

69 Vostochnaia Evropa, 596-597。這位感到擔憂的官員即是沃爾斯基（Wladyslaw Wolski），時任公共行政部副部長，負責遣返事宜。他在1949年升為部長。

70 *Akcja 'Wisła,'* 82-83, 84-85.

71 同上，頁43。

72 班德拉派的目標宣言，參1946年1月的"Prohramovi zasady OUN," in OUN-UPA v roky viiny, 451-463。這時沃里尼亞地區和大半的加利西亞地區都在蘇聯境內，仍存在爭議的領土為仍屬於波蘭的一小部分的加利西亞（熱舒夫督軍領），和盧布林及克拉科夫督軍領的部分地區。

73 *Akcja 'Wisła,'* 98-99.

74 同上，頁93。

75 我不同意那些認為重新安置只是摧毀烏克蘭反抗軍計畫的一部分的說法。這是近年來相關詳細研究所持的觀點。Szcześniak and Szota, *Droga do nika˛d.*Tadeusz Piotrowski在以下著作中的觀點，我也持懷疑態度：*Poland's Holocaust*, Jefferson, N.C.: McFarland & Co., 1998, 244, 379。當然若說這些行動與烏克蘭反抗軍完全沒關係，這種觀點我也完全不認同。如果烏克蘭反抗軍不存在，波蘭政策還是會完全一樣，並且同樣受歡迎，這樣的想法也是站不住腳的。因此，如果在討論「在波蘭的烏克蘭人面對的悲劇」，卻不提及沃里尼亞地區發生的屠殺事件，是很奇怪的一件事。*Trahedia Ukraintsiv Pol'shchi.*

76 一位波蘭人回憶起，當年蘭克人被當成叛徒而遭受不公平對待：II/1771, AWKW。關於納粹發的身分文件，參Kersten, "The Polish-Ukrainian Conflict," 147。

77 1948年10月，科索夫斯基返回蘇聯。參 "Sluzhebnaia kharakteristika," 15 October 1948；及"Charakterystyka-Sluz˙bowa," 31 March 1948, teczka personalna pplk. Waclawa Kossowskiego, CAWR.

78 Motyka, *Tak było w Bieszczadach,* 407.

79 Akcja 'Wisł*a,'* 210。莫索的副指揮官批評莫索的戰略，參Lech Kowalski, *Generałowie,* Warsaw: Pax, 1992, 100-103.

80 *Akcja 'Wisła,'* 222-225, 279-282, 285-286.有關安全部隊，參 John Micgiel, "Bandits and Reactionaries," in Norman Naimark and Leonid Gibianskii, eds., *The Establishment of Communist Regimes in Eastern Europe,* Boulder, Colo.: Westview, 1997, 63-111; Andrzej Paczkowski, *Od sfałszowanego zwyci˛estwa do prawdziwej kl˛eski,* Cracow: Wydawnictwo Literackie, 1999, 36。

56 Repatriacja, Vol. 1, 64-66; *Deportatsii,* Vol. 1, 471-473; *Trahedia Ukraintsiv Pol'shchi,* 125-128, 156-159.

57 有關被付之一炬的村莊，參 *1947: Propam'iatna Knyha,* 165-168; II/1771, AWKW。有關與軍隊的介入，參 *Repatriacja,* Vol. 2, 84-87, 110-114, 170-174, Szcześniak and Szota, *Droga do nika̜d,* 226-227; and Motyka, *Tak było w Bieszczadach,* 296ff。有關負責遣返事宜的官員，參*Repatriacja,* Vol. 2, 140。

58 當時有一些反抗蘇聯軍隊的合作。Grzegorz Motyka and Rafal Wnuk, *Pany i rezuny,* Warsaw: Volumen, 1997, 76-193。烏克蘭反抗軍成員回憶與AK的合作，參*1947: Propam'iatna Knyha,* 144, 236; *Povstans'ki mohyly,* 213-214；波蘭人的報告*Pereselennia poliakiv ta ukraintsiv,* 733, 911。

59 這次的會議：*Repatriacja,* Vol. 1, 147-154。類似的請願，參*Pereselennia poliakivta ukraintsiv,* 523-526。

60 有關「民族國家」和「多民族國家」之間的對立，參Stanislaw Grabski, *Państwo narodowe,* L'viv: Igla, 1929, 164。

61 *Trahedia Ukraintsiv Pol'shchi,* 174-175.

62 Akcja 'Wisł*a,'* 15. 波德戈爾內是1964年推翻赫魯雪夫的「三頭馬車」之一，他的名字以烏克蘭寫法為「Mykola Pidhirnyi」。

63 有關這場事件，參 *Repatriacja,* Vol. 2, 24, 31, 39, 43。

64 有關重新安置的規模，是根據Akcja Wisła提供的資料來估計。有關被迫移居的烏克蘭人的調查，可參閱Halyna Shcherba, "Deportatsii naselennia z pol's'koukrains'koho pohranychchia 40-kh rokiv." in *Pol's'ko-Ukrains'ki studii,* Kyiv: Lybid', 1993, 254。遭到殺害的烏克蘭人數估計資料來自Motyka, *Tak było w Bieszczadach,* 364.

65 Sovetskii faktor, 388。共產國際書記曼努埃爾斯基（Dmytro Manuil's'kyi）寫信給政治局委員卡崗諾維奇，提到蘇屬烏克蘭不應該再接受來自波瀾的烏克蘭人，因為負責重新安置作業的機構已經被解散，資金也不足了。*Trahedia Ukraintsiv Pol'shchi,* 404-405.（曼努埃爾斯基恰巧是里加會議的談判者之一，在波共瓦解之前由他負責監督該黨，他對波蘭相當瞭解，也說了一口流利的波蘭語。）

66 *Akcja 'Wisła,'* 53-54.

67 同上，頁65。有關希維爾切夫斯基將軍之死，參Tadeusz Pla̜skowski, "Ostatnia inspekcja Gen. broni Karola Świerczewskiego," *Wojskowy Przegla̜d Historyczny,* 4 (1983), 96-112. 官方資料來自*Polska Zbrojna,* 21 March 1947, 1。

68 關於西烏克蘭，參*Deportatsii,* Vol. 2, 64-66; *Desiat' buremnykh lit,* 589; Werth, "L'envers

42 *Pereselennia poliakiv ta ukraintsiv*, 797; *Repatriacja,* Vol. 2, 160, 180.

43 Repatriacja, Vol. 2, 262.

44 同上，頁103-104。

45 同上，頁81-82, 94, 104-105；數字估算來自Rafal Wnuk, "Wierzchowiny i Huta" *Polska 1944/5,* 4 (1999), 87; and Grzegorz Motyka, *Tak było w Bieszczadach,* Warsaw: Volumen, 1999, 238-241.

46 Repatriacja, Vol. 1, 85-87.

47 Antoni Szcześniak and Wieslaw Szota, *Droga do nika̧d,* Warsaw: MON, 1973, 257。這份極為重要的研究，由於是在波蘭人民共和國出版，而使得其影響力甚小。儘管書中提出了種種證據，作者依然將烏克蘭的民族主義簡化成納粹的一種分支。或許你可以找到各種理由支持這種說法，但如果我們不跳脫這種說法，就永遠無法瞭解烏克蘭游擊隊為什麼會出現在波蘭。

48 有關蘭克人的地區，參*1947: Propam'iatna Knyha* 13, 19, 32-33, 61, 123. 幾乎所有受訪者都有講到在烏克蘭反抗軍服役和對其的看法。這一卷詳細列出了371名當地烏克蘭反抗軍士兵的名字。另有關507名士兵的生平紀錄可參*Povstans'ki mohyly*；以及1947年被判死刑的烏克蘭反抗軍士兵名單，參*UPA v svitli pols'kykh dokumentiv,* 567-573。

49 Trahedia Ukraintsiv Pol'shchi, 151。烏克蘭人的回憶，參 *1947: Propam'iatna Knyha,* 87, 110, 190, 246.

50 *Pereselennia poliakiv ta ukraintsiv,* 621-625.

51 根據Misylo蒐集的507位烏克蘭反抗軍士兵的紀錄，其中有21人曾是武裝親衛隊加里西亞師的一員，24人擔任德國警察，6人服役於德意志國防軍，1人於烏克蘭軍團（Ukrainian Legions）。Misylo資料蒐集有限，實際人數應該會更高，參*Povstans'ki mohyly,* 29-218。曾任加里西亞師的烏克蘭人加入了烏克蘭反抗軍，他們的回憶可參 *1947: Propam'iatna Knyha,* 42-43, 122；另可參Ivan Dmytryk, *U lisakh Lemkivshchyny,* Munich: Suchasnist, 1977, 115。

52 *Povstans'ki mohyly,* 85-86, 65-69, 180-181.

53 烏克蘭反抗軍在波蘭東南部領土創辦了招募新兵和培訓軍官的學校，教導學員個人的苦難是民族苦難的一部分。Szcześniak and Szota, *Droga do nika̧d,* 153-154.*Povstans'ki mohyly* 中可以看到這類的資訊，顯示當地新兵曾接受了這類的訓練。

54 Deportatsii, Vol. 2, 54-59.

55 烏克蘭反抗軍西部指揮官Vasyl' Sydor的命令，收錄在基輔的烏克蘭國家中央檔案館，3833/2/3，引述自 Grzegorz Motyka, "Ukraińskie 'powstanie'," *Karta,* 29 (1999), 65。

28 同上，頁93-102。

29 Gomulka cited in Piotr Madajczyk, "Polska polityka narodowościowa po 1945 roku," *Nashe Slovo* (Warsaw), 15 August 1999。在哥穆爾卡演講的前一天，某家地方政黨的報刊發表了一首詩，詩名為《波蘭：只為波蘭人》。*Gazeta Robotnicza* (Katowice), 19 May 1945, in Dariusz Baliszewski and Andrzej Kunert, eds., *Ilustrowany przewodnik po Polsce stalinowskiej,* Warsaw: PWN 1999, 300.

30 II/2266/p, II/1914, II1286/2kw, II/1328/2k, AWKW。亦可參閱"Biuleteny-No. 62," Związki Ziem Wschodnich Rzeczypospolitej, 15 September 1947, zesz. A.9.V. , tecz, 10, MSW, AMPN。資料可參 *Deportatsii,* Vol. 1, 25.

31 比較 *Pereselennia poliakiv ta ukraintsiv,* 251-261 及 495-497.

32 有關烏克蘭反抗軍的資料參 *Przesiedlenie ludności polskiej,* 316.波蘭人離開蘇聯後，內務人民委員部也失去了重要的探員。參 Jeffrey Burds, "AGENTURA: Soviet Informants' Networks and the Ukrainian Rebel Underground in Galicia," *East European Politics and Societies,* 11, 1 (1997), 89-130；以及*Pereselennia poliakiv ta ukraintsiv,* 747, 789, 877, 914-917。

33 *Deportatsii poliakiv z Ukrainy*, 102; *Pereselennia poliakiv ta ukraintsiv,* 627.

34 在一場更大的棋局中，這些波蘭官員也都只是棋子。他們受到蘇聯內務人民委員部的殘酷對待，經常被逮捕入獄。*Przesiedlenie ludności polskiej,* 201-203.

35 Tkachov, *Pol's'ko-Ukrains'kyi transfer naselennia* 51-53, 99-122; *Przesiedlenie ludnościpolskiej,* 384-385，及全書各處。

36 *Przesiedlenie ludności polskiej*, 342.

37 同上，頁214。

38 1944年7月協議所設想的邊界範圍內，說烏克蘭語的人大約六十萬人，占不到波蘭人口的3%。*Repatriacja,* Vol. 1, 17-18. 在簽下這個祕密協議的一周前，赫魯雪夫寫信給史達林，請求他把海烏姆周圍的領土劃進蘇屬烏克蘭境內。這麼做將可以讓赫魯雪夫妻子的出生地變成蘇聯的一部分。

39 在這些地區，蘇聯當局注意到他們安置的波蘭人抱持的民族主義思想。*Trahedia Ukraintsiv Pol'shchi,* 128-132; *Pereselennia poliakiv ta ukraintsiv,* 183.

40 II/2196p., AWKW; "Informacja z prasy ukraińskiej nr. 2," zesz. A.9. V., tecz. 9, MSW, AMPN；以及下文引述的資料。

41 引述自 *Pereselennia poliakiv ta ukraintsiv,* 923。有關「遣返之後想重回原居地」的人，可參*Repatriacja,* Vol. 2, 19, 125, 160; *Deportatsii*, Vol. 2, 16。

faktor, 238, 504-507; Molotov's urgings: *Vostochnaia Evropa,* 429-430; 519; Stalin on northeastern Europe: *Sovetskii faktor,* 74；史達林對東南歐的計畫，參*Vostochnaia Evropa,* 126-129, 275; *Sovetskii faktor,* 133；後續發生的事件，參 Ivo Banac, *With Stalin against Tito,* Ithaca, N.Y.: Cornell University Press, 1988.

20 史達林以族裔為由，將曾屬於捷克斯洛伐克喀爾巴阡山脈下的魯塞尼亞，併入了烏克蘭。

21 *Sovetskii faktor,* 371.

22 Terry Martin, "Stalinist Forced Relocation Policies," in Myron Weiner and Sharon Russell, eds., *Moving Targets: Demography and Security,* Cambridge: Berghahn Books, 2001.波蘭的一些機構在1935-1936年間被解散，顯示有人開始把波蘭人視為蘇聯民族敵人，但卻沒有因此出現針對所有波蘭人的驅逐政策。甚至1937-1938年的「清洗波蘭人行動」不光只是影響波蘭人，也波及其他民族。這些行動的目的，都是在摧毀而非鞏固族群。在這兩個例子中，波蘭人依然是蘇聯公民，依然留在蘇聯境內。N. V. Petrov and A. B. Roginskii, "Pol'skaia operatsiia NKVD 1937-1938 gg. , in *Repressii protiv poliakov i pol'skykh grazhdan,* Moscow: Memorial, 1997, 35.

23 Terry Martin, "The Origins of Soviet Ethnic Cleansing," *Journal of Modern History,* 70 (1998), 813-861。亦可參閱Robert Conquest, *The Nation Killers,* London, Macmillan,1970.

24 參Rogers Brubaker, "Nationhood and the National Question in the Soviet Union and post-Soviet Eurasia," *Theory and Society,* 23 (1994), 47-48; Yuri Slezkine, "The USSR as Communal Apartment," *Slavic Review,* 53, 2 (1994), 414-452; Francine Hirsh, "The Soviet Union as a Work in Progress," *Slavic Review,* 56, 2 (1997), 251-278; Ronald Grigor Suny, *The Revenge of the Past,* Stanford, Calif.: Stanford University Press, 1993。Hans Kohn在他的著作中，有預見一些蘇聯早期建構主義所持的民族性概念，參 *Nationalism in the Soviet Union*, London: Routledge, 1933。常被引用的段落來自Richard Pipes, *The Formation of the Soviet Union,* Cambridge, Mass.: Harvard University Press, 1954。

25 Leszek Kolakowski, *Main Currents of Marxism,* Vol. 2, Oxford: Oxford University Press, 1978, 398-405.

26 有關大饑荒，參 Andrea Graziosi, *The Great Soviet Peasant War,* Cambridge, Mass.: Ukrainian Research Institute, 1996, 66-67; Terry Martin, "The 1932-33 Ukrainian Terror," presentation at Ukrainian Research Institute, Cambridge, Mass., 5 February 2001; also Terry Martin, *Affirmative Action Empire,* Ithaca, N.Y.: Cornell University Press, 2001。

27 相關例子可參*Pereselennia poliakiv ta ukraintsiv,* 2000, 425-430, 679-687.

3 格拉布斯基1926年離開了民族民主黨。但無論如何，他是民族民主黨傳統中數一數二重要的思想家，在波蘭右派之中仍然很有影響力。

4 有關格拉布斯基於1944年8月對史達林說的話，參閱 *Sovetskii faktor*, 73-74。他們的對話引用自 Stanislaw Grabski, *Pami˛etniki,* Vol. 2, Warsaw: Czytelnik, 1989, 472-475.

5 關於瓦西萊夫斯卡的事蹟，可參 Eleonora Syzdek, *Dzialalność Wandy Wasilewskiej w latach Drugiej Wojny Światowej,* Warsaw: MON, 1981, "Dialectic" quotation at 68; treaty reference at 268。亦可參閱Teresa Torańska, *Them,* New York: Harper & Row, 1987, 216-217。瓦西萊夫斯卡同時是名小說家。

6 有關1945年9月格拉布斯基在勒沃夫的事蹟，參閱*Teczka specjalna J. W. Stalina,* 402。至於瓦西萊夫斯卡對格拉布斯基的看法，以及對格拉布斯基任務的進一步分析，可參 Witold Wojdylo, *Koncepcje społeczno-polityczne Stanisława Grabskiego,* Torun: Uniwersytet Mikolaja Kopernika, 1993, 35-39。

7 相關的重要例子見 Andrzej Paczkowski, *Pół wieku dziejów Polski,* Warsaw, PWN, 1996; Krystyna Kersten, *The Establishment of Communist Rule in Poland,* Berkeley: University of California Press, 1991。

8 Amir Weiner, *Making Sense of War,* Princeton, N.J.: Princeton University Press, 2001, 352.

9 Serguei Ekelchik, "History, Culture, and Nationhood under High Stalinism," Doctoral dissertation, University of Alberta, 2000, 49-58.

10 相關報告參 *Deportatsiia poliakiv z Ukrainy,* 1999, 24-74.

11 1944年3月赫魯雪夫寫給史達林的報告，參 *OUN-UPA v roky viiny,* 134-144. 班德拉派其實並不滿意邊界的安排，他們得努力以負面的方式描繪獲得的領土。"Ukrains'kyi perets," September 1945, in *Litopys UPA,* Vol. 1 (new series), 300-301.

12 *Vostochnaia Evropa,* 39.

13 Grabski, *Pami˛etniki,* Vol. 2, 472-475.

14 *Sovetskii faktor,* 23-24, 30, 41; Vojtech Mastny, *Russia's Road to the Cold War,* New York: Columbia University Press, 1979.

15 Andrzej Paczkowski, *Stanisław Mikołajczyk czyli kl˛eska realisty,* Warsaw: Omnipress, 1991.

16 這一次比亞維斯托克（Bialystok）在波蘭境內。

17 Ivan Kozlovs'kyi, *Vstanovlennia Ukrains'ko-Pols'koho kordonu,* L'viv: Kameniar, 1998.

18 *Sovetskii faktor,* 208；亦可參閱*Vostochnaia Evropa,* 176; Norman Naimark, *Fires of Hatred,* Cambridge, Mass.: Harvard University Press, 2001, 108-112.

19 捷克斯洛伐克與匈牙利之間的遷徙是小規模地進行。匈牙利方面的偏好，參*Sovetskii*

自 Karl Deutsch, Nationalism and Social Communication, Cambridge, Mass.: M.I.T. Press, 1966。

72 Waldemar Lotnik, *Nine Lives,* London: Serif, 1999, 59.

73 當地的村莊後來拜託赫魯雪夫讓他們加入蘇聯。*Etnichni mezhi i derzhavnyi kordon Ukrainy,* 147-151。

74 人數資料來自Motyka, Tak było w Bieszczadac。烏克蘭人的回憶與受害者名單參見 Dzieje Konfliktów, Vol. 3, 249-250.

75 "Niemcy a UPA: Dokumenty," 71。

76 人數資料參見Gregorz Hryciuk, "Straty ludności w Galicji Wschodniej w latach 1941-46," Polska-Ukraina: Trudne pytania, Vol. 6, Warsaw: Karta, 2000, 294; see also Ryszard Kotarba, "Zbrodnie nacjonalistów ukraińskich w województwie tarnopolskim," ibid., 267。加利西亞族群清洗的回憶，參見II/17, II/1758/j, II/2266/p, II/94/t, II/1286/2kw, II/1322/2kw, AWKW.以及Il'iushyn, OUN-UPA i ukrains'ke pytannia, 113。

77 Sadovyi, "Kudy priamuiut' poliaky?" *Litopys UPA,* Vol. 2, 49, 57.

78 Hryciuk, *Polacy w Lwowie,* 256-257.

79 Motyka, *Tak było w Bieszczadach,* 125-126; *Povstans'ki mohyly,* 144-162.

80 Korbonski, *Underground State,* 158-159; Wladyslaw Filar, "27 WDP AK w Operacji Kowelskiej," *Przegla̧d Wschodni,* 4, 1 (1997), 217–218.

81 Serhii Tkachov, *Pol's'ko-Ukrains'kii transfer naselennia 1944-1946rr,* Ternopil': Pidruchnyky i Posibnyky, 1997, 123-155.

82 *NKWD o Polsce i Polakach; Vostochnaia Evropa,* Vol. 1, 426 and passim; *Teczka specjalna J. W. Stalina,* 248, 492, and passim.

第九章　波蘭東南部的族群清洗（1945-1947）

1 "Zagadnienie Ukraińskie," BUWR, syg. 155; *Dzieje Konfliktów,* Vol. 2, 124-130, 229-230, 234, 251-252, 279, 297-298; Ryszard Torzecki, "Kontakty polsko-ukraińskie w polityce polskiego rza̧du emigracyjnego i podziemia (1937-1944), *Dzieje Najnowsze,* 13, 1–2 (1981), 335-336。關於戰間期的背景，可參考 Wlodzimierz Mich, *Obcy w polskim domu,* Lublin: Wydawnictwo Uniwersytetu Marii Curie-Sklodowskiej, 1994。

2 Krystyna Kersten, "The Polish-Ukrainian Conflict under Communist Rule," *ActaPoloniae Historica,* 73, (1996), 139。亦可參閱Wlodzimierz Borodziej, *Od Poczdamu do Szklarskiej Por̨eby,* London: Aneks, 1990, 32-77。

（AWKW (II/1328/2k)），以及倫敦的Studium Polskiej Podziemnej的AK報告中，卻都有記載。Jeffrey Burds在即將出版的《血淚之海》（A Sea of Blood and Tears）中，也將根據蘇聯的資料討論此事。人數估計來自Mazur, "Rola Niemiec i Zwia̧zku Sowieckiego," 224.

61 II/1877, AWKW. 波蘭人有時候能藉此拿到他們想要的武器，有時不能。亦可參考II/737, II/996, II/1371/2k II/1350/2k, II/1356/2k, AWKW.

62 Grzegorz Motyka, "Polski policjant na Wolyniu, *Karta,* 24, 1998, 126-128.

63 "Zvit pro boiovi dii UPA na Volyni," [April 1943], *OUN-UPA v roky viiny* 309-312, at 311.

64 Vasyl' Makar, "Do pochatkiv UPA-list z Volyni," *Litopys UPA,* Vol. 2, 44.同一卷 (173-174) 的報告明確指出，烏克蘭反抗軍的情報部門非常清楚他們不該把沃里尼亞地區的波蘭人當成德國的間諜。關於這種以血洗血的循環可參見 Il'iushyn, OUN-UPA i ukrains'ke pytannia, 68。

65 Ministerstwo Obrony Narodowej, Biuro Ministra-Wydzial Polityczny, L.dz. 1900/ WPol/44, London, 8 January 1944, Oddzial VI, sygn. 3.3.3.13.2 (36); Sztab Naczelnego Wodza, Oddzial Specjalny, L.dz.719/Tjn.44, London, 28 January 1944, Oddzial VI, sygn. 3.3.3.13.2 (37); Sztab Naczelnego Wodza, Oddzial Specjalny, L.dz.2366/tjn.43, 17 May 1943, Oddzial VI, sygn. 3.1.3.3.2 (34); Sztab Naczelnego Wodza, Oddzial Specjalny, L.dz.108/Tjn.44, London, 8 January 1944, Oddzial VI, sygn. 3.1.1.13.2 (22), SPPL.See also Stefan Korbonski, *The Polish Underground State,* New York: Columbia University Press, 1981, 155; Mykola Syvits'kyi, "Pol's'ko-ukrainskyi konflikt 1943-1944 rr.," in *Pol's'ko-Ukrains'ki studii,* Kyiv: Lybid', 1993, 241-248; Agnieszka Cieślowska, *Prasa okupowanego Lwowa,* Warsaw: Neriton, 160-162.

66 該師的其中一名士兵相當清楚此事，參見II/737, AWKW。其他退伍將士告訴我的版本也跟此相同。

67 Michal Klimecki, "Geneza i organizacja polskiej samoobrony na Wolyniu i w Malopolsce Wschodnej podczas II wojny światowej," in *Polska-Ukraina: Trudne pytania,* Vol. 4, Warsaw: Karta, 1998, 70; Roman Strilka, "Geneza polskiej samoobrony na Wolyniu i jej roli w obronie ludności polskiej," in ibid., 82; *Litopys UPA,* Vol. 2, 192-194.

68 Political Resolution 13, Third Extraordinary Congress of the OUN, 21-25 August 1943, in *OUN v svitli postanov Velykykh Zboriv,* 117-118.

69 兩種例子分別可參見 II/1350/2k 、 II/737, AWKW。

70 Gross, *Polish Society under German Occupation,* 141.

71 社會動力強度的論述，參見Litopys UPA, Vol. 2 (new series), 283-289, 296-299。改編

Polacy i Ukraińcy, 262-263.蘇聯方的報告可見*Represyvno-Karal'na Systema,* 383; *OUN-UPA v roky viiny,* 31, 55。

48 Protokol Doprosa for V.E. Stupak, 30 September 1944, GARF, fond R-9478, opis 1, delo 398.

49 Ewa and Wladyslaw Siemaszko, "Mordy ukraińskie w czasie II wojny światowej," in Krzysztof Jasiewicz, eds., *Europe nie prowincjonalna,* Warsaw: Rytm, 1999r, 1047.

50 *Litopys UPA,* Vol. 2 (new series), 284ff. ; Torzecki, *Polacy i Ukraińcy,* 238.

51 烏克蘭人在沃里尼亞與加利西亞地區冒險拯救波蘭人的例子，參II/17, II/63t, II/1914, II/2110, II/106t, II/1286/2k, II/209, II/1350/2k, II/2650, II/996, II/1216, II/1328/2k, II/737, AWKW。

52 烏克蘭反抗軍兵力的估計值參見Wladyslaw Filar, "Burza" na Wolyniu, Warsaw: Rytm, 1997, 35。

53 "Za shcho boretsia UPA," *Do zbroii,* 1, 1 (July 1943), in *Litopys UPA,* Vol. 1 (new series), 7-8.

54 這項人數估計來自 Grzegorz Hryciuk, "Straty ludności na Wolyniu w latach 1941-1944," Polska-Ukraina: Trudne pytania, Vol. 5, Warsaw: Karta, 1999, 278. 如果研究者想瞭解在沃里尼亞與東部加利西亞被殺害的波蘭平民姓名，可以從下列名字開始：Archiwum Wschodnie Ośrodku "Karta," Archiwum Głównej Komisji Badania Przeciwko Narodowi Polskiemu, Stowarzyszenie Upamiętnienia Polaków Pomordowanych na Wołyniu, Stowarzyszenie Upamiętnienia Ofiar Zbrodni Ukraińskich Nacjonalistów, and the Archiwum Środowiska Żolnierzy 27 Wołynskiej Dywizji Armii Krajowej,，以及前面與後面引述的參考資料來源。

55 Spector, *Holocaust of Volhynian Jews,* 250-251.

56 關於波蘭猶太人聽到其他城市猶太人隔離區被清洗時的反應，參見Calel Perechodnik, *Czy ja jestem morderca̧?* Warsaw: Znak, 1995。

57 II/2451/4, II/2451/5, II/2451/6, II/2451/7, AWKW；見證者之間的關係亦收錄於Śladami ludobojstwa, 350-367, 379-381; and Świadkowie mówia̧, Warsaw: Światowy Zwia̧zek Z˙ olnierzy AK, 1996, 45-48。

58 Motyka, *Tak było w Bieszczadach,* 164.

59 自衛的回憶參見II/13562/kw, II/1350/2k, II/1363, II/737, AWKW。波蘭人平定烏克蘭村莊的回憶參見Il'iushyn, OUN-UPA i ukrains'ke pytannia, 88-90.猶太人在Pańska Dolina的處境，參見Olgierd Kowalski, AWKW.回憶錄，以及下面引述的 Klimecki and Strilka，note 67。

60 這件事在波蘭已遭遺忘，赫魯雪夫也對史達林說絕無此事。但二戰波蘭人的回憶

121-126, 126-130; "U voiennomu krutizhi," 也收錄於該文件 Vol. 2, 77-81.清洗波蘭人的戰略理由，參見Eksterminacja ludności polskiej na Wołyniu, 85.波蘭救國軍司令部知道，烏克蘭人當時認為「德國人之後可能會離開，但波蘭人會留下」。參見Grzegorz Motyka, "Od Wolynia do akcji 'Wisla'," Wi̜eź 473 (1998), 110; Armstrong, Ukrainian Nationalism, 158。

38 Armia Krajowa w Dokumentach, Vol. 2, 8 and 202-203.

39 同上 , Vol. 1, 318; "Przynalez˙ność ziem wschodnich do Rzeczypospolitej Polskiej," zesz. A.9.V. , tecz, 39; "Tajne," 3 August 1943," zesz. A.9.V. , tecz. 34, MSW, AMPN。波蘭左派對加利西亞的看法參見*Dzieje Konfliktów,* Vol. 2, 231-240。

40 Meldunek 89, Radiogram No. M.89, L.dz. 78/42, "Meldunek specjalny-Sprawa Ukraińska," Rówecki to Sikorski, 15 November 1941, Oddzial VI, sygn. 3.2.2.2.2, SPPL.Armia Krajowa w Dokumentach第二卷收錄該報告時，在142頁缺漏了好幾行重要敘述。

41 *Armia Krajowa w Dokumentach,* Vol. 2, 277-278, 328-330, 337-338.

42 Dzieje Konfliktów, Vol. 2, 29-230; Michael MacQueen, "The Polish Home Army and the National Minorities, 1939-1943," Master's thesis, University of Michigan, 1983, 56, 60ff. ; Ryszard Torzecki, "Kontakty polsko-ukraińskie w polityce polskiego rza̜du emigracyjnego i podziemia (1939-1944)," *Dzieje Najnowsze,* 13, 1-2, 1981, 332 and passim.

43 Kosyk, *L'Allemagne national-socialiste et l'Ukraine,* 333-339.

44 根據1931年的波蘭人口普查，當時沃倫督軍領有396200人以波蘭語為母語，有356300人信奉羅馬天主教。這些人之後陸續遭逢各種苦難，他們在1939-1941年間因為戰爭而遭驅逐，1941-1943年間被德國抓去強制勞動，之後又遇到蘇聯與德國的暴行，因而被處決、戰死、病死，人數愈來愈少。

45 有人認為這次的族群清洗，是因為德國試圖殖民波蘭總督府的盧布林督軍領，波蘭人試圖反抗的後果。屠殺者分進合擊，在沃里尼亞地區一舉殺死了數萬波蘭人，並在前盧布林督軍領的海烏姆（Chelm/Kholm）殺死了數百人。

46 烏克蘭反抗軍安全部（SB）的一名成員在遭到蘇聯審訊時供稱，當時的原則是「當場殺死所有波蘭人、捷克人、猶太人」。參見Protokol Doprosa for I.I. Iavorskii, 14 April 1944, GARF, fond R-9478, opis 1, delo 398。

47 波蘭人的回憶參見II/36, II/2110, II/1142, II/594, II/1146, II/1172, II/2353, II/ 2660, II/2667, II/2506, II/2451, II/2451/3-8, II/2373, II/1914, II/1338/kw, II/1216, II/ 265, II/1875, AWKW. 1943年7月的大屠殺參見 II/737, II/1144, II/2099, II/ 2650, II/953, II/775, AWKW.波蘭方的報告參見 Poselstwo RP to MSZ in London, 24 February 1944, Zespol A.9.V. , tecz, 8B, AMPN. 德國方的報告則為Eksterminacja ludności polskiej na Wokyniu, 34, 74; see also Torzecki,

中至少68名是烏克蘭人。Litopys UPA, Vol. 2 (new series), 312。

30 雷貝德的提議參見Balei, Fronda Stepana Bandery v OUN 1940 roku, 141.引述，以及OUN-UPA v roky viiny, 289。

31 招募士兵的資料參見Armstrong, Ukrainian Nationalism, 126-132; Kosyk, L'Allemagne national-socialiste et l'Ukraine, 369; Torzecki, Polacy i Ukraińcy, 247。關於謝普蒂茨基，參見Stanislaw Ste˛pień, "Stanowisko Metropolity Szeptyckiego wobec zjawiska terroru polityckiego," in Andrzej Zie˛ba, eds., Metropolita Andrzej Szeptycki, Cracow: Polska Akademia Nauk, 1994, 110-118; Iwan Hirnyj, "Moje świadectwo," ibid., 207-210； Bohdan Budurowycz, "Sheptyts'kyi and the Ukrainian National Movement after 1914," in Paul Robert Magocsi, eds., Morality and Reality, Edmonton-CIUS, 1989, 63-64；Hansjakob Stehle, "Sheptyts'kyi and the German Regime," ibid., 127, 137; Shimon Redlich, "Sheptyts'kyi and the Jews," ibid., 145-164。

32 Wladyslaw Filar, Michal Klimecki, and Mychalo Szwahaluk, "Chronologia wydarzeń na Wolyniu i Galicji w latach 1939-1945," unpublished, Warsaw 1999; Il'iushyn, *OUNUPA i ukrains'ke pytannia,* 124-126.

33 Torzecki, *Polacy i Ukraińcy,* 252.

34 "Postanovy III. Konferentsii Orhanizatsii Ukrains'kykh Natsionalistiv Samostiinikiv Derzhavnikiv, 17-21 livtoho 1943 r.," *OUN v svitli postanov Velykykh Zboriv,* 81-83, 88。波蘭觀察者應該都能看出前後之間的差異。II/1321/2k and II/1328/2k, AWKW。

35 M. Omeliusik, "UPA na Volyni w 1943 rotsi," *Litopys UPA,* Vol. 1, 23 –26; Rostyslav Voloshyn, "Na shliakakh zbroinoi borot'by," ibid., Vol. 2, 19 –24; Mykola Lebed', *Ukrains'ka povstans'ka armiia,* Drohobych, 1987, 53; Oleksandr Vovk, "Preface," *Litopys UPA,* Vol. 2 (new series), xxxix-xl.See also Taras Bul'ba, *Armiia bez derzhavy,* L'viv: Poklyk sumlinnia, 1993, 272; *Eksterminacja ludności polskiej na Wołyniu,* 37, 71; "Niemcy a UPA: Dokumenty," *Karta,* 23, 1997, 54-73; Tadeusz Piotrowski, *Poland's Holocaust,* Jefferson, N.C.: McFarland & Co., 1998, 246-247.

36 沃里尼亞地區的烏克蘭反抗軍指揮官，打從一開始就把德國人、布爾什維克、波蘭人全都一起說成「烏克蘭的敵人」。參見Volodymyr Makar, "Pivnichno-zakhidni ukrains'ki zemli" (May 1943), Litopys UPA, Vol. 5, 15。

37 政治目標參見〈Chas ne zhde〉，收錄於烏克蘭反抗軍機關文件Samostiinist', 22-29 January 1944; "Politychna deklaratsia UPA," September 1943; "Za shcho boret'sia Ukrains'ka povstancha armiia?", August 1943。這三份文件分別收錄於Litopys UPA, Vol. 1, 105-110,

多麼泯滅人性。」II/1328/2k, 20, AWKW.

16 Spector, *Holocaust of Volhynian Jews,* 58.

17 Martin Dean, "The German Gendarmerie, the Ukrainian Schutzmannschaft, and the 'Second Wave' of Jewish Killings in Occupied Ukraine," *German History,* 14, 2 (1996), 179.

18 Paul Robert Magocsi, *A History of Ukraine,* Seattle: University of Washington Press, 1996, 632.

19 奧斯特羅格的「最終解決方案」，參見Spector, Holocaust of Volhynian Jews, 115, 371。漢諾威與奧斯特羅格的簡介，參見Gershon Hundert, "The Love of Learning among Polish Jews," in Lawrence Fine, eds., Judaism in Practice, Princeton, N.J.: Princeton University Press, 2001, 215.

20 Spector, *Holocaust of Volhynian Jews,* 172-187.See also Martin Dean, *Collaboration in the Holocaust,* New York: St. Martin's, 2000.另一種說法參見Browning, Nazi Policy, 152.

21 "Dii UPA v 1943 rotsi," *Litopys UPA,* Vol. 2, 225; Herasym Khvylia, "V lavakh UPA na Volyni," in Petro Mirchuk and V. Davidenko, eds., *V riadakh UPA,* New York: Dnipro, 1957, 30-32; Ryszard Torzecki, *Polacy i Ukraińcy,* Warsaw: PWN, 1993, 235, 258.

22 Andrzej Paczkowski, *Pół wieku dziejów Polski,* Warsaw: PWN, 1996, 25-26.

23 Motyka, *Tak było w Bieszczadach,* 89.

24 O.S. Sadovyi, "Kudy priamuiut' poliaky?" *Litopys UPA,* Vol. 2, 52; Il'iushyn, *OUN-UPA i ukrains'ke pytannia,* 107.

25 Motyka, *Tak było w Bieszczadach,* 109.

26 參見Gross, *Polish Society under German Occupation,* 133-139.

27 之所以會跑出這個分支，是因為內務人民委員部在1938年暗殺了烏克蘭民組主義組織的領導人Konovalets。殺手Pavel Sudoplatov說史達林希望藉此分裂烏民組織。參見Pavel and Anatoli Sudoplatov, *Special Tasks,* Boston: Little, Brown, and Co., 1995, 7-29.See also Wolodymyr Kosyk, *L'Allemagne national-socialiste et L'Ukraine,* Paris: Publications de l'Est Européen, 1986, 74-79, 290; Alexander Motyl, *The Turn to the Right,* Boulder, Colo.: East European Monographs, 1980, 138ff.

28 另一種說法參見Mykola Lebed', *Ukrains'ka povstans'ka armiia,* Drohobych, 1987, 53; Taras Bul'ba, *Armiia bez derzhavy,* L'viv: Poklyk sumlinnia, 1993, 272; and Petro Balei, *Fronda Stepana Bandery v OUN 1940 roku,* Kyiv: Tekna A/T, 1996, 141.

29 以烏克蘭反抗軍安全部門的一份報告為例，它提到烏克蘭反抗軍在沃里尼亞的一個小軍區處決人民時做過的分類。該報告表示，當時烏克蘭反抗軍在一個月內處決110人，其

6 Gross, *Revolution from Abroad,* 146 and 69.

7 Kubiiovych, *Ukraintsi v Heneralnii Hubernii,* 中央委員會的性質參見102-103; 驅趕波蘭人與猶太人的計畫參見 422-423.

8 Czesław Madajczyk et al., eds., *Zamojszczyzna: Sonderlaboratorium SS,* Vol. 2, Warsaw: Ludowa Spóldzielnia Wydawnicza, 1977, 125, 224, and passim; Grzegorz Motyka, *Tak było w Bieszczadach,* Warsaw: Volumen, 1999, 134-137.

9 Grzegorz Hryciuk, *Polacy w Lwowie 1939-1944,* Warsaw: KiW, 2000, 59.

10 納粹的族群清洗參見 Christopher Browning, Nazi Policy, Jewish Workers, German Killers, Cambridge: Cambridge University Press, 2000, 1-25.「德國模式」參見Il'iushyn, OUN-UPA i ukrains'ke pytannia, 48.

11 O.A. Gorlanov and A.B. Roginskii, "Ob arestakh v zapadn'ykh oblastiakh Belorussii i Ukrain'y v 1939-1941 gg.," *Repressii protiv poliakov i pol'skykh grazhdan,* Moscow: Memorial, 1997, 96 and passim; Piotr Eberhardt, *Mi˛edzy Rosja˛ a Niemcami,* Warsaw: PWN, 1996, 180.猶太人、波蘭人、烏克蘭人的比例參見Jan Gross, Upiorna dekada, Cracow: Universitas, 1998, 83.下面這份研究的估計值更高"Sprawozdanie z dyskusji dotyczaja˛cej liczby obywateli polskich wywiezonych do Zwia˛zku Sowieckiego w latach 1939-1041," Studia z Dziejów Rosji i Europy Środkowej, 30, 1, (1996), 117-148。根據蘇聯的文獻，目前可以確定當時至少驅逐了三十三萬人，但不確定在重大驅逐行動之後，還有多少人被以戰俘、勞改等名義驅逐出境。

12 納粹的政治宣傳參見Dieter Pohl, Nationalsozialistische Judenverfolgung in Ostgalizien, Munich: Oldenbourg, 1996, 55-60。蘇聯內務人民委員部裡面猶太官員的人數（1938-1939年有所減少）參見Nikita Petrov, Kto rukovodil NKVD, 1934-1941, Moscow: Zven'ia, 1999.以及Gross, Upiorna dekada, 80-93; Hryciuk, Polacy w Lwowie, 204-205.關於波蘭人在波蘭東部另一個地方屠殺猶太人，參見 Jan Gross, Neighbors, Princeton, N.J.: Princeton University Press, 2001; 烏克蘭大屠殺參見Shmuel Spector, The Holocaust of Volhynian Jews, Jerusalem: Yad Vashem, 1990, 64-69.

13 Kate Brown很敏銳地處理了納粹在烏克蘭進行種族分類所來的後果，"A Biography of No Place," Doctoral dissertation, University of Washington, 1999.

14 John Armstrong, *Ukrainian Nationalism,* Englewood, N.J.: Ukrainian Academic Press, 1990, 162; Peter Potichnyj, "Ukrainians in World War II Military Formations," 1999, 網址為 www.infoukes.com/upa/related/military.html; 此外亦可參見下列其他文獻。

15 沃里尼亞的一位波蘭人說，猶太人大屠殺「讓波蘭人展現出人性，或者說，展現出他們

28 尤瑟夫斯基的紀載參見Przegląd Wschodni, 4, 1, (1997), 172-173；選舉結果參見Radziejowski, Communist Party of Western Ukraine, 174-175；尤瑟夫斯基的出身參見Jan Kęsik, Zaufany komendanta, Wroclaw: Wydawnictwo Uniwersytetu Wroclawskiego, 1995, 1-36；他對烏克蘭的立場參見Henry Józewski, "Opowieść o istnieniu," BUWR, syg. 3189, Vol. 2.。

29 Kęsik, "Województwo wolyńskie 1921-1939," 99-136; Czeslaw Partacz, "Polacy i Ukraińcy na Wolyniu," *Ukrainia-Polska,* Koszalin: BWSH, 1999, 240-241; Ksawery Pruszyński, *Podróż po Polsce,* Warsaw: Czytelnik, 2000, 123-136; Ksawery Pruszyński, *Niezadowoleni i entuzjaści,* 339-341, 360-368.史達林的恐懼參見Terry Martin 2001年2月5日在哈佛大學烏克蘭研究所（Ukrainian Research Institute, Cambridge, Mass.）的演講，"The 1932-33 Ukrainian Terror,"

第八章　西烏克蘭的族群清洗（1939-1945）

1 Omer Bartov, The Eastern Front 1941-1945, New York: St. Martin's, 1986,103 與全書各處；Truman Anderson, "Incident at Baranivka," Journal of Modern History, 71 (1999), 585-623；相關文獻的指南可參見Rolf-Dieter Müller and Gerd Ueberschar, Hitler's War in the East, Providence, R.I.: Berghahn Books, 1997。

2 Jan Gross, *Revolution from Abroad,* Princeton: N.J.: Princeton University Press, 1988, 31; Volodomyr Kubiiovych, *Ukraintsi v Heneralnii Hubernii,* Chicago: Denisiuk, 1975, 17.波蘭第二共和的其他公民，例如白羅斯人和一部分波蘭農民，一開始也都很歡迎德國入侵波蘭。Jan Gross, *Polish Society under German Occupation,* Princeton, N.J.: Princeton University Press, 1979, 140; Marek Wierzbicki, *Polacy i Białorusini w zaborze sowieckim,* Warsaw: Volumen, 2000, 51。猶太人的敘述參見Ben-Cion Pinchuk, Shtetl Jews under Soviet Rule, Oxford: Blackwell, 5-27; David Engel, "The Wartime Journal of Calel Perechodnik," Polin, 12 (1999), 320-321。

3 Kubiiovych, *Ukraintsi v Heneralnii Hubernii,* 49, 197, 280 以及全書各處； I. I. Il'iushyn, *OUN-UPA i ukrains'ke pytannia v roky druhoi svitovoi viiny,* Kyiv: PAN Ukrainy, 2000, 35.

4 Ryszard Torzecki, *Polacy i Ukraińcy,* Warsaw: PWN, 1993, 259-260.

5 Wolodymyr Trofymowicz, "Role Niemiec i Związku Sowieckiego w konflikcie ukraińskopolskim," in *Polska-Ukraina: Trudne pytania,* vol. 5, Warsaw: Karta, 1999, 193-220; Grzegorz Mazur, "Rola Niemiec i Związku Sowieckiego w polsko-ukraińskim konflikcie narodowościowym," 同上 , 221-234.

Lypyns'kyi," *Harvard Ukrainian Studies,* 9, 3-4 (1985), 477-494。

17 Petro Mirchuk, *Narys istorii orhanizatsii ukrains'kykh natsionalistiv,* Munich: Ukrains'ke Vydavnytstvo, 1968, 93.

18 烏克蘭反抗軍上校認為，像霍洛夫科這樣的改革者，「分裂了我們的意識形態」並且「讓分裂難以辨認」，所以這些人必須消滅掉。Motyka, *Tak było w Bieszczadach,* 35.數字資料取自Alexander Motyl, "Ukrainian Nationalist Political Violence in Inter-War Poland, 1921-1939," *East European Quarterly*, 19, 1 (1985), 50。

19 Stephan Horak, *Poland and Her National Minorities,* New York: Vantage Press, 1969, 149。報紙也能讓人們繼續接觸書面語。Mariia Nedilia, "Ukrains'ka presa na zakhidnoukrains'kykh zemliakh," *Naukovi Zapysky,* 7 (1998), 265-270。

20 For photographs, Emil Revyuk, eds., *Polish Atrocities in Ukraine,* New York: United Ukrainian Organizations, 1931; V.J. Kushnir, *Polish Atrocities in the West Ukraine,* Prague: Nemec, 1931.

21 Witold Rodkiewicz, Russian Nationality Policy, Lublin: Scientific Society of Lublin, 1998, 35。在1914年前，俄國為了友好德國人，而犧牲了波蘭人的利益。但到了戰爭期間，沃里尼亞的德國人卻變成俄國眼中的嚴重威脅，沃里尼亞的波蘭人則不是。但 Eric Lohr, "Enemy Alien Politics Within the Russian Empire During World War One," Doctoral dissertation, Harvard University, 1999.22. 波伏瓦，La bataille de La terre, 137。

22 Beauvois, *La bataille de la terre,* 137.

23 一位來自沃里尼亞的波蘭人表示，當地的波蘭地主一直強迫烏克蘭農民承擔封建時代的義務，直到1930年代才結束。II/1362/2k, Archiwum Wschodnie, Ośrodek Karta, Warsaw。

24 Wlodzimierz Me˛drzecki, *Województwo wołyńskie,* Wroclaw: Ossolineum, 1988, 25, 63, 93. Figures drawn from Jan Ke˛sik, "Województwo wolyńskie 1921-1939 w świetle liczb i faktów," *Przegla˛d Wschodni,* 4, 1 (1997), 99-136.

25 George Jackson, *Comintern and Peasant in East Europe,* New York: Columbia University Press, 1966, 22, 182, 189, 209。蘇聯的武裝行動，參見Mykola Kuczerepa, "Polityka II Rzeczypospolitej wobec Ukraińców na Wolyniu w latach 1921-1939," Przegla˛d Wschodni, 4, 1, (1997), 141-146。

26 Janusz Radziejowski, *The Communist Party of Western Ukraine,* Edmonton: CIUS, 1983, 96-97。示威活動的資料，參見波蘭內政部民族部門的祕密統計：Biblioteka Universytetu Warszawskiego, Dzial re˛kopisów (BUWR), syg. 1550。

27 Shmuel Spector, *The Holocaust of Volhynian Jews,* Jerusalem: Yad Vashem, 1990, 20-21; Ezra Mendelsohn, *The Jews of East Central Europe,* Bloomington: Indiana University Press, 1983, 20.

11 這邊指的區域，包括戰間期波蘭督軍領的勒沃夫、史坦尼斯瓦烏夫、塔諾波、沃倫，以及波利西亞督軍領的南部地區。1945年，這些地方除了勒沃夫最西邊的部分以外，全都被併入蘇屬烏克蘭。目前它們則都屬於獨立之後的烏克蘭，名字依次是勒維夫、伊瓦諾－福蘭基夫斯克、帖諾皮爾（Ternopil）、沃里尼亞、里芙南省。在戰間期，波蘭的盧布林地區與克拉科夫督軍領，都有一些地方住著講烏克蘭語的人，這些地方在二戰後繼續屬於波蘭，如今也是波蘭的一部分。根據1939年波蘭對各督軍領的統計資料，當時沃倫有68.4%是烏克蘭人，16.2%是波蘭人；史坦尼斯瓦烏夫有68.9%是烏克蘭人，22.4%是波蘭人；勒沃夫有34.1%是烏克蘭人，57.7%是波蘭人；塔諾波有45.5%是烏克蘭人，49.3%是波蘭人。但這些數字誇大了波蘭人的比例，而且預設了每個受訪者都有明確的民族認同。勒沃夫督軍領一直延伸到西邊，容易讓人以為勒沃夫市附近大部分都住著波蘭人。Volodymyr Kubiiovych, Heohrafiia ukrains’kykh i sumezhnykh zemel’, Cracow: Ukrains’ke vydavnytstvo, 1943, 13-14, 20-29. 提出了糾正，雖不夠完美，但依然有用。

12 Robert Conquest, *Harvest of Sorrow,* New York: Oxford University Press, 1986.

13 典型的例子之一是在1941年被處決的Valer’ian Pidmohyl’nyi，他的小說《Misto》敘述了很多1920年代烏克蘭化政策的面貌。本章接下來的重心會回到所謂的「波屬烏克蘭」，也就是加利西亞與沃里尼亞。從1920年代中葉一直到二十世紀末，這塊地方一直是烏克蘭民族運動的核心重鎮。我們可以從以下的資料，以及本書第六章、第九章引述的資料，部分重建戰前蘇屬烏克蘭的歷史：Iuri Shapoval, Ukraina XX stolittia, Kyiv: Heneza, 2001; Iuri Shapoval, Volodymyr Prystaiko, and Vadym Zolotar’ov, Ch.K. -H.P.U.-N.K.V.D. v Ukraini, Kyiv: Abrys, 1997; P.P. Bachyns’kyi, Dokumenty trahichnoi istorii Ukrainy (1917-1927), Kyiv: Okhorona pratsi, 2000。

14 Robert Potocki, “Polska a DC UNR,” in Iurii Slivka, eds., *Deportatsii Ukraintsiv ta Poliakiv,* L’viv: Misioner, 1998, 65-66.

15 加利西亞的烏克蘭人無法順利建國，加上當時義大利法西斯主義之類的局勢，改變了德米托・頓佐夫（1883-1973）的看法，讓這位在1914年前研究地緣政治的學者，在1920年代迷戀組織的力量，成為烏克蘭統合性民族主義的思想者。生於俄羅斯的頓佐夫，一直鄙棄俄羅斯的野蠻，而傾心歐洲的文明。他認為波蘭跟烏克蘭都是歐洲的一部分，甚至把波蘭當成烏克蘭的榜樣。

16 Alexander Motyl, *The Turn to the Right,* Boulder, Colo.: East European Monographs, 1980, 43。有關頓佐夫，可參：Tomasz Stryjek, *Ukraińska idea narodowa okresu mi˛edzywojennego,* Wroclaw: Funna, 2001, 110-190; Vasyl’ Rudko, “Dontsov i

142-145, and Oksana Zabuzhko, *Filosofiia ukrainskoi idei ta ievropeis'kyi kontekst*, Kyiv: Osnovy, 1993, 22-53.

第七章　被邊緣化的加利西亞與沃里尼亞（1914-1939）

1 Robert Kann, *A History of the Habsburg Empire,* Berkeley: University of California Press, 1977, 406-467; Serhii Popyk, *Ukraintsi v Avstrii 1914-1918,* Kyiv: Zoloti Lytavry, 1999.

2 此處以及前述、後述的數據和解釋引自 Piotr Eberhardt, *Polska ludność kresowa,* Warsaw: PWN, 1998, 180, 引用*Die Ergebnisse der Volkszählung* vom *31.XII.1900,* Vienna, 1902。

3 波蘭人呼籲烏克蘭人時有一種常見說法：「沒錯，你們的人比我們多很多，但喀爾巴阡土地上的一切精神與文化，全都是我們帶來的。」Kazimierz Saysse-Tobyczek, Dość juz˙ ignorancji w kwestii Kresów Południowych! Warsaw, 1919, cited after Jacek Kolbuszewski, Kresy, Wroclaw: Dólnośla˛skie, 1999, 236。

4 Maurycy Horn, *Z˙ydzi na Rusi Czerwonej,* Warsaw: PWN, 1975, 75-77; Rachel Menekin, "The Galician Jewish Vote in the 1873 Austrian Elections," *Polin,* 12 (1999), 119; John-Paul Himka, "The Polish-Ukrainian-Jewish Relations in Austrian Galicia," ibid., 37; Edward Dubinowicz, *Stanowisko ludności z˙ydowskiej w Galicyi,* L'viv: Polonia, 1907, 16-17.

5 Oleksandr Pavliuk, *Borot'ba Ukrainy za nezalezhnist i polityka C.Sh.A.*, Kyiv: KM Akademia, 1996, 40-66. See also Mark Baker, "Lewis Namier and the Problem of Eastern Galicia," *Journal of Ukrainian Studies,* 23, 2 (1998), 59-104.

6 John Reshetar, *The Ukrainian Revolution,* Princeton, N.J.: Princeton University Press, 1952. The pertinent novel is Bulgakov's *White Guard.*

7 Antony Polonsky, "A Failed Pogrom," in Yisrael Gutman, Ezra Mendelsohn, Jehuda Reinarz, and Chone Smeruk, eds., *The Jews of Poland Between the Two World Wars,* Hanover, Mass.: Brandeis University Press, 1989, 113.

8 Bogdan Horbal, *Działalność polityczna Łemków na Łemkowszczyźnie 1918-1921,* Wroclaw: Arboretum, 1997,

9 其他也住著說烏克蘭語的居民的土地，則維持在羅馬尼亞（布科維納〔Bukovina〕）和捷克斯洛伐克（喀爾巴阡山下的魯塞尼亞〔Subcarpathian Ruthenia〕）。有關布科維納，可參：Irina Livezeanu, *Cultural Politics in Greater Romania,* Ithaca, N.Y.: Cornell University Press, 1995, 63-68。

10 Richard Pipes, *The Formation of the Soviet Union,* Cambridge, Mass.: Harvard University Press, 1954, 249.

46 Jiří Kořalka, *Češi v habsburské říši a v Evropě 1815-1914*, Prague: Argo, 1996, 16-82. 烏克蘭人很擔心勒維夫的波蘭文化，就像這時的捷克人也一心想讓布拉格擺脫德語。多虧了可靠的奧地利郵政，一名1900年的捷克人得以和烏克蘭人分享這種感受：「你們在勒維夫碰到的麻煩，就跟我們在布拉格碰到的一樣。」František Pastrnek to Kyryl Studnyts'kyi, 5 July 1900, in *U pivstolitnykh zmahanniakh*, Kyiv: Naukova dumka, 1993, 54. 亦可參閱 Vozniak, *Iak probudylosia*, 48-54; *Sto padesát let česko ukrajinských literárních styku* , Praha: Svět Sovětů, 1968, 5-52。

47 Józef Chlebowczyk, *On Small and Young Nations in Europe,* Wroclaw: PAN, 1980, 126. 可參閱 Roman Rozdolski, *Engels and the "Nonhistoric" Peoples*, trans.John-Paul Himka, Glasgow: Critique Books, 1986; 可對照 Erica Benner, *Really Existing Nationalisms*, New York: Oxford University Press, 1995。

48 Thomas Prymak, *Mykhailo Hrushevsky*, Toronto: University of Toronto Press, 1987, 41.

49 加拿大烏克蘭研究中心正準備出版英文版的《烏克蘭－羅斯歷史》（譯按：已於1997年出版）。

50 Czesław Partacz, "Przyczyny i przebieg konfliktu ukraińsko-polskiego w Galicji," *Przegląd Wschodni*, 2, 4 (1992-1993), 843; Ivan Rudnytsky, "The Ukrainians in Galicia under Austrian Rule," in Andrei Markovits and Frank Sysyn, eds., *Nationbuilding and the Politics of Nationalism*, Cambridge, Mass.: Ukrainian Research Institute, 1982, 60-65; Victor Hugo Lane, "Class Interest and the Shaping of a 'Non-Historical' Nation," in Gitelman et al., *Cultures and Nations*, 383; Ivan Rudnytsky, *Essays in Modern Ukrainian History*, Cambridge, Mass.: Harvard University Press, 1987.

51 Iaroslav Hrytsak, *Dukh, shcho tilo rve do boiu*, L'viv: Kameniar, 1990; Prymak, *Mykhailo Hrushevsky*, 56-57; Solomiia Pavlychko, *Dyskurs modernizmu v ukrains'kii literaturi*, Kyiv: Lybid': 1997, 9-38.

52 Valentyna Petrova, "Utvorennia natsional'no-demokratychnoi partii v Halychyni," *Naukovi Zapysky*, 5, 2 (1996), 15; Kerstin Jobst, *Zwischen Nationalismus und Internationalismus,* Hamburg: Dölling und Galitz Verlag, 1996, 32-51; Roman Szporluk, "Polish-Ukrainian Relations in 1918,"in Paul Latawski, ed., *The Reconstruction of Poland, 1914-1923*, London: Macmillan, 1992, 46.

53 《康茂德・瓦倫諾德》這首詩對戰術有十分精妙的理解，遠勝一般人對密茨凱維奇的認識，選在聖彼得堡出版更是一絕。

54 可對照 Yaroslav Hrytsak, "A Ukrainian Answer to the Galician Triangle," *Polin*, 12(1999),

CIUS, 1985.

34 Michael Hamm, *Kiev*, Princeton, N.J.: Princeton University Press, 55-81.

35 Witold Rodkiewicz, *Russian Nationality Policy*, Lublin: Scientific Society of Lublin, 192-204.

36 這段文字抄自 Paul Robert Magocsi, *A History of Ukraine*, Seattle: University of Washington Press, 1996, 369-370。

37 例子可見 P.N. Batiushkov, *Volyn'*, Saint Petersburg: Obshchestvennaia pol'za, 1888。

38 Pavlo Zaitsev, Taras Shevchenko, trans. *George Luckyj*, Toronto: University of Toronto Press, 1988.

39 Max Rosenfeld, *Die polnische Judenfrage*, Vienna: Löwit, 1918, 68; Józef Bushko,"The Consequences of Galician Autonomy after 1867," *Polin*, 12 (1999), 86; Stanislaw Grodziski,"The Jewish question in Galicia," *Polin*, 12 (1999), 62.

40 Mykhailo Vozniak, *Iak probudylosia ukrains'ke narodne zhyttia v Halychyni za Avstrii*, L'viv: Dilo, 1924, 6-14.

41 Stepan Shakh, *O. Markiian Shashkevych ta halyts'ke vidrodzhennia*, Paris: Ukrainian Christian Movement, 1961, 36; Stefan Zabrowarny, "Dzieło biskupa Jana Śnigurskiego," in Stanisław Stępień, ed., *Polska-Ukraina: 1000 lat sąsiedztwa*, Przemyśl: Południowo-Wschodni Instytut Naukowy, 1996, 169-171.

42 Vozniak, *Iak probudylosia*, 175-176; Antony Polonsky, "The Revolutionary Crisis of 1846-1849 and Its Place in the Development of Nineteenth-Century Galicia," in Gitelman et al., *Cultures and Nations*, 443-469; Jaroslaw Hrycak, *Historia Ukrainy*, 1772-1999, Lublin, IEWS, 2000, 90ff.

43 Paul Robert Magocsi, "The Language Question in Nineteenth Century Galicia," in Picchioand Goldblatt, eds., *Aspects of the Slavic Language Question, Vol. 2*, 56-57. 亦可參閱Hugo Lane, "State Culture and National Identity in a Multiethnic Context," Doctoral dissertation, University of Michigan 1999, 231-234.

44 John-Paul Himka, "The Construction of Nationality in Galician Rus'," in Ronald Suny and Michael Kennedy, eds., *Intellectuals and the Articulation of the Nation*, Ann Arbor: University of Michigan Press, 1999, especially 128-129, 143-145; John-Paul Himka, *Religion and Nationality in Western Ukraine*, Montreal: McGill-Queen's University Press, 1999, 130-134; Lane, "State Culture and National Identity,"294-296.

45 Mieczyslaw Adamczyk, "Szkolnictwo ludowe w greckokatolickiej diecezji przemyskiej," in Stępień, ed., *Polska-Ukraina*, 162-163.

23 有關教士集團，見 O.I. Travkina, *Chernihivs'kyi Kolehium 1700-1786*, Chernihiv: DKP PVV, 2000, 8-41; Valeriia Nichyk, *Kyievo-Mohylians'ka Akademia i nimets'ka kultura*, Kyiv:Ukrainskyi Tsentr Dukhovnoi Kul'tury, 2001, 53-94。關於科恰諾夫斯基，見 Paulina Lewin,"Jan Kochanowski: The Model Poet in Eastern Slavic Lecture of Poetics in the Seventeenth and Eighteenth Centuries," in Samuel Fiszman, ed., *The Polish Renaissance in Its European Context*, Bloomington: Indiana University Press, 1988, 429-443。關於翻譯，見 Thomson, "Slavonic Translations,"191。

24 Bushkovitch, "The Formation of National Consciousness in Early Modern Russia," in Banac and Sysyn, *Concepts of Nationhood*, 355-377; Riccardo Picchio, "Guidelines for a Comparative Study of the Language Question among the Slavs," in Riccardo Picchio and Harvey Goldblatt, eds., *Aspects of the Slavic Language Question, 2 vols*., Columbus, Ohio: Slavica, 1984, Vol. 1, 12-29; I.K. Grot, *Filologicheskiie razyskaniia*, St. Petersburg, 1899, 464-467.

25 Paul Bushkovitch, *Religion and Society in Russia*, Oxford: Oxford University Press, 1992;K. V. Kharlampovych, *Malorossiiskoe vliianie na velikorusskuiu tserkovnuiu zhizn'*, Kazan: Golubeva, 1914. 關於一名烏克蘭教士如何影響俄羅斯的歷史書寫，請見 Edward Keenan, *The Kurbskii-Groznyi Apocrypha*, Cambridge, Mass.: Harvard University Press, 1971, 21-44。

26 Orest Subtelny, *The Mazepists*, Boulder, Colo.: East European Monographs, 1981, 28. 亦可參閱 Zenon Kohut, "Ukrainian Nationbuilding," in Banac and Sysyn, *Concepts of Nationhood*, 566567。

27 Daniel Beauvois, *Polacy na Ukrainie, 1831-1863*, Paris: Instytut Literacki, 1987, 29-141.

28 Daniel Beauvois, *La bataille de la terre en Ukraine,* Lille: Presses Universitaires, 1993, 22-27.

29 Fr. Rawita-Gawro ński, *Rok 1863 na Rusi, Vol. 2*, L'viv: H. Altenberg, 1903, 266.

30 Norman Davies, *God's Playground, Vol. 1*, New York: Columbia University Press, 1982, 355 有一幅發人深省的地圖。

31 A.I. Baranovych, *Magnatskoe khoziaistvo na iuge Volyni v XVIII v*., Moscow: Akademiia nauk SSSR, 1955, 105-166.

32 Beauvois, *La bataille de la terre*, 68-71, 94. 關於謝甫琴科的歷史視野，見 George Grabowicz, *The Poet as Mythmaker*, Cambridge, Mass.: Harvard University Press for Ukrainian Research Institute, 1982; 另一本富有見地的著作可見 Oksana Zabuzhko, *Shevchenkiv mif Ukrainy*, Kyiv: Abrys, 1997, 97-142.

33 David Saunders, *The Ukrainian Impact on Russian Culture, 1750-1850*, Edmonton:

sotsial'noho stanu, Kyiv: KM Akademia, 2000, 42 及全書各處。關於作戰方式請見 Wieslaw Majewski, "The Polish Art of War in the Sixteenth and Seventeenth Centuries," in J.K. Federowicz, eds., *A Republic of Nobles*, Cambridge: Cambridge University Press, 1982, 188.

15 Zenon Kohut, *Russian Centralism and Ukrainian Autonomy*, Cambridge, Mass.: Harvard University Press, 1988, 24-64; Agnieszka Biedrzycka, "Zloty pokój," *Prace Historyczne*, 127 (2000), 27-38.

16 Ivan Butych, ed.,*Universaly Bohdana Khmel'nytskoho*, Kyiv: Al'ternatyvy, 1998, 45, 46, 50, 53; Volodymyr Serhiichuk, "Kozatstvo i Uniia," in Ryszard Luzny, Franciszek Ziejka, and Andrzej Kępinski, eds., *Unia brzeska*, Cracow: Universitas, 457; Borys Floria, "Natsional'no-konfesiina svidomist' naselennia skhidnoi Ukrainy," in Gudziak, *Beresteis'ka uniia*, 132; Antoni Mironiwicz, "Projekty unijne wobec Cerkwi prawosławnej w dobie ugody hadziackiej," in Gajek and Nabywaniec, eds., *Unia brzeska*, 95-139.

17 Mykhailo Hrushevs' kyi, *Istoriia Ukrainy-Rusy vol. 10*, New York: Knyhospilka, 1958,346-359; Tetiana Iakovleva, *Hetmanshchyna v druhii polovyni 50-kh rokiv XVII stolittia*, Kyiv: Osnovy, 1998, 305-350; Andrzej Kamiński, "The Cossack Experiment in Szlachta Democracy," *Harvard Ukrainian Studies*, 1, 2 (1977), 178-187.

18 關於容忍逐漸消失的趨勢，請見 Zenon Guldon and Jacek Wijaczka, "The Accusation of Ritual Murder in Poland, 1500-1800," *Polin*, 10 (1997), 119-131.

19 J. H. Elliot, *Europe Divided 1559-1598*, Oxford: Blackwell 2000 [1968], 154-163 及全書各處。

20 關於財政，見Larysa Hvozdyk-Pritsak, *Ekonomichna i politychna viziia Bohdana Khmel'nyts'koho ta ii realizatsiia v derzhavi Viis'ko Zaporoz'ke*, Kyiv: Oberehy, 1999, 101-102 及全書各處；關於語言，見 Omeljan Pritsak and John Reshetar, "Ukraine and the Dialectics of Nation-Building," *Slavic Review*, 22, 2 (1963), 18-19。關於哥薩克歷史和烏克蘭認同，見Frank Sysyn, "The Reemergence of the Ukrainian National and Cossack Mythology," *Social Research*, 58, 4 (1991), 845-864; Orest Subtelny, *Ukraine*, Toronto: University of Toronto Press, 1988, 94-95.

21 Oskar Halecki, *Przyłączenie Podlasia, Wołynia, i Kijowszczyzny do Korony w Roku 1569*, Cracow: Gebethner and Wolff, 1915, 244. 其生平見Jan Widacki, *Kniaź Jarema*, Cracow: Wydawnictwo Literackie, 1997, 11-20。爵位一事出自 Iakovenko, *Ukrains'ka shliakhta*, 75；財產之事出自 Sysyn, *Between Poland and the Ukraine*, 76。

22 John Basarab, *Pereiaslav 1654,* Edmonton: CIUS, 1982.

Lithuanian Commonwealth, Cambridge, Mass.: Ukrainian Studies Fund, 1988, 190, 205。

7 Sofiia Senyk, "Beresteis'ka uniia i svits'ke dukhovenstvo," in Borys Gudziak, ed., *Berest eis'ka uniia ta vnutrishniie zhyttia Tserkvy v XVII stolitti*, L'viv: L'vivs'ka bohoslovs'ka akademia, 1997, 55-66.

8 Jerzy Boręcki, "Unia lubelska jak czynnik kształtowania się ukraińskiej świadomości narodowej," in Jerzy Kłoczowski et al., eds., *Unia lubelska i tradycje integracyjne w Europie środkowo wschodniej*, Lublin: IESW, 1999, 60-78; Natalia Jakowenko, "Rus' iak tretii chlen Rechi Pospolytoi 'Dvokh Narodiv' v ukrains'kii dumtsi pershoi polovyny XVII st.," 同上，84-88; Henyk Samsonowicz, "Mieszczaństwo Rzeczypospolitej wobec Unii Brzeskiej," in Jan Sergiusz Gajek and Stanislaw Nabywaniec, eds., *Unia brzeska z perspektywy czterech stuleci*, Lublin: KUL, 1998, 7380; David Saunders, "Ukrainians since 1600," *Ethnic Studies*, 10 (1993), 113。

9 要做到這一點，東西聯合教會必須從屬於波蘭的機構轉變為屬於烏克蘭的機構；等我們說到十九世紀時再回來處理這部分。關於波蘭的宗教改革和農民，請見 Waclaw Urban, *Chłopi wobec Reformacji w Małopolsce*, Cracow: PWN, 1959。

10 以下這本書以1570年為基礎討論了波蘭的經濟：Jan Rotkowski, *Histoire economique de la Pologne avant les partages*, Paris: Champion, 1927。對這種「出口導向農奴制」的政治解釋及其批判，可見 Andrzej Kamiński, "Neo-serfdom in Poland-Lithuania," *Slavic Review*, 34, 2 (1975), 253-268.

11 N.M. Iakovenko, *Ukrains'ka shliakhta*, Kyiv: Naukova Dumka, 1993, 265; 亦可參閱 Kamiński, "Szlachta of the Polish-Lithuanian Commonwealth,"31; Frank Sysyn, *Between Poland and the Ukraine*, Cambridge, Mass.: Harvard University Press, 1985, 20-32。

12 出自漢諾威的《絕望深淵》，引自 Henry Abramson, *A Prayer for the Government*, Cambridge, Mass.: Harvard University Press, 32。關於權貴，請見 Henryk Litwin, *Napływ szlachty polskiej na Ukrainę 1569-1648*, Warsaw: Semper, 2000; Iakovenko, *Ukrains'ka shliakhta*, 206-207, 219; Rosman, *The Lords' Jews*, 1990, 40, 85 及全書各處。

13 Ewa Wolnicz-Pawłowska, "Antroponimia polska na kresach południowo-wschodnich,"in Janusz Rieger, ed., *Język polski dawnych Kresów Wschodnich,* Warsaw: Semper, 1999, 211212; Martel, *Langue polonaise*, 200.關於婦女教育，見 Andrzej Karpiński, *Kobieta w mieście polskim*, Warsaw: IH PAN, 1995, 285-313; 以及Maria Bogucka, *Białogłowa w dawnej Polsce*, Warsaw: Trio, 1998, 167-201。

14 關於1569年的領土重劃，請見 Vitalii Shcherbak, *Ukrains'ke kozatstvo: Formuvannia*

2 關於這些差異如何在中世紀形成，請見 Dimitri Obolensky, *The Byzantine Commonwealth*, London: Phoenix Press, 2000, 322-343; Francis Thomson, "The Corpus of Slavonic Translations Available in Muscovy," in Boris Gasparov and Olga Raevsky-Hughes, eds., *Christianity and the Eastern Slavs*, Berkeley: University of California Press, 1993, 179-214; Nataliia Iakovenko, *Narys istorii Ukrainy z naidavnishykh chasiv do kintsia XVIII stolittia*, Kyiv: Heneza, 1997。

3 Lucien Febvre and Henri-Jean Martin, *The Coming of the Book*, London: Verso, 1976 [1958], 201-203, 248-332; Iaroslav Isaievych, *Preemniki pervopechatnika*, Moscow: Kniga, 1981. 欲知這些爭論在1569年以前的波蘭有多激烈，請見 David Frick, *Polish Sacred Philology in the Reformation and Counter-Reformation*, Berkeley: University of California Press, 1989。曾有一個新教教派使用教會斯拉夫語翻譯聖經：David Frick, "Szymon Budny and the Church Slavonic Bible," in Michael Flier and Simon Karlinsky, eds., *Language, Literature, Linguistics*, Berkeley, Calif.: Slavic Specialties, 1987, 62-66。

4 André Martel, *La langue polonaise dans les pays ruthènes*, Lille: Travaux et Mémoires de l'Université de Lille, 1938, 58-66, 142, 全書都值得一讀；亦可參閱 Ihor Ševcenko, *Byzantium and the Slavs*, Cambridge, Mass.: Ukrainian Research Institute, 1991, 170 和 670。東西聯合教會比東正教士更晚才接受波蘭語。不過到了1650年代，波蘭語就成為聯合教會文獻檔案中的主要語言，一直到1800年才有所改變。更進一步的詳細資料請見表一，48。

5 Borys Gudziak, *Crisis and Reform*, Cambridge, Mass.: Harvard University Press, 1998, 209-238 及全書各處；Oskar Halecki, *From Florence to Brest*, New York: Archon Books, 223-286, 423-433; M.O. Koialovich, *Litovskaia tserkovnaia uniia, vol. 1*, St. Petersburg, 1859, 166-168。

6 關於爭論，見 David Frick, *Meletij Smotryc'kyj*, Cambridge, Mass.: Harvard University Press, 1995, 181-192; Francis Thompson, "Meletius Smotritsky and the Union with Rome," in Bert Groen and Wil van den Bercken, eds., *Four Hundred Years*, Leuven: Peeters, 1998, 55-126; Teresa Hynczewska-Hennel, "The National Consciousness of Ukrainian Nobles and Cossacks," in Ivo Banac and Frank Sysyn, eds., *Concepts of Nationhood in Early Modern Europe*, Cambridge,Mass.: Ukrainian Research Institute, 1986, 383-392; Michał Lesiów, "The Polish and Ukrainian Languages," in Zvi Gitelman et al., eds., *Cultures and Nations of Central and Eastern Europe*, Cambridge, Mass.: Ukrainian Research Institute, 2000. 397-398. 有關新教徒的專論，請見 George Williams, *Protestants in the Ukrainian Lands of the Polish-*

"Conscience nationale et la perception géopolitique des habitants de la Lithuanie," in Pierre Allan and Jan Škaloud, eds., *The Making of Democracy,* Prague: Economics University Press, 1997, 134-140; Kultura ,442-443(1984), 133-135。立陶宛是否有跟波蘭人實際來往，跟他們是否持有這種想法並沒有正相關：這種憎惡之情很少出現在習於和波蘭裔共同生活的立陶宛人身上，反而在沒有波蘭裔居住的地方最為常見。Śliwiński and Čekmonas, "Świadomość narodowa mieszkanńców Litwy i Białorusi," 538-585. 這份調查起始於1990年代初期。

20 數據來源：Alfred Erich Senn, *Gorbachev's Failure in Lithuania*, New York: St. Martin's, 1995, 31。關於示威抗議的文件：Izidors Vizulis, *The Molotov-Ribbentrop Pact of 1939*, New York: Praeger, 1990。關於1980年代後期的論戰：Christophe, *Staat versus Identität*, 104-122。亦可參閱 V. Stanley Vardys, "Lithuanian National Politics," *Problems of Communism*, July-August 1989, 54, 62; Aleksandra Niemczykowa, "Litwa na drodze do suwerenności," *Lithuania*, 17(1995), 105。

21 Vytautas Landsbergis, *Lithuania: Independent Again*, Seattle: University of Washington Press, 2000; 關於丘爾廖尼斯請見A.E. Senn, "The Lithuanian Intelligentsia of the Nineteenth Century," in Aleksander Loit, ed., *National Movements in the Baltic Countries*, Stockholm: Center for Baltic Studies, 1985, 314; Misiunas and Taagepera, *The Baltic States*, 148。亦可參閱 Popovska, *National Minorities*, 57 及全書各處；以及Vytautas Landsbergis, "Pieśń o tym, kim jesteśmy," *Lithuania*, 1 (1990), 16-21。丘爾廖尼斯的平反有部分要歸功於 Antanas Venclova 的努力。

22 由於在格倫瓦德之戰（Battle of Grünwald，即第一次坦能堡之戰）中戰勝條頓騎士團，維陶塔斯也順理成章被當作「反日耳曼」的代表。Alvydas Nikžentaitis, "Der Vytautaskult in Litauen und seine Widerspiegelung im Denkmal," *Nordost Archiv*, 6, 1 (1997), 131, 138-141。可對照 Antanas Čaplinskas, *Vilnius Streets*, Vilnius: Charibde, 2000。

23 Vytautas Toleikis, "Historia w szkole litewskiej w perspektywie stosunków polsko-litewskich,"in Robert Traba, ed., *Tematy polsko-litewskie*, Olsztyn: Borussia, 1999, 210-212; 亦可參閱 Birute Vareikiene, "Od konfrontacji do zrozumienia," 同上，216-225; Christophe, *Staat versus Identität*, 141-165; Adolfas Šapoka, *Vilnius in the Life of Lithuania,* Toronto: Lithuanian Association, 1962。

第六章　近世烏克蘭的歷史（1569-1914）

1 其他部分屬於鄂圖曼帝國和摩爾多瓦、克里米亞汗國等附庸國，還有匈牙利。

Lithuania under the Soviets, New York: Praeger, 1965, 186-187, 194.

8 A.J.P. Taylor, *The Habsburg Monarchy, 1809-1918,* London: Hamilton, 1948.

9 Vytautas Vaitiekūnas, "Sovietized Education in Occupied Lithuania," in V. Stanley Vardys, ed. *Lithuania under the Soviets*, New York: Praeger, 1965, 186-187, 194.

10 V. Stanley Vardys, "Modernization and Baltic Nationalism," *Problems of Communism*, September-October 1975, 43.

11 Marek Śliwiński and Valerijus Čekmonas, "Świadomość narodowa mieszkańców Litwy i Bialorusi," *Przegląd Wschodni*, 4, 3 (1997), 585; Vesna Popovska, *National Minorities and Citi zenship Rights in Lithuania*, Houndmills: Palgrave, 2000, 45-49.

12 Eberhardt, *Przemiany narodowościowe na Litwie*, 176-179; Nicolas Werth, "Apogée et crise du goulag," in Stéphane Courtois, ed., *Le livre noir du communisme*, Paris: Robert Lafont, 1997, 262.

13 Zigmas Zinkevičius, *The History of the Lithuanian Language*, Vilnius: Mokslo ir enciklope diju leidykla, 1996, 322-324; Misiunas and Taagepera, *The Baltic States*, 159-165.

14 Vardys, "Modernization and Baltic Nationalism,"38-40; Eberhardt, *Przemiany naro dowościowe na Litwie*, 203.

15 Antanas Snechkus, *Sovetskaia Litva na puti rastsveta*, Vilnius, 1970.

16 比較 Leonidas Donskis, "Lithuania at the End of the Twentieth Century"和 Aleksandr Dobrynin and Bronius Kuzmickas, eds., *Personal Freedom and National Resurgence*, Washington, D.C. Paideia, 1994, 59-74。這個概念有個更激進的版本：一些當代印地語民族主義者（Hindi nationalist）宣稱，中世紀的立陶宛是一個「印度教－佛教國家」。 Douglas Spitz and William Urban, "A Hindu Nationalist View of Baltic History," *Journal of Baltic Studies*, 243 (1993), 297.

17 我想到是Zinkevičius 的 *History of the Lithuanian Language*。

18 Virgil Krapauskas, "Marxism and Nationalism in Soviet Lithuanian Historiography," *Journal of Baltic Studies*, 23, 3 (1993), 255; Tomas Venclova, "Litwo, ojczyzno nasza," *Lithuania*, 26-27 (1998), 78; Jacek Borkowicz, "Polska-Litwa," *Polska w Europie*, 12 (1993), 34-35; Alicja Nagórska, "Języki-narody-kultury," *Lithuania*, 5 (1991), 194; Stephen Burant and Voytek Zubek, "Eastern Europe' Old Memories and New Realities," *East European Politics and Societies*, 7, 2(1993), 375.

19 Greta Lemanaitė, "Stereotyp Polaka w oczach Litwina," in Teresa Walas, ed., *Narody i ste reotypy*, Cracow: Międzynarodowe Centrum Kultury, 1995, 90-94. 又見Marek Śliwiński,

Brandeis University Press, 1989, 386.

33 Tarka, "Spór o Wilno,"83.

34 Kasperavičius, "Relituanizacja,"117.

35 *Sovetskii faktor,* 73.

36 *Teczka specjalna* J.W. Stalina, 48.

37 我會在第九章中花更多篇幅討論這個主題。

38 1944年11月6日的日記，VUBR, f75–13。

39 Czeslaw Milosz 在1969年發表的〈沒有名字的城市〉（Miasto bez imienia）中問到：「誰會尊敬一座沒有名字的城市？」有關立陶宛波蘭裔遭遇的困境，請見 Jerzy Surwillo的回憶，*Rachunki nie zamknięte*, Vilnius: Magazyn Wileński, 1992, 如318頁。

第五章　蘇屬立陶宛的維爾紐斯（1945-1991）

1 Włodzimierz Borodziej, Stanisław Ciesielski, Jerzy Kochanowski, "Wstęp," in *Przesiedlenie ludności polskiej* 23-25; Valentinas Brandi šauskas, "Migracje i przemiany demograficzne na Litwie," in Krzysztof Jasiewicz, ed., *Europa nie prowincjonalna*, Warsaw: Rytm, 1999, 1123.

2 關於維爾紐斯的波蘭裔，請見Przesiedlenie ludności polskiej, 111；關於等待波蘭裔農民的波蘭當局，見109ff；關於德國文件，見 159，關於考納斯的立陶宛政府，請見 361-364。

3 Piotr Eberhardt, *Przemiany narodowościowe na Litwie*, Warsaw: Przegl ąd Wschodni, 1997, 167; Piotr Eberhardt, *Polska ludność kresowa*, Warsaw: PWN, 1998, 114-123. Benedict Anderson, *The Spectre of Comparison*, London: Verso, 1998, 36-45 中提到了一些關於人口普查的警世故事。

4 一份官方的類回憶錄指出，這段時期是拯救「立陶宛民族」的艱辛奮鬥。M. Bordonaite, *Tovaryshch Matas*, Vilnius: Mintis, 1986, 89 及全書各處。

5 Barbara Christophe, *Staat versus Identität*, Cologne: Wissenschaft und Politik, 1997, 41.

6 A. Bendzhius et al., *Istoriia Vil'niusskogo universiteta*, Vilnius: Mokslas, 1979, 154, 194; Marceli Kosman, *Uniwersytet Wileński 1579-1979*, Wrocław: Ossolineum, 1981, 57. 猶太人的比例在1937-1938年是13%，在1945-1946年掉到了6.5%，到了1976到1988年只剩下1.6%。第一次減少是因為猶太大屠殺，超過90%的立陶宛猶太人在這場浩劫中喪生。第二次則是因為在蘇聯時期，多數猶太人傾向進入俄語大學就讀。

7 Vytautas Vaitiekūnas, "Sovietized Education in Occupied Lithuania," in V. Stanley Vardys, ed.

Reworking the Past, Boston: Beacon Press, 1990。在1990年代，這些比較研究成了法國的學界重心，因為在蘇聯瓦解後，許多知識分子對共產主義的信仰都受到了挑戰。可參閱François Furet, *Le passé d'uneillusion*, Paris: Calmann-Levy, 1995; 亦可見我的評論"Coming to Terms with the Charm and Power of Soviet Communism," *Contemporary European History*, 6, 1 (1997), 133-144。Stéphane Courtois, ed., *Le livre noir du communisme*（Paris: Robert Laffont, 1997）是一份國際合作的論文集，書中對共產主義殘忍行徑的舉例在法國和義大利引洸喧然大波。法語和德語的論戰內容可見 Le Débat, 89 (1996)。

25 在德軍統治的掩護下，極端立陶宛民族主義者再三呼籲德國人清除維爾紐斯的波蘭裔，後來卻發現德國人有其他計劃，這讓他們大失所望。Kasperavičius, "Relituanizacja,"114-115.

26 Statistical Report for March 1943 (34/67), F. R1399, A1, B. 9; "Lagebericht. Wilna, IV A 1 (Gestapo)," F. R1399, A1, B. 100; "An den Herrn Höheren SS-und Polizeiführer Ostland und Russland Nord in Riga. *Verhalten litauischer Sonderkampfverbände*,"11 May 1944; "Lagebericht. Bandentätigkeit,"24 April 1944, F. R1399, A1, B. 100, L. 1; Report of SS Commander Titel to Jeckeln in Riga, 15 May 1944, F. R1399, A1, B. 106. 以上皆存於維爾紐斯的立陶宛國家中央檔案館。

27 Dina Porat, "The Holocaust in Lithuania," in David Cesarini, ed., *The Final Solution*, Routledge: New York, 1994, 160.

28 Yitzhak Arad, "The 'Final Solution' in Lithuania," *Yad Vashem Studies*, 11 (1976), 241; Yitzhak Arad, *Ghetto in Flames*, Jerusalem: Hava, 1980, 43-48.

29 Konrad Kweit, "Rehearsing for Murder," *Holocaust and Genocide Studies*, 12, 1 (1998),3-26). 有關立陶宛猶太人在蘇聯占領時期的角色，請見 Dov Levin, *Baltic Jews under the Soviets*, Jerusalem: Hebrew University 30, 43.該作者曾在蘇聯瓦解後的過渡期擔任國會議員。

30 Arad, *Ghetto in Flames*, 429-432; Marc Dvorjetski, *Le Ghetto de Vil'na*, Geneva: Union O. S.E., 1946; diary of Icchak Rudaszewski, Lithuania, 3 (1991), 35-49; Michael MacQueen, "The Context of Mass Destruction," *Holocaust and Genocide Studies*, 12, 1 (1998) 27-48. 亦可參閱 Knut Stang, *Kollaboration und Massenmord*, Frankfurt am Main: Peter Lang, 1996, 73-112。

31 實際上的死亡人數更多；在1939-1941年之間，從華沙和波蘭中部地區被送往維爾內的猶太人可能多達五萬，其中大部分都死在立陶宛。

32 Abraham Novershtern, "Yung Vilne," in Yisrael Gutman, Ezra Mendelsohn, Jehuda Reinharz, and Chone Shmeruk, eds., *The Jews of Poland Between the Two World Wars*, Hanover, Mass.:

Belaruskaia savetskaia entsyklapedyia, 1991; Arnold McMillin, *Die Literatur der Weissrussen*, Giessen: Wilhelm Schmitz, 1997, 122。

14 Regina Žepkajte, "Okupacja Wilna przez Armię Czerwon ą," in *Giżejewska and Strzembosz*, Społeczeństwa, 305.

15 Crowe, *The Baltic States*, 99-106；Alan Bullock, *Hitler and Stalin*, New York: Knopf, 1992, 645; Žepkajte, "Okupacja Wilna przez Armię Czerwon ą," 302; Algis Kasperovičius, "Stosunek władz i społeczeństwa Litwy do Polaków ne Wileńszczyzńie," in *Giżejewska and Strzembosz*, Społeczeństwa, 307; Krzysztof Tarka, "Spór o Wilno," *Zeszyty Historyczne*, 114 (1995), 60; Sabaliunas, *Lithuania in Crisis*, 151-153. 在二戰期間，儘管根據憲法規定，立陶宛的首都是維爾紐斯，但其行政中心卻是考納斯。有「日本辛德勒」之稱的杉原千畝就是在考納斯簽發了一萬份簽證，拯救了五千名猶太人的性命。Hillel Levine, *In Search of Sugihara*, New York: Free Press, 1996.

16 Leonas Sabaliunas, *Lithuania in Crisis*, Bloomington: Indiana University Press, 1972, 153; Kasperovičius, "Relituanizacja i powrót do macierzy," 108.

17 1941年7月9日的日記（Dziennik），藏於維爾紐斯大學圖書館手稿部（Rankrăsčiu Skyrius），F75-13。Herector VUBR。

18 這個聲索表面上是依據1920年7月12日和蘇俄所簽的條約。

19 S. Kairys, "I š Vilniaus sugrizus?" *Mintis*, 10, 1939, 330, 引用自Kasperavičius, "Relituanizacj a,"109.

20 Sabaliunas, *Lithuania in Crisis*, 162. 亦可參閱 Crowe, *The Baltic States*, 143.

21 1940年2月4日到3月21日間的日記，VUBR F75-13。亦可參閱 Longin Tomaszewski, "Społeczeństwo Wileńszczyzny wobec władzy Litewskiej i sowieckiej," in *Giżejewska and Strzembosz*, Społeczeństwa, 329; Eberhardt, *Przemiany narodowościowena Litwie*, 1997, 151。

22 Kasperovičius, "Stosunek władz i społeczeństwa Litwy do Polaków na Wileńszczyźnie,"313; Žepkajte, "Okupacja Wilna przez Armię Czerwon ą,"310-314.

23 Eberhardt, *Przemiany narodowościowe na Litwie*, 153-154.

24 本書不會處理納粹和蘇聯政權之間的相似與相異。在1970-1980年代，這些問題是西德學界的一大戰場，因為它們牽涉到第三帝國為當時的西德社會留下了哪些影響。要瞭解這些史學爭論，可參見 Charles Maier, *The Unmasterable Past*, Cambridge, Mass.: Harvard University Press, 1988; 亦可參閱 Hans-Ulrich Wehler, *Entsorgung der deutschen Vergangenheit?* Munich: Beck, 1988。另一份有用的英語選集是 Peter Baldwin, eds.,

城內的立陶宛人很少。Leonas Sabaliunas認為，就算立陶宛在1940年得到維爾紐斯和周邊地區，當地的立陶宛人也只有5.8%。Piotr Eberhardt "Przemiany narodowościowe na Litwie," *Przegląd Wschodni*, 1, 3 (1991), 468-469。

3 關於白羅斯文化，請見 Nicholas Vakar, *Belorussia*, Cambridge, Mass.: Harvard University Press, 1956, 121-135; Aleksander Wabiszczewicz, "Sytuacja szkolnictwa białoruskiego na Białorusi zachodniej," in Małgorzata Giżejewska and Tomasz Strzembosz, eds., *Społeczeństwa białoruskie, litewskie i polskie na ziemiach północno-wschodnich II Rzeczypospolitej*, Warsaw: ISP PAN, 1995,190, 198; Aleksiej Litwin, "Problem Bialorusi w oficjalnej polityce polskiej," 同上，17-21。

4 Milosz, *Rodzinna Europa*, 58。

5 Algis Kasperovičius, "Relituanizacja i powrót do macierzy," in Robert Traba, ed., *Tematy pols ko-litewskie*, Olsztyn: Borussia, 1999, 103; Nerijus Udrenas, "History Textbooks and the Making of the Nation State," Masters thesis, Brandeis University, 1995, 14。

6 Tomas Venclova, "Native Realm Revisited," 引用於文稿後, 23, 以波蘭語發表於 Zeszyty Literackie, 70 (2000)。

7 引自 Iver Neumann, "Poland as a Regional Great Power," in Iver Neumann, ed., *Regional Great Powers and International Politics*, New York: St. Martin's, 1992, 134-135。見M. Anysas, *Der litauische-polnische Streit um das Wilnagebiet,* Wurzburg: K. Triltsch, 1934, 1-2, 10; Augustin Voldemaras, *La Lithuanie et ses problèmes*, Paris: Mercure Universel, 1933, 15-18。

8 Alfonsas Eidintas and VytautasŽalys, *Lithuania in European Politics*, New York: St. Martin's, 1999, 140-141。

9 同上，122。

10 David Crowe, *The Baltic States and the Great Powers*, Boulder, Colo.: Westview Press, 1993, 83.

11 Eidintas andŽalys, *Lithuania in European Politics*, 180-181.

12 關於維爾諾地區，Marek Wierzbicki, *Polacy i Białorusini w zaborze sowieckim*, Warsaw: Volumen, 2000, 155-156; 關於維爾諾城，見 Iwanow, "Sprawa przynależno ści Wilna i problemy narodowo ściowe na Białorusi," in *Giżejewska and Strzembosz*, Społeczeństwa, 85-89。

13 *Polski Słównik Biograficzny, vol. 18*, Wrocław: Ossolineum, 1973, 1, 514; Anton Lutskevich, *Uspaminy ab pratsy pershykh belaruskikh palitychnykh arhanizatsyi*, Minsk:

36 「白羅斯」表達了這個地方是大俄羅斯民族的其中一個區域，而「白羅斯」則意味著這裡繼承了立陶宛大公國和古羅斯的歷史。

37 這讓我想到M.V. Dounar-Zapolski, *Historyia Belarusi*, Minsk: Belaruskaia entsyklopedia, 1994. 手稿完成於1926年。關於蘇聯對農民的剝削和波蘭的民族問題，請見George Jackson, *Comintern and Peasant in East Europe*, 1919-1930, New York: Columbia University Press, 1966, 22, 182, 和全書其他部分。

38 本書出版於共產波蘭：Adam Mickiewicz, Pan Tadeusz, trans. *Bronislaw Taraszkiewicz*, Olsztyn: Pojezierze, 1984.

39 白羅斯的其中一個歷史書寫傳統就是討論，如果里加會議把所有「族裔上屬於白羅斯」的土地都劃給蘇屬白俄羅斯，會發生什麼事；另一個傳統則是討論如果白羅斯人建立了一個獨立國家會發生什麼事。但這些都不可能發生。本書會提出的歷史假設比較局限，只討論哪些論述在當年的論戰中比較可能被接受，哪些又會碰釘子。請見 Uladzimir Lad'iseu and Petr Br'ihadzin, "Rada BNR paslia R'izhkaha dahavora 1921 r.," *Belaruski histarychny chaso pis*, 1 (1997), 48-50。

40 有關1922年5月15日人在考納斯的米夏爾・羅莫和人在華沙的約瑟夫・畢蘇斯基，請見 Anna and Andrzej Rosner, eds., *Pasmo czynno ści cia giem lat ida çe*, Warsaw: Kra ˛ g, 1992, 158162；關於猶太大屠殺，請見 Ezra Mendelsohn, *The Jews of East Central Europe*, Bloomington: Indiana University Press, 1983, 52；關於1918到1920年，請見 Łossowski, *Stosunki polsko-litewskie*；關於1920年代，請見Alfred Senn, *The Emergence of Modern Lithuania,* Westport, Conn.: Greenwood Press, 1975。

41 維爾諾的Ko ściól Akademicki有一座密茨凱維奇的小型紀念碑。

42 Słowo (Wilno), 1 November 1924, 1.

43 Piotr My ślakowski, "Losy wileńskich pomników Mickiewicza," *Biuletyn Stowarzysze nia Wspólnota Polska*, October 1998.

第四章　二次大戰與維爾紐斯問題（1939-1945）

1 關於這個時期的維爾諾，可見Ezra Mendelsohn, *The Jews of East Central Europe*, Bloomington: Indiana University Press, 1983, 11-84; Jerzy Tomaszewski, ed., *Najnowsze dzieje Żydów w Polsce,* Warsaw: PWN, 1939, 179-198。亦可參閱 Czeslaw Milosz, *Rodzinna Europa*, Paris: Instytut Literacki, 1980, 78-89。

2 1931年波蘭在該城做的普查顯示，在195100位居民中，波蘭人占了65.9%，猶太人28%，白羅斯人和立陶宛人各自為0.9%和0.8%。立陶宛的人口統計學家也承認，當時

26 Stanley Page, *The Formation of the Baltic States*, Cambridge: Mass.: Harvard University Press, 1959, 30-97; Wiktor Sukiennicki, *East Central Europe During World War I, vol.2*, Boulder, Colo.: East European Monographs, 1984, 668-705.

27 Andrzej Garlicki, "Wilna ża˛daja˛ wszyscy," in Robert Traba, ed.

28 Andrzej Garlicki, "Wilna ża˛daja˛ wszyscy," in Robert Traba, ed., *Tematy polsko-litewskie*, Olsztyn: Borussia, 1999, 72. 關於立陶宛人的挫敗感，請見 Juozas Gabrys, *L'Etat Lithuanien et Mitteleuropa, 1917*; Lituanus, *La vérité polonaise sur les Lithuaniens*, Lausanne: Bureau d'Information de Lithuanie, 1917.

29 Piotr Eberhardt, "Wizje i projekty Polskiej Granicy Wschodniej w latach 1914-1921," *Przegla˛d Wschodni*, 5, 2 (1998), 348-351.

30 Piotr Wandycz, *Soviet-Polish Relations, 1917-1921*, Cambridge, Mass.: Harvard University Press, 1969, 110.

31 Alfred Erich Senn, *The Great Powers, Lithuania, and the Vilna Question*, Leiden: Brill, 1966, 55.

32 Norman Davies, *White Eagle, Red Star*, London: Macdonald and Co., 1972; Lucjan Żeligowski, Wojna w roku 1920, Warsaw: Polska zjednoczona, 1930.

33 Wandycz, *Soviet-Polish Relations*, 209; Eidintas and Žalys, *Lithuania in European Politics*, 70, 77; Andrzej Ajnenkial, "Od aktu 5'ego listopadu do traktatu ryskiego," in Mieczyslaw Wojciechowski, ed., *Traktat Ryski 1921 roku po 75 latach*, Toruń: Wydawnictwo Uniwersytetu Mikołaja Kopernika, 1998, 27. 1939年波蘭戰敗、蘇聯把維爾紐斯劃給立陶宛，以及後來蘇聯又占領立陶宛是彼此相扣的一連串事件。

34 Lucjan Żeligowski, *Zapomniane prawdy*, London: Mildner and Sons, 1943, 32-43; 畢蘇斯基的話引用自 Bohdan Skaradziński, "Fenomen litewsko-białoruskich formacji Wojska Polskiego," in Jasiewicz, *Europa nie prowincjonalna*, 902。亦可參閱Andrzej Nowak, *Polska i trzy Rosje*, Cracow:Arcana, 2001, 326-332。

35 Jan D ąbski, *Pokój ryski*, Warsaw: Kulerskiego, 1931, 78; Witold Wojdylo, "Traktat w Rydze w koncepcjach politycznych obozu narodowego," in Wojciechowski, *Traktat Ryski 1921*, 53-55. Krzysztof Kawalec, "Narodowa Demokracja wobec traktatu ryskiego," 同上，31-45，提到了格拉布斯基的次要動機。關於瓦西萊夫斯基，請見 Barbara Stoczewska, *Litwa, Białoruś, Ukraina w myśli politycznej Leona Wasilewskiego*, Cracow: Księgarnia Naukowa, 1998。關於畢蘇斯基和瓦西萊夫斯基，請見 Wasilewski, *Józef Piłsudski: Jakim go znałem*, Warsaw: Rój, 1935。

普查，城內有40.4%的猶太人和30.9%的波蘭人。關於商業貿易，可見Nancy and Stuart Schoenburg, *Lithuanian Jewish Communities*, New York: Garland, 1991, 354.

17 關於巴爾・謝姆・托夫拉比（人稱Besht）和高翁的比較，請見Moshe Rosman, *Founder of Hasidism,* Berkeley: University of California Press, 1996, 36-37.關於波蘭猶太復國主義者的出身，請見Ezra Mendelsohn, *Zionism in Poland*, New Haven, Conn.: Yale University Press, 1981.關於維也納的同化主義和民族主義，請見Marsha Rozenblit, *The Jews of Vienna1867-1914*, Albany, N.Y.: SUNY Press, 1983, 175-195. 亦可參閱Joshua Levisohn, "The Early Vilna Haskalah," Doctoral dissertation, Harvard University, 1999.

18 Harry Tobias, *The Jewish Bund in Russia*, Stanford, Calif.: Stanford University Press, 1972, 46, 52-53; Henri Minczeles, *Vilna, Wilno, Vilnius*, Paris: Éditions de la Découverte, 1993.

19 Stefan Kawym, *Ideologia stronnictw politycznych w Polsce wobec Mickiewicza 1890-1898*, L'viv: Filomat, 1937; Józef Kozlowski, "My z niego wszyscy..." Warsaw: Czytelnik, 1978.

20 這個評估是基於Jeffrey Kopstein和Jason Wittenberg為了研究計劃〈Rethinking the Social Bases of Dictatorship and Democracy in Interwar East Central Europe〉在2000年蒐集的數據。

21 Ksawery Pruszyński 在1939年將德莫夫斯基的出身和新形態的波蘭民族主義連結在一起。*Niezadowoleni i entuzjaści*, Warsaw: Państwowy Instytut Wydawniczy, 1990, 637-644.在Andrzej Walicki 的 "The Troubling Legacy of Roman Dmowski," *East European Politics and Societies*, 14, 1 (2000), 12-30中也有簡明的介紹。Brian Porter 認為現代波蘭民族主義徹底遺棄了過去的愛國主義，請見*When Nationalism Began to Hate*, Oxford: Oxford University Press, 2000。亦可參閱 Patrice Dabrowski, "Folk, Faith, and Fatherland," *Nationalities Papers*, 28, 3 (2000), 397-416.更廣泛的描寫請見 Piotr Wandycz, *The Lands of Partitioned Poland*, Seattle: University of Washington Press, 1993; Stefan Kieniewicz, *Historia Polska 1795-1918*, Warsaw: PWN, 1997; Antony Polonsky, *Politics in Independent Poland*, Oxford: Clarendon Press, 1972。

22 Vejas Liulevicius, *War Land on the Eastern Front*, Cambridge: Cambridge University Press, 2000.

23 Bich, "Ad idei adnaulennia Rech'i Paspalitay," 174-175; quotation from Vasil Zacharka, in Kipel and Kipel, *Byelorussian Statehood*, 97.

24 Ivan Lubachko, *Belorussia under Soviet Rule*, Lexington: University of Kentucky Press, 1972, 24-25.

25 Antanas Smetona, *Die litauische Frage*, Berlin: Das neue Litauen, 1917, 29.

6 Mikhal Bich, "Ad idei adnaulennia Rech'i Paspalitay da barats'b'i za stvarenne nezalezhnay belaruskay dziarzhav'i," in Kloczowski et al., eds., *Unia lubelska*, 173.

7 Aliaksandr Ts'vikevich, "Zapadno-russizm," Minsk: Navuka i tekhnika, 1993[1928], 314.

8 Guthier, "The Belorussians: National Identification and Assimilation," *Soviet Studies*, 29, 1 (1997), 40-47; Piotr Eberhardt, *Przemiany narodowósciowe na Litwie*, Warsaw: Przegl ąd wschodni, 1997, 46; Piotr Eberhardt, *Przemiany narodowościowe na Białorusi*, Warsaw: Editions Spotkania, 1994, 14. 此處的比例來自1897年的人口普查，分類依據為母語。

9 關於土地，請見Witold Rodkiewicz, *Russian Nationality Policy*, Lublin: Scientific Society of Lublin, 1998, 79；關於語言，請見Zofia Kurzowa, *Język polski Wileńszczyzny i kresówpółnoc nowschodnich*, Warsaw: PWN, 1993, 221-311。

10 關於這點，認同波蘭者的波蘭人身分，和奧地利轉向大眾民族政治以前，自由派普遍自認為日耳曼人相似。Pieter Judson, *Exclusive Revolutionaries*, Ann Arbor: University of Michigan Press, 1996.

11 Juliusz Bardach, "O świadomo ści narodowej Polaków na Litwie i Bialorusi," in Wojciech Wrzeziński, ed., *Między Polską etniczną i historyczną*, Wrocław: Ossolineum, 1988, 246-247; Aliaksandar Smalianchuk, "Histar'ichnaia s'viadomas'ts'i idealiohiia paliakau Belarusi i Litv'i na pachatku XX stahodz'dzia," *Belaruski Histar'ichn'i Ahliad*, 1,2 (1995), 32-40.

12 如Michal Römer, *Litwa*, L'viv: Polskie towarzystwo nakladowe, 1908。類似著作包括Bardach, "Polacy Litewscy," in Jerzy Kloczowski, et al., eds., *Belarus, Lithuania, Poland, Ukraine*, Lublin: IESW, 1994, 372-373。

13 數據來自1897年俄羅斯人口普查。

14 Eidintas and Žalys, *Lithuania in European Politics*, 18; Egidijus Motieka, "Pocza ątki nowożytnego państwa litewskiego," in Krzysztof Jasiewicz, eds., *Europa nie prowincjonalna*, Warsaw: Rytm, 1999, 224-231; Rimantas Miknys, "Wilno i Wileńszczyzna w koncepcjach Michała Römera i krajowców," 同上書，70; Vytautas Berenis, "Problem dziedzictwa kulturowego Wielkiego Księstwa Litewskiego w ideologii litewskiego ruchu narodowego," 同上, 467-473.

15 當時也有人想用波蘭語來讓識字大眾重新立陶宛化。Tadeusz Bujnicki, "Polskojęzyczne pisarstwo Litwinów w Wilnie," in Greta Lemanaite and Pawel Bukowiec, eds., *Litwa*, Cracow: WUJ, 1998, 117-122.

16 根據前述的1909年人口普查，波蘭裔占37.7%，猶太人占36.8%。根據1897年的俄羅斯

Martin's 1993, 134-135; Witold Rodkiewicz, *Russian Nationality Policy*, Lublin: Scientific Society of Lublin, 1998, 226-231; Pelissier, *Les principaux artisans*, 158-159; *O russkoi pravdie i polskoi krivdie*, Moscow: Universitetskaia tipografiia, 1863, 28-29.

42 Lukasz Chimiak, *Gubernatorzy Rosyjscy w Królestwie Polskim*, Wroclaw: FNP, 1999, 70-79; Andrzej Chwalba, *Polacy w służbie Moskali*, Warsaw: PWN, 1999, 66; Paul Bushkovitch, "The Ukraine in Russian Culture," *Jahrbücher für Geschichte Osteuropas*, 39, 3 (1991), 347-350. 亦可參閱 L.E. Gorizontov, *Paradoksy imperskoi politiki*, Moscow: Indrik, 1999; Vakar, *Belorussia*, 73. 波蘭史上最著名的俄羅斯化華沙總督Josif Hurko也是出身波蘭化的立陶宛家族

第三章　一次大戰與維爾諾問題（1914-1939）

1 M.V. Dovnar-Zapol'skii, *Narodnoe khoziaistvo Belorussii, 1861-1914* g.g., Gosplana BSSR,1926,8-28.

2 一份1909年的官方統計指出，維爾諾共有205250名居民，其中1.2%是立陶宛人，20.7%是俄羅斯人，37.8%是波蘭裔，36.8%是猶太人。P. Gaučas and A. Vidugiris, "Etnolingvisticheskaia situatsiia litovsko-belorusskogo pogranich'ia," *Geografiia*,19 (1983), 62-63. 根據俄羅斯在1897年的統計，當地共有40%的猶太人，31%的波蘭裔，以及2%的立陶宛人。Nicholas Vakar, *Belorussia*, Cambridge, Mass.: Harvard University Press, 1956, 12. 亦可參閱 Zinkevičius, *History of the Lithuanian Language*, 288; Piotr Eberhardt, "Przemiany narodowo ściowe na Litwie w XX wieku," *Przegląd Wschodni*, 1, 3 (1991), 456-457。

3 引自1902 Egidijus Aleksandravičius, "Political Goals of Lithuanians, 1883-1918," *Journal of Baltic Studies*, 23, 3 (1992), 234; from 1905, Jean Pelissier, *Les principaux artisans de la Renaissance Nationale Lituanienne*, Lausanne: Léman, 1918, 177; 亦可參閱Alfonsas Eidintas and Vytautas Žalys, *Lithuania in European Politics*, New York: St.Martin's, 1999, 39; Piotrłossowski, *Stosunki polsko-litewskie 1918-1920*, Warsaw: Ksi ą żka i Wiedza, 1966, 35-40。

4 Vitaut Kipel and Zora Kipel, eds., *Byelorussian Statehood*, New York: Byelorussian Institute of Arts and Sciences, 1988, 32-36, 37-52, 125-129.

5 Adam Maldzis, "Belaruska staulenne da Liublinskai unii," in Jerzy Kłoczowski et al., eds., *Unia lubelska i tradycje integracyjne w Europie środkowo-wschodniej*, Lublin: IESW, 1999, 154-155.

31 Edward Thaden, *Russia's Western Borderlands, 1710-1870*, Princeton, N.J.: PrincetonUniversity Press, 1984, especially 54, 68-69, 79, 121, 126; Patricia Grimsted, *The Foreign Ministers of Alexander I*, Berkeley: University of California Press, 1969, 104-150.

32 Dounar-Zapolski, *Historiia Belarusi*, 250.

33 Sofia Kuz'niaeva, "Nats'iial'nae adradzhen'ne i nats'iianal'naia s'viadomas'ts' belarusau u pershai palove XIX ct.," *Belaruski Histar'ichn'i Ahliad*, 1, 1 (1994), 57.

34 在十九世紀的奧屬加利西亞，該教會也發揮了相同的功能。對1795五年的東西聯合教會來說，國家採取的政策非常重要，因為他們在兩地的處境都非常艱難。Uladzimir Sosna, "Uniiatskae pi'tanne u belarusakau viosts'i," in M.V. Bich and P.A. Loika, *Z histor'ii Unii atstva u Belarusi,* Minsk: Ekaperspekt'iva, 1996, 90-92.

35 L.K. Tarasiuk, "Adliustranne uniatskaii temat'iki u tvorchasts' Frantsishka Bahushevicha," in Ryszard Lużny, Franciszek Ziejka, and Andrzej Kępiński, eds., *Unia brzeska*, Cracow: Universitas, 1994, 526-531.

36 關於1830年的教會體制，請見Shavel'skii, *Posliednee vozsoedinenie s pravoslavnoiu tserkoviiu uniatov Bielorusskoi eparkhii*, Petersburg, Sel'skago Viestnika, 1910.

37 Jan Zaprudnik, "National Consciousness of the Byelarussians and the Road to Statehood," in Vitaut Kipel and Zora Kipel, eds., *Byelorussian Statehood*, New York: Byelorussian Institute of Arts and Sciences, 1988, 13; Jan Jurkiewicz, "Nasze widzenie Bialorusinów w XX w.," *Dzieje Najnowsze*, 27, 2 (1995), 68.

38 Nicholas Vakar, *Belorussia*, Cambridge, Mass.: Harvard University Press, 1956, 82-83. 審查者的建議請見 Frantsishak Bahushevich, *Tvory*, Minsk: Belarus, 1967, 202-205.

39 平心而論，如果要使用厄內斯特・蓋爾勒（Ernest Gellner）的理論，就必須考慮到國家走向現代化有時可能會催生一個，甚至更多新的民族。*Nations and Nationalism*, Ithaca: Cornell University Press, 1983.

40 關於俄羅斯菁英的看法和1863年的起義，請參閱 Henryk Głębocki, *Fatalna sprawa*, Cracow: Arcana, 2000; M. Prudnikov, *Chego zhe khochet Pol'sha*? St. Petersburg: Glavnoie upravleniie voenno-uchebnykh zavedenii, 1863. 有關農民的自我認同，請見, Radzik, "Samookreślenie," 612-614; M. Koszelew, "Polacy w oczach Bialorusinów," *Dzieje Najnowsze*, 27, 2 (1995), 83-85.

41 有關這種轉變，請見 Theodore Weeks, *Nation and State in Late Imperial Russia*, Dekalb: Northern Illinois University Press, 1996, 45-73; Theodore Weeks, "Russification and the Lithuanians," *Slavic Review*, 60, 1, (2001), 109; Dominic Lieven, *Nicholas II*, New York: St.

22 Waclaw Jędrzejewicz, *Kronika Ż ycia Józeja Piłsudskiego, vol. 1*, London: Polska Fundacja Kulturalna, 1997, 15-16.

23 另一種回應則是更強調國際主義的社會主義。波蘭社會黨內知名的馬克思主義理論家Kazimierz Kelles-Krauz就是出身立陶宛波蘭裔家庭。可參閱我的*Nationalism, Socialism, and Modern Central Europe*, Cambridge, Mass.: Harvard University Press for Ukrainian Research Institute, 1997.年輕的Feliks Dzierżyński(1876-1926) 曾因為在維爾諾的學校說波蘭語被退學。於是他開始轉向國際社會主義，加入了波蘭社會主義中的盧森堡派，這派人士反對重建波蘭；最後他成為了共產俄國肅反委員會「契卡」（Cheka）的頭子。Robert Blobaum, *Feliks Dzierzynski and the SDKPiL*, Boulder, Colo.: East European Monographs, 1983.亦可參閱Bohdan Cywiński, *Rodowody niepokornych,* Paris: Spotkania, 1985; Norman Naimark, *The History of the "Proletariat,"* Boulder, Colo.: East European Monographs, 1979.

24 Piotr Wróbel, *Kształtowanie si˛e biaoruskiej świadomości narodowej a Polska*, Warsaw: Wydawnictwo Uniwersytetu Warszawskiego, 1990, 16.

25 數字引用自 Steven Guthier, "The Belorussians: National Identification and Assimilation," Soviet Studies, 29, 1 (1977), 40-47.關於「族裔」和民族史，請參閱 Jeremy King, "Loyalty and Polity, Nation and State," Doctoral dissertation, Columbia University, 1998, 29-33.辯護可以參閱 Anthony Smith, *The Ethnic Origins of Nations*, Oxford: Blackwell, 1986.

26 M.V. Dounar-Zapolski, *Historiia Belarusi*, Minsk: Belaruskaia Ents'iklapedia, 1994, 360; Celina Gajkowska, "Wincenty Marcinkiewicz," *Polski Słownik Biograficzny, vol. 19*, Wroclaw: Ossolineum, 1974, 588-590.

27 這裡的密茨凱維奇著作引自A.A. Loika and V.P. Rahoisha, eds., *Belarusskaia litaratura XIX stahoddzia*, Minsk: Vyhsheishaia shkola, 1988, 32; Dunin cited after his *Zbor tvorau*, Minsk: Dziarzhaunae Vydavetstva BSSR, 1958, 370.

28 Jan Czeczot, *Piosnki wieśniacze znad Niemna i Dźwiny*, Vilnius: Zawadzkiego, 1839. 亦可參閱 T.V. Valodzina, "Ian Chachot i brat'i T'ishkevich," in *Falklor*, Minsk: Belaruskaiia Navuka, 1997, 6; Marceli Kosman, *Historia Białorusi*, Wrocław: Ossolineum, 1979, 219; Weintraub, *Poetry*, 13; Arnold McMillin, *Die Literatur der Weissrussen,* Giessen: Wilhelm Schmitz, 1977, 82-83。

29 Walicki, *Philosophy and Romantic Nationalism*, 73.

30 Jan Zaprudnik, *Belarus*, Boulder, Colo.: Westview, 1993, 54-55; Kosman, *Historia Białorusi*, 220.

7 Jean Pelissier, *Les principaux artisans de la Renaissance Nationale Lituanienne*, Lausanne: Léman, 1918, 25-45.也可比對密茨凱維奇筆下另一名篇《青春頌》（*Ode to Youth*, 1820）：「萬歲！萬歲！自由的黎明來到／救贖的太陽來到」。

8 Jerzy Ochma ński, *Litewski ruch narodowo-kulturalny w XIX wieku*, Białystok: PAN, 1965, 137ff.; Krapauskas, *Nationalism and Historiography*, 15.

9 Jiří Rak, *Bývali Čechové*, Prague: H&H, 1994, 127-140. 亦可參閱 Vladimír Macura, *Českýsen*, Prague: Lidové noviny, 1998, 14-53。

10 David Diringer, *The Alphabet, Vol. 1*, New York: Funk and Wagnall, 1968, 157-164.

11 Francis Dvornik, *The Slavs in European History and Civilization*, New Brunswick, N.J.: Rutgers University Press, 1962, 301-303; Norman Davies, *God's Playground, vol. 1*, New York: Columbia University Press, 1982, 69.

12 這段關於民族主義傳播的觀點取自Liah Greenfeld, *Nationalism*, Cambridge: Harvard University Press, 1992.

13 Narbutt, *Dzieje narodu litewskiego, Vol. 1*, 454-464; Krapauskas, *Nationalism and Historiography*, 74.

14 Wiktor Weintraub, *The Poetry of Adam Mickiewicz*, The Hague: Mouton, 1954, 115.文中提到的著作為*Preussens ältere Geschichte, 4 vols.*, Riga: Hartmann, 1808.

15 有關密茨凱維奇在法國的日子，請參閱 Andrzej Walicki, *Philosophy and Romantic Nationalism*, Notre Dame, Ind.: University of Notre Dame Press, 1997, 265-267.

16 關於對語言和民族復興的標準看法，請參閱Vladimír Macura, *Znamení zrodu*, Prague: H&H, 1995, 61-79。立陶宛民族運動者也希望讓密茨凱維奇看起來像是族裔上的立陶宛人，而不只是政治上的立陶宛人，於是極力尋找他通曉立陶宛語的證據。但反正自古以來，人類就一直從過去的時代找理由，想讓自己看起來沒這麼無力。可參閱 Anthony Grafton, *The Footnote*, Cambridge, Mass.: Harvard University Press, 2000, 155.

17 Cited after Czeslaw Milosz, "Rodziewiczówna," *Kultura*, 522 (1991), 21.

18 Pelissier, *Les principaux artisans*, 45-59; Venclova, "Native Realm Revisited," 22.

19 Bardach, "Polacy Litewscy i inne narody Litwy historycznej," in *Kloczowski, Belarus, Lithuania, Poland, Ukraine*, 366.

20 Ryszard Radzik, "Samookreślenie jako element świadomości etnicznej ludu bialoruskiego w XIX wieku," *Przegla̧d* Wschodni, 4, 3 (1997), 616.

21 Valerius Czekmonas, "O etapach socjolingwistycznej historii Wileńszczyzny i rozwoju polskiej świadomości narodowej na Litwie," in *Kloczowski, Belarus, Lithuania, Poland, Ukraine*, 457-463.

Belorussii,Moscow: Nauka, 1965, 5-6.

29 Jakób Gieysztor, *Pamiętniki, Vol.1*, Vilnius: Bibljoteka Pamiętników, 1913, 36, 61, 136.

30 這份報紙的原文和俄文版，請見K. Kalinovskii, *Iz pechatnogo irukopisnogo naslediia*, Minsk: Belarus, 1988. 亦可參閱Piotr Lossowski and Zygmunt Mlynarski, *Rosjanie, Białorusini, i Ukraińcy w Powstaniu Styczniowym*, Wroclaw: Ossolineum, 1959, 166-186; John Stanley, "The Birth of a Nation," in Béla Király, ed., *The Crucial Decade*, New York: Brooklyn College Press, 110-119.

31 Egidijus Aleksandravicˇius, "Political Goals of Lithuanians, 1883-1918," *Journal of Baltic Studies*, 23, 3 (1992), 230-231; Nerijus Udrenas, "Book, Bread, Cross, and Whip: The Construction of Lithuanian Identity within Imperial Russia," Doctoral dissertation, Brandeis University, 2000.

第二章　立陶宛啊！我的祖國！（1863-1914）

1 Andreas Moritsch, "The January Insurrection and the Emancipation of Peasants in the Polish-Russian Provinces," in Béla Király, eds., *The Crucial Decade*, New York: Brooklyn College Press, 180-182.

2 Algis Kasperovicˇius, "Ksztaltowanie się narodu litewskiego," in Krzysztof Jasiewicz, ed. *Europa nie prowincjonalna*, Warsaw: Rytm, 1999, 218-223; Miroslav Hroch, *Social Preconditions of National Revival in Europe*, Cambridge: Cambridge University Press, 1985, 89; Vytautas Merkys, "Biskup Motiejus Valanczius a polityka narodowościowa rząd̨u Rosji," in Jerzy Kloczowski et al・, eds., *Belarus, Lithuania, Poland, Ukraine*, Lublin: IESW, 1994, 317-318.

3 關於肯定波蘭的論調，可參閱Jerzy Jedlicki, *A Suburb of Europe*, Budapest: Central European Press, 1999; Stanislaus Blejwas, *Realism in Polish Politics*, New Haven, Conn.: Yale Concilium on International and Area Studies, 1984.

4 Teodor Narbutt, *Dzieje narodu litewskiego, vol. 2,* Vilnius: Marcinkowskiego, 1841, 492.

5 Virgil Krapauskas, *Nationalism and Historiography*, Boulder, Colo.: East European Monographs, 2000, 31, 108.

6 Tomas Venclova, "Native Realm Revisited: Mickicwicz's Lithuania and Mickiewicz in Lithuania," 引用於文稿後, 1-5, 以波蘭語發表於 *Zeszyty Literackie*, 70 (2000).Józef Ignacy Kraszewski的詩作也有類似的遭遇。關於道坎塔斯亦可參閱Jonas Žmuidzinas, *Commonwealth polono-lithuanien ou l'Union de Lublin,* Paris: Mouton, 1978, 148。

Poland, Oxford: Blackwell, 1986, 31-54; Daniel Beauvois, "Polish-Jewish relations in Russian territory," 同上., 81; Artur Eisenbach, *The Emancipation of the Jews in Poland, 1780-1870*, Oxford: Basil Blackwell, 1991, 126-127, 158-160.

22 密茨凱維奇後來和一位猶太血統的女性結婚。他複雜的出身也跟他的思想頗有呼應：密茨凱維奇在學時，維爾諾有個當時最了不起的波蘭史學家，叫做Joachim Lelewel (1786-1861)，是一名普魯士貴族的兒子。在密茨凱維奇的民族想像裡，血緣族裔的概念毫無意義，一個人是無法靠著「揭開」父輩或祖輩的出身，就知道自己的「本色」的。關於密茨凱維奇出身的討論，可見Anne Applebaum, *Between East and West*, London: Macmillan, 1995, 114-122; Irena Grudzińska-Gross, "How Polish is Polishness?"*East European Politics and Societies*, 14, 1 (2000), 5ff.; Neal Ascherson, *Black Sea*, New York: Hill and Wang, 1996, 144ff. 關於韃靼清真寺，請見Jan Tyszkiewicz, *Tatarzy na Litwie i w Polsce*, Warsaw: PWN, 1989, 287.基礎概念可見 Wiktor Weintraub, *The Poetry of Adam Mickiewicz*, The Hague: Mouton, 1954, 作者在14、15頁討論了這些問題。

23 帝俄提供波蘭語教育的對象並不包括猶太人。在維爾紐斯，讓猶太人接觸更寬廣的世界的不是波蘭語，而是俄語。

24 A. Bendzhius et al•, *Istoriia Vil'niusskogo universiteta*, Vilnius: Mokslas, 1979, 64-66; Daniel Beauvois, *Szkolnictwo polskie naziemiach litewsko-ruskich 1803-1832, vol.1*, Lublin: KUL, 1991, 37-39, 273-275.一個立陶宛波蘭裔在俄國沙皇的允許下從事自己的志業，這件事會成為波蘭愛國主義的象徵並不足為奇。另一個例子是音樂家Michal Kleofas Ogiński (1765-1833)，他的A小調波蘭舞曲：「告別祖國」在眾多波蘭的巴洛克作曲家中，引起了最多人的共鳴。

25 密茨凱維奇和俄羅斯詩人普希金是好朋友。我們可以拿普希金對發現聖彼得堡的雀躍，和密茨凱維奇對立陶宛滅亡的感嘆拿來對比：「我們在此，受天之命／鑿一扇窗，遠眺歐洲／屹立海岸」。這段詩句出於1832年完成的《葉甫蓋尼·奧涅金》（*Eugene Onegin*），而《塔德伍施先生》則是成書於1834年。可參閱Jerzy Tomaszewski, "Kresy wschodnie w polskiej myśli politycznej," in Wojciech Wrzeziński, ed., *Mi˛edzy Polska˛ etniczna˛ i historyczna˛*, Wroclaw: Ossolineum, 1988; 97ff.; 亦可參閱 I.I. Svirida, Mezhdu Peterburgom, *Varshavoi i Vil'no*, Moscow: OGI, 1999.

26 Jacques Barzun, *Classic, Romantic, and Modern*, Garden City, N.Y.: Doubleday, 1961, 14.

27 Nina Taylor, "Adam Mickiewicz et la Lithuanie," in Daniel Beauvois, ed., *Les confins de l'ancienne Pologne*, Lille: Presses Universitaires, 1988, 70.

28 N.N. Ulashchik, *Predposylki krest'ianskoi reformy 1861 g.v Litve i Zapadnoi*

作者在1549年領取波蘭王國的津貼時，已經開始自稱「圓潤」（rotund）了，此時距離他搬到立陶宛還有兩年。Maurycy Krup-wicz, ed., Sobranie gosudarstvennykh i chastnykh aktov, kasaiushchikhsia istorii Litvy i soedinennykh s nei vladienii, Vilnius: Zavadzkago, 1858, 38-39; Marja Baryczowa, "Augustyn Rotundus Mieleski, wójt wileński, pierwszy historyk i apologeta Litwy," *Ateneum Wileńskie*, 11 (1936), 144. 羅頓都斯（Rotundus）不大可能是在說自己是名文辭純熟的學者。雖然在古典拉丁語中，「rotundus」可以代表「純熟」；這個用法最初應該是西塞羅在《演說家》（*Orator*）發明的，而且羅頓都斯也知道這點。不過即使在十六世紀，這個可能性還是一樣渺茫；最有可能的推論，就是羅頓都斯長得很圓潤。要理解近世和現代的民族想像，就需要對字彙的意思在什麼時候可能會改變、什麼時候不會有個概念：在十六世紀，「圓潤」的意思應該跟現在差不多；但「波蘭」或「立陶宛」的意思絕對不一樣。

16 Paul Bushkovitch, "National Consciousness in Early Modern Russia," in Banac andSysyn, *Concepts of Nationhood*, 356-357; Jaroslaw Pelenski, "The Origins of the Official Muscovite Claim to the 'Kievan Inheritance,'" *Harvard Ukrainian Studies*, 1, 1 (1977), 48-50.

17 Andrzej Kamiński, *Republic vs. Autocracy*, Cambridge, Mass.: Harvard University Press, 1993.

18 見表一，有一部編年體的評論集也清楚顯示了這點，published by the Vilenskaia arkheograficheskaia kommissia in the series "Akty, izdavaemye Vilenskoiu arkheograficheskoiu kommissieiu," "Akty, izdavaemye Arkheograficheskoiu kommissieiu, vysochaishe uchrezhdennoiu v Vil'nie," and "Akty, izdavaemye Vilenskoiu kommissieiu dlia razbora drevnikh aktov."

19 Artūras Tereškinas, "Reconsidering the Third of May Constitution and the Rhetoric of Polish-Lithuanian Reforms," *Journal of Baltic Studies*, 27, 4 (1996), 300.亦可參閱An drzej Walicki, *The Enlightenment and the Birth of Modern Nationhood*, Notre Dame, Ind.: University of Notre Dame Press, 1989. 關於啟蒙時代對波蘭改革的討論，請見Larry Wolff, *Inventing Eastern Europe*, Stanford: Stanford University Press, 195-283.

20 有關此議題的介紹，可參閱Gershon David Hundert, "Some Basic Characteristics of the Jewish Experience in Poland," in Polonsky, *From Shtetl to Socialism*, 19-25; M.J. Rosman, *The Lords' Jews*, Cambridge, Mass.: Ukrainian Research Institute, 1990, 1-22. 常被引用的段落為Salo Wittmayer Baron, *A Social and Religious History of the Jews, vol.16*, New York: Columbia University Press, 1976.

21 Jacob Goldberg, "Privileges Granted to Jewish Communities As a Stabilizing Factor in Jewish Support," in Chimen Abramsky, Maciej Jachimczyk, and Antony Polonsky, eds., *The Jews in*

Metryki Litewskiej," *Lithuania*, 1-2 (22-23), 1997, 26-33.

6 《1566年大公國法典》序言，由Augustinus Rotundus Mieleski寫於1567年左右，見於*Archiwum Komisji Prawniczej, Vol.7*, Cracow: Polska Akademia Umiejetnósci, 1900, xx; 亦可參閱 Jürate Kiapene, "The Grand Duchy and the Grand Dukes in the Sixteenth Century," in Richard Butterworth, ed., *The Polish-Lithuanian Monarchy in European Context*, Houndmills: Palgrave, 2001, 86-87.

7 Halina Dzerbina, *Prava i siamia u Belarusi epokhi Renesansu*, Minsk: Tekhnalohiia, 1997.

8 Harvey Goldblatt, "The Emergence of Slavic National Languages," in Aldo Scaglione, *The Emergence of National Languages*, Ravenna: Loggo Editore, 1984, 125, 165.

9 Karin Friedrich, *The Other Prussia*, Cambridge: Cambridge University Press, 2000.

10 關於政治制度，可參見Andrzej Kamiński, "The Szlachta of the Polish-Lithuanian Commonwealth," in Ivo Banac and Paul Bushkovitch, eds., *The Nobility in Russia and Eastern Europe*, New Haven, Conn.: Yale Russian and East European Publications, 1983, 17-46; 以及Mariusz Markiewicz, "The Functioning of the Monarchy During the Reign of the Electors of Saxony," in Butterwick, *Polish-Lithuanian Monarchy*, 172-192. 亦可參閱Daniel Stone, *The Polish-Lithuanian State, 1386-1795*, Seattle: University of Washington Press, 2001.

11 關於《盧布林聯合》的歷史書寫簡評，可參閱Bardach, *Studia z ustroju i prawa*, 11-18和Žmuidzinas, *Commonwealth polono-lithuanien*, 143-151. 俄羅斯對1569年的主要詮釋來源包括M.K. Liubavskii及I.I. Lappo。至於波蘭、烏克蘭、白羅斯和立陶宛的基本觀點，可參閱Joachim Lelewel, Mykhailo Hrushevs'kyi, M.V. Dovnar-Zapolskii, 和 Adolfas Sˇapoka等人。戰間期的領銜研究者包括Oskar Halecki和Stanislaw Kutrzeba；蘇屬白俄羅斯最重要的研究者是V.I. Picheta；捷克東部摩拉維亞的泛斯拉夫觀點可以參閱Francis Dvornik的著作。英文介紹可見Harry Dembkowski, *The Union of Lublin*, Boulder, Colo.: East European Monographs, 1982。

12 信奉異教的立陶宛家庭都在1387年改信天主教，但多數立陶宛波雅爾仍信仰東正教，並維持了兩百多年。在宗教改革初期，維爾紐斯的東正教堂數量遠多餘天主教堂。

13 Jerzy Ochmański, "The National Idea in Lithuania," in Ivo Banac and Frank Sysyn, eds., *Concepts of Nationhood in Early Modern Europe*, Cambridge, Mass.: Ukrainian Research Institute, 1986, 312-313.

14 1577年後，彼得・史卡迦出版了許多有關新教和東正教的書籍就是最好的證據。*Pisma wszystkie, 5 vols.* Warsaw: Ultima Thule, 1923-1930.

15 對立陶宛的捍衛可見*Rozmowa Polaka z Litwinem*, Brest: Drukarnia Radziwillowska, 1565。

第一章　立陶宛大公國（1569-1863）

1 Juliusz Bardach, *Studia z ustroju i prawa Wielkiego Księstwa Litewskiego*, Warsaw: PWN, 1970，18-21; S.C. Rowell, *Lithuania Ascending*, Cambridge: Cambridge University Press, 1994，296-299; Zigmas Zinkevičius, *The History of the Lithuanian Language*, Vilnius: Mokslo ir enciklopediju leidykla, 1996，71-76. 關於波蘭人與德國人，請見Paul Knoll, *The Rise of the Polish Monarchy*, Chicago: University of Chicago Press, 1971.

2 再版為*Bibliia: Faksimil'nae uznaulenne Biblii, vydadzenai Frantsyskam Skarynaiu u 1517-1519 gadakh*, Minsk: Belaruskaia savetskaia entsyklapedyia, 1990-91.他的教會斯拉夫語參雜了大公國斯拉夫貴族的口語，在布拉格研究的捷克語聖經也對他有所影響。J. Sadouski, "A Linguistic Analysis of the Four Books of Kings Printed by Skaryna in 1518," Doctoral dissertation, University of London, 1967, 224-226.關於史卡利納的口語散文寫作，請見*Pradmovy i pasliasloui pasliadounikau Frantsyska Skaryny*, Minsk: Navuka i tekhnika, 1991; 亦可參閱 Arnold McMillin, *Die Literatur der Weissrussen*, Giessen: Wilhelm Schmitz, 1977, 40-47.

3 Moshe Altbauer, *The Five Biblical Scrolls in a Sixteenth-Century Jewish Translation into Belarusian* (Vilnius Codex 626), Jerusalem: Dorot, 1992, 13-37. 亦可參閱Paul Wexler, "The Reconstruction of Pre-Ashkenazic Jewish Settlements in the Slavic Lands in the Light of the Linguistic Sources," in Antony Polonsky, ed., *From Shtetl to Socialism*, London: Littman Library, 1993, 3-18.

4 *Zbiór praw litewskich od roku 1389 do roku 1529 tudzież Rozprawy sejmowe o tychże prawach od roku 1544 do roku 1563*, Poznań: Drukarnia na Garbarach 45, 1841, 112.猶太人擁有的特權允許他們保有自己的法律、宗教和習俗，在社區裡使用自己的語言，即使沒有城市公民身分也可以從事貿易。Consult Jacob Goldberg, *Jewish Privileges in the Polish Commonwealth*, Jerusalem: Israel Academy of Sciences and Humanities, 1985, 1-40.

5 1960年又有人重現了一次這項偉業，在明斯克將《1529年大公國法典》翻譯為俄語，以便蘇聯學者研究。研究結果指出這種語言明顯不是俄語，而是白羅斯語：K.I. Iablonskis, ed., *Statut Velikogo Kniazhestva Litovskogo 1529 goda*, Minsk: Akademiia nauk BSSR, 1960, 3-12. 最合理的看法，是把書面斯拉夫語徹底當成另一種語言。Consult Jonas Žmuidzinas, *Commonwealth polono-lithuanien ou l'Union de Lublin*, Paris: Mouton, 1978, 79-82; Juliusz Bardach, "Od aktu w Krewie do Zaręczenia Wzajemnego Obojga Narodów," in Jerzy Kloczowski, et al., eds., *Unia Lubelska i tradycje integracyjne w Europie środkowo-wschodniej*, Lublin: IESW, 1999, 14-18; Stanislovas Lazutka, "Język Statutów Litewskich i

	PAN, 1996
Pereselennia poliakiv ta ukraintsiv	*Pereselennia poliakiv ta ukraintsiv/Przedsiedlenia Polaków i Ukrainców, 1944–1946,* Warsaw: Rytm, 2000
Povstans'ki mohyly	Evhen Misylo, ed., *Povstans'ki mohyly,* Warsaw: Ukrains'kyi Arkhiv, 1995
Przesiedlenie ludności polskiej	Stanisław Cieselski, ed., *Przesiedlenie ludności polskiej z kresów wschodnich,* Warsaw: Neriton, 1999
Repatriacja	Eugeniusz Misiło, eds., *Repatriacja czy deportacja?* 2 vols. Warsaw: Archiwum Ukraińskie 1996–1999
Represyvno-karal'na systema	Ivan Bilas, ed., *Represyvno-karal'na systema v Ukraini,* Kyiv: Lybid, 1994
Śladami ludobojstwa	Leon Karłowicz and Leon Popek, eds., *Śladami ludobojstwa na Wołyniu,* vol. 2, Lublin: Polihymnia, 1998
Sovetskii faktor	T. V. Volokitina, ed., *Sovetskii faktor v Vostochnoi Evrope 1944–1953,* vol. 1, Moscow: Sibirskii khronograf, 1997
Teczka specjalna J. W. Stalina	Tatiana Cariewskaja, Andrzej Chmielarz, Andrzej Paczkowski, Ewa Rosowska, Szymon Rudnicki, eds., *Teczka specjalna J. W. Stalina,* Warsaw: Rytm, 1988
Trahedia Ukraintsiv Pol'shchi	Volodymyr Serhiichuk, ed., *Trahedia Ukraintsiv Pol'shchi,* Ternopil': Ternopil', 1997
UPA v svitli pols'kykh dokumentiv	Evhen Misylo, ed., *UPA v svitli pols'kykh dokumentiv,* Toronto: Litopys UPA, 1992
Vostochnaia Evropa	T. V. Volokitina, ed., *Vostochnaia Evropa v dokumentakh rossiiskikh arkhivov, 1944–1953,* vol. 1, Moscow: Sibirskii khronograf, 1997

文獻

1947: Propam'iatna Knyha	Bohdan Huk, ed., *1947: Propam'iatna Knyha,* Warsaw: Tyrsa, 1997
Akcja 'Wisła'	Eugeniusz Misiło, ed., *Akcja 'Wisła,'* Warsaw: Archiwum Ukraińskie, 1993
Armia Krajowa w Dokumentach	*Armia Krajowa w Dokumentach,* 3 vols., London: Studium Polski Podziemnej, 1970–1978
Deportatsii	Iurii Slivka, ed., *Deportatsii,* 2 vols., Lviv: Natsional'na Akademiia Nauk Ukrainy, 1996–1998
Deportatsiia poliakiv z Ukrainy	Volodymyr Serhiichuk, ed., *Deportatsiia poliakiv z Ukrainy,* Kyiv: Ukrains'ka vydavnycha spilka, 1999
Desiat' buremnykh lit	Volodymyr Serhiichuk, ed., *Desiat' buremnykh lit,* Kyiv: Dnipro, 1998
Dzieje Konfliktów	Mikołaj Siwicki, ed., *Dzieje Konfliktów Polsko-Ukraińskich,* 3 vols., Warsaw: privately published, 1990–1994
Eksterminacja ludności polskiej na Wołyniu	Władysław Filar, ed., *Eksterminacja ludności polskiej na Wołyniu,* Warsaw: Zakład Poligrafii, 1999
Etnichni mezhi i derzhavnyi kordon Ukrainy	Volodymyr Serhiichuk, ed., *Etnichni mezhi i derzhavnyi kordon Ukrainy,* Ternopil': Ternopil', 1996
Litopys UPA	*Litopys UPA,* multiple editors, multiple volumes, ser. 1 and 2, Toronto 1978–
OUN-UPA v roky viiny	Volodomyr Serhiichuk, ed., *OUN-UPA v roky viiny,* Kyiv: Dnipro, 1996
OUN v svitli postanov Velykykh Zboriv	*OUN v svitli postanov Velykykh Zboriv,* Munich: OUN, 1955
NKWD o Polsce i Polakach	Wojciech Materski and Andrzej Paczkowski, eds., *NKWD o Polsce i Polakach,* Warsaw: ISP

註釋

檔案

縮寫	全稱
AMPN	Archiwum Muzeum Polskiego, Dzial Narodowościowy Archive of the Polish Museum, Nationalities Section (London)
AWKW	Archiwum Wschodnie, Ośrodek Karta, Wspomnienia Eastern Archive, Karta, Memoirs (Warsaw)
BUWR	Biblioteka Uniwersytetu Warszawskiego, Dzial Re˛kopisów Warsaw University Library, Manuscripts Department (Warsaw)
CAWR	Centralne Archiwum Wojskowe Central Military Archive (Rembertów, Poland)
GARF	Gosudarstvennyi Arkhiv Rossiiskoi Federatsii State Archive of the Russian Federation (Moscow)
LCVA	Lietuvos Centrinis Valstybes Archyvas Lithuanian Central State Archives (Vilnius)
SPPL	Studium Polskiej Podziemnej Archive of the Polish Underground (London)
VUBR	Vilniaus Universiteto Biblioteka, Rankrasˇcˇiu Skyrius Vilnius University Library, Manuscripts Department (Vilnius)

中文	英文	中文	英文
《新聯盟》	New Coalition		
14 畫			
嘉爾默羅教會	Carmelite	團結農會	Rural Solidarity
團結工聯	Solidarity	《維爾內青年》	Yung Vilne
15 畫			
德意志特別行動隊	Einsatzkommando	暴風雨行動	Operation Tempest
德意志國防軍	Wehrmacht	《黎明》	Aušra
15 畫以上			
《選舉日報》	Gazeta Wyborcza	《蘇屬白俄羅斯報》	Soviet Belorussia
薩尤季斯	Sąjūdis	蘭克人	Lemkos

中文	英文	中文	英文
邦得	Bund		
8 畫			
東方政策	Ostpolitik	波蘭民族解放委員會	Polish Committee for National Liberation
東正教自治教會	Autocephalous Orthodox Church	波蘭救國軍	Polish Home Army
東西聯合教會	Uniate Church	波蘭愛國者聯盟	Union of Polish Patriots
武裝親衛隊	Waffen SS	波蘭獨立協議	Polskie Porozumienie Niepodleglo´sciowe
武裝親衛隊加里西亞師	SS-Galizien	阿勃維爾	Abwehr
波雅爾	boyar		
9 畫			
胡楚爾人	Hutsuls		
10 畫			
《埃姆斯文告》	Ems Decree	《烏克蘭－羅斯歷史》	History of Ukraine-Rus’
《格拉希娜》	Grażyna	特利安農條約	Treaty of Trianon
烏克蘭反抗軍	Ukrainian Insurgent Army	班德拉派	OUN-Bandera
烏克蘭民族主義組織	Organization of Ukrainian Nationalists	索卡斯基線	Sokalski line
11 畫			
基督教民主聯盟	Christlich Demokratische Union	梅爾尼克派	OUN-Mel’nyk
《康拉德．華倫諾德》	Konrad Wallenrod	《莫洛托夫－里賓特洛甫條約》	Molotov-Ribbentrop pact
12 畫			
猶太授業座	Yeshiva	雅蓋沃王朝	Jagiello dynasty
《絕望深淵》	Abyss of Despair		
13 畫			
《塔德伍施先生》	Pan Tadeusz	《達陡大人》	Lord Thaddeus

中文	英文	中文	英文
塞爾維亞	Serbian	奧德河	Oder
奧斯特羅	Ostroh	新格魯代克	Nowogródek
14 畫			
維納	Vil'na	維爾內	Vilne
維紐斯	Vil'nius	維爾尼亞	Vil'nia
維捷布斯克	Vitebsk	維爾紐斯	Vilnius
維斯瓦河	Vistula	維爾諾	Wilno
維萊卡河	Vilejko	維諾	Vil'no
15 畫			
熱舒夫	Rzeszów	魯納沃拉	Lunna Wola
魯納	Lunna	魯塞尼亞	Ruthenian
15 畫以上			
盧芙南	Równe	羅茲	Lódz´
盧茨克	L’utsk	蘇瓦烏基	Suvalkai

三、其他

3 畫			
《大公國法典》	Lithuanian Statutes		
4 畫			
《五三憲法》	Constitution of 3 May 1791	《文化》	Kultura
內務人民委員部	NKVD		
5 畫			
布列斯特聯合教會	Brest Union	申根體制	Schengen regime
民族民主黨	National Democrats	《立陶宛哪！吾等祖國！》	Lietuva, Tėvyne mūsų
《瓦盧耶夫文告》	Valuev Decree		
6 畫			
《先人祭》	Forefathers’ Eve		
7 畫			
希臘禮天主教	Greek Catholic	《我們的土壤》	Nasha niva
《我的沃里尼亞》	My Volhynia	《我們的維爾紐斯》	Our Vilnius

中文	英文	中文	英文
車臣	Chechnya	里芙南	Rivne
里加	Riga	扶羅茨瓦夫	Wroclaw
8 畫			
佩列亞斯拉夫	Pereiaslav	波茲坦	Potsdam
拉齊維烏	Radziwill	波茲南	Poznań
明斯克	Minsk	波森	Posen
波多里亞	Podolia	波羅的海	Baltic
波納爾	Ponary		
9 畫			
哈爾基夫	Kharkiv	胡奇斯科村	Hucisko
哈薩克	Kazakhstan	胡塔・斯捷潘斯卡	Huta Stepan´ska
洛多梅里亞	Lodomeria	胡塔佩尼茨卡村	Huta Pieniacka
科索沃	Kosovo	韋博斯基	Werbski
10 畫			
倫伯里	Lemberik	桑河	San
倫堡	Lemberg	海烏姆	Chelm
庫洛帕蒂	Kuropaty	特雷布林卡	Treblinka
庫提村	Kuty	祖布拉村	Zubrza
庫斯克	Kursk	索比堡	Sobibor
庫謝雷沃	Kuszelowo	茲布魯奇河	Zbruch
格文博奇卡	Gle˛ boczyca	馬伊達內克	Majdanek
格倫瓦德	Grunwald	馬里揚泊列	Marijampolė
格羅德諾	Grodno		
11 畫			
基輔	Kyiv	莫基廖夫	Mogilev
第聶伯羅彼得羅夫斯克	Dnipropetrovsk		
12 畫			
喀爾巴阡山脈	Carpathian	萊姆基尼	Lemkini
普熱梅希爾	Przemy´sl	雅加達	Yalta
舒姆斯基	Szumski	雅沃爾茲諾	Jaworzno
13 畫			
塔諾波	Tarnopol	塞凡堡	Sevastopol

中文	英文	中文	英文
盧茨揚·澤利戈夫斯基	Lucjan Żeligowski	羅曼·舒赫維奇	Romen Shukhevyeh
穆拉約維夫	M.N. Muraviev	羅曼·德莫夫斯基	Roman Dmowski
諾娃·諾為撒	Nowa Nowica	羅慕爾達斯·奧左拉斯	Romualdas Ozolas
謝瓦納茲	Eduard Shevardnadze		

二、地名

4 畫			
戈梅利	Homel	日托米爾	Zhytomyr
扎瓦德卡·莫羅霍斯卡村	Zawadka Morochowska	比亞沃維耶扎	Białowieża
扎莫希奇	Zamość	卡廷	Katyn´
文尼察	Vinnytsia	卡緬涅茨－波多斯基	Kamieniec Podolski
5 畫			
史坦尼斯瓦烏夫	Stanislawów	布格河	Buh/Bug
史達林格勒	Stalingrad	布羅德	Brody
尼然科維奇	Niżankowice	皮埃蒙特	Piedmont
布拉茨拉夫	Bratslav	立陶宛	Lithuania
6 畫			
伊瓦諾－福蘭基夫斯克	Ivano-Frankivsk	考納斯	Kaunas
多布拉希拉黑次卡	Dobra Szlachecka	西白俄羅斯	Western Belorussia
安德魯索沃	Andrusovo	西烏克蘭	West Ukrainian
7 畫			
伯羅維賽克	Borovetsec	利沃尼亞	Livonian
佐菲約卡	Zofijówka	勒維夫	L'viv
克利亞濟馬河	Kliazma	希威泰齊	Świteź
克拉科夫	Cracow	沃里尼亞	Volhynia
克雷沃	Krewo	沃倫	Volyn
別洛韋日	Belovezha	沃齊米爾	Wlodzimierz
別斯扎迪	Bieszczady	貝斯基德	Beskidy
別爾季切夫	Berdyczów	貝雷薩－卡爾圖斯卡	Bereza-Kartuska
勒沃夫	Lwów	車尼希夫	Chernihiv

中文	英文	中文	英文
斯庫比謝夫斯基	Krzysztof Skubiszewski	華勒沙	Lech Wałęsa
斯泰凡・奇謝萊夫斯基	Stefan Kisielewski	萊謝克・莫祖斯基	Leszek Moczulski
斯捷潘・班德拉	Stepan Bandera	雅各・基耶什托爾	Jakób Gieysztor
斯塔魯赫	Iaroslav Starukh	雅庫布・博曼	Jakub Berman
斯蒂芬・羅維奇	Stefan Rowecki	雅傑克・庫隆	Jacek Kuron
斯維亞托波爾克－米爾斯基	P. D. Sviatopolk-Mirskii	雅雷馬・維什尼奧維茨基	Jarema Wiśniowiecki
斯維亞托波爾克－米爾斯基	Sviatopolk- Mirskii	雅德維加	Jadwiga
舒赫維奇	Roman Shukhevych	凱薩琳大帝	Catherine II
13 畫			
塔拉斯・謝甫琴科	Taras Shevchenko	溫采斯・庫迪爾卡	Vincas Kudirka
塔德烏施・霍洛夫科	Tadeusz Holówko	溫斯頓・邱吉爾	Winston Churchill
奧古斯丁納斯・沃德馬拉斯	Augustinas Voldemaras	溫森蒂・維托斯	Wincenty Witos
奧古斯廷・羅頓都斯	Augustyn Rotundus	葉爾欽	Boris Yeltsin
奧古斯特・施萊赫爾	August Schleicher	葛萊米克	Bronislaw Geremek
奧古斯特・馮・科策布	August von Kotzebue	達尼洛王公	Prince Danylo
奧德流斯・布凱維丘斯	Audrius Butkevičius	雷貝德	Mykola Lebed
14 畫			
漢娜・蘇霍茨卡	Hanna Suchocka	蓋比琉斯・藍斯柏格	Gabrielius Landsberg
維亞切斯拉夫・莫洛托夫	Vyacheslav Molotov	蓋迪米納斯・約庫波尼斯	Gediminas Jokūbonis
維亞切斯拉夫・克比奇	Viacheslau Kiebich	齊格蒙特・巴利茨基	Zygmunt Balicki
維陶塔斯・藍斯柏吉斯	Vytautas Landsbergis	齊格蒙特・貝林格	Zygmunt Berling
15 畫			
德米托・頓佐夫	Dmytro Dontsov	德米特羅・帕弗里寇	Dmytro Pavlychko
15 畫以上			
澤農・帕茲尼亞克	Zenon Pazniak	魏格爾	Theo Waigel

中文	英文	中文	英文
波格丹・波魯賽維奇	Bogdan Borusewicz	阿道法斯・薩波卡	Adolfas Šapoka
波德戈爾內	Nikolai Podgornyi	阿爾吉達・布拉藻斯卡斯	Algirdas Brazauskas
阿道夫・越飛	Adolf Joffe		
9 畫			
柯爾	Helmut Kohl	約瑟夫・畢蘇斯基	Józef Pilsudski
科索夫斯基	Waclaw Kossowski	約蓋拉	Jogaila
柯斯切芭－佐芭茲	Grzegorz Kostrzewa-Zorbas	約翰・赫爾德	Johann Gottfried Herder
科斯圖提	Kęstutis	耶日・吉德羅伊奇	Jerzy Giedroyc
約納斯・巴薩納維丘斯	Jonas Basanavičius	耶日・馬卡爾奇克	Jerzy Makarczyk
約納斯・許柳帕斯	Jonas Šliūpas	若望保祿二世	John Paul II
約瑟夫・哈勒	Józef Haller	迪米崔・頓斯科伊	Dmitrii Donskoi
10 畫			
庫茲馬	Kuchma	茲比格涅夫・伯納茨科	Zbigniew Pronaszko
柴契爾夫人	Margaret Thatcher	茲連科	Anatolii Zlenko
根舍	Hans Dietrich Genscher	馬西爾・穆德里	Vasyl' Mudryi
海因里希・希姆萊	Heinrich Himmler	馬佐維耶茨基	Tadeusz Mazowiecki
索菲婭・基曼泰特	Sofija Kymantaitė	高翁	Gaon
11 畫			
康拉德・華倫諾德	Konrad Wallenrod	紹達爾加斯	Algirdas Saudargas
康斯坦丁・奧斯特羅斯基	Kostiantyn Ostrożki	莫索	Stefan Mossor
康斯坦蒂・卡林諾夫斯基	Konstanty Kalinowski		
12 畫			
博娜・絲佛札	Bona Sforza	揚・歐申斯基	Jan Olszewski
揚・切丘特	Jan Czeczot	斯坦尼斯瓦夫・米科瓦伊奇克	Stanislaw Mikolajczyk
揚・索別斯基	Jan Sobieski	斯坦尼斯拉夫・莫紐什科	Stanislaw Moniuszko
揚・傑亞神父	Father Jan Zieja	斯坦尼斯拉夫・舒什克維奇	Stanislav Shushkevich

中文	英文	中文	英文
安托	József Antall	米可拉斯・羅莫里斯	Mykolas Römer'is
安東・鄧尼金	Anton Denikin	米哈伊爾・戈巴契夫	Mikhail Gorbachev
安東・盧茨科維奇	Anton Lutskevich	米哈爾・羅拉－日梅爾斯基	Michał Rola-Żymierski
安東尼奧・波塞維諾	Antonio Possevino	米洛塞維奇	Slobodan Milošević
安塔納斯・梅爾基斯	Antanas Merkys	米夏爾・羅莫	Michał Römer
安塔納斯・麥克維奇烏斯	Antanas Mackevičius	米海洛・赫魯雪夫斯基	Mykhailo Hrushevs'kyi
安塔納斯・斯梅托納	Antanas Smetona	米海洛・德拉霍瑪諾夫	Mykhailo Drahomanov
安德雷・謝普蒂茨基	Andrei Sheptyts'kyi	米特羅凡・多夫納爾－扎波斯基	Mitrafan Doŭnar-Zapolski
托奧多・納巴特	Teodor Narbutt	西莫納斯・道坎塔斯	Simonas Daukantas
米卡洛尤斯・丘爾廖尼斯	Mikalojus Čiurlionis	西蒙・彼得留拉	Petliura
7 畫			
亨里克・庫納	Henryk Kuna	杜比寧	Viktor Dubinin
亨德利克・尤瑟夫斯基	Henryk Józewski	沃伊切赫・賈魯塞斯基	Wojciech Jaruzelski
伯米科瓦伊・拉齊維烏	Mikołaj Radziwiłł	沃德馬拉斯	Voldemaras
克拉夫朱克	Leonid Kravchuk	沙爾奇寧凱	Šalčininkai
克拉夫強卡	Krauchenka	貝克	James Baker
利昂・瓦西萊夫斯基	Leon Wasilewski	汪達・瓦西萊夫斯卡	Wanda Wasilewska
8 畫			
亞伯拉罕・蘇茨凱弗	Abraham Sutzkever	奇林斯基	Michal Chilin´ski
亞當・米奇尼克	Adam Michnik	帕姆沃・貝林達	Pamvo Berynda
亞當・恰爾托雷斯基	Adam Czartoryski	彼得・史卡迦	Piotr Skarga
亞當・密茨凱維奇	Adam Mickiewicz	彼得・克勞尚卡	Petr Krauchanka
亞歷山大・克瓦希涅夫斯基	Aleksander Kwa´sniewski	拉夫連季・貝利亞	Lavrentii Beria
亞歷山大・盧卡申科	Aleksandr Lukashenka	拉德凱維奇	Stanislaw Radkiewicz
佩利普・奧里克	Pylyp Orlyk	法蘭奇沙克・巴休什維奇	Francišak Bahuševič
佩卓・莫訶拉	Petro Mohyla	法蘭索瓦・密特朗	François Mitterrand

譯名對照表

中文	英文	中文	英文

一、人名

中文	英文	中文	英文
4 畫			
尤利烏斯・斯沃瓦基	Juliusz Słowacki	文森蒂・杜寧－馬欽基維奇	Vincent Dunin-Marcinkievič
尤琉斯・米羅謝夫斯基	Juliusz Mieroszewski	加布列爾・納魯托維奇	Gabriel Narutowicz
尤爾吉斯・米克夏斯	Jurgis Mikšas	卡齊米日・藍斯柏格	Kazimierz Landsberg
尤爾吉斯・馬圖萊蒂斯	Jurgis Matulaitis	卡羅爾・希維爾切夫斯基	Karol Świerczewski
尤歐扎斯・烏爾伯須斯	Juozas Urbšys		
5 畫			
包盧斯	Friedrich Paulus	弗拉基米爾大公	Grand Duke Volodymyr
史丹尼斯瓦夫・格拉布斯基	Stanislaw Grabski	弗拉基米爾－沃倫斯基	Volodomyr Volyns'kyi
尼孔	Nikon	弗洛迪米爾・安東諾維奇	Volodymyr Antonovych
布拉尼斯勞・塔拉什基維奇	Branislau Tarashkevich	瓦迪斯瓦夫・哥穆爾卡	Władysław Gomułka
布爾巴－波羅維茲	Taras Bul'ba-Borovets	瓦迪斯瓦夫・格拉布斯基	Wladyslaw Grabski
布魯托	Stanislav Pluto	瓦爾德瑪・洛特尼克	Waldemar Lotnik
布羅尼斯瓦夫・皮拉基奇	Bronislaw Pieracki	瓦德斯瓦夫・安德斯	Wladyslaw Anders
弗拉基米爾・吉里諾夫斯基	Volodymyr Zhirinovskii	皮亞斯特	Piast
6 畫			
伊凡・克利莫夫	Ivan Klimov	伊凡・維霍夫斯基	Ivan Vyhovs'kyi
伊凡・馬澤帕	Ivan Mazepa	伊凡・德拉奇	Ivan Drach

Beyond
49
世界的啟迪

民族重建

東歐國家克服歷史考驗的旅程

THE RECONSTRUCTION OF NATIONS: Poland, Ukraine, Lithuania, Belarus, 1569–1999

作者	提摩希・史奈德（Timothy Snyder）
譯者	盧靜、廖珮杏、劉維人
副總編輯	洪仕翰
責任編輯	洪仕翰、王晨宇
導論譯校	夏克勤
行銷總監	陳雅雯
行銷企劃	張偉豪
封面設計	許晉維
內頁排版	宸遠彩藝
出版	衛城出版 / 遠足文化事業股份有限公司
發行	遠足文化事業股份有限公司（讀書共和國出版集團）
地址	231 新北市新店區民權路 108-3 號 9 樓
電話	02-22181417
傳真	02-22180727
客服專線	0800-221029
法律顧問	華洋法律事務所　蘇文生律師
印刷	呈靖彩藝有限公司
初版	2023 年 6 月
初版二刷	2024 年 2 月
定價	750 元
ISBN	9786267052822（紙本）
	9786267052846（EPUB）
	9786267052839（PDF）

ACRO POLIS
衛城出版
Email acropolismde@gmail.com
Facebook www.facebook.com/acrolispublish

國家圖書館出版品預行編目(CIP)資料

民族重建：東歐國家克服歷史考驗的旅程/提摩希.史奈德(Timothy Snyder)作；盧靜，廖珮杏，劉維人譯. -- 初版. -- 新北市：衛城出版，遠足文化事業股份有限公司，2023.06
面；　公分. --(Beyoud 49)(世界的啟迪)
譯自：The reconstruction of nations : Poland, Ukraine, Lithuania, Belarus, 1569-1999
ISBN 978-626-7052-82-2(平裝)

1. 東歐史

740.73　　112005253